Adolfo Pérez

CINE MUSICAL

Desde **Gene Kelly** a **John Travolta,**

pasando por

Gingers Rogers y **Liza Minnelli**

Índice

Presentación

Autor: Adolfo Pérez

Aunque inicialmente dependientes de los escenarios de Broadway y en gran medida inspiradas en esas obras, las películas musicales pronto consiguieron encontrar una fórmula propia, proporcionando un formulario de arte vital que aportaba un sabor escénico muy superior a cualquier espectáculo en directo. Quizá por ello, y durante 50 años, o incluso desde su nacimiento, el musical ha demostrado que es el Ave Fénix de la industria cinematográfica. Inmerso en una competencia razonable con estilos tan dispares como el western, el cine épico, el romance y hasta las hazañas bélicas, este género ha sido capaz de revivir una y otra vez, muy a pesar de los malos augurios de sus detractores, empeñados en condenarle al fracaso desde sus inicios. Y es que si hay un genio creativo que va unido siempre a cualquier producción cinematográfica, éste es indudablemente el musical, justo cuando el beso apasionado de dos enamorados es acompañado por la canción que ambos entonan acertadamente a dúo.

Hollywood produjo sus mejores musicales por lo menos hasta finales de los años cincuenta, y entre sus mejores

artífices están Ernst Lubitsch, Irving Berlin, Stanley Donen, Cole Porter, Arthur Freed, Vincente Minnelli y Gene
Kelly. E incluso en los años sesenta y setenta, una serie de
entusiastas que deseaban revivir el género nos asombró con
Cabaret (1972), *New York, New York* (1977), *Grease* (1978)
y, por supuesto, *West Side Store* (1961). Junto con estas
películas, una nueva legión de estrellas llegaron a sustituir
a las glorias anteriores, destacando Julie Andrews, Barbra
Streisand, Liza Minnelli y John Travolta, este último menos reconocido como profesional de la música, pero indudablemente el artífice del gran éxito que constituyeron *Fiebre del sábado noche* y *Grease*.

Lejos quedaban ya los años gloriosos en donde las cámaras estacionarias debían obligar a que los actores no
pudiesen mirar directamente a la cámara (al espectador, en
suma), a lo que había que añadir la deficiente calidad de la
grabación sonora. Eso indudablemente ocasionaba un problema para el director y los actores, pues los planos debían
ser muy largos y los errores mínimos, prueba que solamente pasaban con éxito los más hábiles. Los números musicales estaban inspirados en el teatro, por eso hay tantas esca-
leras y colorido en las películas antiguas, debiendo engatu-
sar al espectador precisamente por ello, sin que el director
tuviera demasiadas posibilidades de incorporar escenas atre-
vidas. Con el tiempo, el teatro filmado fue desechado y se
buscaron historias creadas específicamente para la pantalla
grande, siendo la música una parte esencial, pero no necesariamente la más importante.

La mayoría de los productores cinematográficos, sin
embargo, sentían que la única manera de introducir canción
y números del baile en la narrativa estaba en el decorado
mismo, una creencia que llevó a la popularidad y prolifera-
ción del bastidor musical. Poco tiempo después se dieron

cuenta de que el sonido (que se incorporó doblado) debía poseer cierta poesía visual no contradictoria y las canciones tenían que estar ya justificadamente insertadas en el argumento.

La vieja fórmula de los años veinte y treinta era considerada ya estática, y desde que Gene Kelly sacó a sus muchachos a la calle en *Un día en Nueva York*, todos los estudios lo consideraron una necesidad, aunque muchos años después, con la llegada de *Moulin Rouge*, las cosas parecen haber vuelto a su cauce, tal y como Broadway insiste. El Technicolor fue decisivo, lo mismo que el sonido estereofónico, pero los espectadores de finales de los años 50 no parecían interesarse ya por este género que consideran almibarado, demasiado pueril y con unas historias de amor que no acababan de encajar ya en la belicosa realidad urbana. Las *Melodías de Broadway* comenzaban a declinar sin aparente remedio y el glamour de Hollywood parecía perdido definitivamente, hasta que dos filmes realizados a comienzos del siglo XXI, *Moulin Rouge* y *Chicago*, consiguieron conquistar de nuevo a los espectadores.

De cualquier manera, todavía no estamos en la mejor época para el cine musical y hasta podríamos considerar que a partir de la década de los 90 nadie daba ya ni un centavo por esta opción cinematográfica. No obstante y como veremos a continuación, fueron precisamente las películas musicales las que dieron esplendor -y dinero- al cine de Hollywood y es lógico pensar que estamos solamente en un compás de espera para que una nueva época de glamour vuelva a inundar las salas de cine.

Los motivos por los cuales este tipo de cine fue poco a poco cayendo en desgracia aparentemente son bastante claros, y el público ha sido el mayor causante por sus nuevos hábitos sociales, aunque no el detonante. Mientras que en la época dorada comprendida entre los años 40 y 50 los protagonistas de este género eran ante todo auténticos bailarines y cantantes (recuerden si no a Fred Astaire o Vera-Ellen, por poner unos ejemplos), metidos casi a la fuerza a interpretar papeles de actores, posteriormente se hicieron toda clase de aberraciones innecesarias y vimos bailar a personas cuyas habilidades no eran mayor que un bailarín de discoteca, y esto era algo que el público sabía perfectamente.

Ver a una Jennifer Beals simular pasos de baile en "Flashdance" (realmente tuvo que ser doblada por Irene Cara), o a John Travolta cantar con la voz de los Bee Gees mientras bailaba lo que entonces se denominó como el estilo más hortera de la historia, fue tan decepcionante como asistir al doblaje de Julie Andrews en "Mary Poppins". En pocos años, pasamos de asistir a un espectáculo lleno de colorido, trajes bien diseñados, canciones de Cole Porter o Irving Berlin y bailes ejecutados por los mejores bailarines del mundo, a ver a jóvenes en vaqueros bailando en una discoteca y al mismísimo Jesucristo cantando una ópera rock. Demasiado contraste para el espectador.

Esperamos, estamos seguros, que cual Ave Fénix algún productor sacará de su letargo al buen cine musical y pronto podamos contemplar de nuevo el género que más gloria proporcionó al cine norteamericano. Woody Allen ya lo ha intentado con bastante acierto, aunque sus limitaciones presupuestarias le impiden dar el espectáculo que seguramente desearía.

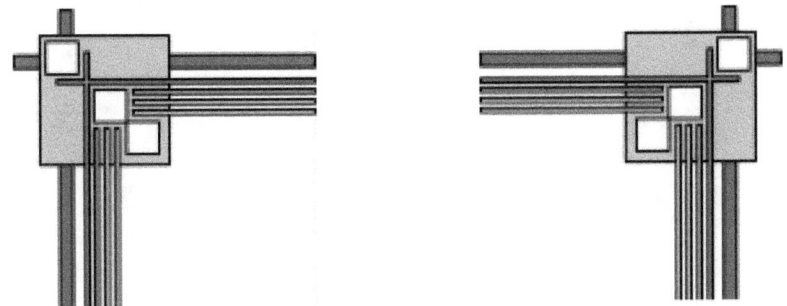

ACTORES
Y
ACTRICES

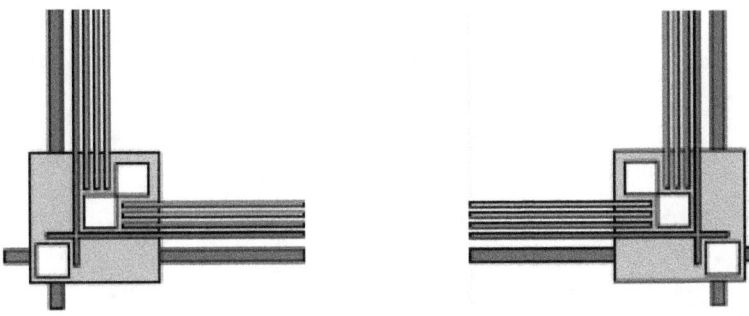

Ann-Margret

Una de las grandes sex-symbols de los años 60 y 70, y una estrella a quien todavía se suele recordar bailando con Elvis Presley mientras suena la canción "Viva Las Vegas".

Ann-Margret Olsson nació el 28 de abril de 1941 en Valsjoby (Suecia), pero en 1948, cuando apenas contaba siete años de edad, se trasladó con sus padres a la ciudad estadounidense de Chicago. Pronto sintió inquietudes artísticas y comenzó a trabajar en su adolescencia en espectáculos musicales de cabaret, siendo descubierta por el actor y comediante Edward Burns, quien la llevó a la ciudad del juego, Las Vegas, para actuar como cantante y bailarina. Desde allí hasta Hollywood, todo sucedió muy rápidamente.

Debutó en el cine en 1961, en el filme de Frank Capra "Un gángster para un milagro", donde tuvo un modesto papel como la hija de Bette Davis. En esos primeros años de actriz ya se vislumbraba su atractivo sexual, interviniendo en "Un beso para Birdie" (1963), "Como en una pesadilla" (1964), "The Pleasure Seekers" (1964) –una película ambientada en España–, y especialmente en "Cita en las Vegas" (1964), filme musical dirigido por George Sidney en la cual compartía cartelera con Elvis Presley.

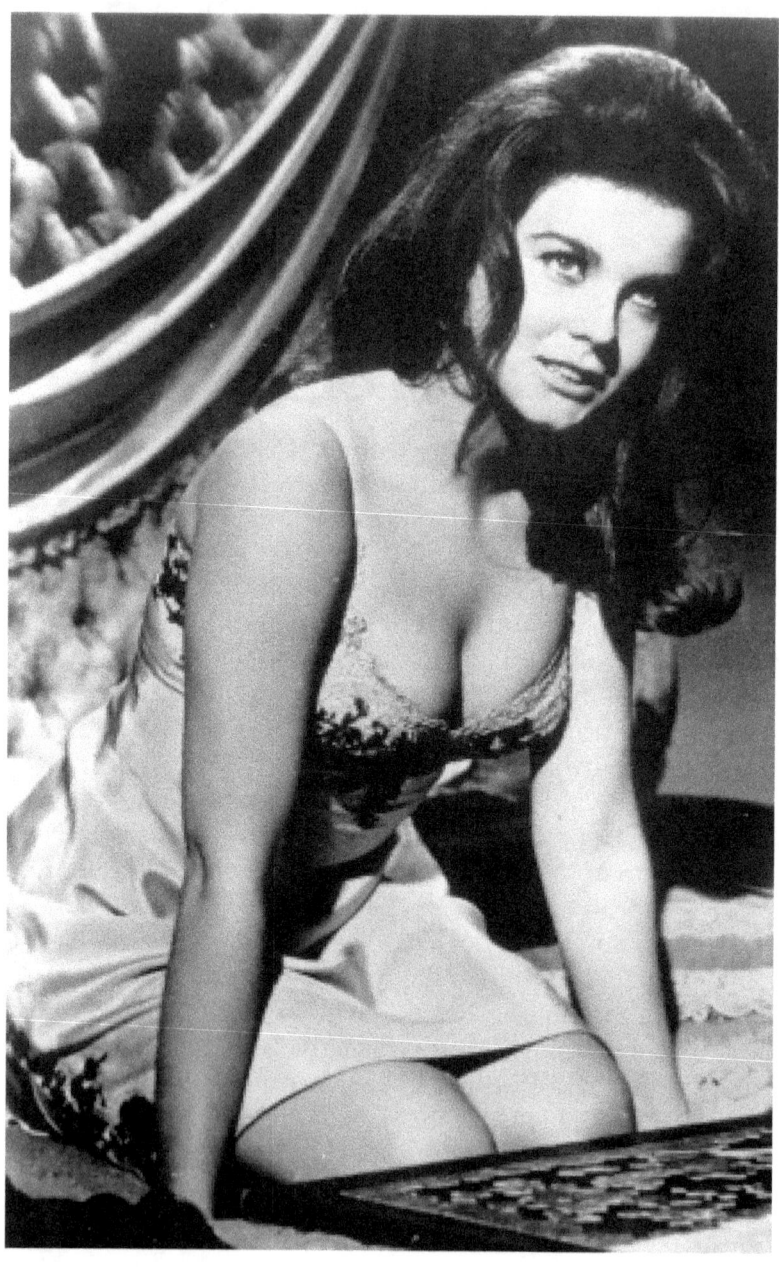

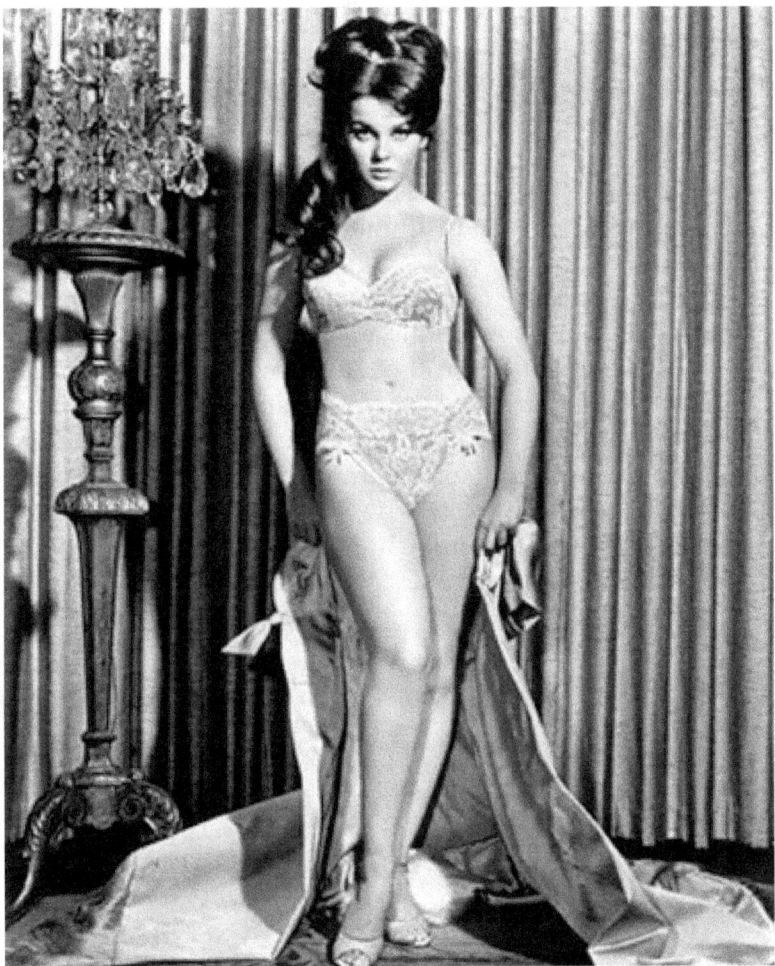

Considerada con frecuencia como una agradable bailarina que mostraba sus esplendorosas piernas, con el tiempo demostró que era algo más, tal y como vimos en "El rey
del juego" (1965), con Steve McQueen y Edward G. Robinson, y "El último homicidio" (1965), con Alain Delon.
Indudablemente sus admiradores eran varones, aunque eso
no impidió que trabajara siempre al lado de actores de tanto

prestigio como Dean Martin o Vittorio Gassman, sin olvidar a Jack Nicholson en "Conocimiento carnal", filme por el cual obtuvo una nominación a la mejor actriz secundaria.

En los años 70 retornó a Las Vegas en su faceta de cantante y bailarina, y todo hubiera ido sobre ruedas si un desdichado accidente no la hubiera desfigurado el rostro, aunque la cirugía estética la recompuso con cierta precisión su anterior rostro. Cuando regresó a la pantalla lo hizo con eficacia en "Funeral en Los Ángeles" (1973) de Jacques Deray, y muy especialmente con su trabajo en la ópera rock "Tommy" (1975), por el cual fue de nuevo nominada al Oscar. Posteriormente su carrera proseguiría con películas menores y telefilmes a lo largo de las sucesivas décadas. Ann-Margrett contrajo matrimonio en 1967 con el actor Roger Smith ("El hombre de las mil caras"), el cual se retiró del cine para convertirse en su manager.

Filmografía esencial

1961 UN GÁNGSTER PARA UN MILAGRO
1963 UN BESO PARA BIRDIE
1963 CITA EN LAS VEGAS
1965 HACIA LOS GRANDES HORIZONTES
1965 CITA EN PARÍS
1966 MATT HELM, AGENTE MUY ESPECIAL
1971 CONOCIMIENTO CARNAL
1974 TOMMY
1978 CACTUS JACK
1986 52 VIVE O MUERE
1987 UN TIGRE EN LA ALMOHADA
1994 DOS VIEJOS GRUÑONES

Ann Miller

Ann Miller (cuyo nombre real es el de Johnnie Lucille Collier), nació el 12 de abril de 1923 (otras fuentes citan 1921 e incluso 1919) en la localidad tejana de Houston. Aunque los datos no son fiables, algunos comentaristas de entonces dicen que harta su madre de soportar las infidelidades de su marido, prestigioso abogado, se marchó con su hija a California, lugar en el cual comenzó desde muy niña a estudiar danza, apareciendo en público cuando contaba apenas diez años. Esta experiencia tan temprana le llevó al mundo del cine a mediados de los años 30, interviniendo como extra en títulos como "Anne of Green Gables" (1934) de George Nicholls Jr., o "Una chica angelical" (1934) de William Wyler. Es posible que desde el primer filme cambiara ya su nombre por el de Ann Miller, más fácil de pronunciar y recordar.

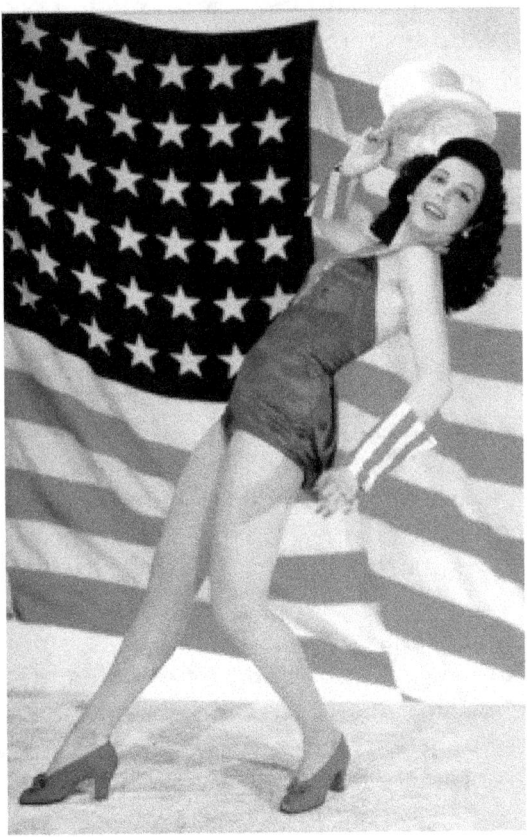

En 1937 firmó con la RKO y empezó ya a acaparar más minutos en la pantalla, aunque todavía sin lograr ningún primer papel. Sus películas más importantes en esa época fueron "Damas del teatro" (1937) de Gregory la Cava, "El hotel de los líos" (1938) junto a unos desquiciantes Hermanos Marx, y "Vive como quieras" (1938), film dirigido por Frank Capra que protagonizaban James Stewart, Jean Arthur y Lionel Barrymore.

Indudablemente sus bien formadas piernas habían llamado la atención de los productores y aunque su estilo de baile era pesado y en cierto modo poco elegante, su entusiasmo y simpatía se impusieron y durante los años 40 y 50 alcanzó bastante renombre. De esa época podemos destacar: "Go west, young lady" (1941) de Frank Stayer, "Hey Rookie" (1944) de Charles Barton, "Easter Parade" (1948) de Charles Walters, "Un día en Nueva York" (1949) de Stanley Donen y Gene Kelly, "Kiss me Kate" (1953) de George Sydney, y "The Opposite Sex" (1956) de David Miller.

Sentimentalmente, contrajo matrimonio en tres ocasiones, con Reese Milner y con los magnates del petróleo Bill Moss y Arthur Cameron, siendo también compañera sentimental de Louis B. Mayer y del político Bill O'Connor. Los sucesivos divorcios y la muerte de sus maridos la proporcionaron una gran fortuna que ha podido disfrutar dada su gran longevidad.

Retirada voluntariamente de la pantalla grande en 1956, Ann siguió trabajando principalmente en el mundo de la televisión y en el teatro, cosechando en el año 1979 un triunfo comercial en Broadway con "Sugar Babie", una obra co-protagonizada por Mickey Rooney.

Barbra Streisand

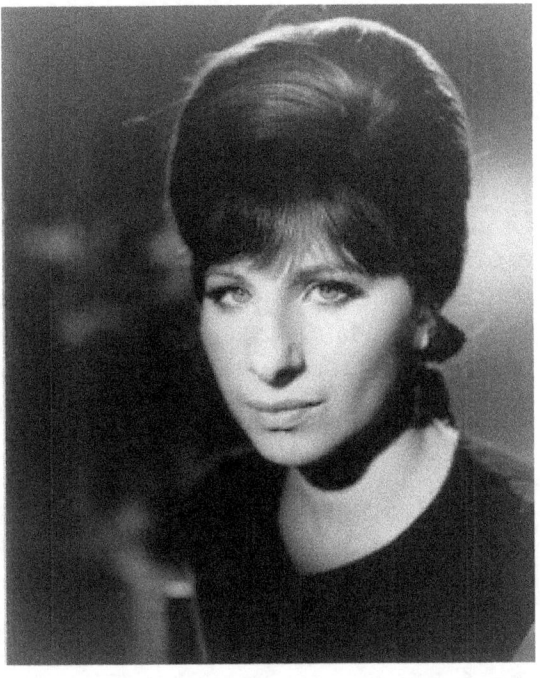

Esta cantante, actriz y directora estadounidense, nació el 24 de abril de 1942 en Brooklyn, Nueva York. Una vez finalizados sus estudios de instituto en el año 1959 se trasladó a Manhattan, en donde pronto consiguió trabajo en nightclubs de Nueva York, debutando en Broadway como cantante en 1962 con "I Can Get It For You Wholesale". Esta obra de reconocido éxito le llevó directamente al cine en 1963, al firmar un contrato con la Columbia. Afortunadamente no abandonó los escenarios y al año siguiente consiguió otro triunfo en Broadway con "Funny girl", obra por la cual fue nominada por segunda vez a un Tony. Aunque no lo consiguió, cuando cuatro años después interpretó la misma obra para el cine consiguió ganar un oscar a la Mejor Actriz, consolidando así, simultáneamente, su fama como cantante y actriz. Sus discos, además, alcanzaron no solamente gran prestigio, sino que sus ventas millonarias la aseguraron su reputación como cantante.

Su mejor época la tuvo durante los años 60, con numerosos discos que alcanzaron los primeros puestos en la lista de éxitos, llegando así a los años 70, en un momento en el cual parecía no poder aportar nada nuevo a los aficionados. Sin embargo, su gran vivacidad y dinamismo se contagiaba y nuevamente consiguió situarse en los primeros puestos musicales, llegando a grabar un número uno con Neil Diamons y Donna Summer, colaborando igualmente con Barry Giba, miembro de los Bee Gees. Con su primer Grammy musical, Barbra Streisand consiguió demostrar que el triunfo para una mujer podía lograrse sin tener un físico sexy, ni un rostro angelical. Opuesta desde siempre a tener que operarse la nariz simplemente para que sus fans estuvieran contentos, consiguió agradar por igual a hombres que a mujeres, llegando a tener como pareja cinematográfica nada menos que a Robert Redford.

En 1976, produce, protagoniza y escribe algunas canciones para "Ha nacido una estrella", siendo la primera mujer compositora con una concesión de la Academia, galardón que alcanzó por la canción "Evergreen". Este éxito fue el detonante para incorporarse decididamente al género más intimista y con el filme "Yentl" de 1983, conmovió a los espectadores con su papel de una mujer judía que debe disfrazarse de chico para estudiar el Talmud. Si tenemos en cuenta que, además, fue co-guionista, productora, directora e intérprete, nos daremos cuenta de la gran capacidad que posee. Creó la "Barbra Streisand Foundation" en 1987 para impulsar causas políticas liberales, siendo igualmente conocida por su apoyo hacia asociaciones que defienden los derechos humanos, gays y mujeres maltratadas. Contrajo matrimonio con Elliott Gould (con quién trabajó en "I Can Get it For You Wholesale") en 1963 y se separaron en 1971, teniendo ambos un hijo, Jason Gould, también actor.

Sentimentalmente se le reconocen romances con el productor Jon Peters, los actores Ryan O'Neal, Don Johnson, y Liam Neeson, y posiblemente con el tenista Andre Hageis. En 1998 se casó con el actor James Brolin, en una ceremonia celebrada en su hogar en Malibú, California.

Filmografía esencial

1963 I CAN GET IT FOR YOU WHOLESALE
1968 FUNNY GIRL
1969 HELLO, DOLLY!
1970 VUELVE A MI LADO
1970 ¿QUÉ TAL, PUSSYCAT?
1972 ¿QUÉ ME PASA DOCTOR?
1973 TAL COMO ÉRAMOS
1974 FOR PETE'S SAKE
1975 FUNNY LADY
1976 HA NACIDO UNA ESTRELLA
1979 COMBATE DE FONDO
1981 ALL NIGHT LONG
1983 YENTL
1987 NUTS
1991 EL PRÍNCIPE DE LAS MAREAS
1996 THE MIRROR HAS TWO FACES

Bing Crosby

Hasta la llegada de Elvis Presley, Crosby fue el cantante que más discos vendió en el mundo entero, estimándose en 25 millones de copias su versión de "Navidades Blancas". Con su voz melodiosa, casi un susurro, capaz de llegar a las notas más bajas sin problemas, y sin necesitar la mayoría de las veces nada más que una guitarra o un piano que le

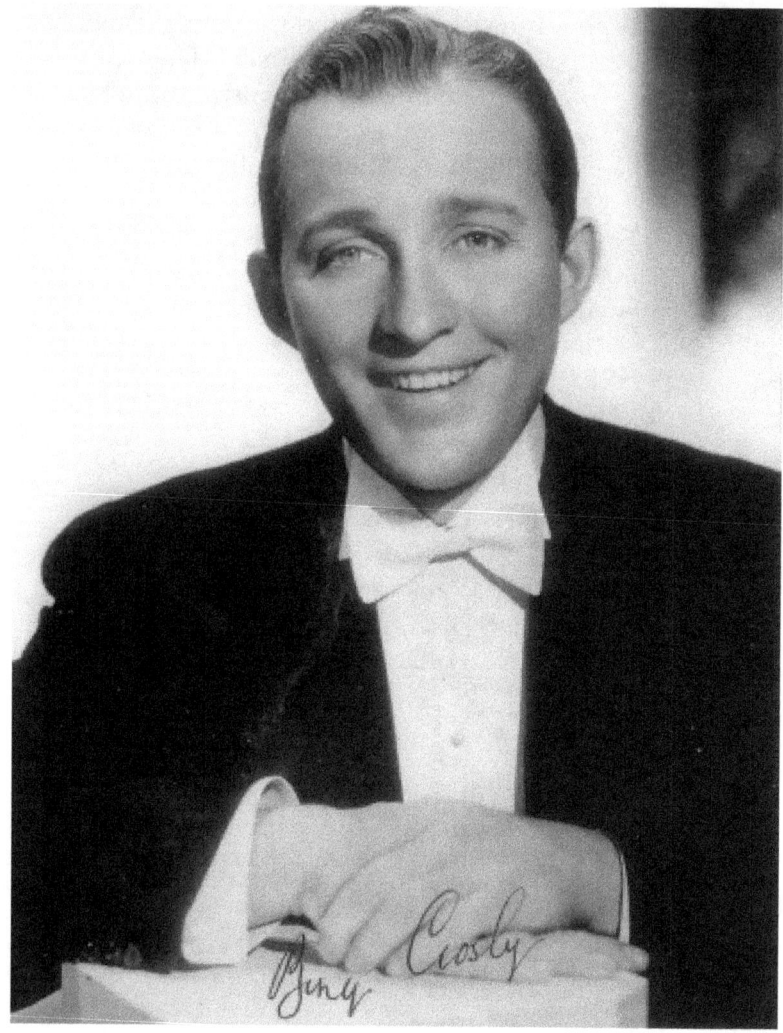

acompañasen, este cantante marcó un estilo imposible de cubrir.

Nacido en Tacoma (Washington), en 1904, Harry Lillis Crosby empezó a cursar estudios de derecho, que poco a

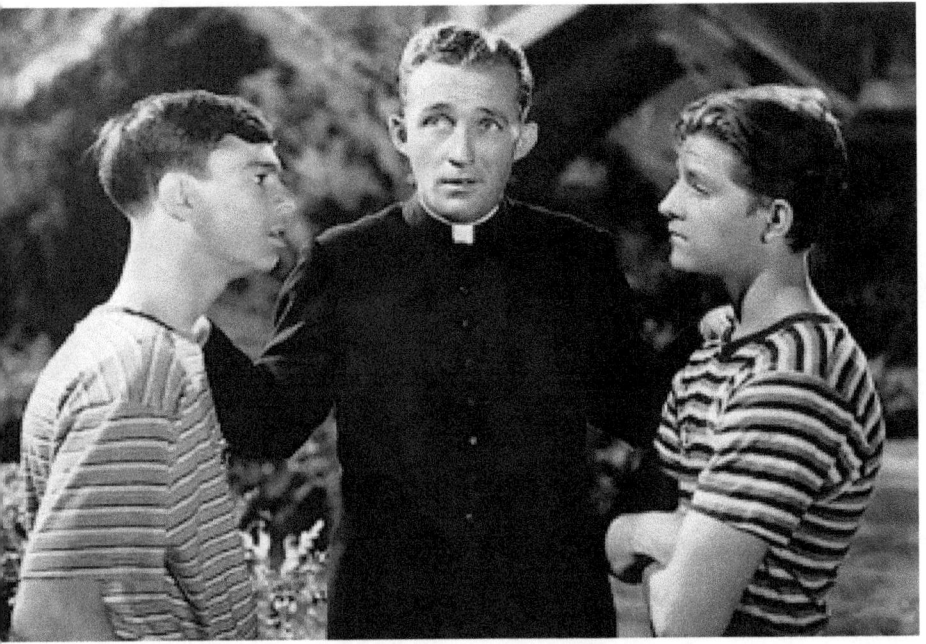

Como el padre O'Malley

poco fue dejando debido a sus aficiones musicales. Aunque inicialmente se le conoció por su verdadero nombre, poco después lo sintetizaría bajo el seudónimo de Bing Crosby, posiblemente inspirado en un personaje de cómic que le gustaba mucho y a quien se parecía.

Después de ser un discreto batería y de trabajar como solista de orquestas de baile, debutó en el cine en el filme "El rey del jazz", en 1930, película con la cual sería dado a conocer en una carrera meteórica. Quizá de un modo precipitado, lo cierto es que firmó un contrato casi vitalicio con la Paramount Pictures, estudios con los cuales realizó casi todas sus películas, algunas de ellas sin apenas interés artístico. Simultáneamente a su trabajo en el cine, sus discos causaban verdadero furor en la época.

Aunque como actor fue discreto, con personajes igualmente discretos en los que era casi imposible destacar, lo más importante era consolidar su figura como cantante de discos, faceta en la cual no tenía rival, ni antes ni ahora. No obstante, su tesón por no ser simplemente un cantante que hacía películas, le llevó a mejorar su registro dramático, culminando con su estupendo papel del padre O'Malley en "Siguiendo mi camino", filme que le proporcionó un Oscar en 1944 al mejor actor. Ello afianzó aún más su popularidad en los Estados Unidos, aunque en una entrevista reconoció que no se consideraba el mejor actor del año y que el premio se debía más que nada a la simpatía y popularidad de que gozaba. Al año siguiente sería nominado al Oscar al mejor actor por el filme "Las campanas de Santa María".

Al igual que otros actores, su éxito en el cine le llegó de la mano de otro incombustible actor, el popular Bob Hope, con quien inauguró en 1940 la larga serie "Camino de...", unas películas desenfadadas y sin pretensiones en las cuales sus protagonistas hacen chistes, cantan canciones y enamoran a alguna guapa chica. La pretensión de los productores era solamente lograr una película comercial y risueña, pues el país y el mundo no estaban todavía para risas.

Pero en el año 1954 Crosby volvió a asombrar al público con dos acontecimientos cinematográficos: interpretó el filme "La angustia de vivir" por el cual fue nominado al Oscar como el mejor actor, y protagonizó "Navidades blancas", una de las películas más taquilleras de ese año y gracias a la cual vendió 25 millones copias de la melodía que da origen al título.

Su carrera cinematográfica empezaba, no obstante, a declinar a causa de sus años, aunque logró revivir con su agradable interpretación en "Alta sociedad", en donde enamoraba a la inigualable Grace Kelly al son de un bandoleón. En el filme les oímos cantar a dúo "True Love", la única vez que Grace cantó en el cine, constituyendo un rotundo éxito que arrastró a ambos.

Pero como siempre ocurre en la vida de las grandes personas, y aunque la fortuna y el éxito le acompañó, sus detractores fueron numerosos, especialmente su hijo Gary, quien una vez fallecido Crosby publicó una biografía despiadada de su padre, al que acusaba de ser inflexible, nada cariñoso y casi un sádico por estar trabajando en París cuando su madre Dixie estaba enferma. No obstante, no se olvidó de reclamar su parte de la herencia, aunque hubo de compartirla con su hermana Mary, también actriz, y sus otros dos hermanos. Su segunda mujer, no obstante, nunca reconoció ese mal comportamiento de Crosby y dijo que fueron los celos y la herencia lo que motivó el comportamiento de su hijo. En 1980, tres años después de la muerte de Bing Crosby, dos de sus hijos, los gemelos Denis y Lindsay, se suicidaron.

Filmografía esencial

1930 EL REY DEL JAZZ
1935 LLUVIA DE ESTRELLAS
1940 CAMINO DE SINGAPUR
1941 CAMINO DE ZANZÍBAR
1942 CAMINO DE MARRUECOS
1944 SIGUIENDO MÍ CAMINO
1945 LAS CAMPANAS DE SANTAMARÍA
1946 CAMINO DE UTOPÍA
1947 CAMINO DE RÍO
1948 EL VALS DEL EMPERADOR
1952 CAMINO DE BALI

1954 LA ANGUSTIA DE VIVIR
1954 NAVIDADES BLANCAS
1956 ALTA SOCIEDAD
1962 CAMINO DE HONG KONG
1964 CUATRO GÁNGSTERES DE CHICAGO
1972 CANCEL MY RESERVATION

Cid Charisse

Tula Ellice Fenklea nació el 8 de marzo de 1922 en Amarillo, Texas. Considerada como una niña prodigio del ballet clásico, al que acudió bajo el seudónimo de Maria Istomina, bailó en los Ballets Rusos de Montecarlo, trabajando con David Lichine, Leonid Massine, Bronislava Nijinska y Michel Fokine. En el año 1939 contrajo matrimonio con su profesor de danza Nico Charisse, comenzando al poco tiempo a trabajar en el cine como extra.

En 1943 hizo su debut como actriz de reparto en "Something to Show About", bajo el pseudónimo de Lily Norwood, y posteriormente como una bailarina del Bolschoi en "Mission to Moscow" de Michael Curtiz. Sus largas y bien torneadas piernas, así como sus extraordinarias dotes para dramatizar los bailes, le hicieron ser elegida para bailar junto a Fred Astaire en "Ziegfeld Follies" de Vicente Minnelli. También fue importante su trabajo en "The Harvey Girls", de George Sidney, con Judy Garland, en donde también demostró que era una buena cantante, lo que le permitió codearse posteriormente con estrellas de la talla de Margaret O'Brian, Esther Williams y Kathryn Grayson.

Sin embargo, la Metro quizá se cansó algo de esta espectacular bailarina y tratando de sacarla del encasillamiento,

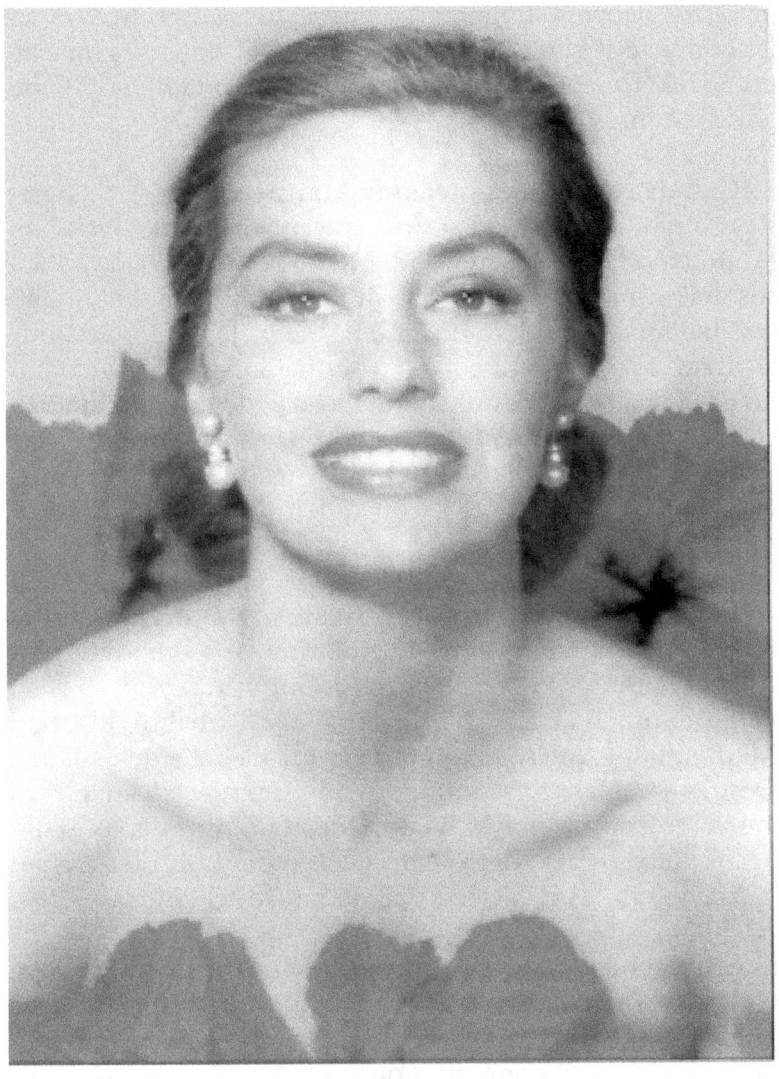

en 1949 la propuso interpretar "Tensión" de John Berry, en donde ni cantó ni bailó, lo mismo que le sucedió en "Mundos opuestos" de Mervyn LeRoy, con Barbara Stanwyck y James Mason.

Otros papeles similares, con los cuales su declive popular como actriz era ya notorio, fueron "El signo del renegado" (1951), en la que bailó con Ricardo Montalbán y "Norte Salvaje" en 1952.

Casada con el cantante Tony Martin desde 1948, lograría resurgir interpretando uno de sus mejores bailes en "Cantando bajo la lluvia" en 1952. De nuevo recogió los aplausos del público, y aunque era simplemente una secundaria que bailaba encandilando a Gene Kelly, le sirvió para que la tuvieran en cuenta como co-protagonista en "Melodías de Broadway 1955", una maravillosa película sobre un bailarín venido a menos interpretado por Fred Astaire. Después llegó la maravillosa opereta "Brigadoon" (1954) nuevamente con Gene Kelly, con quien vive un apasionado romance.

En esa época ya quedaba claro que Charisse era simultáneamente una buena actriz y bailarina, así como una adecuada cantante, lo que le permitió interpretar en 1957 la versión musical de "Ninotchka" que dirigió Rouben Mamoulian y que se renombró como "La bella de Moscú". Desdichadamente y aunque un año después alcanzó otro merecido triunfo por "Chicago años 30", y "El crepúsculo de los audaces", la Metro parecía estar cansada de esta bailarina con dotes de actriz, y no la renovó el contrato.

Se marchó a Francia y cuando volvió tenía ya una nueva oferta, esta vez de Vicente Minnelli, para un papel de vampiresa en "Dos semanas en otra ciudad", y aunque podemos considerarlo como uno de sus mejores trabajos, el filme no resultó bien comercialmente y el declive de Charisse era ya irreversible. Decidida a no apartarse del mundo del espectáculo, siguió actuando en diversos shows de televisión y teatro junto a su marido Tony Martin, volviendo en

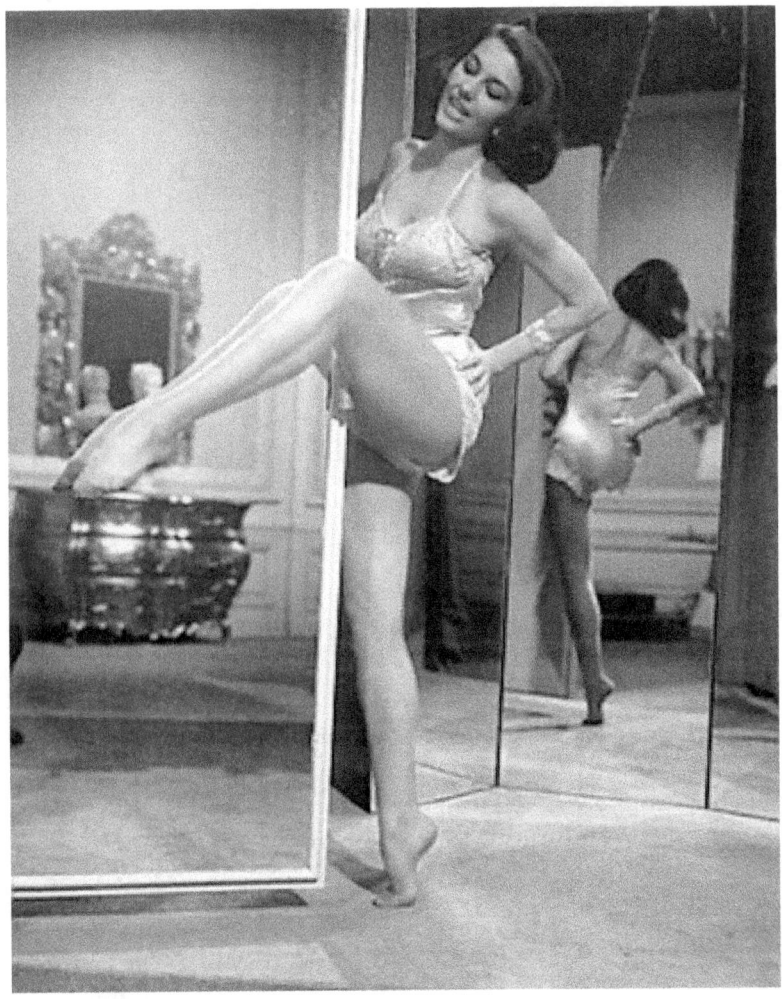

1992 a Broadway con el musical "Grand Hotel", donde fue muy aclamada por el público.

Filmografía esencial

1943 SOMETHING TO SHOUT ABOUT

1946 ZIEGFELD FOLLIES
1948 WORDS AND MUSIC
1952 THE WILD NORTH
1952 CANTANDO BAJO LA LLUVIA
1953 MELODÍAS DE BROADWAY 1955
1954 BRIGADOON
1955 SIEMPRE HACE BUEN TIEMPO
1956 ¡VIVA LAS VEGAS!
1957 LA BELLA DE MOSCÚ
1958 CHICAGO AÑOS 30
1958 EL CREPÚSCULO DE LOS AUDACES
1962 DOS SEMANAS EN OTRA CIUDAD
1978 LOS CONQUISTADORES DE ATLANTIS
1990 VISIONI PRIVATI

Debbie Reynolds

Dinámica, risueña, menuda, y capaz de hacer sonreír al espectador más gélido, Debbie Reynolds fue una eterna actriz de reparto que nunca defraudó a sus admiradores, pues aportaba el adecuado soporte para que los protagonistas consiguieran destacar más que ella misma.

Reynolds era una adolescente gallarda, pequeña y lista, cuando empezó a trabajar en el cine en el filme "June Bride" (1948), convirtiéndose en poco tiempo en una popular estrella del cine musical y comedias de amor, aportando siempre una imagen de muchacha sincera y alegre.

Pero ella parecía ser eternamente una chica joven y vivaracha, sumamente inocente, demasiado estereotipada como para convertirse en una gran estrella, aunque como veremos ahora, esa misma imagen fue suficiente.

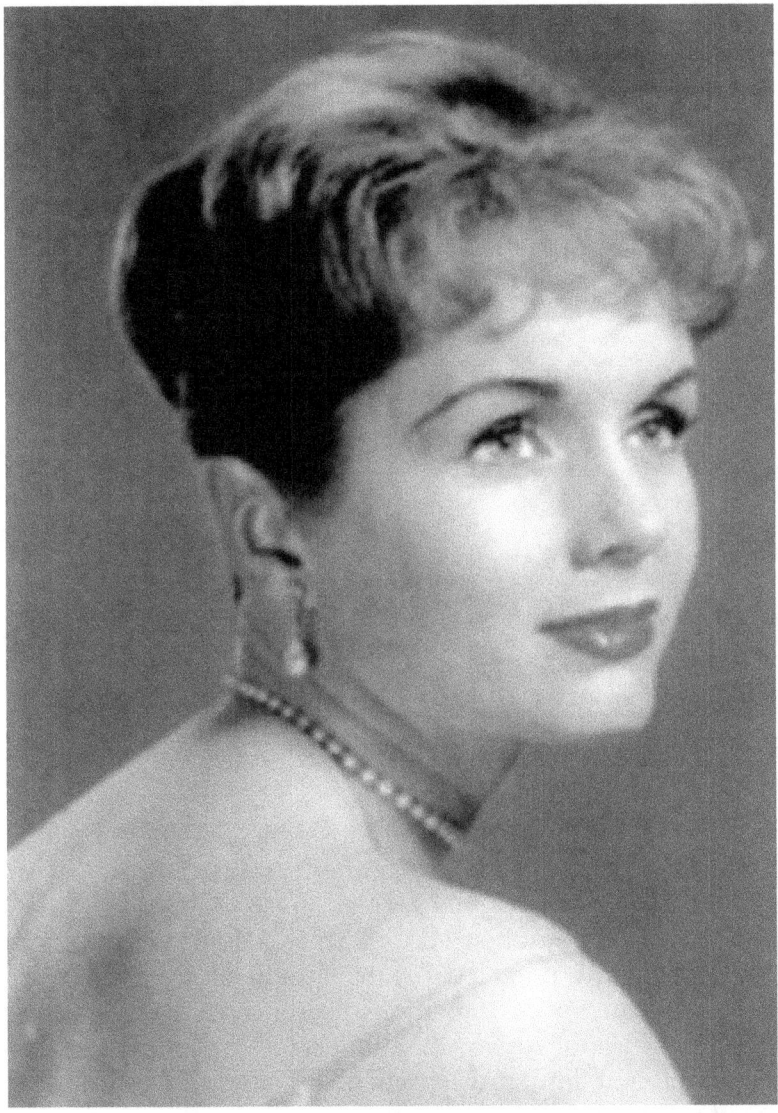

Mary Frances Reynolds había nacido en El Paso, Tejas,
y pronto se marchó a California, donde realizó una prueba
para la pantalla en los estudios Warner Bros. Después de

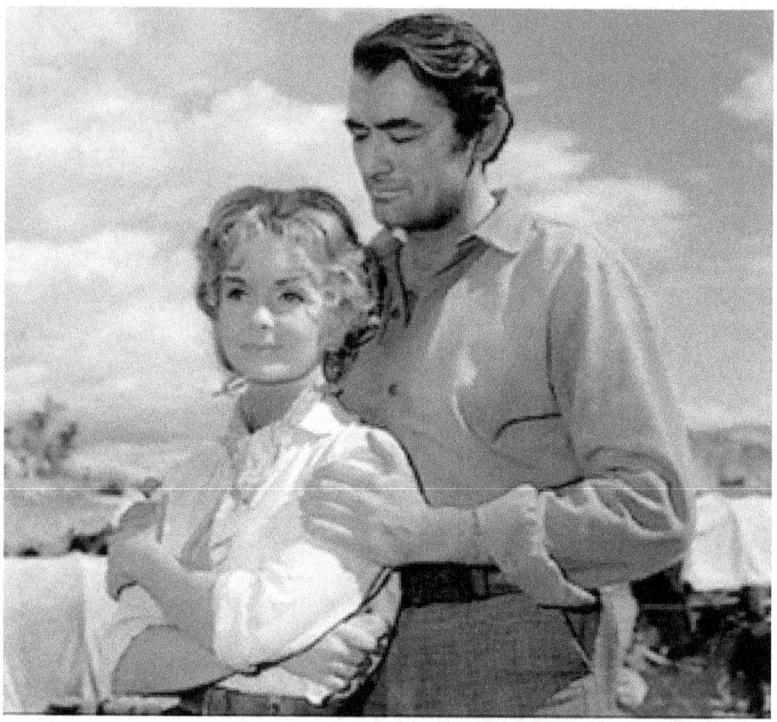

Con Gregory Peck, fallecido en junio de 2003

unos meses en los cuales filmó dos películas, fue transferi-
do su contrato a la MGM comenzando su trabajo con
"Three Little Words" en 1950, adquiriendo fama como la
muchacha del boop boop doop. En esta escena es observa-
da atentamente por Fred Astaire, mientras ella canta una
horrenda canción acompañada al piano por Red Skelton.
Dos años después realizó el papel que la llevaría rápidamente al estrellato con la película "Cantando bajo la lluvia" (1952), demostrando estar dotada especialmente para
la comedia y el baile, criterio que se afianzó cuando hizo
"The Tender Trap" en 1955. Después se involucró en "The
Catered Affair" (1956), un filme dramático que fue muy

mal aceptado, quedando claro que ese no era el camino y que el público deseaba verla como una chica alegre, por lo que volvió a la comedia ese mismo año con "Bundle of Joy".

Casada con el cantante Eddie Fisher, su nombre salió en las portadas de todas las revistas del corazón cuando su hasta entonces feliz matrimonio se disgregó a causa de la actriz Elizabeth Taylor. El romance entre ambos fue tan intenso que él se divorció de Debbie Reynolds y se casó con Liz en 1959.

Otras películas importantes fueron "Empezó con un beso" (1959), "Pepe" (1960) en la cual hace un número musical junto a Cantinflas, y "Molly Brown, siempre a flote" (1964), incorporándose a la escena de Broadway con el musical "Irene"

También intervino en "Esto es espectáculo" I y III (1974 y 1994), "El guardaespaldas" (1994), "Mother" (1996) y sorprendiendo a todos, en 1997 vuelve al cine con más fuerza que nunca en la comedia "Dentro o fuera" (In & Out), junto con Kevin Kline y Tom Selleck.

Filmografía esencial

1948 JUNE BRIDE
1950 THREE LITTLE WORDS
1952 CANTANDO BAJO LA LLUVIA
1954 SUSAN SLEPT HERE (Las tres noches de Susana)
1956 ¡VIVA LAS VEGAS!
1959 EMPEZÓ CON UN BESO
1960 PEPE
1963 MY SIX LOVES (Mis seis amores)
1964 GOODBYE CHARLIE

1964 MOLLY BROW, SIEMPRE A FLOTE
1967 DIVORCIO A LA AMERICANA
1971 ¿QUÉ LE PASÓ A HELEN?
1974 THAT'S ENTERTAINMENT! (Esto es Hollywood)
1992 THE BODYGUARD (El guardaespaldas)
1994 THAT'S ENTERTAINMENT! II
1997 IN & OUT

Donald O'Connor

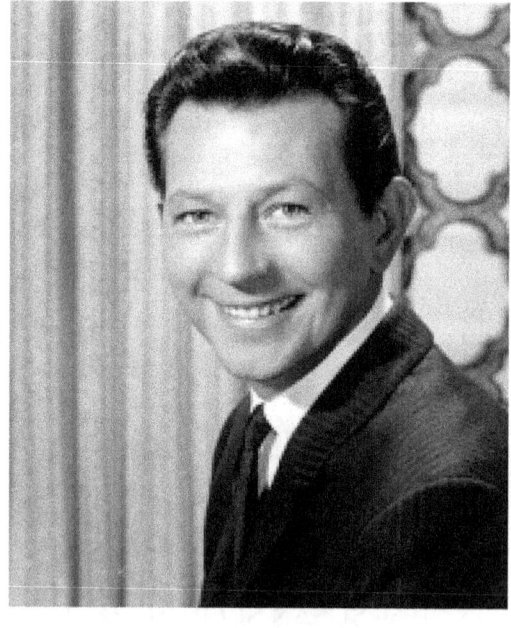

Nacido en Chicago, Illinois, en 1925, empezó su trabajo en el espectáculo como un personaje de circo, incorporándose pronto al mundo del vaudeville. El mayor atractivo de O'Connor era el ser un buen entretenedor profesional, lo que quedó ampliamente demostrado cuando debutó en la pantalla con 13 años en "Sing, You Sinners" junto a Bing Crosby, en un número memorable en el que demostró sus extraordinarias cualidades para bailar, cantar y hacer reír. Anteriormente había realizado una pequeña intervención en el filme "Melody For Two".

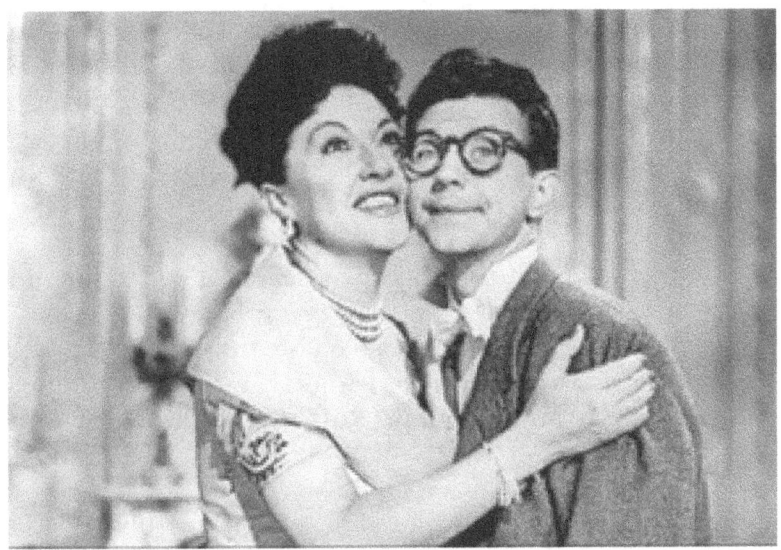

Con Ethel Merman

Aunque posteriormente intervino en numerosas películas haciendo de chico simpático que casi nunca enamoraba
a la guapa protagonista, consiguió trabajar más que la mayoría de los actores del momento, realizando 27 películas
entre 1937 y 1949, año en el cual consiguió un éxito de
público total... al lado de la mula Francis. No era el papel
más deseado, pero ganó más dinero con este personaje que
otros actores con papeles más serios. En 1955, con "Francis
en la marina" abandonó su trabajo con tan increíble compañera de reparto y se incorporó, afortunadamente, a otros
tipos de filmes más ambiciosos, aunque el éxito no le acompañó por igual.

Pero O'Connor era algo más que un sencillo bailarín de
cara risueña, pues sus habilidades llegaron a asombrar incluso al mismísimo Gene Kelly, quien en ocasiones se sen-
tía incapaz de seguirle en su mímica y acrobacias, por lo

que terminaban por bailar por separado, cada uno con su estilo. Secuencias de recuerdo imborrable hay muchas, pero deberíamos destacar especialmente "Haz reír" de "Cantando bajo la lluvia", en donde nos deleita con una de las escenas más largas en la historia del musical, sin acusar en ningún momento cansancio en su rostro.

Si hubiera tenido un físico más seductor y le hubieran puesto a su lado chicas guapas a quien enamorar, seguramente ahora sería una leyenda del cine musical. En la televisión europea le pudimos ver varias veces y le recordamos más recientemente en el filme "Rumbas a la carta", en donde comparte cartelera nada menos que con Jack Lemmon.

Detrás de la vida profesional de este inquieto y versátil actor quedan títulos tan memorables como "Cantando bajo la lluvia" (1952), "Llámeme Señora" (1953), "The Buster Keaton Story" (1957), "Esto es espectáculo I" (1974), "Ragtime" (1981), "Toys" (1992) y "Esto es espectáculo III" (1994).

Filmografía esencial

1937 MELODY FOR TWO
1938 LAS AVENTURAS DE TOM SAWYER
1939 BEAU GESTE
1949 FRANCIS (Mi mula Francis)
1951 FRANCIS GOES TO THE RACES (Francis en las carreras)
1952 FRANCIS GO WEST (Francis en el oeste)
1952 CANTANDO BAJO LA LLUVIA
1953 CALL ME MADAM (Llámeme señora)
1955 FRANCIS IN THE NAVY (Francis en la marina)
1957 LA HISTORIA DE BUSTER KEATON
1974 THAT'S ENTERTAINMENT! (Esto es Hollywood)

1981 RAGTIME
1982 PANDEMONIUM
1992 TOYS
1994 THAT'S ENTERTAINMENT! III (Esto es bailar)
1997 RUMBAS A LA CARTA

Elvis Presley

Cuando un cantante logra tener después de muerto un museo de su obra en la ciudad donde se crió (al que acuden miles de turistas al año), docenas de clubes de fans disemi-nados por todo el mundo, bares y restaurantes que llevan con orgullo su nombre, y sus discos se siguen vendiendo por millones, es una clara señal de que se le puede consi-derar una leyen-da.

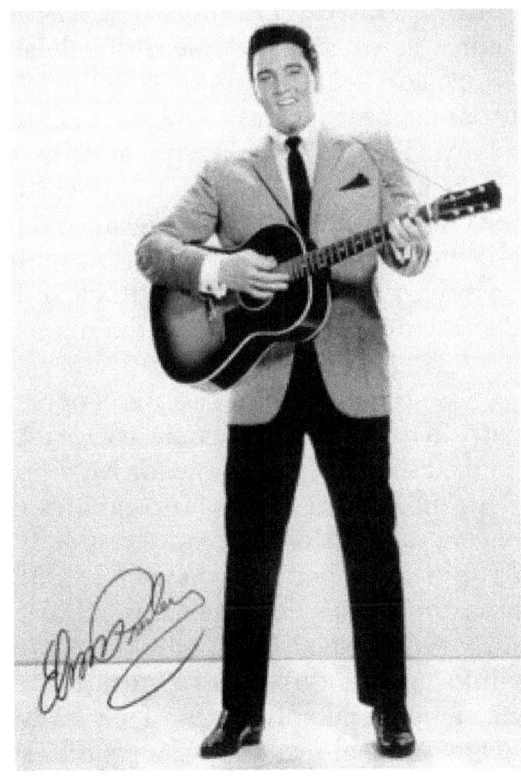

Elvis Presley tuvo en vida nu-merosos imi-tadores y también otros compañeros de profesión que lograban ventas de discos millona-rias, como es el caso de Paul Anka y Frank Sinatra, pero ninguno de ellos pudo arrebatarle el sobrenombre de "El Rey".

Con Elvis Presley no hay incógnitas que despejar, puesto que ya tiene un puesto en la historia de la música moderna. Sus canciones siguen siendo motivo de admiración para las nuevas generaciones y sus discos ocasionando cifras de ventas vertiginosas, sin que exista hasta el momento otro cantante que le pueda hacer sombra.

En 1956, muerto ya el ídolo del cine James Dean y cuando se estaba preparando el estreno de "Gigante", la película que le consagraría de una manera definitiva, se escucha por primera vez el nombre de Elvis Presley y la prensa le dedica ya unas pocas líneas. Paralelamente, el público es informado del aumento de la delincuencia juvenil mediante bandas organizadas, al mismo tiempo que culpan en parte a James Dean y Marlon Brando de los cambios tan grandes que la juventud está teniendo. Pues justo en esos días aparece un cantante de veintiún años, cuya presencia en los escenarios genera grandes histerias, intérprete de un estilo de música al que denominan Rock and Roll, un estilo decadente, aunque ligado de alguna manera al jazz.

Sus comienzos son casi una anécdota, ya que en su recorrido habitual como camionero estaba una pequeña compañía discográfica denominada Memphis Recording Service, y un día, con apenas cuatro dólares en el bolsillo, decide hacerle un regalo a su madre por el día de su cumpleaños. Acompañado por su primo acude a una de las diversas cabinas musicales de grabación, en las cuales cualquier persona puede dejar impresa su voz en un arcaico disco de vinilo. Ayudándose con su guitarra, interpreta una balada ciertamente cursi titulada "That's When Your Heartaches Begin", la cual recita más que canta. Por la otra cara graba

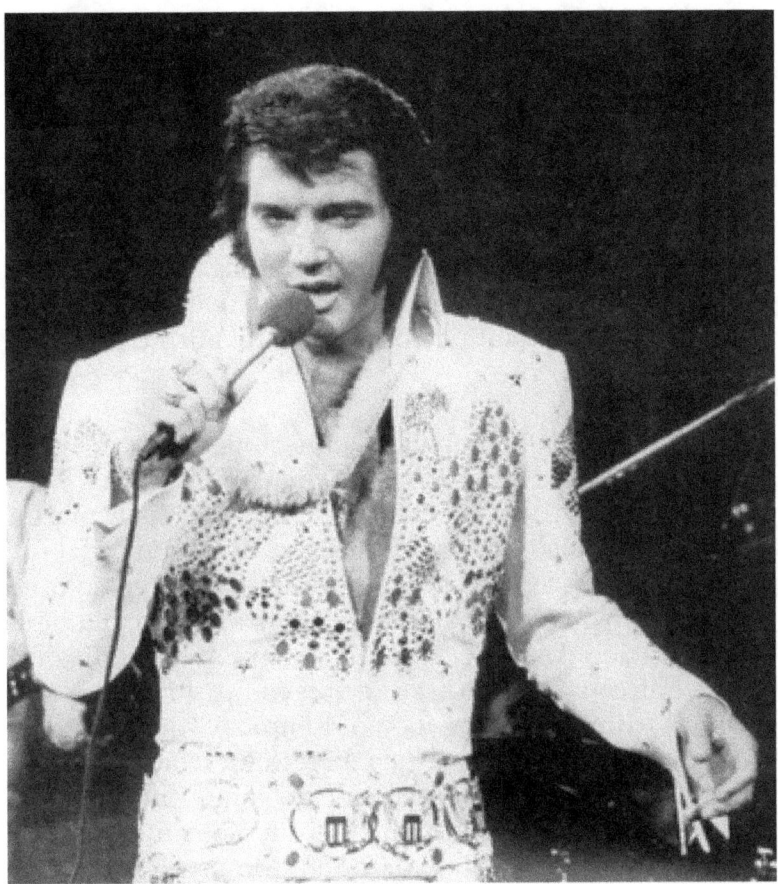

la canción que dedicaría a su madre, "My Happiness". Hay quien afirma que, una vez que escucha su propia voz, se queda horrorizado y rompe el disco allí mismo, aunque también existe otra versión que afirma que efectivamente se lo entregó a su madre el día de su cumpleaños.

Pero el joven reincide y al día siguiente acude a una emisora más seria de grabación, la Sun Records Company, y pide efectuar una grabación particular en un estudio

decente. *"Quiero grabar 'My Apines' –explica–, pero no quiero
que se parezca a la que canta Bing Crosby. Deseo que se parezca a
mí, que suene a Elvis Presley cantando"*.

La canción es escuchada por la Miss Radio Local, quien
queda ciertamente impresionada por la voz del joven. Hace
una copia de la grabación y se la envía a Sam Phillips, propietario de la casa Sun Records, la casa matriz de la
Memphis Recording Service, con una nota que lo describe
como un buen cantante de baladas, en la misma línea que
los cantantes negros.

El verano de 1954 comienza el nacimiento de un ídolo
que marcaría toda una época en la música moderna. Elvis
graba un modesto single en una de cuyas caras canta un
blues suave titulado "That's All Right, Mama", el cual fue
popularizado hace años por un cantante negro de nombre
Big Boy, pero que la voz de Elvis transformaba en una estupenda canción country, con un gran ritmo y vigor. La otra
cara del disco contenía otra canción country muy popular
entonces, titulada "Blue Moon of Kentucky" que era trans-
formada en un blues romántico. El resultado fue tan bueno
que su estilo empezó a ser reconocido como "rockabilly" o
"country rock", con fuerte impacto sureño, aunque posteriormente nadie dudaría ya en definirlo como "rock and
roll". Había nacido Elvis Presley.

Luego llegaría el cine, las actuaciones en directo y en la
televisión, la censura para que nadie pudiera ver el conto-
neo provocativo de sus caderas, su boda con Priscila y el
olvido de sus fans que coincidió con la llegada de Los Beatles.
Sin embargo, el delirio llegó de nuevo en 1968 cuando ac-
tuó en directo en Las Vegas, aunque poco antes había conseguido nuevamente encandilar al público con su canción
"In The Ghetto". Pero en 1976, después de realizar más de

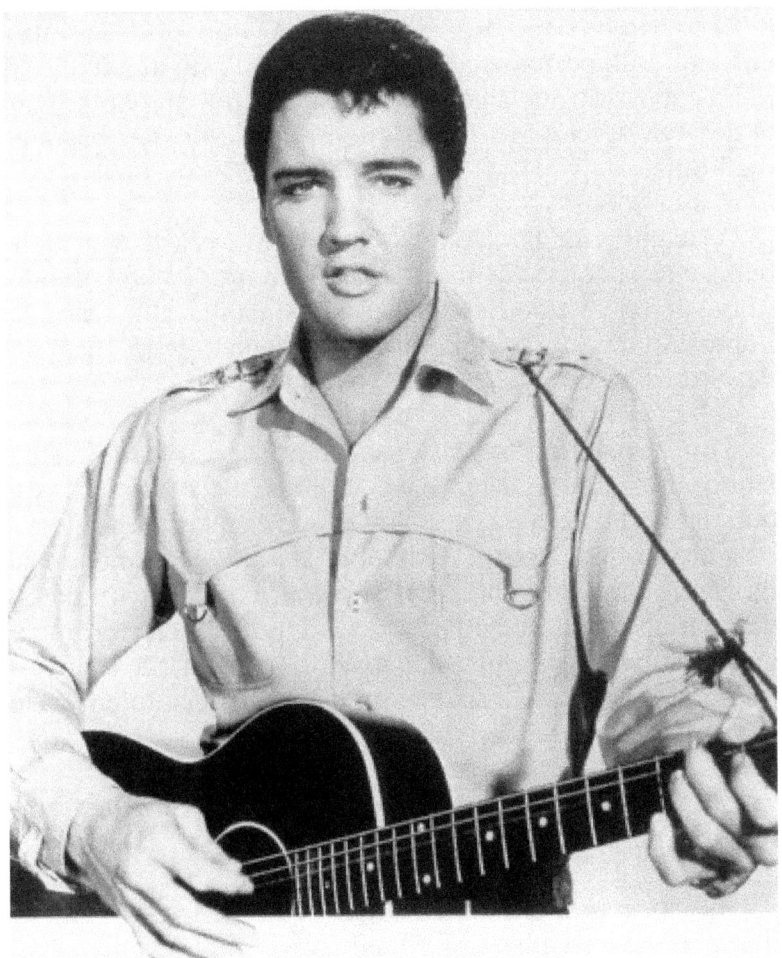

200 conciertos en directo, su peso ha crecido tanto que le hacen sentirse enfermo. En realidad padece hidropesía, posiblemente ocasionada por la mezcla de anfetaminas y diuréticos que su médico le recetaba alegremente.

Y así, el 16 de agosto de 1977, cuando Elvis estaba leyendo el libro "The Scientific Search for the Face of Jesus" en el cuarto de baño de su mansión de Graceland, se sintió enfermo. Allí permaneció bastante tiempo sin que nadie se diera cuenta de que algo iba mal, ni le llamaran para tomar el desayuno, ya que a fin de cuentas solía dormir hasta el mediodía.

A las nueve de la mañana Ginger fue a verle al cuarto de baño y lo encontró sentado apaciblemente en su cómodo sillón de cuero que había mandado instalar allí. Daba la impresión de estar durmiendo apaciblemente y prefirió no despertarle.

Con el paso de los fatídicos minutos Elvis fue resbalándose del sillón y cayó hacia delante. Poco después, sin que nadie sepa exactamente las horas exactas, Grace vuelve a entrar en el cuarto de baño y al verle así tumbado se da cuenta que está enfermo, muy amoratado. Acompañada de Joe Espósito y Al Estrada, le depositan en su cama y llaman inmediatamente al hospital y a su médico Nichopoulos, el cual le realiza la respiración artificial mientras le lleva al Memphis Hospital.

Allí y durante media hora, le aplican toda clase de tratamientos para intentar reanimarle.

Poco después, el médico solamente puede certificar su defunción, justo a las tres y media de la madrugada.

Desdichadamente, y aunque la leyenda había comenzado en ese mismo momento, su muerte aturdió a todo el mundo, y en los días siguientes a su fallecimiento se vendieron nada menos que ocho millones de discos de Elvis. Su tumba, que se encuentra en el cementerio de Graceland, Memphis, Tennesse, es visitada todos los años por miles de personas en el aniversario de su muerte.

Filmografía esencial

1956 LOVE ME TENDER
1957 LOVING YOU
1957 EL ROCK DE LA CÁRCEL
1958 KING CREOLE (El barrio contra mí)
1962 GIRLS! GIRLS! GIRLS!
1964 CITA EN LAS VEGAS
1966 PARADISE HAWAII STILE
1967 CLAMBAKE
1970 ELVIS: THAT´S THE WAY IT IS
1972 ELVIS IN TOURN
1980 THIS IS ELVIS

Esther Williams

Nacida en Los Ángeles en 1923, Esther consiguió ser campeona de natación en los Estados Unidos cuando tenía 15 años, pasando con posterioridad a trabajar como modelo en una empresa de confección. Durante su etapa como estudiante en la Universidad de Los Ángeles, decidió dedicarse profesionalmente a la natación mediante la "Billy Rose Aquacade", una asociación que la promocionó para que participase en la Feria Mundial de deportes acuáticos que se celebró en San Francisco en 1939. Allí fue descubierta por un cazatalentos de la MGM, quien la hizo firmar un contrato en exclusiva, iniciándose en el cine con el filme "Double Life" de Andy Hardy en 1942, con Mickey Rooney como compañero de reparto. Desde ese momento los productores de Hollywood se dieron cuenta que una guapa chica que sabía nadar con elegancia y sin perder la sonrisa, podía ser un nuevo filón para el cine musical.

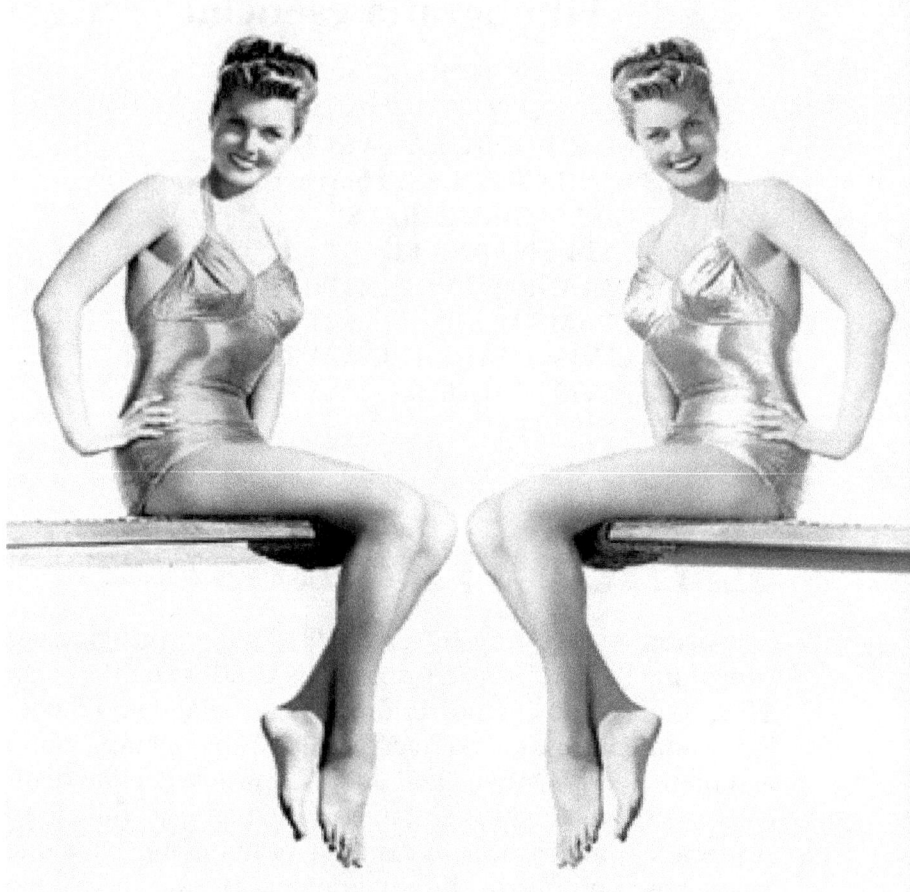

Rivalizando en popularidad con la patinadora Sonja Henie, su primera película de éxito fue "Escuela de sirenas" (Bathing Beauty, 1944), la primera de una interminable serie de películas musicales en las cuales se pasaba todo el tiempo en el agua. Esta circunstancia, en una época en la que la censura norteamericana era sumamente férrea, con docenas de guapas mujeres en traje de baño, creemos que fue el principal aliciente para el triunfo de esta sonriente actriz.

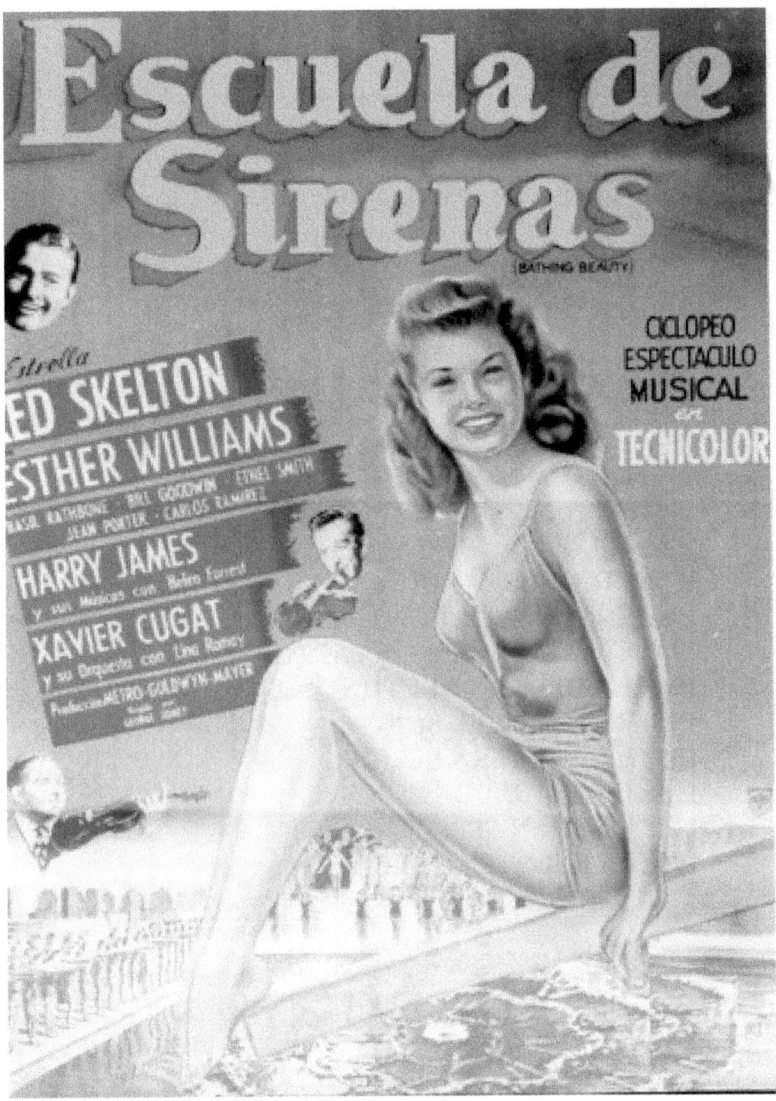

En los años cincuenta su carrera se marchitó cuando trató de interpretar películas dramáticas. Pero aunque algunas de ellas, como "Sombra en la noche" en 1956, en la cual hacía de una maestra de escuela que casi es violada por un estudiante, demostraron que poseía algunas aptitudes para la interpretación, el público no estaba dispuesto a aceptarla salvo emergiendo del agua como una diosa. Por eso ella se retiró en la década de los 60 y dedicó el resto de su vida a los negocios, especialmente a aquellos relacionados con la venta de piscinas de lujo.

Estuvo casada con el actor Fernando Lamas.

Filmografía esencial

1942 DOUBLE LIFE
1943 DOS EN EL CIELO
1944 ESCUELA DE SIRENAS
1945 JUEGO DE PASIONES
1946 ZIEGFIELD FOLLIES
1948 EN UNA ISLA CONTIGO
1949 LÉVAME A VER UN PARTIDO
1949 LA HIJA DE NEPTUNO
1950 PAGAN LOVE SONG
1052 LA PRIMERA SIRENA
1955 LA AMADA DE JÚPITER
1961 EL GRAN ESPECTÁCULO
1962 LA FUENTE MÁGICA

Frank Sinatra

Sinatra comenzó su trabajo como cantante con las orquestas de Harry James y Tommy Dorsey, quienes tuvieron un gran éxito durante el decenio de 1940. Su gran magnetismo para el público, su perfecta voz y dicción, así como el buen gusto eligiendo los temas musicales, le pro-

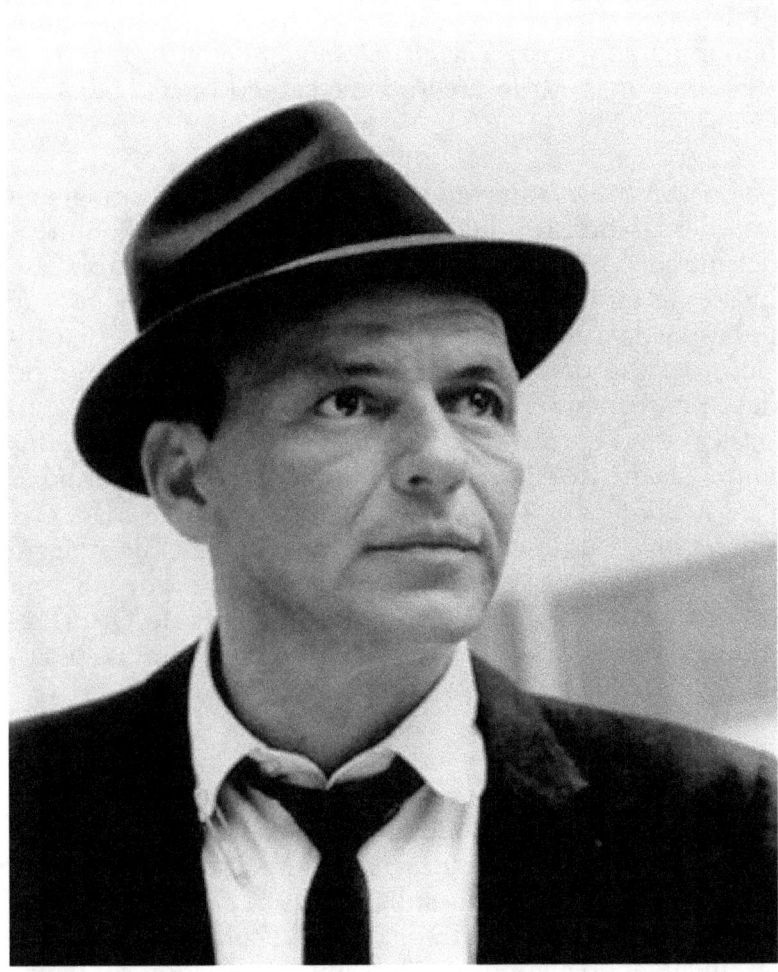

porcionó altas dosis de histerismo masivo en las mujeres primero y posteriormente también en lo varones.

Su primera actuación en el cine como actor fue en 1941 con *Las Vegas Nights,* simplemente como el solista de la orquesta de Tommy Dorsey, considerándose por tanto como su bautismo cinematográfico el filme *Reveille With Beverly*

de 1943, junto a la ya popular Ann Miller. Después continuó imparable hasta *The Firs Deadly Sin* en 1980, aunque
tres años más tarde efectuó un cameo en *Los locos del
Cannonball II.*

En 1952 se vio afectado por una intensa hemorragia en
las cuerdas bucales que presagiaba su retirada definitiva
del mundo de la canción, pero se recuperó pronto y ese
incidente nunca más se volvió a generar. Para evitar que
toda su vida artística dependiera exclusivamente de la canción, decidió dedicarse también intensamente al mundo
del cine, eligiendo primeramente agradables comedias musicales como *Un día en Nueva York* o *Levando anclas* –las dos
junto a Gene Kelly– aunque también probó su versatilidad
y elasticidad para interpretar papeles dramáticos más agre-
sivos, como pudimos ver cuando hizo el papel de Maggio
en *De Aquí a la Eternidad* (1953), como un héroe adicto a
las drogas en *The Man With the Golden Arm* de Otto Preminger (1955) y como Bennett Marco en el político psicodrama, *The Manchurian Candidate* (1962).

Después de recobrar y desarrollar sus facultades vocales, Sinatra volvió al mundo del espectáculo en una época
en la cual todo el mundo le consideraba ya acabado, consiguiendo igualmente grandes éxitos, especialmente con sus
actuaciones en los night-clubs de Las Vegas, siguiendo simultáneamente con su trabajo en películas internaciona-
les, incluyendo algunos thrillers muy apreciados. Su figura
legendaria y el resurgimiento posterior, sirvió de base para
el personaje de Johnny Fontane en *El Padrino* (1972), aunque al final su puesto le fue arrebatado por problemas económicos. Estuvo casado con actrices como Ava Gardner y
Mia Farrow y es padre de la cantante/actriz Nancy Sinatra
(1940) y de Frank Sinatra Jr., actor y músico (1943).

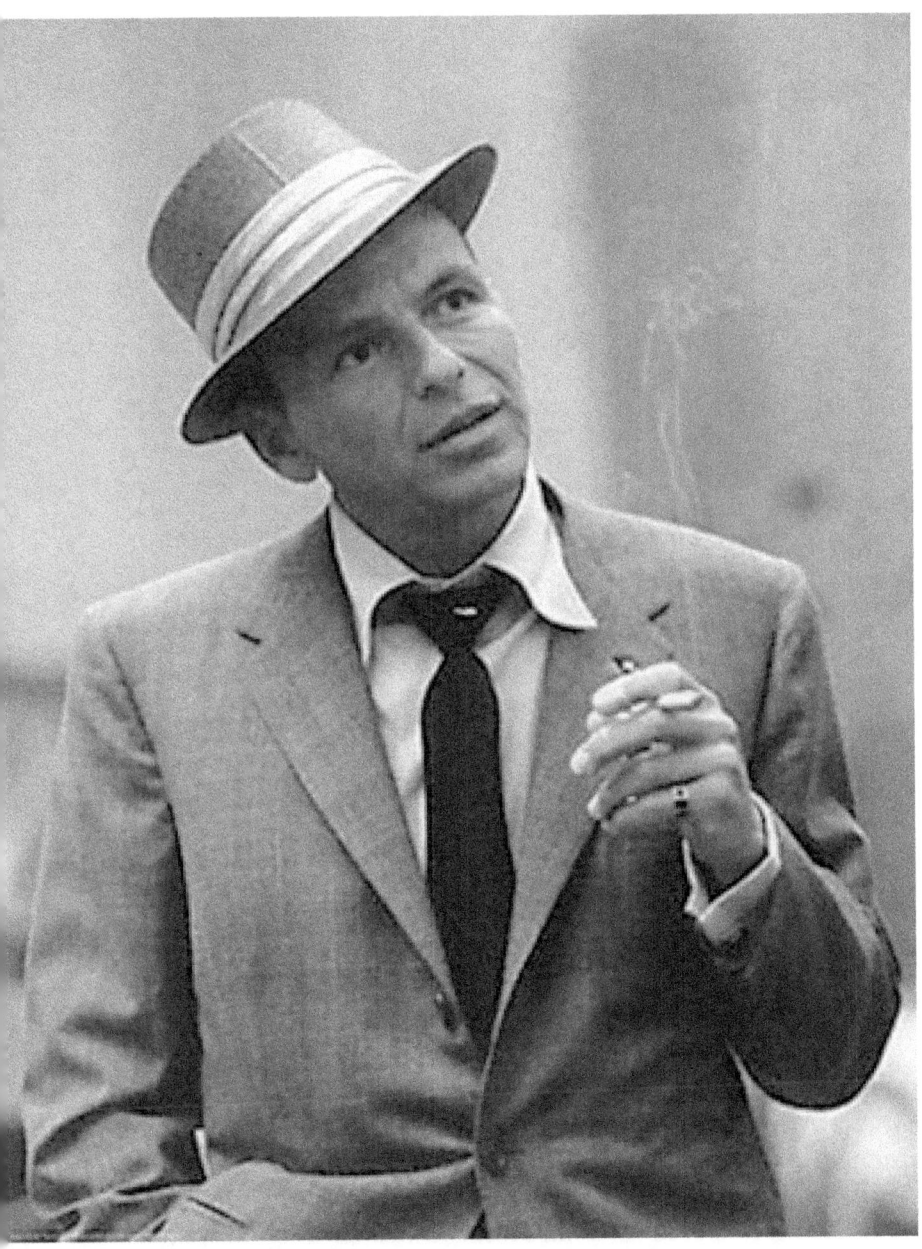

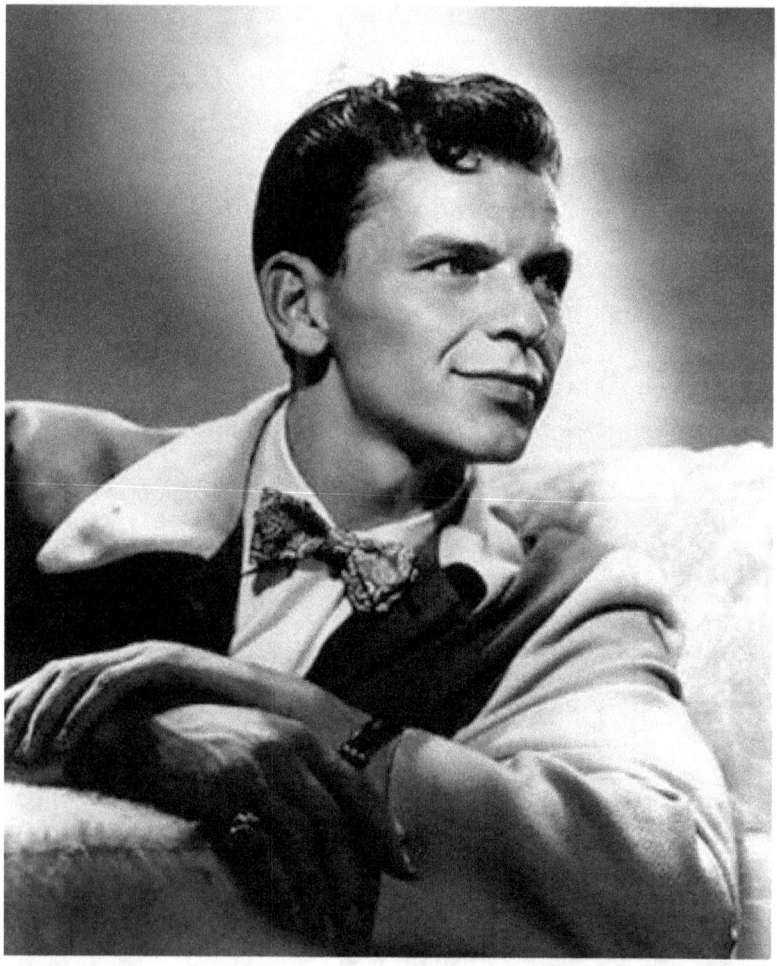

Surcada su vida de grandes altibajos, tanto económicos, como de popularidad y sentimientos, hubo momentos en que casi imploró una ayuda, tal y como ocurrió cuando su esposa Ava Gardner tuvo que poner en juego toda su influencia para que le hicieran una prueba en *"De aquí a la eternidad"*. Prácticamente arruinado entonces, aceptó trabajar casi gratis (8.000 dólares) a cambio de una compen-

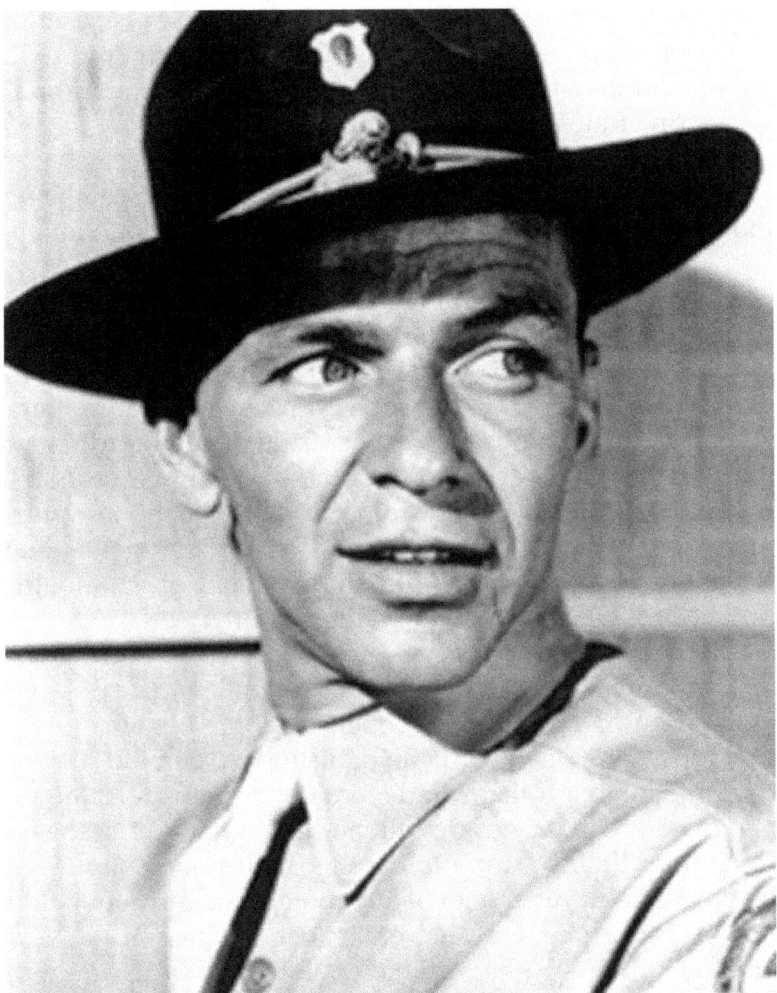

sación si los resultados eran favorables. Obtuvo su premio cuando le dieron un Oscar al mejor actor secundario y sus discos comenzaron a ser oídos de nuevo.

La llegada del rock and roll pareció anularle y la juventud se olvidó de aquel cantante que les había hecho soñar y enamorarse. Para bailar ya no buscaban una música lenta y melodiosa que les permitiera abrazar fugazmente a su amor, sino un ritmo más frenético que les hiciera embriagarse con el movimiento y la música.

Pero Sinatra no estaba acabado, solamente esperaba su momento para volver a demostrar que seguía siendo único.

Esa experiencia, abandonado por sus amigos y triunfante de nuevo, se repitió varias veces, siendo la más memorable aquel día de 1993 en que caminando sobre el vestíbulo del Capitol Tower en Hollywood entró en los estudios para grabar un nuevo álbum. La expectación era extraordinaria: iba a realizar de nuevo unos memorables dúos con cantantes de gran prestigio, tal y como lo había hecho anteriormente en 1961. Ahora le acompañarían nada menos que Barbra Streisand, Aretha Franklin, Natalie Cole, Bono, Julio Iglesias, Gloria Estephan y Tony Bennett.

Para mucha gente, el nombre de Frank Sinatra era en esa época una leyenda, pero apenas habían escuchado sus canciones, pues la mayoría no había nacido cuando su época dorada había finalizado. Pero quienes eran ciertamente aficionados a la música de calidad sabían que se trataba de un extraordinario cantante de ojos azules que enamoró a las chicas de su generación y que todavía era muy conocido por sus canciones "Extraños en la noche", "New York, New York" y "My Way". La realidad es que Sinatra fue y aún es, el indiscutible cantante más popular de América, juntamente con Elvis Presley, y que sus discos reeditados todavía alcanzan cifras de ventas de vértigo, lo que demuestra que las nuevas generaciones aprecian su insuperable voz. Lo normal es que los hijos regalen a sus padres los nuevos CD de Sinatra y que para ambos "My Way" sea el buque insignia que identifique a Frank con las nuevas generaciones.

Es difícil encontrar un hombre con tanta personalidad en el mundo de la música y quienes han estado entre el auditorio del Palace Caesar en Las Vegas y han podido disfrutar de un concierto suyo en directo, se han convertido invariablemente en sus admiradores de por vida. Podemos sacar la conclusión de que Sinatra ha sido el mejor cantante romántico de todos los tiempos y esto ha significado que ha contribuido a traer el amor a millones de parejas del mundo entero, pero aun siendo esto muy importante (es algo que también han logrado otros cantantes), tiene que haber algo más que le haya convertido en este mito.

Escuchar cualquiera de sus canciones es sentir algún tipo de emoción, pero, además, y gracias a su perfecta vocalización, se puede escuchar cada palabra que canta y esto es digno de observar, ya que todas sus canciones están adornadas de una letra poética. Entre trío de cualidades, letra, música y voz, le dan una categoría única.

El 11 de septiembre de 1997, durante el transcurso del día, la página de Internet reservada para otorgar un Tributo a Frank Sinatra, patrocinada por John Sauvageaus Omega, consiguió nada menos que 10.000 visitantes, un récord aún no superado por ningún otro artista mundial. Este dato deja bien claro que Sinatra, incluso enfermo, envejecido y reposando sobre La cama de un hospital, era capaz de mover los sentimientos de miles de personas de todo el mundo. Es un homenaje ciertamente elegante, al que por desgracia no se pudieron sumar aquellos amigos suyos que se habín quedado en el camino, como Bing Crosby, Dean Martin, Sammy Davis Jr, Ava Gardner, Gene Kelly, Groucho Marx y tantos otros que le acompañaron en su larga vida.

Como tantas veces cantó, Frank vivió "a su manera" y ha pasado "de aquí a la eternidad". Murió en 1998.

Filmografía esencial

1941 LAS VEGAS NIGHTS
1945 LEVANDO ANCLAS
1949 UN DÍA EN NUEVA YORK
1953 DE AQUÍ A LA ETERNIDAD
1955 NO SERÁS UN EXTRAÑO
1955 ELLOS Y ELLAS
1955 EL HOMBRE DEL BRAZO DE ORO
1956 ALTA SOCIEDAD
1957 ORGULLO Y PASIÓN
1957 PAL JOEL
1958 COMO UN TORRENTE
1959 CUANDO HIERVE LA SANGRE
1960 LA CUADRILLA DE LOS ONCE
1961 EL DIABLO A LAS CUATRO
1963 CUATRO TÍOS DE TEXAS
1965 EL CORONEL VON RYAN
1968 EL DETECTIVE
1990 LISTED UP

Fred Astaire

Quizá mi vista no sea perfecta, pero siempre me ha parecido que cuando Fred bailaba no tocaba el suelo. Y es que este descendiente de austriacos, nacido en 1899 como Frederick E. Austerlitz, ha sido indiscutiblemente el bailarín más popular y querido de toda la historia del cine musical, rivalizando tanto con Gene Kelly que resulta imposible realizar comparaciones.

Nativo de Omaha, EE.UU., su madre pronto presagió las habilidades para el baile de este eterno delgaducho personaje y lo matriculó en una escuela de baile a los cuatro años de edad, aunque solamente pretendía que diera soporte artístico a su hermana mayor Adele, con quien formaría pareja de baile hasta 1932. Con ella trabajaría durante ocho años, alcanzando algunos éxitos en Broadway como la comedia musical "Over the top", además de otros éxitos como "Lady be god", "Funny Face" y "Band Wagon".

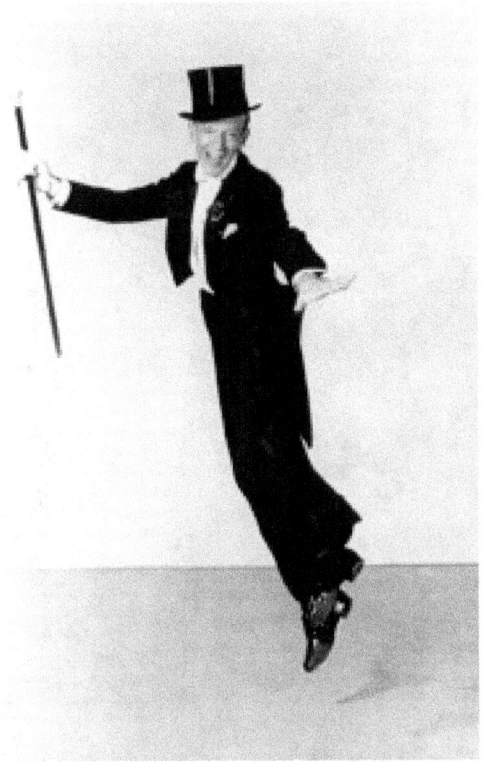

Todo parecía ir sobre ruedas hasta que en 1932 se casó su hermana y Fred se quedó sin pareja de baile, aunque ese mismo año hizo su debut en el cine en el filme "Alma de bailarina" (Dancing Lady), al lado de Clark Gable y Joan Crawford. Un año después se casó con Phyllis Baker, que falleció de cáncer en 1954, dejándole dos hijos: Frederick y Ava. No volvería a casarse hasta 26 años después, en 1980, con Robyn Smith, una jockey profesional 44 años más joven que él.

En 1933 conoció a la que sería posteriormente su compañera artística inseparable, la actriz Ginger Rogers, con quien formó pareja en "Volando a Río", junto a la popular

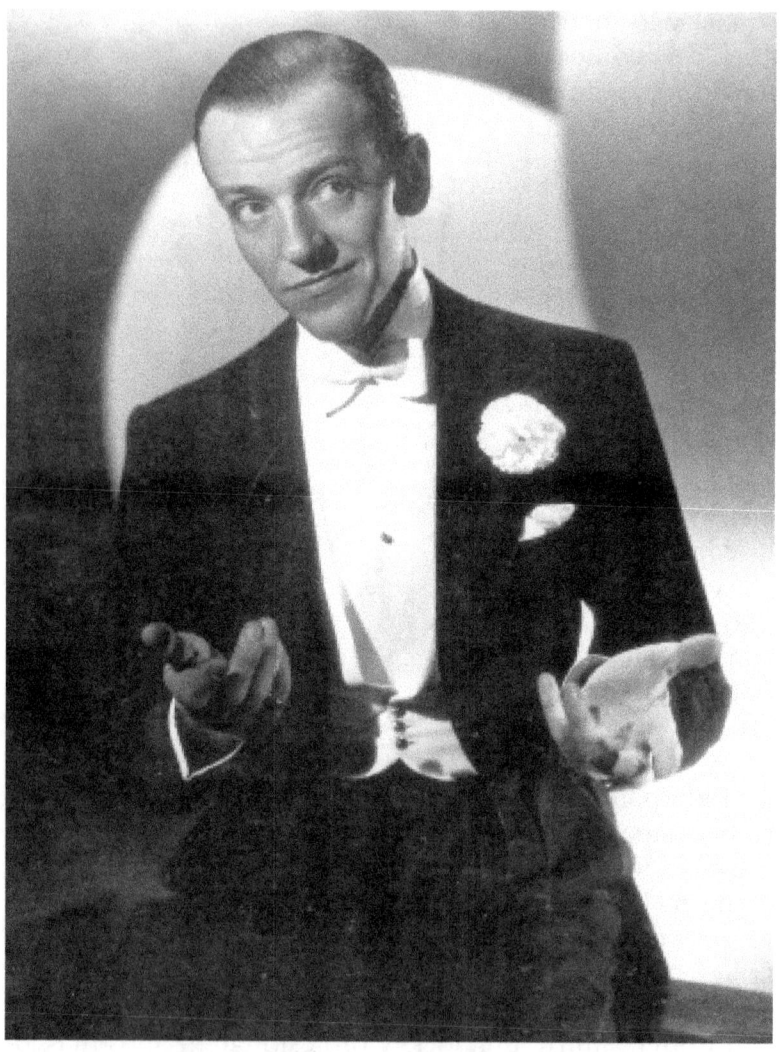

estrella del musical Dolores del Río. Sin embargo, la actuación de esa pareja de incansables bailarines eclipsó a la mula-
ta de voz cálida, y alcanzaron tanto éxito que los estudios
les propusieron formar pareja por tiempo indefinido. A este

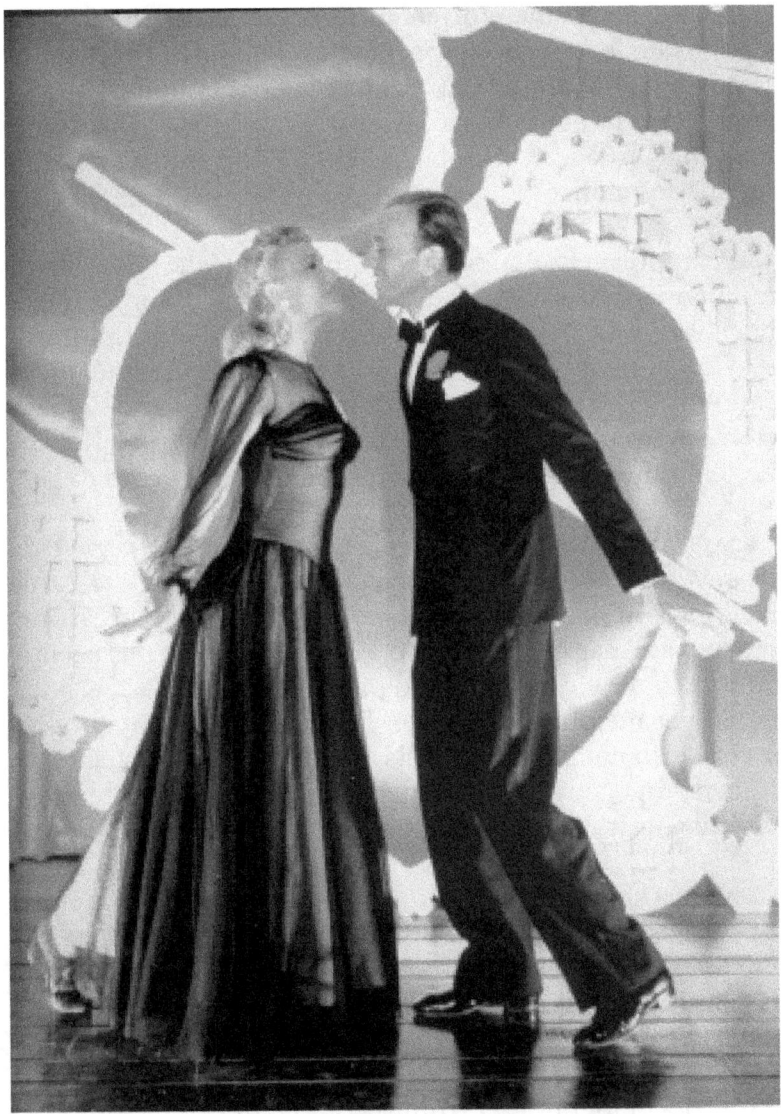

filme siguieron "La alegre divorciada" (1934), "Roberta" (1935), "Sombrero de copa" (1935) y "Ritmo loco" (1936), entre otros, finalizando con "The Barkleys of Broadway" en 1949, no formando pareja nunca más, ni siquiera en algunos de los muchos espectáculos a los cuales fueron invitados. La hostilidad entre ellos era de dominio público y aunque en la pantalla parecían sólidamente enamorados, nada más finalizar el rodaje se daban la espalda sin ni siquiera despedirse.

Posteriormente, Astaire bailó junto a Eleanor Powell, Rita Hayworth, Judy Garland, Cyd Charisse y Audrey Hepburn, además de Vera-Ellen, pero cuando tuvo la oportunidad de reunir a las mejores estrellas del musical norteamericano en "Esto es Hollywood" de 1974, puso como condición para participar que no fuera invitada Ginger Rogers, petición que fue admitida sin problemas por Gene Kelly.

Su trayectoria artística en el cine fue sólo un ejercicio de perseverancia, pues cuando efectuó su primera prueba fue recibido con poco entusiasmo por los directores del casting, quienes afirmaron que era "feo, delgado y con un mal acento, aunque tenía cierta habilidad para bailar". Aun así, alguien debió ver mejores virtudes en Fred y le asignaron el papel secundario en "Volando hacia Río de Janeiro", con Ginger Rogers, una actriz que había alcanzado ya cierta popularidad por su trabajo en "42nd Street" unos meses antes.

Muy a su pesar (habría que añadir que a pesar también de Ginger) su consagración definitiva como bailarín la tuvo precisamente con su unión a Ginger, una actriz que no tenía las óptimas cualidades bailando de Fred pero que sabía dejarse guiar. Ligeramente pesada y no siempre dotada de la necesaria elasticidad, fue una pareja adecuada para Fred y junto a él lograron el triunfo como pareja en "Sombrero de copa", "Sigamos la flota" y "Swing time", aunque sus desavenencias como amigos ocuparon pronto más portadas que como pareja artística. Su última intervención juntos

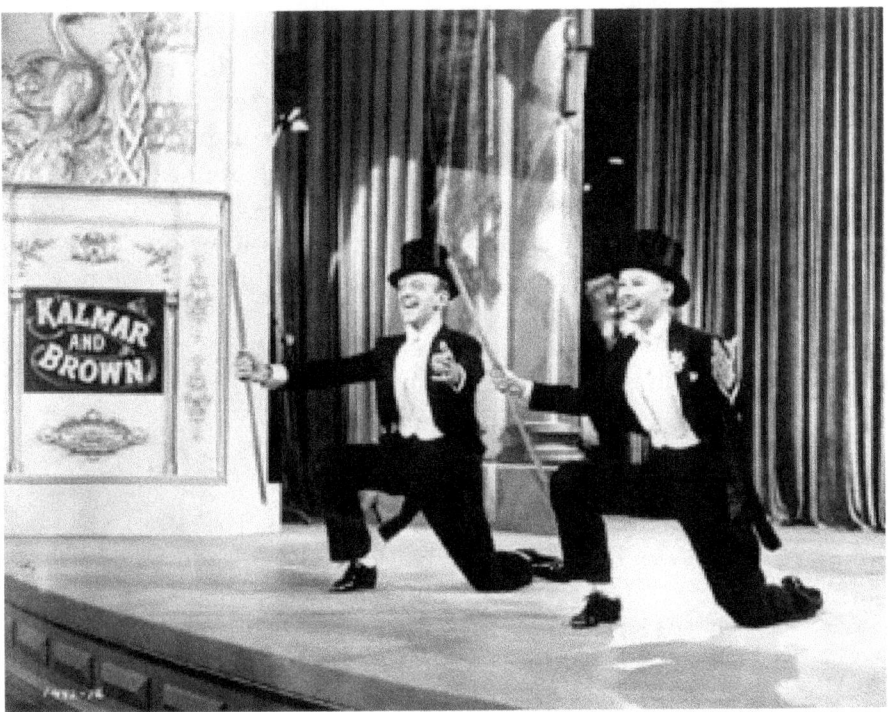

fue en "Vuelve a mí" (The Barkleys of Broadway) en 1949, fecha en la cual la Academia de Artes y Ciencias Cinematográficas de Hollywood concedió a Fred un oscar honorífico por "su virtuosismo y contribución al arte de la comedia musical".

Después de independizarse de Ginger Rogers, trabajó en "Three little words" y "La bella de Nueva York" junto a Vera-Ellen, en "Papa piernas largas" con Leslie Caron, en "Una cara con ángel" con Audrey Hepburn, y en "La bella de Moscú" con Cyd Charisse, entre otros filmes.

Deseoso de abandonar el cine musical y consciente de que su edad, 58 años, ya no le permitía moverse con la agilidad de antes, se decide por el cine dramático y hace "La hora final" en 1959, "El coloso en llamas" en 1975 (nominado al Oscar como mejor Actor secundario) y "Una historia macabra" en 1981. También se une a su buen amigo Gene Kelly para organizar tres documentales sobre el cine musical norteamericano, titulados "Érase una vez en Hollywood" en 1974, "Hollywood, Hollywood" en 1976, y "Esto es baile" en 1984. En uno de ellos, le podemos ver en la que sería la segunda ocasión en la cual bailaron juntos Kelly y Astaire, con un discreto pero memorable baile que hoy en día en ya una antología.

Filmografía esencial

1933 DANCING LADY (Alma de bailarina)
1933 FLYING DOWN TO RIO (Volando hacia Río de Janeiro)
1934 THE GAY DIVORCEE (La alegre divorciada)
1935 TOP HAT (Sombrero de copa)
1936 FOLLOW THE FLEET (Sigamos la flota)
1937 SHALL WE DANCE? (Ritmo loco)
1938 CAREFREE (Amanda)
1940 SECOND CHORUS (Al fin solos)
1941 YOU'LL NEVER GET RICH (Desde aquel beso)
1946 ZIEGFELD FOLLIES
1948 EASTER PARADE
1949 THE BARKLEYS OF BROADWAY (Vuelve a mí)
1950 THREE LITTLE WORDS
1951 ROYAL WEDDING (Bodas reales)
1952 THE BELLE OF NEW YORK (La bella de Nueva York)
1953 THE BAND WAGON (Melodías de Broadway 1955)
1955 DADDY LONG LEGS (Papá piernas largas)
1957 FUNNY FACE (Cara de ángel)

1957 SILK STOCKINGS (La bella de Moscú)
1959 ON THE BEACH (La hora final)
1968 FINIAN'S RAINBOW (El valle del arco iris)
1974 THAT'S ENTERTAINMENT! (Esto es Hollywood)
1974 THE TOWERING INFERNO (El coloso en llamas)
1976 THAT'S ENTERTAINMENT, PART 2 (Esto es Hollywood 2)
1981 GHOST STORY (Historia macabra)
1984 GEORGE STEVENS: A FILMMAKER'S JOURNEY
1988 GOING HOLLYWOOD: THE WAR YEARS

Gene Kelly

Nacido como Eugene Curran Kelly (existen otros biógrafos que le atribuyen nombres diferentes) el 23 de agosto de 1912 en Pittsburg, PA, este actor, coreógrafo y director de cine, cursó sus estudios en la Universidad del Estado de Pensilvania, en la rama de economía.

Fue el tercero de cinco hijos a quienes su padre James Kelly, un vendedor de fonógrafos, proporcionó una vida modesta pero estable, mientras que su madre, Harriet Curran Kelly, introdujo a sus niños en el arte escénico.

En poco tiempo habían formado un grupo denominado "Los cinco Kellys" Jac, Jim, Gene, Louise y Fred, quienes desempeñaban rutinas de baile amateur en las noches del vaudeville californiano.

Pero Gene prefirió el deporte y el baile. Experto en gimnasia, jockey sobre hielo, natación, fútbol y béisbol, hubo un momento en el cual verdaderamente deseó llegar un día a jugar en el béisbol profesional con Los Piratas de Pittsburg.

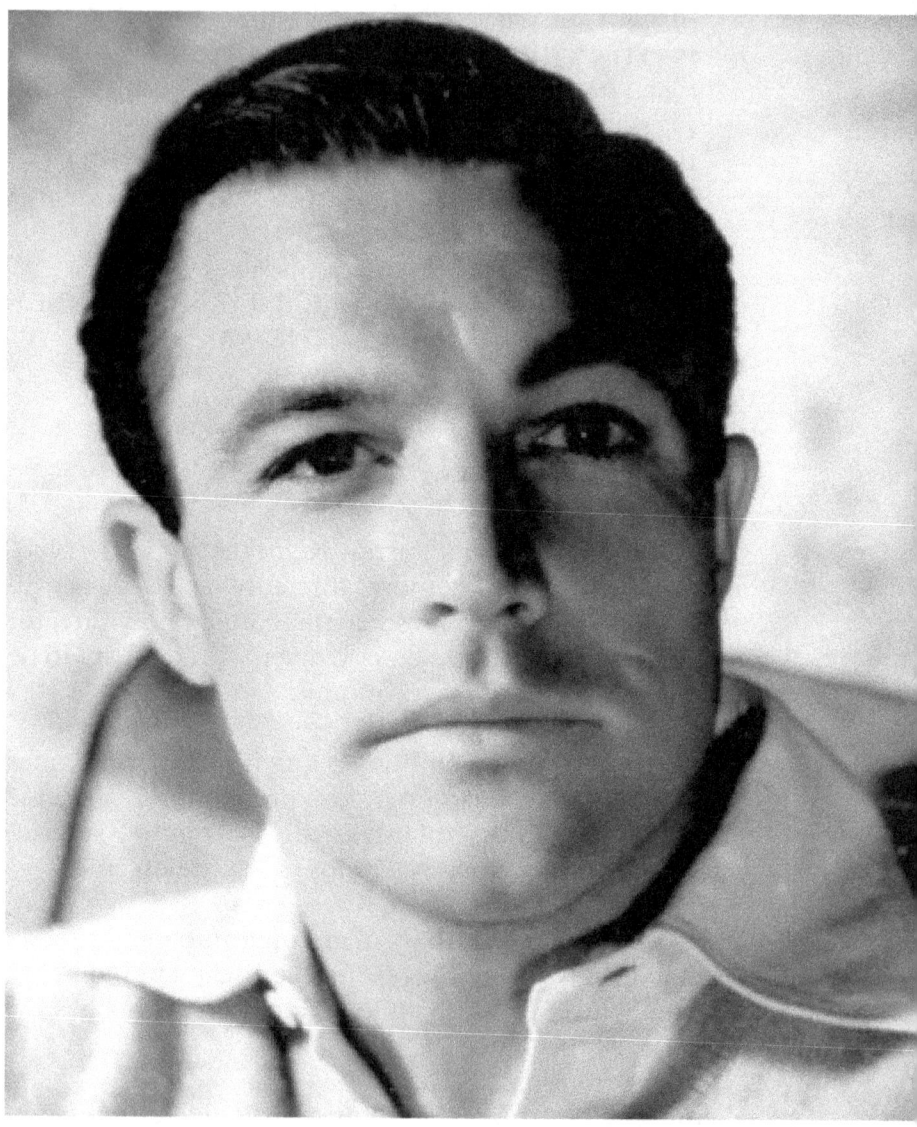

Estas proezas atléticas de Gene se demostraron posteriormente como muy beneficiosas cuando se convirtió en un

bailarín. En los siguientes años y gracias a unos programas realizados para la televisión con el título de "Bailar: el trabajo de un hombre", Gene demostró que el baile es meramente una extensión de los movimientos usados en los deportes.

Cuando era joven, sin embargo, el atlético Gene también ayudó a triunfar en el mundo del boxeo a su hermano Fred, mientras aprendía baile en una academia. Originalmente, Gene despreciaba las lecciones de baile que le fueron impuestas por su madre desde que comenzó a saber andar y solamente cuando llegó a la escuela superior y se dio cuenta de la gran popularidad que el saber bailar le proporcionaba con las chicas, le hizo disfrutar con la danza.

Gene y su hermano Fred comenzaron a aparecer en las salas de noche como unos aficionados llamados "Los Hermanos Kelly", y hay quien recuerda con especial cariño un número musical titulado "Taxi Calloway". Para perfeccionarse, ambos veían todos los espectáculos musicales que llegaban a su pueblo, aprovechando así para memorizar rápidamente sus pasos y poder elaborar los suyos propios.

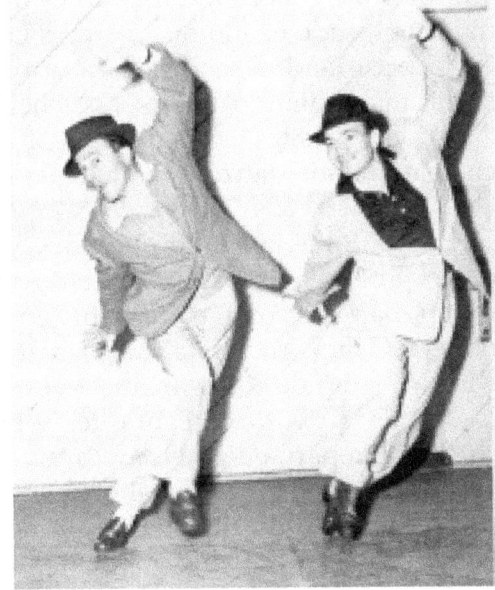

Gene y Fred Kelly

En 1932, Gene Kelly fundó su propio estudio de baile, la "Gene Kelly School of the Dance", montando un estudio en Pittsburg y otro en Johnstown. Ambas academias eran parte del negocio familiar, estando mamá Harriet como gerente, papá Jim como contable, y Gene, Louise y Fred como profesores. Uno de los muchos recuerdos de sus estudiantes sobre aquella época era la imagen de Gene como profesor siempre entusiasta, siempre energético. Sus alumnos siempre recordaron a Gene durante toda su vida profesional y aunque posteriormente se mantuvieron alejados de él por cuestiones profesionales, Gene nunca les abandonó. Les proporcionó trabajos y consejos para que no retrocedieran en su trabajo como bailarines, incluso a aquellos menos dotados para la danza, continuando enseñando en su academia siempre que su trabajo en los estudios se lo permitía. También coreografió y dirigió espectáculos musicales en Pittsburg y montó la obra "Cap and Gown" para la Universidad de esa ciudad, graduándose en Economía en 1933. Pero en esa época, la Gran Depresión norteamericana había golpeado económicamente a la familia y Gene se vio en la necesidad de dedicarse a otros trabajos para poder seguir manteniendo abierta su escuela, incluyendo excavar zanjas en las calles y trabajar como fontanero, aunque nunca abandonó la danza, lo único que le hacía ser feliz.

En 1938 había logrado todo lo que él podría conseguir como profesor, y se sintió tentado por Broadway. Su primer trabajo allí como bailarín fue en "Leave it to Me", una obra de Cole Porter en la cual la estrella principal era Mary Martin, y donde Kelly aparecía vestido de esquimal mezclado con un coro de cantantes y bailarines. Nadie, por supuesto, reparó en él. Después tuvo que esperar todo un año para volver a trabajar, ahora en la revista musical "One for the Money" de Nancy Hamilton, en donde, además de bailar con el coro, podía mantener un corto diálogo.

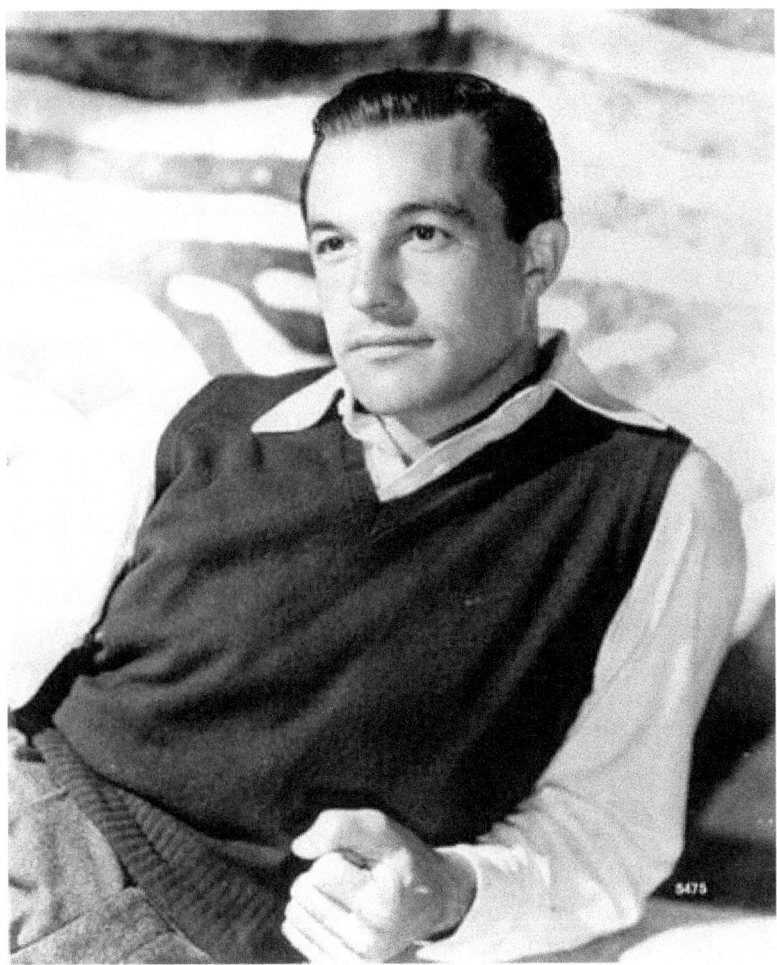

La primera gran ruptura con su trabajo anterior le vino cuando tenía ya veintisiete años, de la mano de Harry Hoofer, para trabajar en la obra "Time of Your Life" de William Saroyan, un premio Pulitzer. La representación, que estaba dirigida por Lawrence Langner, duró 22 semanas y con ella ganó el Premio de la Crítica de ese año. Esto motivó el interés por la industria del cine hacia él y sabemos que recibió una buena oferta por parte de Arthur Freed, un cazatalentos de la Metro que le propuso firmar un largo contrato con ellos. Pero Gene había ya saboreado el triunfo en la actuación en directo y prefirió seguir viajando por los escenarios norteamericanos y no atarse en una nueva aventura. Con el tiempo, abandonaría este trabajo y se lo cedería a su hermano Fred, quien conseguiría ganar un premio Tony por su desempeño.

El próximo trabajo de Gene como coreógrafo fue en "Diamond horse-shoe", una obra musical de Billy Rose. Allí conoció a una bailarina de 16 años llamada Betsy Blair, quien rápidamente desarrolló un gran interés por su instructor de baile. A principios de 1940, Gene fue elegido para interpretar el principal papel en la obra teatral "The Pal Joey" como Joey Evans, el malvado propietario de un centro nocturno que emplea toda clase de artimañas para conseguir sus deseos. El espectáculo, y Gene, llegaron a constituir un éxito inmediatamente. "The Pal Joey" permaneció en el Ethel Barrymore Theatre durante 270 funciones, desde la Navidad de 1940 hasta el verano de 1941.

Una vez finalizada esta obra, Gene coreografió "Foot the best Transmits" de George Abbott, y volvió a interpretar durante dos semanas más "The Pal Joey", siendo aplaudido por el mismísimo Louis B. Mayer en persona, quien le volvió a ofrecer un sustancioso contrato con la Metro. Al día siguiente se realizó una prueba en los estudios de cine y allí todo salió mal, tan mal que Gene se marchó enfadado de los estudios diciendo que antes prefería trabajar en un saloon (un burdel) que en esos estudios. Quizá para curarse un poco de su desilusión, el 22 de septiembre de ese año 1941 se casó con Betsy Blair, en una rápida y alegre ceremonia celebrada en Filadelfia. Un año después nacería su primera hija, Kerrie.

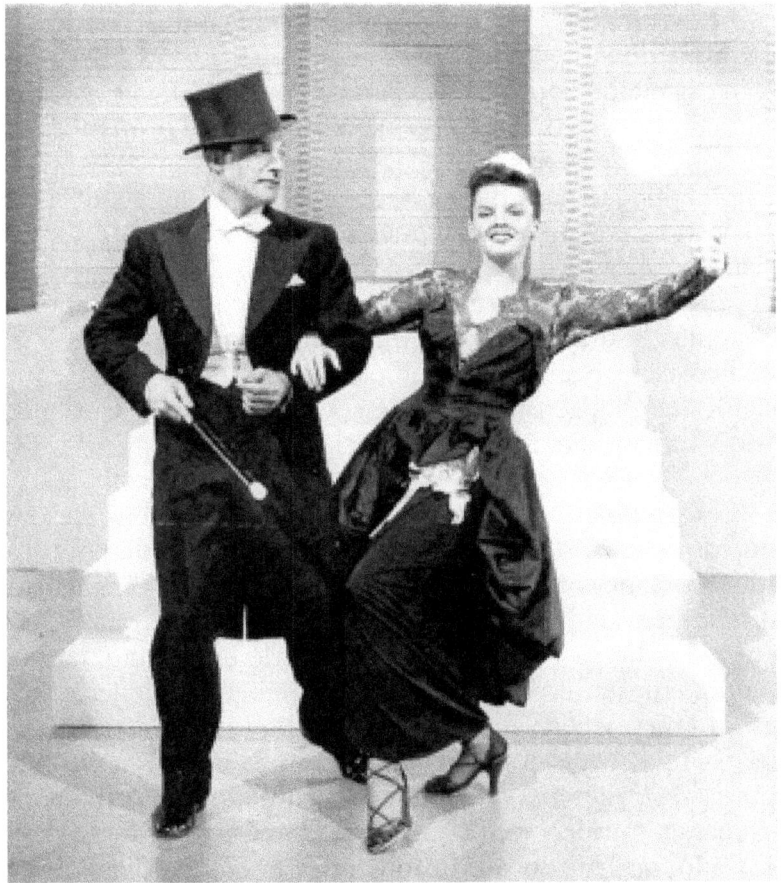

Gene Kelly y Judy Garland

Gene Kelly reconsideró su postura con respecto al cine y volvió a Hollywood unos meses después para firmar un contrato con David O. Selznick, yerno de Mayer y propietario de un prestigioso estudio cinematográfico. Y así, unos días después de su boda con Betsy, llegó a los estudios de Hollywood, pero allí nadie sabía qué hacer con un actor que bailaba y cantaba. La idea de hacer un musical existía, pero no un guión adecuado.

El productor Arthur Freed, que tenía unos pequeños estudios de cine, liberó a ambos, Gene y David, de su recién estrenado contrato e insistió en que B. Mayer estableciera un nuevo contrato con el actor para una obra musical que quería empezar de inmediato, "For Me and My Gal", bajo la dirección de Busby Berkeley. Arthur era el autor de las letras de algunas canciones que posteriormente se harían populares, como "Singin'in the Rain", además de haber intervenido como ayudante de dirección en la popular película "El mago de Oz". Su prestigio aumentó cuando se dedicó exclusivamente a promocionar el cine musical y consiguió reunir a actores tan prestigiosos como Judy Garland, Cid Charisse, Fred Astaire y Mickey Rooney.

El estreno en Hollywood de esta película con un desconocido bailarín llamado Gene Kelly, al lado de la popular Judy Garland, fue un gran éxito. El papel no era demasiado diferente al de Joey Evans, pero Gene aprendió que bailar en una película era distinto que hacerlo en directo, con el público presente. Su estilo de baile era ligero, atlético, muy espontáneo y con facetas sacadas del mundo circense. Suponía una revelación si lo comparamos con el estilo impuesto por Astaire, sumamente elegante, quien trataba de evocar en el espectador un mundo quimérico. Kelly era más sencillo, más burdo si profundizamos, pero más cercano al pueblo. No quería apoyarse en guapas chicas que solamente enseñasen sus esculturales piernas y exigía siempre auténticas bailarinas, como es el caso de Vera-Ellen, de quien hablaremos más adelante.

En esos días era evidente que Gene Kelly tenía un gran futuro en Hollywood, pero nuevamente los estudios de la Metro no sabían qué hacer con él. Gene parecía adecuado para películas menores, denominadas ya de serie B, filmadas en época de guerra, pero sin mayores pretensiones que la

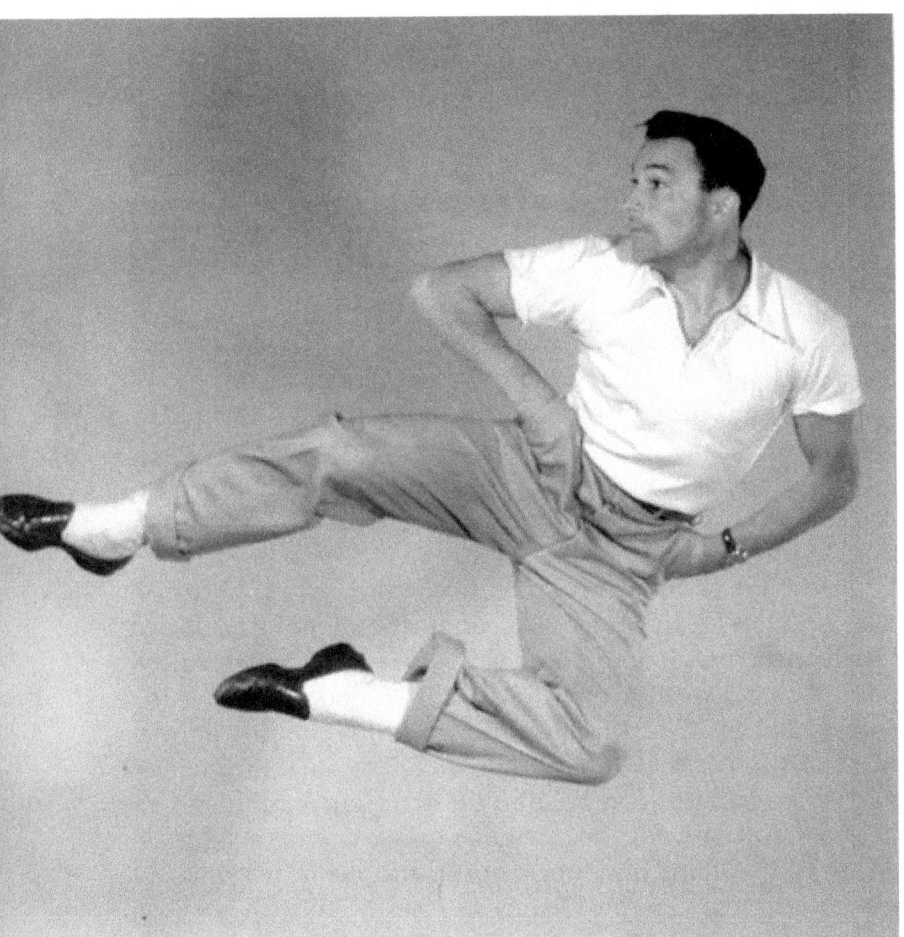

de entretener a la población. La crítica no opinaba así y desde el primer momento le dieron su apoyo, mientras que el público se entusiasmaba con este bailarín cuyas habilidades físicas eran inéditas hasta entonces. Kelly conseguía hacer que lo imposible fuera factible y aportaba movimientos en sus bailes imposibles de realizar para la mayoría de los bailarines clásicos. Por todo ello, Betsy y él se instalaron en Hollywood, junto a su hija Kerry, en 1942.

En 1944, la MGM prestó a Gene (algo muy frecuente a aquellos años de largos contratos) a la Columbia Pictures para un musical con Rita Hayworth llamado provisionalmente "The Frontispiece Girl" (Las modelos), película que ha sido siempre muy considerada por la MGM, aunque nunca ha querido volver a mostrarla ni siquiera en televisión. "The Frontispiece Girl" (retitulada como "Cover Girl") tuvo un gran éxito y en esta representación fue la primera ocasión que Gene hizo una coreografía importante. También, era la primera vez que mostraba su capacidad para crear un baile que era singularmente cinematográfico, su alter-ego, definido después como "baila contigo mismo".

Dándose cuenta del gran talento de Gene para los musicales, la MGM le contrató para el filme "Levando Anclas", donde tendría como compañeros de reparto a Kathryn Grayson, Frank Sinatra, el director de orquesta José Iturbi, y a un joven Dean Stockwell, ganando una nominación al Oscar como mejor actor. Una vez más, él creó bailes únicos para el cine, específicamente su "The Preoccupation Song "en el cual baila con Jerry, el ratón de los dibujos animados. La MGM inicialmente había rechazado esta idea de mezclar al bailarín con un dibujo, pero Gene y Stanley Donen lograron convencerles diciendo que se trataba solamente de una idea, pero que luego no saldría en la pantalla. El experto dibujante Walt Disney se interesó mucho por esta idea, pero su estudio estaba ocupado en la realización de otra película y no pudo hacerse cargo para utilizar a Mickey Mouse, como en un principio se había propuesto.

Sin embargo, su prestigio y su apoyo fueron suficientes para convencer a la MGM de que podría hacerse, y este número fue considerado como un gran logro para el cine, a pesar de que hoy en día todo esto se puede hacer más fácilmente mediante una computadora. La película resultó beneficiosa también para Sinatra, quien aprendió cómo bailar en solamente 6 semanas gracias al Profesor Kelly.

Aunque su carrera estaba de nuevo en alza, más que cualquier otra cosa Gene quería servir a su país en la Segunda Guerra Mundial. Bajo las protestas de la MGM, Gene se alistó en la Marina, donde le otorgaron el rango de Teniente, trabajando activamente en la sección de fotografía hasta mayo de 1946. Pero antes de alistarse tuvo tiempo para trabajar por primera y única vez (si excluimos el documental "Esto es Hollywood"), con el mejor bailarín que el cine conocía hasta entonces, el genial Fred Astaire, en el filme "Ziegfeld Follies", trabajando a las órdenes del director Vincente Minnelli.

La película era en esencia una sucesión de sketches musicales unidos por un débil pero adecuado argumento, pero que incluso hoy en día debe verse como una joya del cine musical, especialmente por ese dúo magistral entre Fred y Kelly.

Al volver de la guerra se dedicó íntegramente el cine musical, filmando "Vivir a lo grande", "El Pirata" y "Llévame a ver un partido". La película "El Pirata" era ya un viejo proyecto de la Metro que acabó siendo dirigida por Vincente Minnelli y producida por el entusiasta Arthur Freed, quien tuvo que pelear para que no la dirigiera Henry Koster, más experto que él en el cine pero no en el musical. Judy Garland nuevamente volvía a formar pareja con Kelly, debidamente arropados con las canciones de Cole Porter. En esa época las depresiones de la joven Garland empezaban a ser populares, lo mismo que su tendencia a consumir barbitúricos, y hay quien opina que solamente la presencia al lado del optimista Gene Kelly consiguió que la actriz superase su enfermedad y pudiera terminar el filme.

Posteriormente, con Frank Sinatra, Vera-Ellen, Ann Miller, Jules Munshin, Betty Garrett, y Stanley Donen como director y ayudante de coreografía, realizó un profundo cambio en el modo de efectuar cine musical con el filme "Un día en Nueva York". La película fue el primero de los mayores éxitos musicales, no solamente de Kelly, sino de todos los tiempos, conservando todavía hoy en día toda su frescura y reponiéndose varias veces al año en todas las cadenas de televisión mundiales. Este filme rompió todos los esquemas hasta entonces conocidos, al sacar por primera vez a los bailarines a la calle, y hacerles cantar y bailar en escenarios naturales. Aunque no era la primera vez que una película se rodaba en las calles de Nueva York, ciertamente era el primer musical que prescindía de los decorados propios de una sala de teatro. "Un día en Nueva York", además, supuso también el triunfo para Frank Sinatra y Vera-Ellen.

Rápidamente, y aprovechando su gran popularidad, realizó "Un Americano en París", consiguiendo el Oscar a la Mejor Película de 1951. La película ganó también otros seis Oscars, incluyendo uno a Gene Kelly por su *versatilidad extrema como actor, cantante, director y bailarín, pero específicamente por sus brillantes logros en el arte de la coreografía en el cine*. La película, dirigida por Minnelli, presentaba a una desconocida actriz francesa llamada Leslie Caron y usó la maravillosa música de George e Ira Gershwin. Aunque es posible que los aficionados se dieran cuenta, hay que recordar que la mayoría de los exteriores nunca estuvieron rodados en el auténtico París, sino en unos escenarios de Hollywood que simulaban el París legendario de los grandes pintores.

La historia era más irreal, menos creíble, y Minnelli en esta ocasión nos proporcionó una comedia ya desfasada, con una relación sentimental entre el soldado americano y la guapa mecenas, absolutamente fuera de lugar. Con todos estos defectos, el filme contiene escenas memorables y que nunca más se volvieron a repetir.

Gene, inmediatamente siguió el éxito de "Un Americano en París" con otra obra maravillosa, un icono para el cine musical, realizando "Cantando bajo la Lluvia". Apartada totalmente de los principios cinematográficos de "Un Americano en París", la película "Cantando bajo la Lluvia" ha llegado a ser quizá el musical más importante de todos los tiempos y el que mejor representa la música popular de América.

El filme sirvió para la presentación del estupendo bailarín Donald O'Connor, así como para popularizar a la vivaracha Debbie Reynolds, y a demostrar la belleza y elegancia de la bailarina Cyd Charisse. Gene es recordado año tras año por su actuación en este filme, especialmente por su canción "Singin in the Rain" que baila en medio de una gran lluvia, después de dejar a su amor. Para los amantes del cine musical y para la mayoría de los críticos, este baile aporta los cuatro minutos más gloriosos en la historia del cine y no hay musical que no los tome como referencia.

En un principio la película iba a ser interpretada por Howard Keel, aunque afortunadamente hubo quien dijo que un cantante de ópera no era lo mejor para una película en línea con "Un día en Nueva York". Esta idea, sostenida por Stanley Donen y Arthur Freed, fue aprobada finalmente por Louis B. Mayer, con Gene Kelly como sustituto de Keel. Ese día comenzó el rodaje del mejor filme musical de todos los tiempos. ¿Su secreto?: contaba con un estupendo guión y unos números musicales de gran categoría, además de extraordinarios actores que realmente sabían bailar.

El problema era que el listón había quedado tan alto después de "Cantando bajo la Lluvia", que era casi imposible superarlo. Por eso Gene decidió dar un giro total a su carrera y viajó a Europa durante dieciocho meses aprovechándose de una nueva ley impositiva sobre intercambios cinematográficos, que le permitiría, además, pagar menos impuestos. Antes de partir, los estudios le propusieron rodar una versión musical de la novela juvenil "Huckleberry Finn", nuevamente con Minnelli como director, pero Kelly ya estaba decidido a marcharse a Europa y no aceptó la buena propuesta. Desgraciadamente para Gene, este fue el comienzo de una serie de sucesos desafortunados, que coincidieron con el lento pero irreversible declive del cine musical. Su trabajo en Europa fue un fracaso y los dos filmes que rodó en aquella época (por exigencias de la productora), "La cresta de la ola" y "Con el Diablo somos tres", dos papeles dramáticos fracasados, ni siquiera consiguieron amortizar los gastos de su rodaje.

Deseando no dar otro nuevo paso en falso, comenzó a trabajar sobre un proyecto que él esperaba debería ser su próximo gran éxito. La película se titulaba "Invitación a la Danza", estaba dirigida por él mismo, y en ella tendrían cabida todos los mejores bailarines clásicos y modernos del mundo. Tendría que ser un gigantesco documental sobre el mundo del baile, ambientado con un débil argumento.

La idea básica era de Arthur Fred, quien ya había mantenido conversaciones previas para incorporar a Stravinsky, Monteverdi y Duke Ellington. Al desechar momentáneamente esa idea la recogió Gene y con el fin de meditar largamente sobre aquello que consideraba su obra cumbre, se aisló en una casa de campo a las afueras de París y aprovechó para incorporar a su proyecto a Claire Sombert y Claude Bessy, dos profesionales de la ópera.

El rodaje se realizó en los estudios Boreham Wood, en Elstree, y el argumento estuvo dividido en tres partes, uno de ellos, "Sinbad the Sailor", rodado finalmente en los Estados Unidos, concluyendo todo el proceso en octubre de 1954. Dos años de trabajo y un millón y medio de dólares, fueron necesarios para elaborar lo que para Gene debería ser la obra cumbre del cine musical, la unión entre la danza clásica y la contemporánea.

Una vez finalizada, los distribuidores no estuvieron de acuerdo en considerarla tan buena (venía avalada por el Oso de Oro en el festival de Berlín), la calificaron de pretenciosa y aburrida, y por ello la MGM demoró su distribución en el mundo entero durante cinco años, lo que supuso el mayor de los fracasos de Kelly, no logrando apenas reconocimiento alguno.

Cuando regresó a los Estados Unidos, apareció en dos musicales que tuvieron igualmente poco éxito, quizá porque su excesivo dulzor ya no encajaba en una sociedad que pedía más realismo, incluso en las escenas de amor. Sus títulos: "Brigadoon" y "Siempre hace buen tiempo" (codirigida con Stanley Donen.) En "Brigadoon" el problema estuvo en sus pésimos decorados, tratando de plasmar unos bosques frondosos de Escocia, imposibles de representar con plantas artificiales. Aunque el bello cuento en el cual está basada, un mundo parecido al del Sangri-la de "Horizontes perdidos", era perfecto para una obra musical, el público sufrió una decepción con tanto decorado improcedente. Por si fuera poco, algunos de los mejores números musicales fueron cortados para no alargar demasiado su metraje.

La película debería haber servido para remontar la afición del público hacia los filmes musicales tradicionales, con buenos números de baile y un argumento sin demasiadas pretensiones. Para que todo resultara como antes, estuvo producida por Arthur Freed, dirigida por Vincente Minnelli, y como actriz volvía a repetir Cyd Charisse, cuyas bien formadas piernas eran utilizadas siempre como reclamo publicitario. Pero Gene ya no era el mismo. Presentía que los tiempos gloriosos del cine musical habían terminado y no colaboró demasiado en el buen resultado final, lo que le produjo numerosos enfrentamientos con Minnelli, quien pretendía realizar una buena película.

"Siempre Hace Buen Tiempo" fue la última película codirigida por Kelly y Donen, y la última vez que se volvieron a dirigir la palabra. Lo que había sido una buena relación de trabajo se convirtió en algo insoportable y esto es algo que esta película deja percibir. "Siempre hace buen tiempo" debería ser una continuación o un remake de "Un día en Nueva York", pero ya no estaban ni Frank Sinatra ni Vera-Ellen a su lado. Mientras Dan Dailey y Michael Kidd son los bailarines más importantes, la necesaria camaradería entre ellos no aparece por ningún lado.

Vista hoy, "Siempre hace buen tiempo" es bastante buena, como también lo es "Brigadoon", pero la comedia era demasiado obscura y cínica para los años 50. En suma, la película estaba ya adelantada a su tiempo, pero fracasó antes y hoy en día es solamente objeto de revisión por los buenos aficionados al cine musical de Kelly.

Durante el decenio de 1950 los resultados fueron igualmente desastrosos para Gene Kelly. Primero perdió al mejor amigo desde que empezó en el mundo del cine, Stanley Donen, y en 1957 Gene y Betsy terminaron con un divorcio sus quince años de matrimonio. Simultáneamente y como si ya nadie quisiera estar al lado de la mejor estrella del cine musical americano, su relación con los estudios de la MGM se deterioró irremediablemente. Olvidando su época de gran esplendor, y al hombre que más dinero les había producido, rehusaron prestarle sus estudios para películas como "The Pal Joey", "Tipos y Muñecas", y "Cyrano de Bergerac", tres de los proyectos que Gene quería llevar a cabo. En 1957, Gene hizo su última película para la MGM, "Les Girls", que aunque remontó algo su prestigio no consiguió consolidarle en el cine. También ejerció como director en "Mi marido se divierte", junto a Richard Widmark y Doris Day, curiosamente una correcta película.

Desilusionado por el mundo del cine y prácticamente abandonado por sus antiguos amigos y familia, volvió a los escenarios de Broadway en 1958 y dirigió el musical "Flower Drum Song", alternando con una pequeña intervención en el cine al lado de Natalie Wood, en la película de la Warner "Marjorie Morningtar".

En el 1960, Gene se casó con Jeannie Coyne, una antigua alumna y profesora auxiliar de su etapa como profesor en Pittsburg. Con ella viajó hasta París para dirigir un espectáculo de la Opera titulado "Pas de Dieux", un estupendo ballet inspirado en la mitología griega. Después, y aprovechando su estancia en la capital francesa, intervino brevemente en el filme "El multimillonario", junto con Marilyn Monroe. También trabajó en "Gigot" con Jackie Gleason, y en un remake de "Siguiendo mi camino" para la televisión.

Su enlace con Jeannie le proporcionó un hijo, Timothy, en 1962, y una hija, Bridget, en 1965. El nuevo matrimonio le dio motivos para comenzar nuevos e interesantes proyectos, incluyendo dirigir algunas películas como "Guía para el hombre casado" (1967) con Walter Matthau, "Hello Dolly" (1969) con Barbra Streisand y "El club Social de

Cheyenne" (1970) con Henry Fonda, además de trabajar en televisión en el programa "Ir a Mi Manera". También protagonizó "Las señoritas de Rochefort" en 1967 y dirigió la obra "Jack and the Beanstalk" para la televisión que le proporcionó un premio Emmy, además de intervenir en un gran espectáculo musical titulado "New York, New York" en 1966.

En 1964 viajó a África con el Departamento de Estado en un recorrido de buena voluntad y consiguió encontrar tiempo para protagonizar "Ella y sus maridos" con Shirley MacLaine, y "Cuarenta quilates", ambas con su nombre casi camuflado entre los demás títulos de crédito. Nadie estaba ya dispuesto a dar un duro por conseguir un reencuentro digno de Gene con el cine.

La tragedia le golpeó en 1973 con la muerte de su esposa Jeannie a causa de un cáncer. Gene tuvo que ser desde ese día padre y madre para sus dos pequeños hijos y no aceptó ningún trabajo que le apartara demasiado tiempo de su hogar. Posteriormente se volvió a casar con Patricia Ward.

Durante el decenio de 1970 y el decenio de 1980, Gene fue artista invitado en la mayoría de los espectáculos retrospectivos y en la entrega de premios de cine y teatro. Hizo una gira de tres meses por Estados Unidos con el musical "Take Me Along" e intervino en el serial "Norte y Sur".

Su gran oportunidad de reencontrarse con los aficionados le vino mediante algo tan sencillo como una recopilación de la Metro titulada "Érase una vez en Hollywood", al que siguió "Hollywood, Hollywood". Se trataba de dos largos documentales que mostraban toda la historia de los

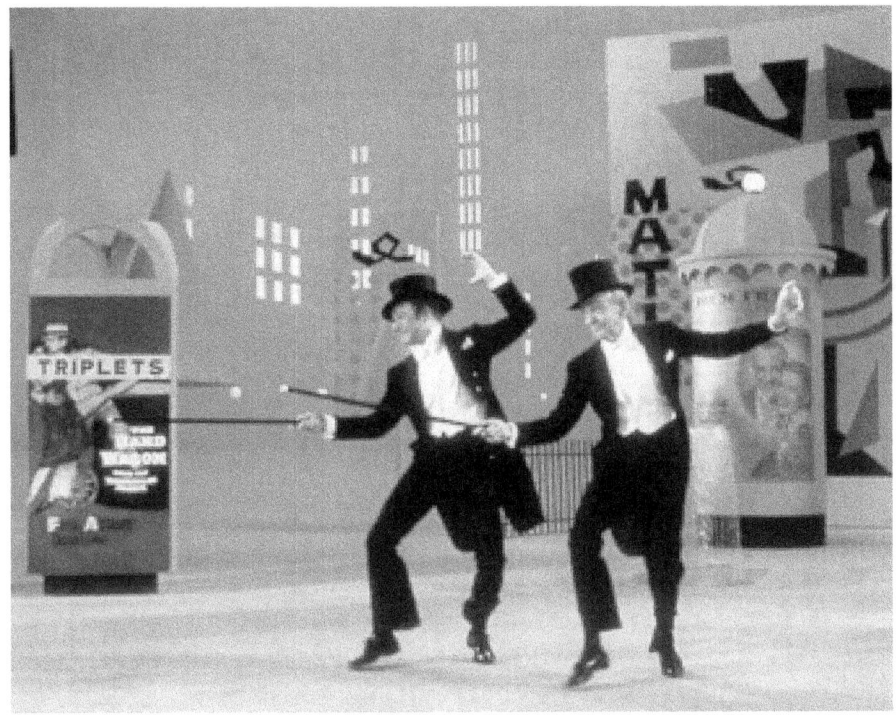

Gene Kelly y Fred Astaire

musicales de Hollywood y aunque excluyeron a la mayoría
de los artistas que no pertenecían a la plantilla de la MGM,
fueron un gran éxito en todo el mundo. Inicialmente estaban previstos para la televisión, pero la aceptación fue tan
grande que fueron exhibidos posteriormente en las pantallas mundiales con un gran éxito. Quedaba demostrado que
el cine musical americano había quedado grabado en la
memoria de todos los públicos del mundo entero.

Pero Kelly no admitió de grado que el público le hubiera
olvidado e intervino en una película dirigida por Gordon
Douglas titulada "Viva Knievel" (1977), en la que condu-
cía una veloz moto en busca de aventuras y problemas.

En 1982, Gene Kelly recibió en el Centro de Honor Kennedy, lo mismo que en 1985, el reconocimiento a toda una vida dedicada al cine norteamericano, premio concedido por la Institución Estadounidense de Cine. Murió el 2 de febrero de 1996, después de sufrir dos infartos casi seguidos.

Filmografía esencial

1942 FOR ME AND MY GAL (Por mi chica y por mí)
1944 COVER GIRL (Las modelos)
1945 LEVANDO ANCLAS
1946 ZIEGFELD FOLLIES
1948 THE PIRATE (El pirata)
1948 LOS TRES MOSQUETEROS
1948 WORDS AND MUSIC
1949 UN DÍA EN NUEVA YORK
1949 LLÉVAME A VER UN PARTIDO
1951 UN AMERICANO EN PARÍS
1952 CANTANDO BAJO LA LLUVIA
1954 BRIGADOON
1955 SIEMPRE HACE BUEN TIEMPO
1957 INVITACIÓN A LA DANZA
1957 LES GIRLS
1960 EL MULTIMILLONARIO
1969 HELLO, DOLLY! Director
1970 EL CLUB SOCIAL DE CHEYENNE
1974 THAT'S ENTERTAINMENT! (Érase una vez Hollywood)
1976 THAT'S ENTERTAINMENT, PART 2 (Hollywood, Hollywood)
1980 XANADÚ
1982 CORAZONADA música
1985 THAT'S DANCING! (Esto es bailar)
1994 THAT'S ENTERTAINMENT! III

Ginger Rogers

Virginia Katherine McMath nació el 16 de julio de 1911 en Independence, Missouri (EE.UU.) Con apenas cinco años de edad aparecía ya en películas publicitarias, aunque su debut como actriz teatral lo hizo cuando tenía catorce años, en una obra de su madre, la escritora Lela Rogers, trabajando ya regularmente en el mundo del espectáculo de variedades después de ganar un concurso de charlestón en Texas. Participó en 1929 en el musical de Broadway "Top Speed" y después en 1930 en "Girl Crazy".

En 1931 se marchó a Hollywood, aunque antes había interpretado "Jóvenes de Nueva York" (Young Man of Manhattan 1930), haciendo famosa su frase de: "Cigarette me, big boy!". Formando pareja con Jack Pepper, su primer marido, y más tarde en solitario con la orquesta de Eddie Lowry en Chicago y la de Paul Ash en Nueva York, recorrió en plena adolescencia los circuitos clásicos del musical.

Sería Walter Wanger, el productor de la Paramount, quien primero le haría una oferta para el cine, siendo con esta compañía en donde rodó sus primeras películas. De este modo podemos decir que en 1931 ya estaba totalmente integrada en Hollywood, aunque poco después sería contratada por la RKO y la Warner Bros. Sus películas estaban indudablemente enmarcadas en el musical, y recordamos "La calle 42" (42 ND Street-1933) y Vampiresas (Gold Diggers of 1933).

Sin embargo, su ascenso al estrellato le vendría de la mano de Fred Astaire, con quien formó desde entonces una de las parejas más emblemáticas del cine musical norteamericano, por no decir la más importante.

Después de rodar para la RKO el filme "Professional Sweetheart" en 1933, se une ya definitivamente a Astaire para rodar la primera de las nueve películas que efectuaron juntos. Indudablemente fue él quien la hizo brillar, aunque no por ello debemos menospreciar su talento como bailarina y actriz. Los filmes que la hicieron famosa fueron "Volando hacia Río" (1933), "La alegre divorciada" (1934), "Roberta" (1935), "Sigamos la flota" (1936), "Ritmo loco" (1937) "Amanda" (1938), "Sombrero de copa" (1935), "En alas de la danza" (1936) y "La historia de Irene Castle" (1939).

Pero el tiempo pasaba y ella seguía ligada a un actor con quien se dice se llevaba muy mal, por lo que decidió separarse y emprender una carrera hacia el cine dramático, con resultados poco convincentes en general, salvo por su interpretación de Kitty Foyle en "Espejismo de amor" (1940) de Sam Word, por el cual consiguió un Oscar a la mejor actriz. Entusiasmada por estos resultados y esperanzada sobre su futuro artístico, Rogers decidió abrir su abanico de posibilidades e intervino igualmente en comedias exentas de números musicales, entre ellas "Tom, Dick and Harry" (1941) y "Mamá a la fuerza" (1939), así como la que para algunos es su mejor interpretación cómica, "El mayor y la menor" (1942), de Billy Wilder.

Sin embargo, el tiempo corría inexorable y su edad parecía no encajar en los argumentos, por lo que tuvo que admitir papeles tan dispares como adolescente, una hembra rival e incluso como madre.

Para ella no era un problema la diversidad de sus personajes, pero los productores estaban empeñados en mostrarla solamente como una muchacha americana feroz y feminista, muy cerca de la clase obrera o como una Cenicienta.

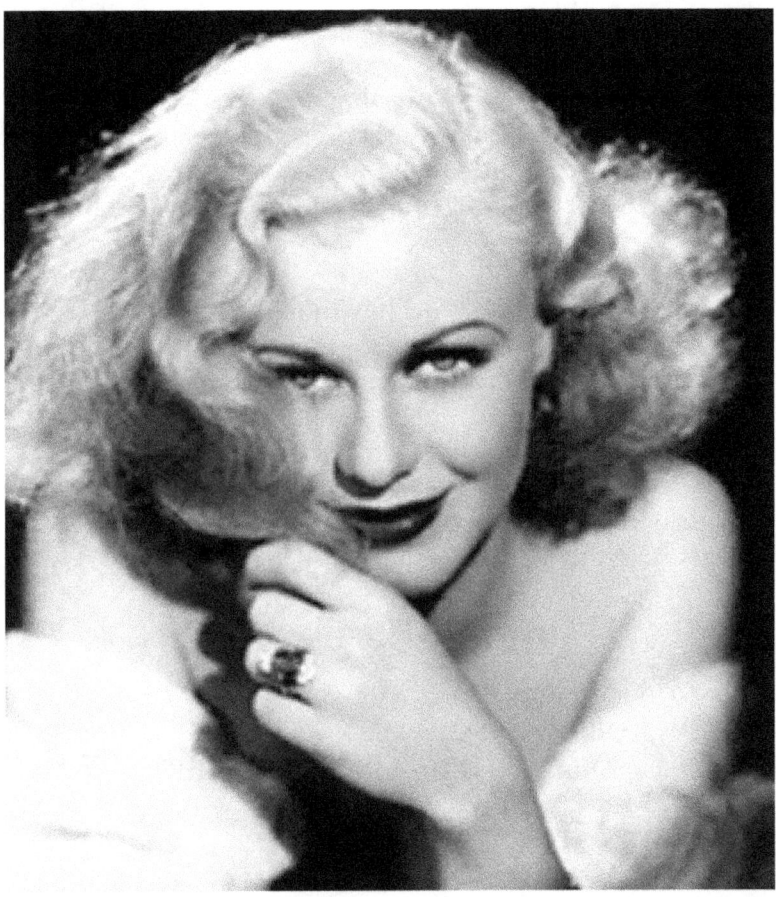

Descontenta con el cine y una vez distanciada de Fred Astaire, se dedicó a realizar giras por los teatros durante los años 50, en espectáculos veraniegos y la televisión, consiguiendo brillar de nuevo con el musical "Hello, Dolly!", obra que interpretó durante un año y un medio, siguiendo con "Mame" (1969) una producción mostrada en Londres y que la permitió ser la actriz musical mejor pagada. A comienzos de 1975, Rogers recorrió durante cuatro años los escenarios norteamericanos con un grupo pequeño de bailarines en "El Show de Gingers Rogers," una nostalgia retrospectiva de su carrera. Siempre bien aceptada en televisión, asistió en 1987 a un nuevo interés por el musical cuando interpretó "Babes in arms", consiguiendo que las nuevas generaciones la tuvieran en cuenta y le otorgaran el "Lifetime Achievement Award" en el Kennedy Center en 1992.

Su vida sentimental fue tan movida como sus bailes, pues estuvo casada en seis ocasiones, tres de ellas con los actores Lew Ayres, Jacques Bergerac y William Marshall. Hasta el final de su carrera en los años 80, compaginó las tablas con giras y populares programas televisivos.

Murió el 25 de abril de 1995 de un coma diabético, en su Rancho Mirage, California.

Filmografía esencial

1930 JÓVENES DE NUEVA YORK
1933 ASÍ ES BROADWAY
1933 VOLANDO HACIA RÍO DE JANEIRO
1933 LA CALLE 42
1934 LA ALEGRE DIVORCIADA
1936 SIGAMOS LA FLOTA
1937 RITMO LOCO
1938 AMANDA
1939 LA HISTORIA DE IRENE CASTLE
1940 ESPEJISMO DE AMOR
1946 LA PRIMERA DAMA
1049 VUELVE A MÍ
1952 ME SIENTO REJUVENECER
1965 HAROLW, LA RUBIA PLATINO
1998 CHANGE OF HEART

John Travolta

Esta estrella fulgurante y polémica en el Hollywood de finales de la década de los 70 y principio de los 80, desapareció aparentemente de la escena cinematográfica con la misma rapidez que se hizo popular. Sin embargo, y aunque había tenido hasta entonces una carrera decididamente desacreditada por los críticos, renace con fuerza en 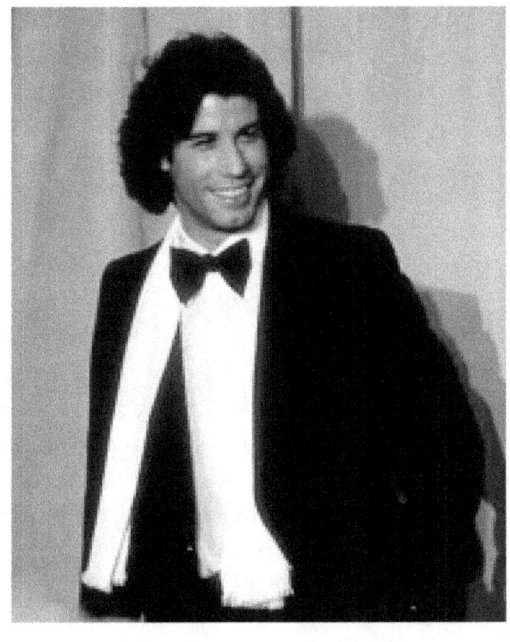 los años 90 demostrando que no hay una sola oportunidad en la vida para triunfar, sino dos, o tres.

De mirada sincera y con ademanes de muchacho alegre, Travolta consiguió su primera fama como Vinnie Barbarino, "Sweathog" en una serie cómica ambientada en una escuela secundaria, titulada "Welcome Back, Kotter", (ABC, 1975-79.) Poco a poco empezó a ser popular en papeles de persona poco inteligente, fanfarroneando como un matón, pero pronto evolucionó con una dulzura natural, convirtiéndose en un ídolo adolescente vulnerable y sexy. Travolta se comportó anteriormente como lo hacen los cantantes jóvenes que llegan al estrellato súbitamente y durante este periodo su imagen fue objeto de deseo e interés por la juventud del mundo entero.

Sus primeros trabajos en el cine fueron interpretando a un adolescente sinvergüenza que recibe una lección en "Carrie" (1976), un estupendo thriller de Brian de Palma. No obstante y aunque ya tenía cierta fama por sus trabajos en televisión, su ascenso al estrellato fue con el filme "Fiebre del sábado noche" (1977), en donde interpretó con maestría al tradicional personaje urbano de origen italoamericano, que combinaba sensibilidad y ardor juvenil en las discotecas. Su personaje de Tony Manero revolucionó el mundo de las discotecas, con jóvenes empeñados en imitarle hasta en el flequillo, y poco a poco los críticos descubrieron sus cualidades como actor y le nominaron al oscar, al mismo tiempo que se generó un culto a su manera de hablar y, especialmente, andar. Su mérito es que aunque no era un bailarín todo el mundo le imitaba en sus bailes, y aunque no sabía cantar otros cantantes pusieron bellas melodías en sus labios.

Intentando quitarse el lastre que él mismo había creado, interpretó "Vivir el momento" en 1978, un fracaso crítico y comercial, un drama romántico insoportable que al menos supuso el descubrimiento de Lily Tomlin. Afortunadamente, unos meses después logró consolidar su popularidad y demostró que todavía era capaz de seguir entusiasmando en comedias románticas cuando interpretó junto a Olivia Newton-John, "Grease" (1978.) Desde ese momento, sus canciones y bailes se convirtieron en uno de los mayores éxitos musicales de todos los tiempos.

A partir de ahí, se originó un lento declive en su carrera totalmente inexplicable. Su siguiente película fue "Cowboy de ciudad" (1980), en la cual le vimos bailando con un

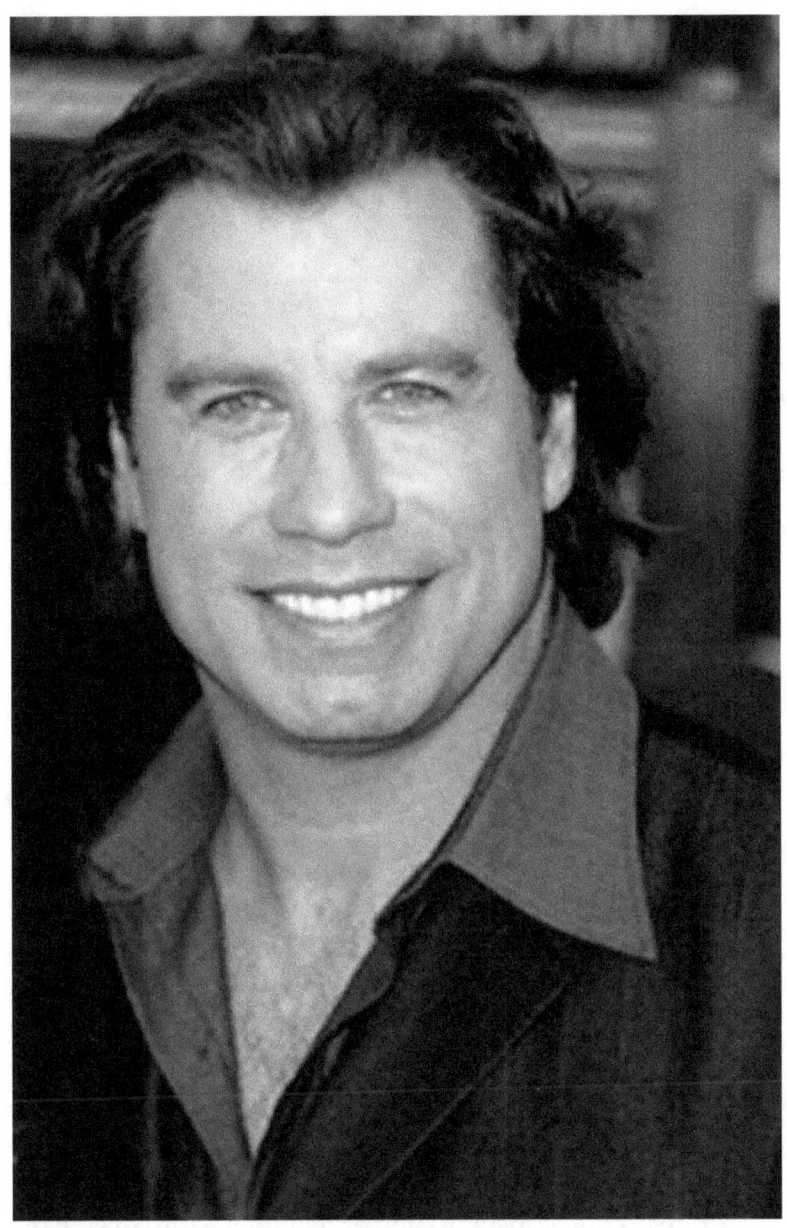

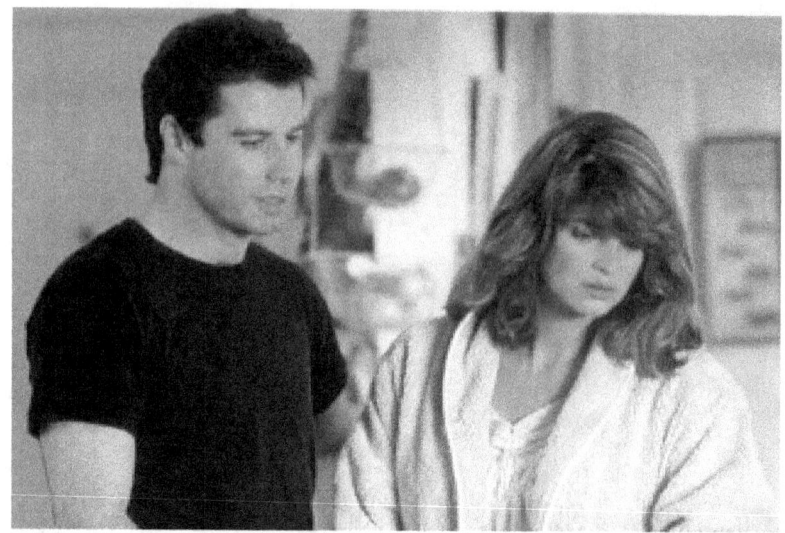

En "Mira quien habla"

sombrero vaquero y botas de montar, al más puro estilo tradicional norteamericano. Posteriormente da un giro total cuando interpreta un thriller titulado "Impacto" de Brian de Palma (1981), donde le vemos grabando accidentalmente un asesinato político, y aunque todo está realizado correctamente la película tuvo escaso éxito en taquilla.

Deseoso de volver a recuperar el público que años antes le había vitoreado, vuelve con el tema discotequero en un filme dirigido por Sylvester Stallone titulado "Staying Alive" (1983), una continuación descarada de "Fiebre del sábado noche". Pero en solamente cinco años el público ya había cambiado y sus sueños de popularidad quedan atrapados en un nuevo fracaso.

En esos años languideció durante casi una década en películas casi desconocidas, aunque no por ello dejó de trabajar puesto que consiguió volver a la televisión, destacando especialmente durante 1987 en un programa de la ABC titulado "The Dumbo Waiter" de Harold Pinter. Después vuelve de nuevo al cine para interpretar un papel secundario en "Mira quién habla" (1989), en donde los intérpretes principales son unos bebés a los que hay que poner las voces. Increíblemente el público se fija de nuevo en Travolta, se da cuenta que aún está vivo para el cine, y esta comedia romántica dirigida a un público infantil triunfa en taquilla y su imagen sale de nuevo en las portadas. El éxito fue tan

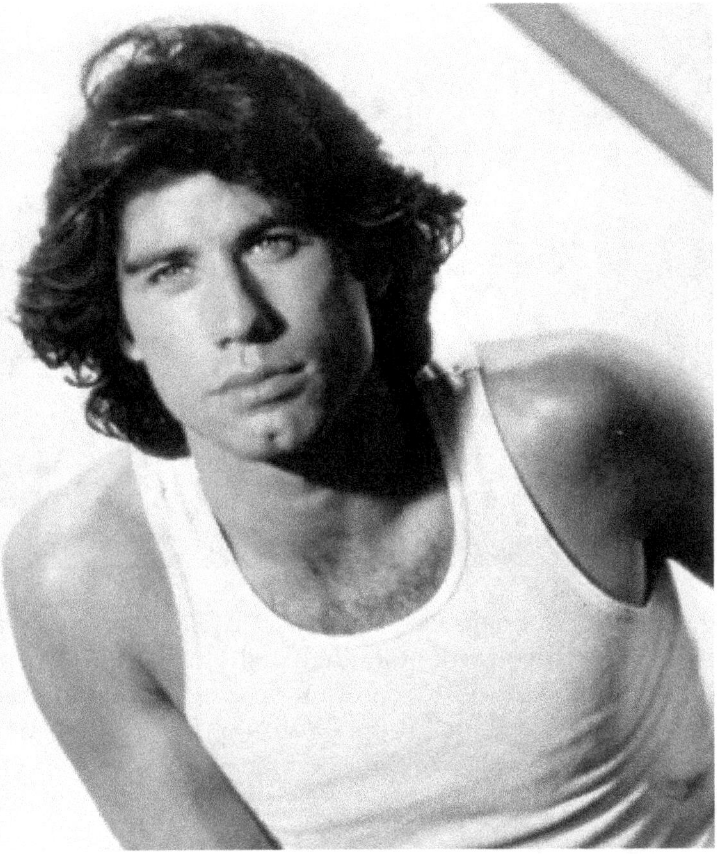

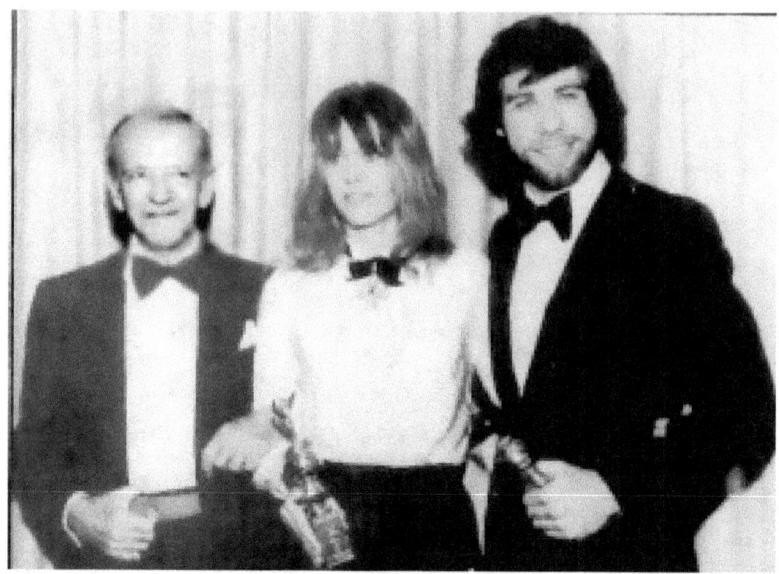

grande que hubo dos secuelas más, "Mira quien habla también" (1990) y "Mira quien habla ahora" (1993), sorprendiendo con posterioridad al mundo entero cuando hizo un
papel magnífico en "Pulp Fiction" (1994) de Quentin
Tarantino. Ese año volvió a ocupar el número uno en las
listas de Hollywood.

Esta estrella resucitada encontró de pronto su mejor
puesto en el cine en sus papeles de malvado, mientras trataba de ocultar su cara de buen chico tras un comportamiento degenerado e inhumano. Desde ese momento le
hemos podido ver como Chili Palmer en la obra de Barry
Sonnenfeld "Como conquistar Hollywood", y en "Atrapa-
do" (ambas en 1995), junto a otro actor rescatado del olvido, Harry Belafonte. Siguió luego con el thriller "Alarma
nuclear" (1996) de John Woo, en la que interpreta a un
piloto que intenta extorsionar al gobierno americano, y un
año después efectúa un nuevo giro en su carrera cuando

hace de un hombre dotado de poderes paranormales en "Phenomenon" (1996), por la que cobra 8 millones de dólares. Sin embargo, esta carrera de éxitos se vio frenada al interpretar el papel principal en el filme "Campo de batalla: la Tierra", una obra aceptable, pero cuyo argumento procedente del creador de la Cienciología no gustó a muchos críticos empeñados en mezclar la política con el cine.

Filmografía esencial

1975 LA LLUVIA DEL DIABLO
1976 **CARRIE**
1977 FIEBRE DEL SÁBADO NOCHE
1978 **GREASE**
1981 BLOW OUT (Impacto)
1983 STAYING ALIVE
1983 TAL PARA CUAL
1985 PERFECT
1989 MIRA QUIEN HABLA
1990 MIRA QUIEN HABLA TAMBIÉN
1994 PULP FICTION
1995 CÓMO CONQUISTAR HOLLYWOOD
1996 PHENOMENON
1996 BROKEN ARROW (Alarma nuclear)
1997 CARA A CARA
1998 PRIMARY COLORS
1998 ACCIÓN CIVIL
1998 LA DELGADA LÍNEA ROJA
1999 LA HIJA DEL GENERAL
2000 CAMPO DE BATALLA: LA TIERRA
2001 COMBINACIÓN GANADORA
2001 OPERACIÓN SWORDFISH
2001 FALSA IDENTIDAD

Judy Garland

Cuando Garland cantó "Usted me hizo amarlo" en "Melodías de Broadway" de 1938, era imposible creer que esa voz madura, tan potente, perteneciera a una joven de 14 años. Ella tenía una estupenda voz, espiritual y nostálgica, con gran energía, llena de nervio, aunque se la vislumbraba ya muy vulnerable. Podía bailar, actuar y cantar sin problemas.

Esa muchacha menuda dotada de una gran voz, se llamaba en realidad Frances Ethel Gumm y había nacido en los Grandes Rápidos, Minnesota, en el seno de una familia dedicada al mundo de las variedades. Realizó su presentación como artista con sólo tres años de edad, en un acto para una comunidad religiosa, junto a dos hermanas mayores.

Cuando la familia se disgregó, Garland, guiada por su ambiciosa madre, continuó cantando en solitario hasta que se presentó un día en Hollywood.

Consiguió su primer contrato para la MGM cuando acababa de cumplir los 13 años, e inmediatamente intervino en "Locuras de estudiantes" (1936), "Thoroughreds Don't Cry" (1937) y "Melodías de Broadway" (1938).

Su gran triunfo fue, no obstante, con su papel como Dorothy en "El Mago de Oz" en 1939, película que constituyó un éxito mundial que aún perdura, lo mismo que la canción "Over the Rainbow". Veterana del cine a una edad en la que la mayoría de las actrices figuran solamente como extras, consigue recibir un Oscar a la mejor actriz juvenil del año cuando apenas contaba 17 años.

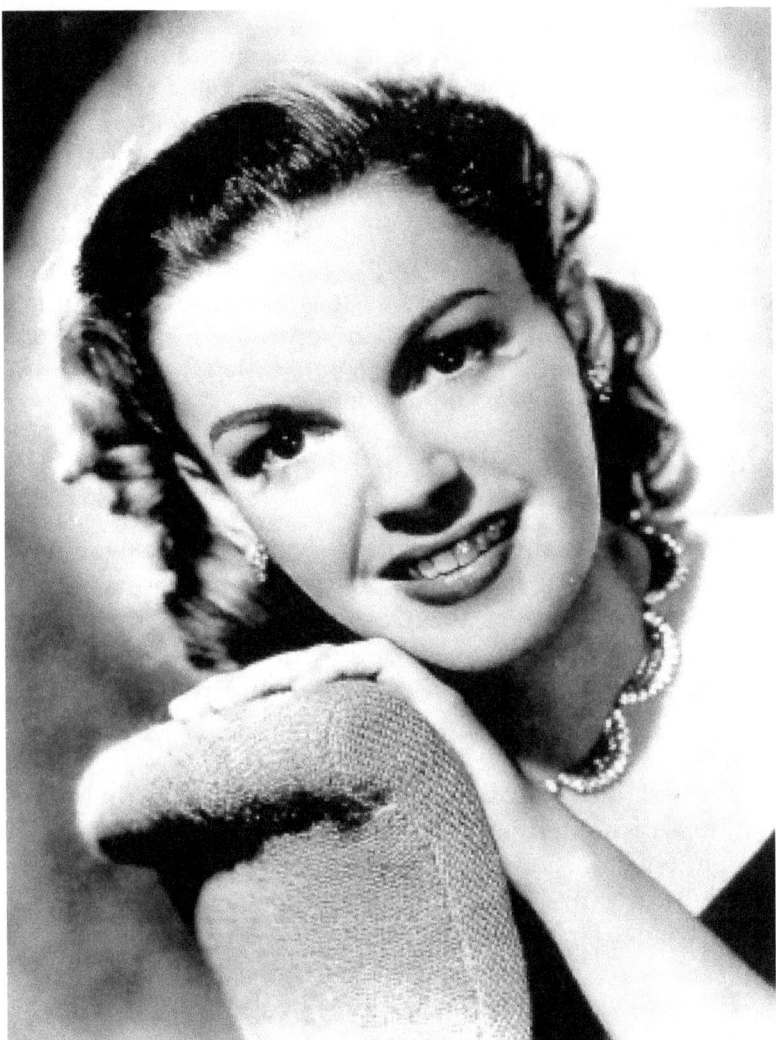

Judy Garland siguió escalando triunfos cuando se unió al vivaz Mickey Rooney en varias películas musicales que mostraban el lado más alegre de los jóvenes. Pero aunque su carrera era un triunfo absoluto, su vida personal empezaba a ir por una peligrosa pendiente. Para tratar de combatir su incipiente obesidad los médicos la recetaron barbitúricos mezclados con anfetaminas que la sumieron en un estado emocional desequilibrado. Al igual que posteriormente ocurrió con otros astros de la pantalla, como Elvis Presley y Marilyn Monroe, prestigiosos médicos que manejaban medicamentos peligrosos y sumamente dañinos, terminaron por convertir a Judy en una adolescente narcotizada, con receta médica. Aun así, consiguió seguir trabajando en el cine sin que su estrella se apagase y entre crisis y crisis ("solucionada" con más medicamentos) pudo interpretar algunos de los mejores musicales de la MGM, entre ellos "Cita en St. Louis" (1944), "The Harvey girls" (1946), "Desfile de Pascua" (1948) y "Ha nacido una estrella" (1954).

Casada con el director Vincente Minnelli, consiguió permanecer en el cine incluso en plena crisis emocional y tuvo una hija que también alcanzaría gran fama, llamada Liza Minnelli. Garland se casó después con Sid Luft y tuvieron una hija de nombre Lorna, que también tuvo grandes éxitos en el musical.

Al final de los años 40 Judy había conseguido una negativa reputación a causa de su inestable carácter, debido a la dependencia hacia las drogas, y tuvo que ser internada repetidas veces para realizar curas de desintoxicación, además de efectuar varias tentativas de suicidio.

En 1950 se produjo su primer abandono forzado del cine, aunque ayudada por su marido protagonizó una obra musical en el Londres Palladium que constituyó un gran éxito. El público no había olvidado a la mejor estrella juvenil de todos los tiempos y eso la produjo nuevos ánimos, enlazando posteriormente con otro espectáculo en el York Palace Theatre.

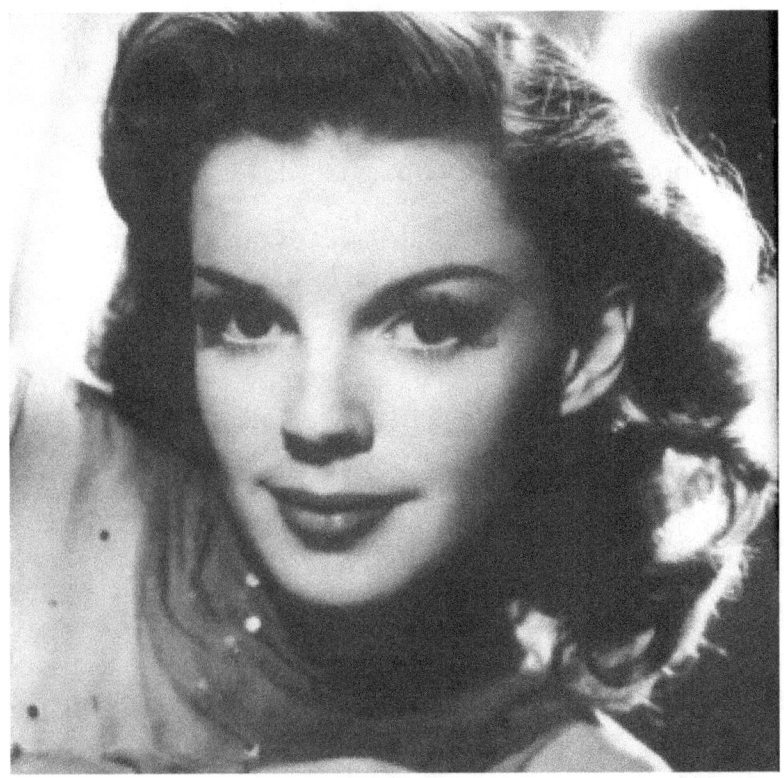

En 1954 retorna al cine con la película "Ha nacido una estrella", y realiza una de sus mejores interpretaciones dramáticas, quizá por las similitudes que tenía con su verdadera vida. La película, considerada una obra clásica, la ayudó a superar sus problemas depresivos, aunque vuelve a caer al poco tiempo en ellos y decide abandonar su trabajo como actriz.

Agobiada por sus angustias se divorcia de Luft y se desmorona totalmente, mientras se ve inmersa en un largo proceso legal por la custodia de sus dos hijas. La industria de Hollywood vuelve a confiar en su estrella más mimada y en 1961 la proponen interpretar "El juicio de Nuremberg", filme por el que recibió una nominación al Oscar como mejor actriz secundaria. Unas semanas antes había realizado un memorable concierto en directo en el Carnegie Hall, que la puso de nuevo en las páginas de los periódicos.

Convencidos ambos, Hollywood y ella, que todo podría volver a los años gloriosos, interpreta "Gay Purr-ee" en 1962, "Ángeles sin paraíso" en 1963 y "I Could Go On Singing", también en 1963, decidiendo nuevamente abandonar definitivamente el mundo del espectáculo después de fracasar en "El Show de Judy Garland" para la CBS.

Pero su hija Liza Minnelli no estaba dispuesta a dejar a su madre abandonada y la incorpora a un concierto en el Palladium de Londres en 1965, en el cual el público asiste entusiasta al dúo protagonizado por ambas actrices, Judy y Liza. Y como si hubiera recobrado nuevas energías, en 1965 se casa con un desconocido actor siete años menor que ella llamado Mark Herron, aunque se separaron pocos meses después.

Luchando contra la soledad pide realizar el papel principal en "El valle de las muñecas", aunque Hollywood ya no cree en ella y otorga el papel a Susan Hayward.

En 1968 viaja a Londres para casarse de nuevo con un hombre 35 años mayor que ella, dueño de una gran discoteca llamada Deanes Mickey, aprovechando para actuar en un cabaret de esa ciudad durante tres semanas, que resultó ser el peor fracaso de toda su vida. La culpa, esta vez, era exclusivamente de ella. Llegaba tarde a las actuaciones, se olvidaba las letras de las canciones y el público terminó abucheándola, algo imposible de asimilar por alguien que había sido la estrella más aplaudida durante muchos años.

El resto de su vida es una tragedia entre depresiones, alcoholismo y fracasos económicos que la llevaron ya sin remedio al suicidio, arruinada, abandonada por todos sus antiguos amigos y dejando una herencia para sus hijas de millones... de deudas.

Fue encontrada muerta en el cuarto de baño de su apartamento de Londres la noche del 22 de junio de 1969 y el médico certificó "muerte accidental por sobredosis de barbitúricos". Su entierro multitudinario bloqueó totalmente la zona de Manhattan cercana al cementerio.

Julie Andrews

Julie Elizabeth Wells nació el 1 de octubre de 1935 en Walton, un suburbio de Londres. Su padre, Ted, era maestro escolar y su madre, Bárbara, daba lecciones de piano a domicilio. Julie también tenía una tía ligada al mundo de la música, quien regentaba una pequeña escuela de baile, y por ello desde muy pequeña comenzó a aprender ballet y

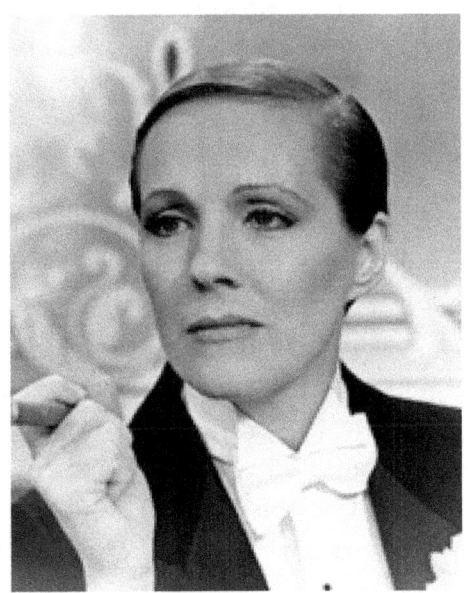

En "Víctor o Victoria"

claqué; por no mencionar el hecho que con solamente tres años de edad sabía leer y escribir.

La madre de Julie consiguió un trabajo como actriz secundaria en un teatro de Bognor Regis, en donde conoció al que luego sería su marido Ted Andrews y los dos se unieron para formar un espectáculo de variedades. Durante la guerra, Julie y su hermano John acudieron a dar clases a una escuela de paseo a caballo en Kent, y tanto Bárbara como Ted Andrews aprovecharon para recorrer Bretaña juntos, entreteniendo a las tropas. Cuando Julie tenía cuatro años, comenzó a recibir clases de canto y gradualmente se incorporó al teatro junto con sus padres.

A los siete años de edad, fue requerida para efectuar una audición de canto delante del maestro Lillian Stiles-Allen, quien no obstante impresionado con su talento, tuvo miedo de aceptarla por miedo a que se le dañaran sus cuerdas vocales. Diversos especialistas de garganta determinaron que aunque todavía muy pequeña, Julie tenía una laringe adulta totalmente desarrollada, lo que explicaba su capacidad para conseguir cuatro octavas.

Cuando sus entrenamientos vocales continuaron, Julie se convirtió en una actriz infantil popular y a los doce años fue ya cabecera de algunas revistas. Su actuación con una compañía de Broadway en 1954 le llevó a los Estados Unidos, comenzando así una larga carrera de éxitos en Nueva York. Al cabo de un año consiguió el principal papel de Eliza Doolittle en la versión musical de Pigmalión, "My Fair Lady". Por este trabajo recibió un premio Tony, trabajando también con Rex Harrison en Nueva York durante dos años y continuando otros dieciséis meses en Londres (en esa fecha se casó con su amigo de la infancia Tony Walton).

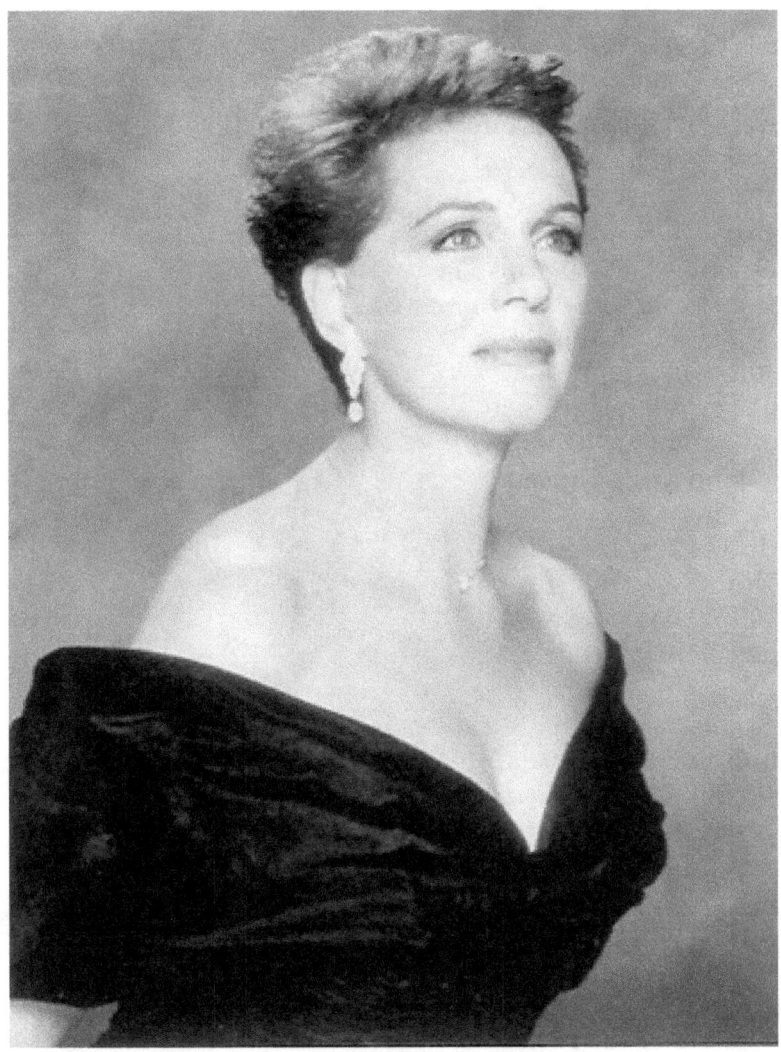

En Nueva York ganó su segundo Tony por su interpretación de la Reina Guenevere en "Camelot", trabajo que ejerció durante dos años antes de abandonarlo en 1962 para
dar a luz a su hija Emma.

En "Cortina rasgada"

Sin embargo, la carrera de Julie daría un paso de gigante cuando Walt Disney la llevó a Hollywood para interpretar "Mary Poppins" (1964) con Dick Van Dyke. Ganó un Oscar como la Mejor Actriz por su actuación, siendo nominada al año siguiente por su interpretación de la monja-institutriz en la película "Sonrisa y lágrimas" (1965), una de las más bellas historias de amor.

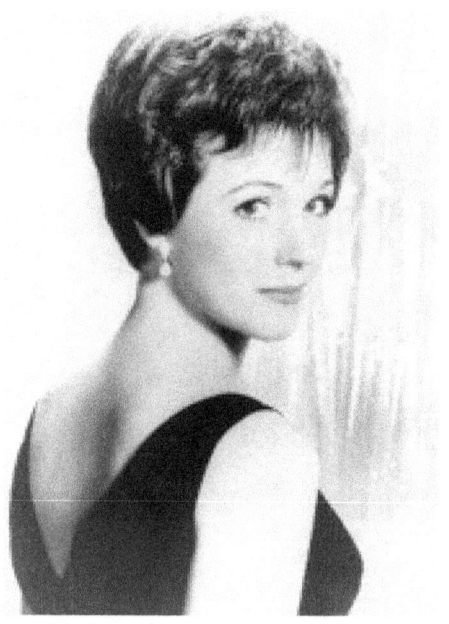

Aunque muchas de sus películas subsecuentes, "Millie, una chica moderna" (1967) con Mary Tyler Moore y "Darling Lili" (1970) con Rock Hudson, no tuvieron el éxito anterior, Julie (ya divorciada de Walton) siguió trabajando intensamente. Casada con el director Blake Edwards, fue nominada de nuevo al Oscar por "Víctor o Victoria" (1982) con Robert Preston y James Garner.

Notoria fue su actuación en "S.O.B.", en la cual mostraba por primera vez sus pechos en la pantalla, continuando trabajando en los escenarios de Broadway y consiguiendo otra nominación al premio Tony. Desdichadamente tuvo que abandonar su trabajo a los 62 años a causa de un serio problema vocal que la dejó muda, debiendo recoger su papel la actriz Raquel Welch. Anteriormente había conseguido un gran éxito con el musical "El rey y yo", en los escenarios de Londres.

Madre de dos hijos adoptivos, ha escrito varios libros de éxito para los niños bajo el nombre de Julie Edwards, apareciendo en 2003 en la ceremonia de los Oscar, durante un recuerdo de la Academia a los anteriormente premiados.

Filmografía esencial

2004 SHREK (VOZ)
2001 PRINCESA POR SORPRESA
1990 TCHIN-TCHIN
1986 ANSIAS DE VIVIR
1986 ASÍ ES LA VIDA
1983 MIS PROBLEMAS CON LAS MUJERES
1982 VÍCTOR O VICTORIA
1981 S.O.B.
1980 EL TRUHÁN Y SU PRENDA
1979 10, LA MUJER PERFECTA
1974 LA SEMILLA DEL TAMARINDO
1970 DARLING LILI
1968 LA ESTRELLA
1967 MILLIE, UNA CHICA MODERNA
1966 HAWAI
1966 CORTINA RASGADA
1965 SONRISAS Y LÁGRIMAS
1964 MARY POPPINS
1964 LA AMERICANIZACIÓN DE EMILY

Leslie Caron

Esta exquisita mujer, de cuerpo estilizado y piernas asombrosas, nació el 1 de julio de 1931 en París. Su rostro aniñado, casi ingenuo, comenzó a destacar a los 10 años cuando actuaba con el Ballet de los Campos Elíseos en París. Sus excepcionales dotes para el ballet clásico la condujeron en 1949 hasta la compañía de Roland Petit, en donde trabajó hasta que fue descubierta en 1951 por el actor y bailarín estadounidense Gene Kelly, quien en ese momento estaba buscando su compañera para el filme "Un americano en París". Deseoso de aportar en esta ocasión el adecuado contraste entre el baile americano y el ballet clásico, Kelly y el director Vicente Minnelli pronto pusieron sus ojos en esta francesa con cara de eterna romántica, aunque no necesariamente buena actriz.

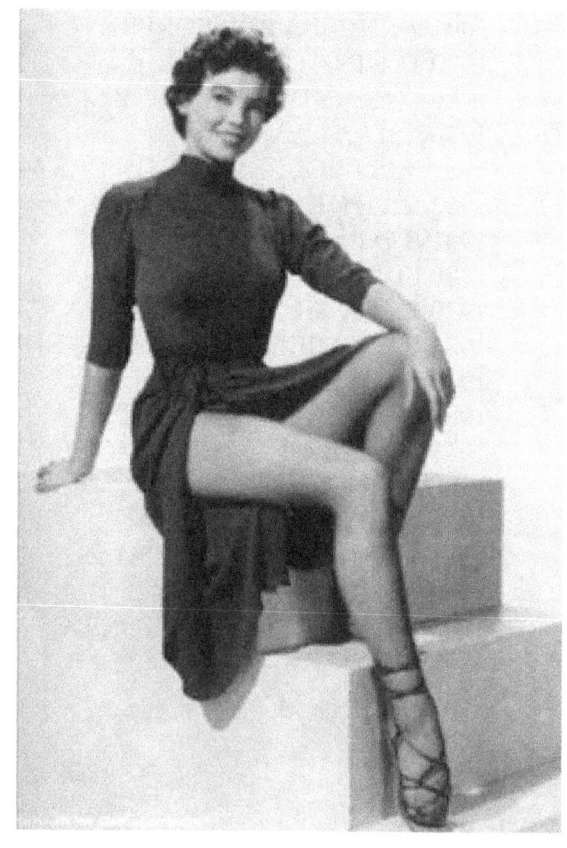

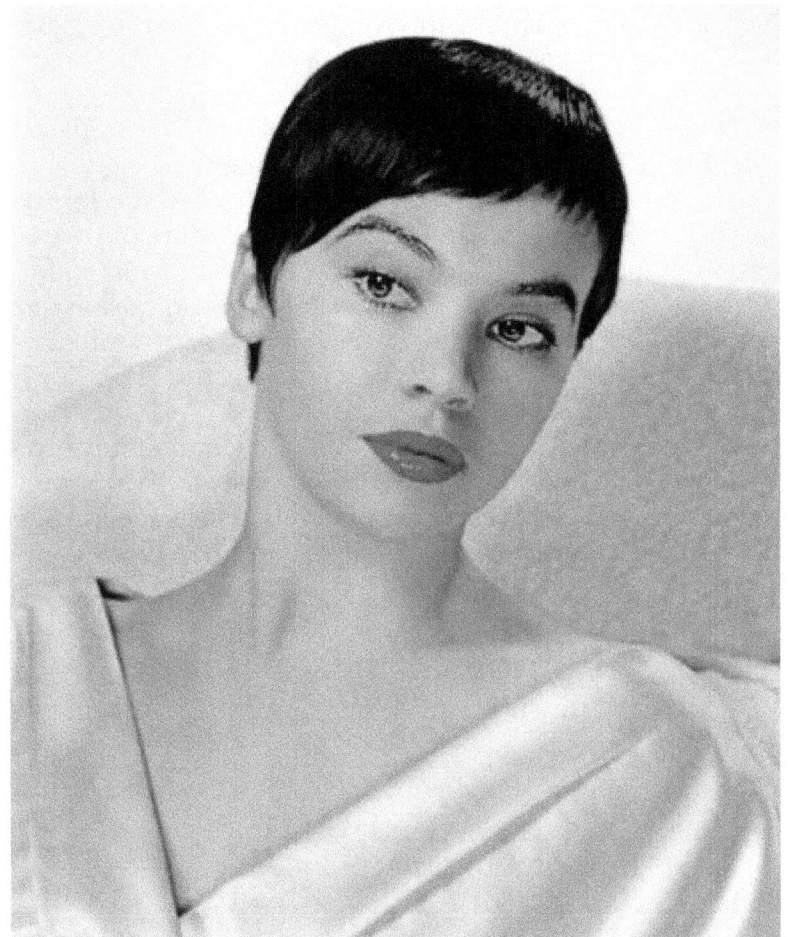

Su contrato con la MGM no le permitía más que trabajar en musicales, aunque hubo algunas excepciones como
"Glory Alley" (donde también bailaba) de Raoul Walsh,
rodada unos meses antes que "Lilí" (1952), y uno de los
episodios de "Tres amores" (1953), también dirigido por
Minnelli. Una vez que "Lilí" cosechó un mérito que hoy en
día nos parece desproporcionado, trabajó junto al no menos popular Fred Astaire en "Papá piernas largas" de Jean

Negulesco, y posteriormente en la premiada "Gigi" en 1958, donde volvió a trabajar con Vicente Minnelli.

Después su declive artístico coincidió con la pérdida del interés por parte del público hacia el cine musical, y aunque lo intentó de nuevo en 1961 con "Fanny", de Joshua Logan, su popularidad descendió sensiblemente hasta casi pasar desapercibida. Películas como "La habitación en forma de L" (por la cual fue nominada al Oscar, lo mismo que por Lilí) o "El padre de familia" (1967), no aportaron nada nuevo en su carrera artística.

Casada en tres ocasiones, ha sido frecuentemente entrevistada en la televisión e invitada a diversos festivales cinematográficos, con los cuales se pretendía reavivar el recuerdo hacia una memorable bailarina, más que a su figura como actriz.

Filmografía esencial

2000 CHOCOLAT
1995 LET IT BE ME
1984 LA DIAGONALE DU FOU
1979 LA CHICA DE ORO
1977 VALENTINO
1975 JAMES DEAN
1972 NICOLE
1966 ¿ARDE PARÍS?
1964 OPERACIÓN WHISKY
1962 AL FINAL DE LA NOCHE
1962 LA HABITACIÓN EN FORMA DE 'L'
1961 FANNY
1960 THE BATTLE OF AUSTERLITZ
1958 GIGI

1955 PAPÁ PIERNAS LARGAS
1954 LAS ZAPATILLAS DE CRISTAL
1953 TRES AMORES
1953 LILI
1951 UN AMERICANO EN PARÍS

Liza Minnelli

Hay quien asegura que cuando su madre, Judy Garland, le anunció la fecha de su cuarto casamiento, Liza la reprochó tanta inconciencia, pero su madre la respondió que para ella suponía un estreno más. Para suavizar la situación, pero dejando bien claro que no aceptaba tantos padrastros, le respondió: *"No podré ir a este casamiento, madre –se disculpó– pero te prometo que voy al próximo"*.

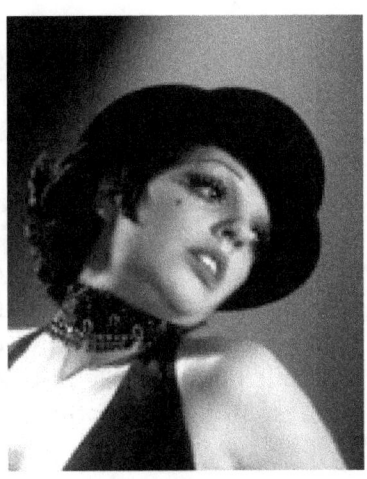

Y es que el Hollywood de los años dorados se encargaba de encender y pulir a sus estrellas, para después dejarlas caer sin muchos remordimientos.

La edad era la excusa más reconocida, aunque con frecuencia podría tratarse de motivos políticos o de moral. Judy Garland –a quien los lectores siempre recordarán como la Dorothy de "El mago de Oz" y algo menos por "Ha nacido una estrella"– fue un adecuado señuelo para llenar las taquillas simplemente utilizando su nombre.

A los 19 años había rodado ya 23 películas, pero paralelo a este trabajo, tal y como vimos en Marilyn Monroe y Elvis Presley, nació su afición a las drogas legales, aquellas que eran recetadas por prestigiosos doctores. Las anfetaminas como estimulantes y los barbitúricos como tranquilizantes, eran los medicamentos más recetados por los médicos, inconscientes y sordos ante la gran dependencia que ocasionaban. El desenlace fue el previsto, y con apenas 47 años, el 22 de junio de 1969, Judy Garland moría por sobredosis en una discreta habitación de un pequeño hotel de Londres.

Su hija Liza, nacida el 12 de marzo de 1946, fruto de su boda con el director de cine Vincent Minnelli, aprendió desde pequeña lo que era la fama, las luces de neón y los aplausos, y lo aprendió con mucha más prontitud que los estudios. Cuando ya famosa quiso revivir la memoria de su madre, realizó en el Palace Theatre de Nueva York (el mismo que vio brillar a su madre en los años cincuenta), un recital que estaba rodeado de un mal presagio. Unos meses antes había padecido una encefalitis viral que la puso al borde de la muerte, lo que la ocasionó unas cuerdas bucales débiles, aunque no por ello menos capaces de entonar las mejores canciones con la adecuada sensibilidad.

Con la sombra cotidiana y profesional de su madre marcándola de cerca, la estrella de "Cabaret" y "New York, New York" nunca consiguió permanecer largos años como una estrella rutilante. La heredada afición a las drogas la llevó en 1984 a ingresar durante unos meses en la clínica de Betty Ford para desintoxicarse, llegando a afirmar que la sede de Alcohólicos Anónimos era su segundo hogar. Con el aval de sus prestigiosos padres, Liza no tuvo demasiados problemas para ser contratada, aunque eso la obligaba a alcanzar el listón de sus progenitores, lo que no era fácil.

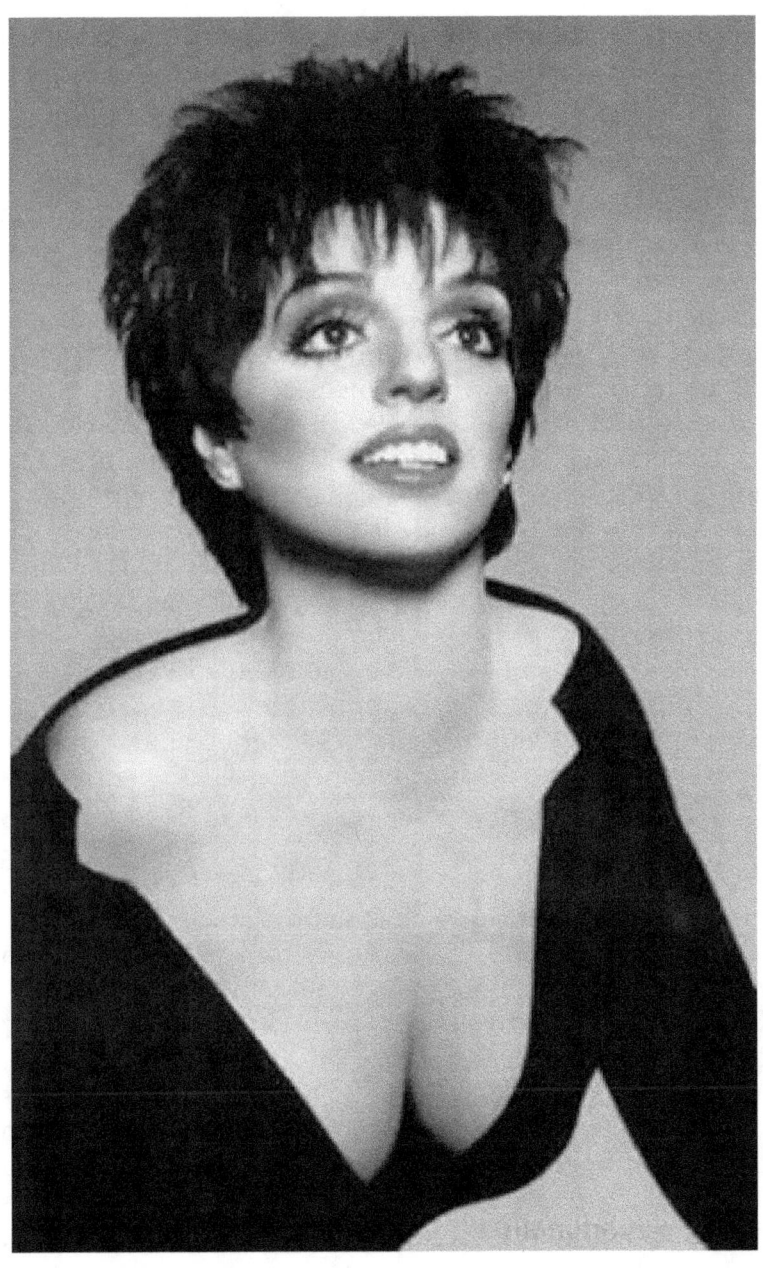

Ella llegó a reconocer que aunque sus padres le ayudaron a subir al escenario, a partir de cierto momento el vacío frente a la platea fue absolutamente suyo.

"Me parecía ser una princesita de Hollywood" –reconoció Liza recordando su niñez en Beverly Hills y era recibida en brazos por Fred Astaire, Frank Sinatra o Gene Kelly–. Cuando aprendió a nadar en la piscina de Sammy Davis Jr. tuvo como vecinos más cercanos a Nat King Cole y Lana Turner, entre otros, y no había cumplido los dos años y medio cuando apareció en una de las películas de su madre, "In te good old summertime". En 1963 debutaba en Nueva York con un musical denominado "El mejor pie adelante" y dos años después con "Flora, la amenaza roja", convirtiéndose así en la actriz más joven de la historia que consigue ganar un premio Tony. En 1970, por su personaje de Pookie en "Dime que me amas, Junie Moon", resulta elegida la mejor actriz en el festival de cine Mar de la Plata.

Sin embargo, estos modestos triunfos no le aportan apenas popularidad mundial y todo hubiera seguido así si en 1972 alguien no le hubiera presentado el guión de Christopher Isherwood y las canciones de Kander y Ebb, todo bajo la dirección de Bob Fosse, un disciplinado director que quiere llevar a la pantalla la historia de Sally Bowles. El filme llevaría por título "Cabaret", y lanzaría al estrellato a esa mujer de largas pestañas, piernas ágiles envueltas en negras medias y una boca plagada de intenso carmín rojo. Ella no era demasiado guapa, pero los genes familiares le daban esa aureola tan especial, a veces inexplicable. Y al mismo tiempo que crecía su popularidad lo hacían sus problemas sentimentales, pues tuvo tantos romances como desamores, aunque ella decía que no eran fracasos, sino aprendizaje y deseo. Casada con el animador Peter Allen – que la abandonó por un hombre– y posteriormente con el empresario Jack Hailey Jr., salió en los periódicos por sus relaciones adúlteras con el director Martin Scorsese, quien por cierto la dirigió en "New York, New York" y "El rey de la comedia". Su tercer matrimonio fue tan fugaz como escabroso su divorcio, aunque mientras tanto se consolaba con el escultor Mark Gero. Y también, aunque no disponemos de fotos que lo avalen, se acostó con Peters Sellers, Charles Aznavour y Misha Baryshnikov, llegando al delirio de la pasión desatada cuando con 45 años se une a Billy Strich, un agraciado joven de 27 años. Tan enamorada parecía que hasta ingresó en una clínica para aumentar su fertilidad, aunque no pudo lograrlo.

Una nueva ruptura y un nuevo romance, ahora con David Gest, manager y director, llega en el momento justo para escapar del fantasma de Micke, la protagonista de Cabaret, y en 1991 rueda "Un paso adelante", con el intento loable de que el título sea también una premonición.

Sin embargo, ya entrados los años noventa su cuerpo acusa las drogas y los buceos debajo de las sábanas, lo que no es motivo de alegría para los productores. Con el firme propósito de no otorgar papeles de estrella a quien ya no lo es, apenas si consigue dos trabajos totalmente olvidables, razón por la cual decide volver a las candilejas. En 1997 debe sustituir a la extraordinaria Julie Andrews (sus cuerdas vocales habían claudicado) en el musical "Víctor o Victoria", pero los críticos son despiadados con este retorno. Ella ya no es la actriz que cautivó con "Cabaret", sino una alcohólica que no logra encauzar adecuadamente los bailes. Por si fuera poco, su compañero de reparto Tommy Roberts dijo que no podía trabajar con ella, pues se le olvidaban todos los textos a causa del alcohol. Afirmó que en una ocasión cambió la frase de *soy un ganado de segunda clase,* por el de *soy una prostituta de segunda clase.*

Después llegó una artritis que la arrinconó en su domicilio, aunque hoy en día las nuevas generaciones la siguen recordando mejor como esa mujer que logró ganar un Oscar en 1972 a la mejor actriz por "Cabaret", y que recibió una nominación por "The Sterile Cuco" tres años antes.

Filmografía esencial

1949 IN THE GOOD OLD SUMMERTIME
1970 DIME QUE ME AMAS, JUNIE MOON
1972 CABARET
1974 ÉRASE UNA VEZ HOLLYWOOD
1975 LOS AVENTUREROS DEL LUCKY LADY
1976 NINA
1976 LA ÚLTIMA LOCURA
1977 NEW YORK, NEW YORK
1981 ARTHUR, EL SOLTERO DE ORO
1983 EL REY DE LA COMEDIA
1984 THE MUPPETS TAKE MANHATTAN
1985 THAT'S DANCING!
1985 A TIME TO LIVE
1988 ARTHUR 2: ON THE ROCKS
1988 CHICAGO ROJO
1991 UN PASO ADELANTE
1995 THE WEST SIDE WALTZ

Marilyn Monroe

Quienes consideran que la actriz Marilyn Monroe no aportó nada bueno al cine y se limitó a ser una sex-symbol, deberían tener en cuenta que durante los años 1953, 1954 y 1956 fue la actriz más taquillera en los Estados Unidos, la que más ingresos proporcionó con el conjunto de sus

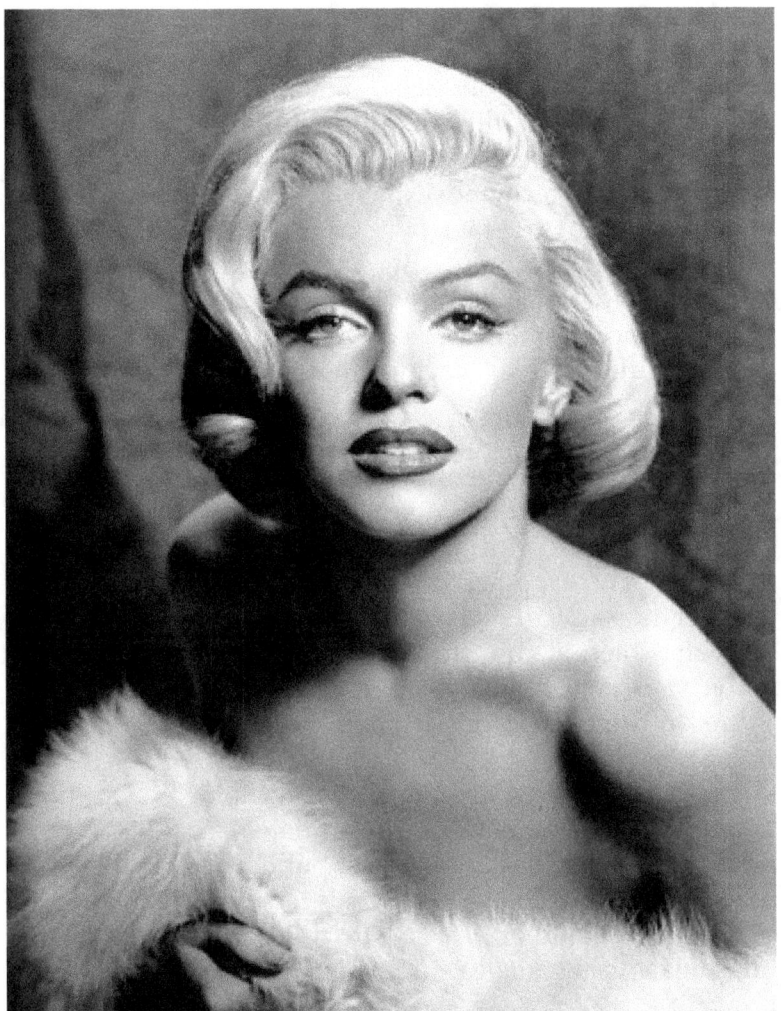

filmes, y que dos de sus películas, "Como casarse con un millonario" en 1953 y "Los caballeros las prefieren rubias" en 1954, formaron parte de las diez películas más taquilleras de esa época. Seis años más tarde, en 1959, otra película protagonizada por Jack Lemmon y Marilyn Monroe, "Con faldas y a lo loco", también fue una de las diez películas más taquilleras, recaudando solamente en su estreno siete mil doscientos millones de dólares. Hoy en día, después de más de 40 años después de su muerte, sigue siendo la actriz sobre la que más libros se han publicado en el mundo, superando con mucho a James Dean, John Wayne, Charles Chaplin o Los Hermanos Marx, además de contar con al menos tres clubes de fans perfectamente organizados y en activo, y un merchandising inagotable en camisetas, pósteres, fotografías, llaveros, suéteres, figuritas, etc., que son presa no solamente de coleccionistas, sino de jóvenes que ni siquiera habían nacido cuando ella triunfaba.

Su vida, de alguna manera ligada en sus últimos años a los Kennedy, no solamente fue motivo de estímulo para el público joven, sino que se convirtió en una bandera en favor de la libertad sexual y de expresión política. Con su muerte repentina, plagada de interrogantes y misterios sin resolver, no se cerró un capítulo más en la historia del cine sino, más bien al contrario, se inició otro igualmente pujante en el cual la imagen y la vida de Marilyn Monroe cobraron fuerte actualidad.

La mujer solitaria, amante de las relaciones con los hombres, con sus romances que terminaban con rapidez, su desnudez mostrada sin reparos al público y su incitación a las relaciones sexuales, caló hondo en una población que estaba cansada de ocultar lo que todo el mundo deseaba: unas relaciones sexuales sin miedos ni complejos.

Pero quienes la desprestigiaron y la desprestigian todavía diciendo que era solamente una cadera contoneándose y que no sabía en absoluto interpretar, se olvidan que en los años 1953, 1960 y 1962 fue galardonada con el Globo de Oro a la mejor actriz de comedia, premio que concede la Asociación de Prensa Extranjera de Hollywood. Después,

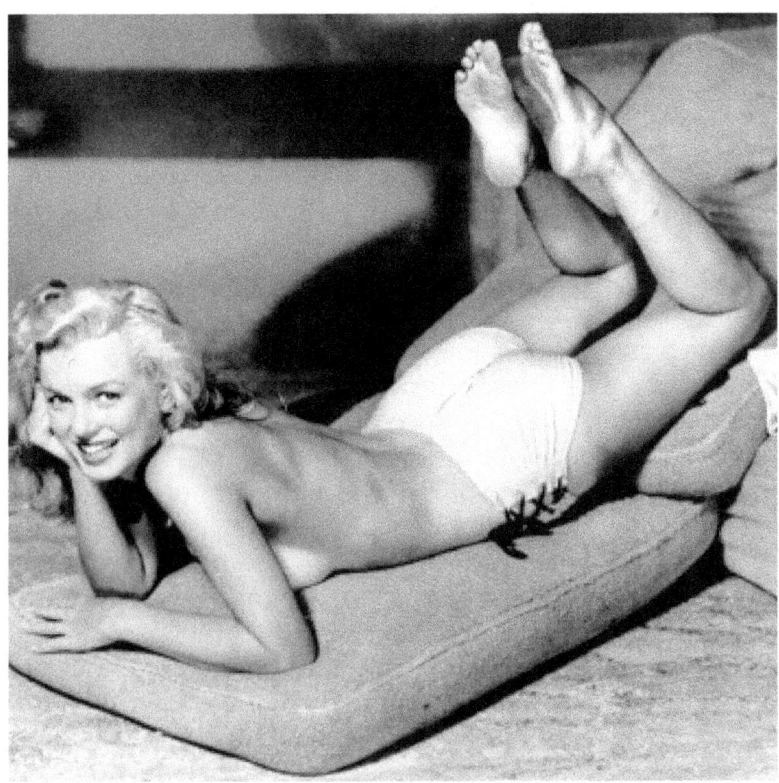

en 1959, la otorgan el "David di Donatello", el equivalente italiano a los Oscar norteamericanos, y los franceses le conceden sin reparos su "L'Etoile de cristal", el máximo galardón que se puede otorgar a una artista del cine. Anteriormente, en sus comienzos, y como consecuencia de ser considerada ya la mejor promesa cinematográfica, se le premia en 1951 con el "Henrietta Award", mientras que en 1953 la revista Photoplay la denomina como la actriz más popular.

Pero para los que aún puedan tener alguna duda sobre su mérito, debemos recordarles que trabajó a las órdenes de directores de tanto prestigio como John Huston, Billy

Wilder y Howard Hawks, mientras que compartió cartelera con mitos del cine como Clark Gable, Jack Lemmon, Bette Davis, Lawrence Olivier, Los Hermanos Marx, Mickey Rooney, Claudette Colbert, Barbara Stanwyck, Richard Widmark, Cary Grant, Ginger Rogers, Charles Laughton, Robert Mitchum, Dean Martin y Montgomery Clift.

Pero insensibles al entusiasmo del público por Marilyn, algunos críticos se empeñaron en tratar de desprestigiarla diciendo que no tenía talento, que era una pésima actriz y que solamente sabía contonear las caderas con acierto. Y en esto último es en lo único que estamos de acuerdo, ya que efectivamente Marilyn sabía mover las caderas de una manera increíble, pero al mismo tiempo era una excelente actriz de comedia y una más que aceptable intérprete de thrillers y romances pasionales. Para nuestra desgracia, los críticos que consideran que detrás de una mujer sexy nunca puede existir una buena actriz abundan demasiado, del mismo modo que abundan aquellos que no creen posible que un hombre con músculos pueda ser un excelente actor. Tal postura estereotipada sigue vigente hoy en día y el único problema es que estos críticos disponen además de páginas en la prensa donde poder expresar sus tonterías, y encima cobrar por ello.

Marilyn demostró, además, un gran valor como persona al ser capaz de salir de la más absoluta soledad y pobreza, y con gran tesón alcanzar el estrellato en una época en la cual el cine estaba plagado de mujeres guapísimas y buenas actrices. Su fama la llevó a ser enviada a Alemania como embajadora de los Estados Unidos y allí ser nombrada "Miss Cheesacake", siendo ese mismo año reclamada por los estudios para que acudiera a la entrega de los Oscar donde formaría parte del comité del festival, algo que solamente se pide a quien verdaderamente es querido por el público.

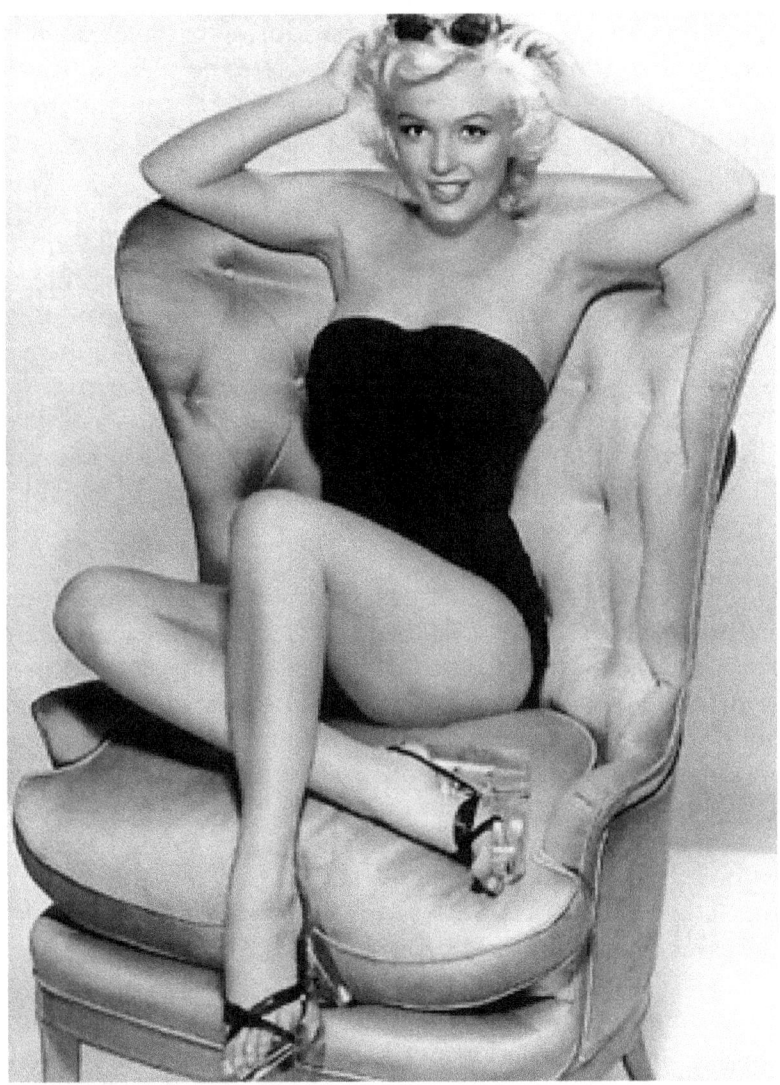

Como todos conocemos, su vida amorosa estuvo llena de hombres que la adoraron y de maridos que la abandonaron (cuatro en total), quizá porque ella quería pertenecer solamente a su público y no podía ser exclusiva de un sólo hombre. Por eso, junto a sus maridos, sabemos que fue amada por grandes personalidades del cine y la política, aunque posteriormente, en su último año, uno por uno fueron renegando de ella y negándola cualquier posible ayuda moral.

Explotada económicamente por los estudios de cine, Marilyn ni siquiera consiguió ganar las cifras astronómicas de otros actores y nunca tuvo la picardía de pedir un porcentaje de las recaudaciones de taquilla, salvo en su última época, aunque ya era demasiado tarde para disfrutarlo. Amaba tanto su trabajo que no se ocupaba de los asuntos financieros, dejando un legado económico en el momento de su muerte muy pobre para una persona que había sido la mujer más adorada del mundo.

Su hermoso cuerpo, además, nunca estuvo esculpido por las pesas o el deporte, del mismo modo que nunca se sometió a una liposucción para rebajar caderas, ni se puso implantes de silicona para levantar lo que se levantaba por sí solo. Tan sólo una minúscula operación de cirugía para modificar su nariz y su mentón, efectuadas en la primera época, fue todo el artificio que toleró hacerse. Su belleza era una de las pocas auténticas que se conocen en el cine y nunca tuvo reparos en mostrarnos su cuerpo tal cual, aunque con el paso de los años un vientre menos liso de lo deseable empezaba ser notorio.

Después vinieron los años de soledad, los amores frustrados, su maternidad imposible y un nefasto psiquiatra al que ella llamaba continuamente, que la introdujo en el mundo de las drogas mediante el uso legal de los barbitúricos. Ingenua hasta lo incomprensible, aceptó tratar de curar sus desilusiones sentimentales con esas maléficas pastillas para dormir, necesitando posteriormente pastillas para poderse levantar y otras para trabajar, todas recetadas por ese incompetente médico.

La debilidad de su cuerpo se hizo notoria, lo mismo que la de su mente, y después de ser adorada por millones de hombres y mujeres de todo el mundo se encontró en un momento de su vida sin amigos, sin amantes, perseguida por la mafia y sin trabajo, ya que incluso el mismo estudio que la rescindió el contrato la puso una demanda millonaria por daños. Demasiadas tensiones para una mujer solitaria que hasta entonces había tenido el mundo a sus pies.

Pero afortunadamente el cine no nos hace olvidar la muerte de las personas queridas y cuando de nuevo podemos disfrutar de Marilyn viendo alguna de sus películas, es cuando nos damos cuenta de que aún sigue viva, que su imagen y su voz siguen presentes entre nosotros.

Su fallecimiento fue certificado a las cuatro y veinticinco del día 5 de agosto de 1962, aunque la mayoría de los biógrafos consideran que su muerte acaeció en las últimas horas del día 4.

Filmografía esencial

1949 AMOR EN CONSERVA
1950 LA JUNGLA DEL ASFALTO
1950 EVA AL DESNUDO
1952 NIEBLA EN EL ALMA
1952 ME SIENTO REJUVENECER
1953 NIÁGARA
1953 LOS CABALLEROS LAS PREFIEREN RUBIAS
1953 CÓMO CASARSE CON UN MILLONARIO
1954 RÍO SIN RETORNO
1955 LUCES DE CANDILEJAS

1955 LA TENTACIÓN VIVE ARRIBA
1956 BUS STOP
1957 EL PRÍNCIPE Y LA CORISTA
1959 CON FALDAS Y A LO LOCO
1960 EL MULTIMILLONARIO
1961 VIDAS REBELDES

Mickey Rooney

Este menudo actor estadounidense, de nombre real Joe Yule Jr., nació el 23 de septiembre de 1920 en Nueva York, en el seno de una familia de actores. Considerado merecidamente como un niño prodigio, pues debutó en el mundo del cine con seis años, ha conseguido mantener siempre esa imagen jovial, inquieta, juvenil y alegre que le caracterizara. Actor versátil, con grandes dotes para el canto y la danza, así como capaz de realizar no pocas proezas circenses si el argumento lo requiere, desde 1927 hasta 1933 fue el protagonista de casi cincuenta

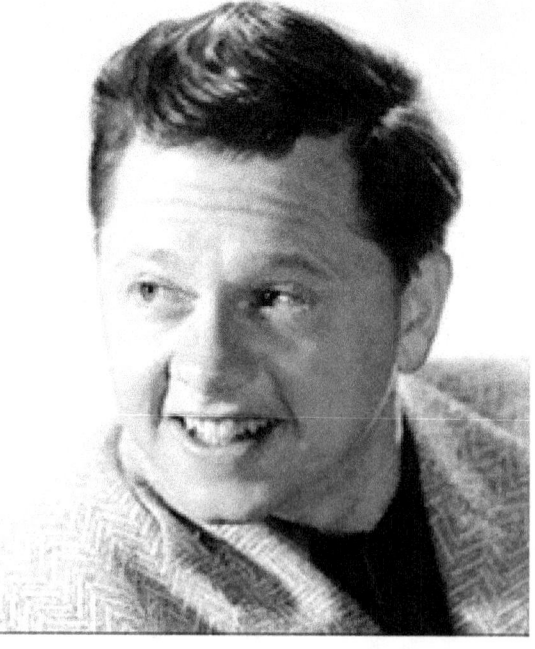

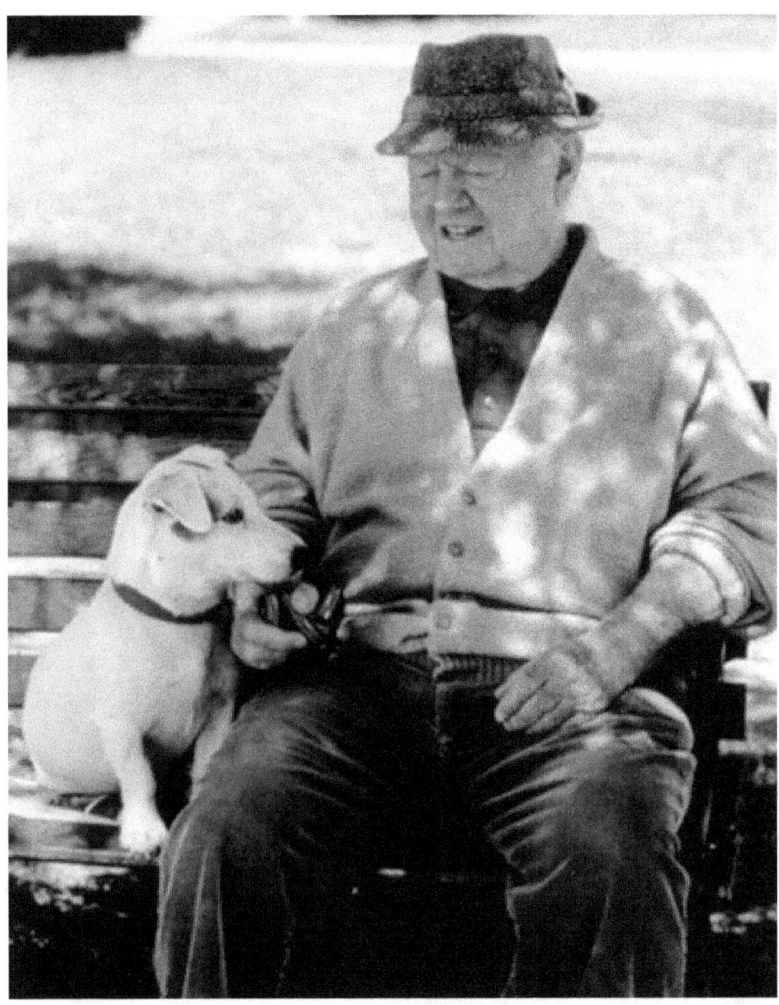

cortometrajes bajo el nombre de Mickey McGuire, asumiendo desde 1934 el de Mickey Rooney.

Con el paso de los años su trabajo en el cine ha ido disminuyendo, aunque todavía es frecuente verle en telefilmes de cierta importancia y como actor invitado en numerosos filmes. Actor taquillero por excelencia y millonario en dólares, destacó especialmente por su trabajo en "El sueño de una noche de verano" (1935), "El honor de la familia" (1937) y "Love Laughs at Andy Ardí" (1947). Entre 1937 y 1944 fue el actor más popular en los Estados Unidos y fue capaz con su carisma de enamorar a una mujer tan voluptuosa como Ava Gardner, con quien estuvo casado entre 1942 y 1943. Una vez divorciados se casó con Martha Vickens en 1949.

Un papel por el que será siempre recordado es en "Desayuno con diamantes" (1961), en donde interpreta a un ciudadano chino que tiene que soportar las juergas musicales de su vecina Audrey Hepburn. También son igualmente importantes sus trabajos al lado de Judy Garland, con quien realizó "Los hijos de la farándula" (1939), "Armonías de juventud" (1940) y "Babes on Broadway" (1941).

Recibió un Oscar Honorario en 1938 por su significativa contribución para atraer hacia las pantallas el espíritu y personificación de los jóvenes. También fue nominado en 1939 por "Babes in arms"; en 1943 por The Human Comedy"; en 1956 por "The Bold and the Brave"; y en 1979 por "The Black Stallion".

En 1982 se le concedió otro Oscar honorífico por sus 50 años de trabajo en películas memorables.

Filmografía esencial

1935 LA INDÓMITA
1936 EL PEQUEÑO LORD
1939 LAS AVENTURAS DE HUCKLEBERRY FINN
1948 WORDS AND MUSIC

1955 LOS PUENTES DE TOKO-RI
1956 AMANECER SANGRIENTO
1961 DESAYUNO CON DIAMANTES
1962 RÉQUIEM POR UN CAMPEÓN
1963 EL MUNDO ESTÁ LOCO, LOCO, LOCO
1968 SKIDOO
1971 REGRESO A OZ
1974 ASÍ ES HOLLYWOOD
1978 DONOVAN'S KID
1979 LA MAGIA DE LASSIE
1989 ERIK EL VIKINGO
1991 HOLLYWOOD'S CHILDREN
1992 EL PEQUEÑO NEMO
1994 LA VENGANZA DEL DRAGÓN ROJO
1994 THAT'S ENTERTAINMENT! PART 3
1997 JUDY GARLAND'S HOLLYWOOD
1998 BABE: PIG IN THE CITY
2001 LA DAMA Y EL VAGABUNDO 2

Mitzi Gaynor

Franceska Mitzi Gerber nació el 4 de septiembre de 1930 en Chicago, Ill. EE.UU. Posiblemente descendiente de alguna familia real austrohúngara, sus padres la encauzaron pronto al mundo de la danza, pues ellos mismos eran bailarines profesionales. Por ello, su formación profesional, que había comenzado a los cuatro años, se dejó notar en sus actuaciones profesionales, dominando perfectamente tanto el baile clásico como el moderno.

Imitadora de Carmen Miranda al principio, formó parte a los doce años de la compañía Los Angeles Civic Ligth, hasta que fue descubierta por la Fox.

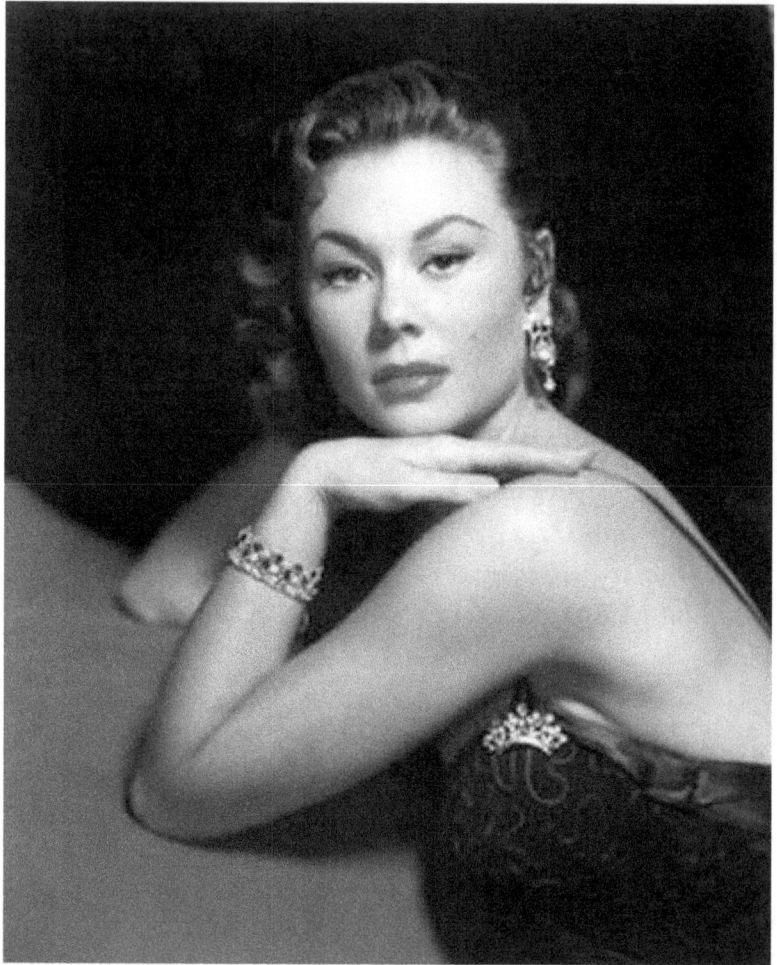

Con un físico muy parecido a Vera-Ellen, para todos era la alternativa perfecta, tanto en edad como en calidad artística, aunque tuvo la poca fortuna de incorporarse al cine musical justo cuando comenzaba el declive de éste.

En su primer filme los críticos se olvidaron de la actriz principal Betty Grable, y se centraron en esa menuda rubia

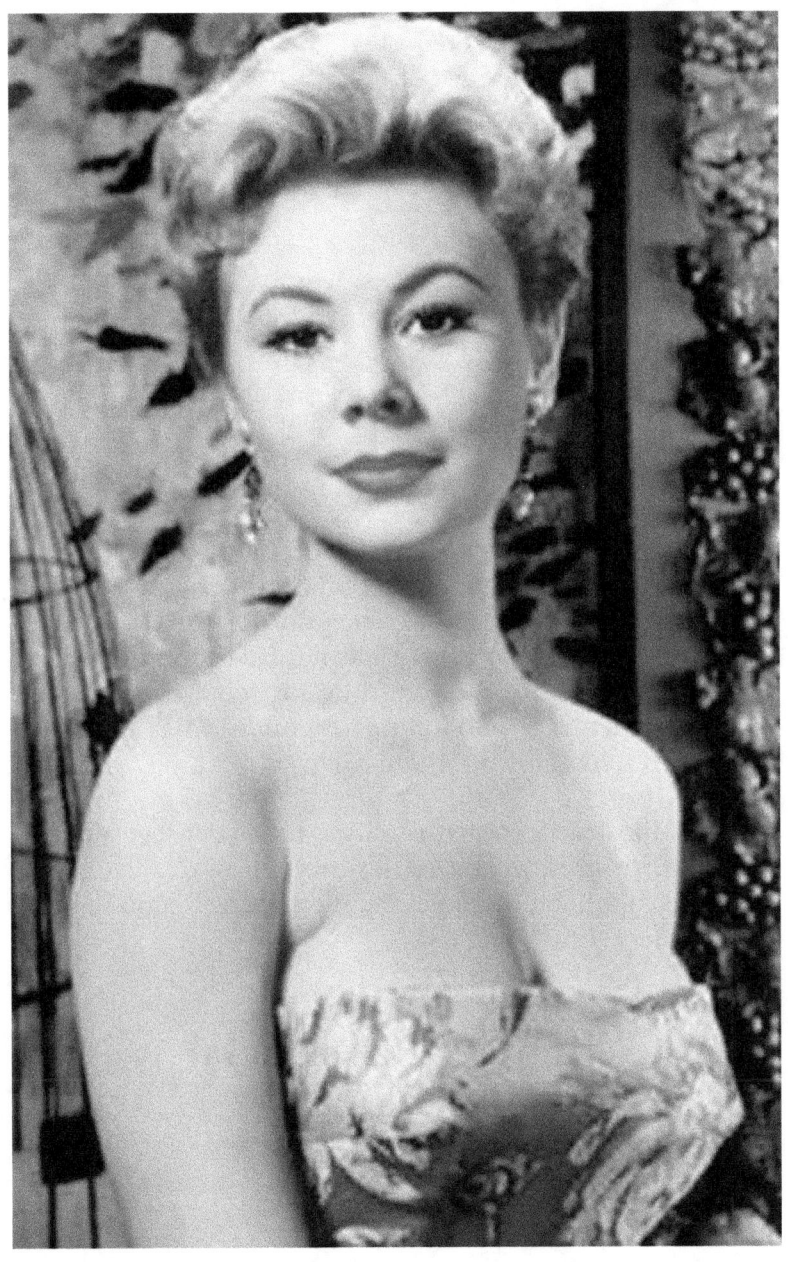

de cara serena y jovial que bailaba como las mejores danzarinas de antaño.

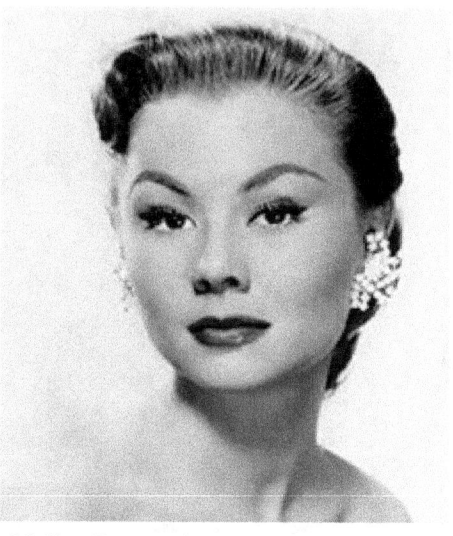

Animada y promocionada por su marido Jack Bean, a su vez agente artístico, sus primeros filmes junto a Bing Crosby y Frank Sinatra le proporcionaron el soporte necesario, afianzado posteriormente por el filme "Las Girls" junto a Gene Kelly. Sin embargo, su gran triunfo aún no había llegado, pues con "South Pacific" (1958), una ópera de gran calidad, consiguió por fin el estrellato mundial. Pero aunque las críticas habían sido unánimes y hoy en día se le considera uno de los mejores musicales, económicamente el público no respondió, más que nada porque los musicales no interesaban ya.

Paradójicamente, y justo cuando había conseguido consolidarse, los productores se desinteresaron de ella, no supieron encajarla en otros filmes, y en poco tiempo desapareció de los escenarios.

Filmografía esencial

1936 ANYTHING GOES
1948 WHEN MY BABY SMILES AT ME
1951 GOLDEN GIRL
1952 THE I DON'T CARE GIRL

1952 NO ESTAMOS CASADOS
1954 THREE YOUNG TEXANS
1954 LUCES DE CANDILEJAS
1956 THE BIRDS AND THE BEES
1957 LES GIRLS
1958 SOUTH PACIFIC
1959 COMEDY & KID STUFF 3
1960 LE FARCEUR
1960 UNA RUBIA PARA UN GÁNGSTER
1963 FOR LOVE OR MONEY
1969 FOR THE FIRST TIME

Nicole Kidman

Nacida el 20 de junio de 1967 en Honolulu, Hawai, donde su padre Anthony, bioquímico, desarrollaba un proyecto de investiga-

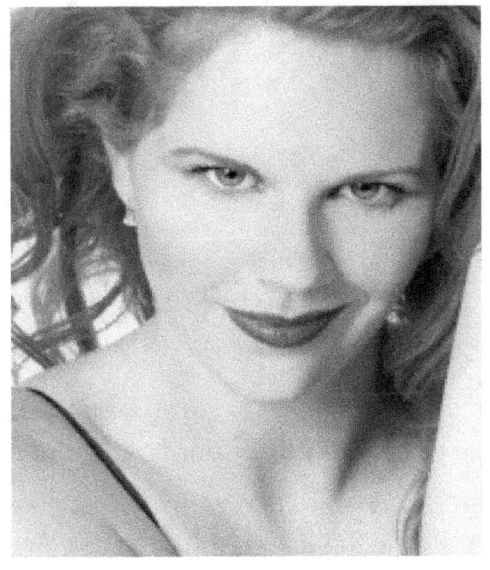

ción, es la mayor de dos hermanas. Su mentalidad nómada les llevó a trasladarse a Washington D.C., lugar donde permanecerían 3 años, para marcharse después a Australia. Su madre se llama Janelle y aunque su hermana Antonia ha demostrado con su trabajo como reportera de TV su gran personalidad,

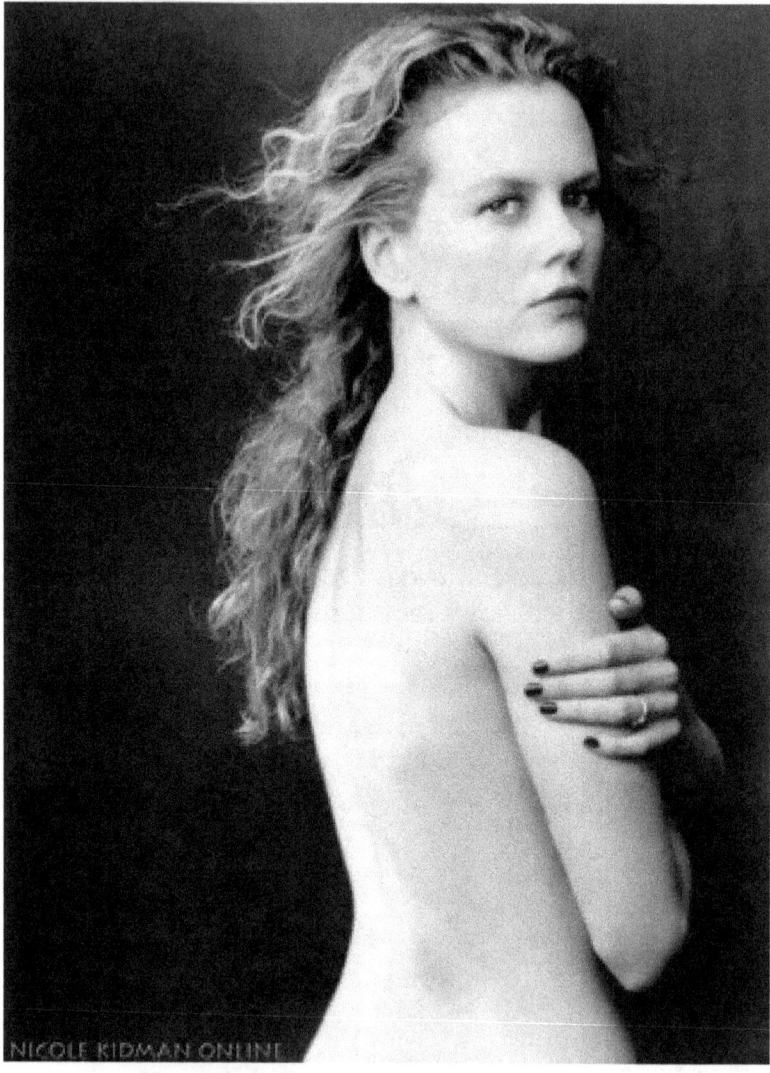

Los desnudos en "Eyes Wide Shut", la hicieron ser noticia en el mundo entero

en una entrevista reconoció que en su familia ella era quien tenía el carácter más fuerte y resuelto, incluso rebelde.

Su vocación artística se manifestó precozmente cuando ingresó a los cuatro años en una escuela de ballet, a los ocho daba clases de mímica, y a los diez de arte dramático. En todas estas actividades, que complementaban sus estudios convencionales, contó siempre con el apoyo de sus padres, que consideraban interesante que desarrollara su imaginación y talento artístico. Asidua habitual del teatro de la calle Phillip, posteriormente continuaría su preparación artística en el Australian Theatre for Young People y en el St Martin's Youth Theatre de Melbourne.

Debutó en el cine a los catorce años, con un discreto papel en el telefilme infantil "Bush Christmas", al que siguieron otros como "BMX Bandits", y "Winners", igualmente para la televisión. En los siguientes tres años intervino en otras películas para la televisión de poco interés, hasta que John Duigan la llamó para interpretar un papel en la mini-serie *Vietnam"*, filme que le proporcionó su primer reconocimiento popular, afianzado posteriormente en 1989 con "Dead Calm, junto a Sam Neill y Billy Zane.

En 1990 empieza su etapa americana con quien sería posteriormente su marido y mentor, Tom Cruise, en el filme "Días de Trueno", donde se desarrolló el romance entre ambos, aunque por entonces Cruise estaba casado con Mimi Rogers. Una vez conseguido el divorcio, Kidman y Cruise se casaron en 1990. Desde ese momento, "la mujer de Tom Cruise" ocupó las portadas de las revistas y los trabajos para el cine aumentaron, siendo requerida por Robert Benton (autor de Kramer contra Kramer) para "Billy Bathgate", junto a Dustin Hoffman. Posteriormente la vimos en Far and Hawai (nuevamente con Tom Cruise), el thriller "Malice", con Alec Baldwin y Bill Pullman, donde encarna a una mujer fatal; y el drama "My Life", con Michael Keaton.

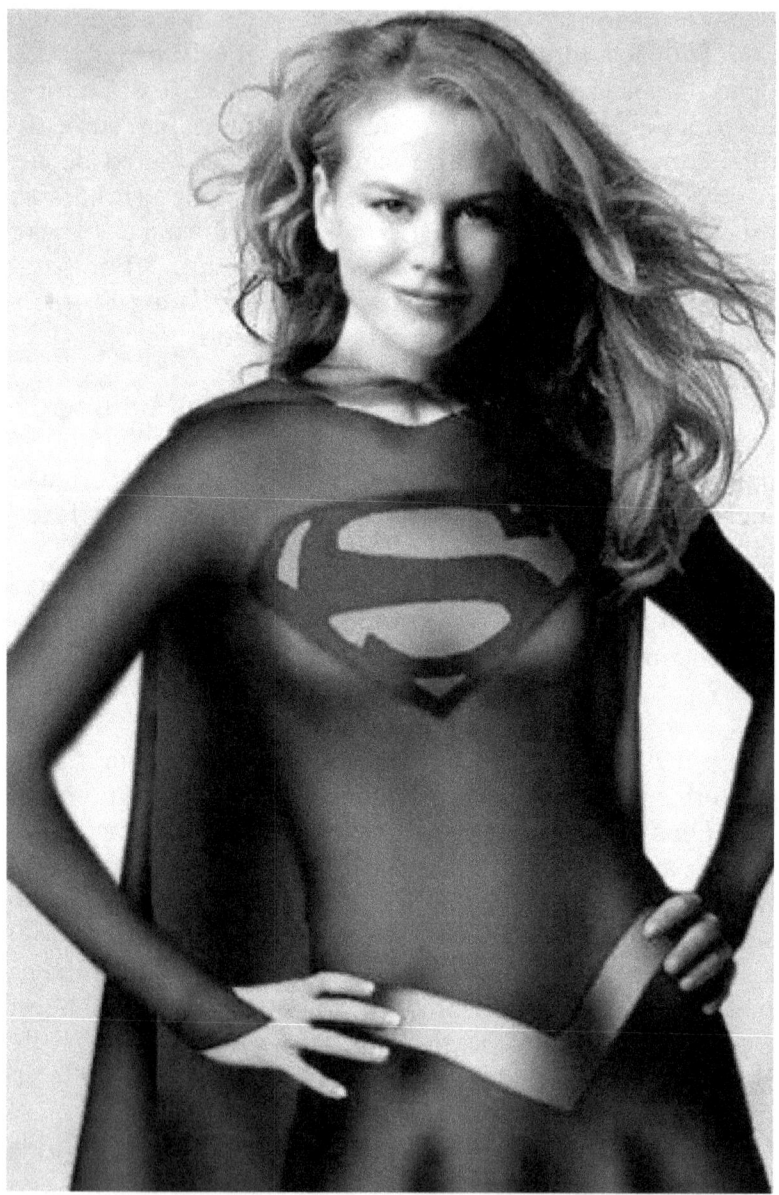

Un papel que nunca pudo conseguir: el de Supergirl

En 1995 interpreta desacertadamente a la Dra. Chase Meridian, en "Batman Forever" (quitando el trabajo a Rene Russo), para después protagonizar con Matt Dillon, "Todo por un Sueño", otro filme de poco éxito comercial que pasó rápidamente al mercado del vídeo. Un año después consigue una nominación al Oscar por su trabajo en "Retrato de una Dama", enlazando con "El Pacificador" y al año siguiente con "Prácticamente Magia", con Sandra Bullock, otra comedia intrascendente sobre unas brujas.

Sin embargo, tanto sus desnudos junto a Tom Cruise en "Eyes Wide Shut", como la posterior ruptura entre ambos, fueron el detonante para afianzar su popularidad mundial, lo que le permitió aumentar sus exigencias económicas.

2001 sería su despegue definitivo con el filme "Los Otros", del director español Alejandro Amenábar, y "Moulin Rouge" con Baz Luhrmann, seguidos de "Oscura seducción" y "Las horas".

Filmografía esencial

2002 THE HOURS
2001 LOS OTROS
2001 MOULIN ROUGE
1999 EYES WIDE SHUT
1998 PRÁCTICAMENTE MAGIA
1997 EL PACIFICADOR
1995 BATMAN FOREVER
1993 MI VIDA
1992 UN HORIZONTE MUY LEJANO
1990 DÍAS DE TRUENO
1998 CALMA TOTAL
1983 PRINCE AND THE GREAT RACE

Olivia Newton-John

Nacida el 26 de septiembre de 1948 en Cambridge, Inglaterra, esta cantante y actriz, capaz de moverse con tanta soltura que parece incluso que sabe bailar, tuvo un ascenso vertiginoso a la popularidad en los años 70, como consecuencia de su tra-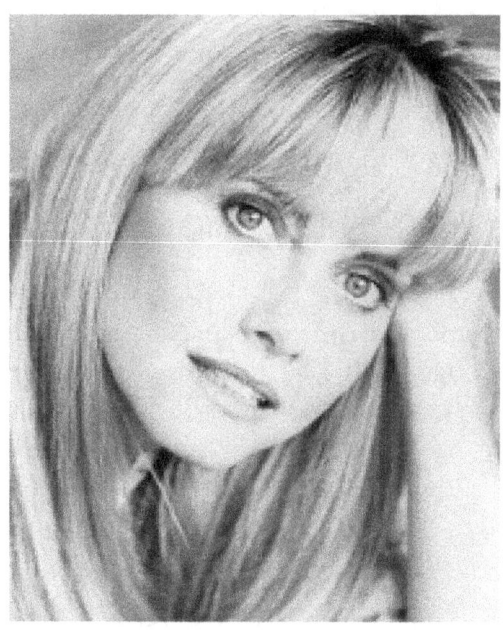bajo en "Grease", junto a John Travolta. Llevando un escotado y ajustado suéter que causó furor entre las jovencitas de la época, su mirada dulce a veces, ingenia con frecuencia, y atrevida cuando así lo requería la historia, la convirtió en el sex-symbol del momento y en una referencia para las mujeres.

Desesperanzada de encontrar un puesto en el cine que pudiera revivir ese gran éxito, se marchó a Australia en donde consiguió al menos dos decenas de éxitos musicales que se prolongaron hasta los años 80. Desdichadamente, estos triunfos no llegaron al resto del mundo y hoy en día casi es una desconocida para las nuevas generaciones.

Sus comienzos artísticos fueron ciertamente modestos, con una serie de televisión en la cual interpretaba bellas y

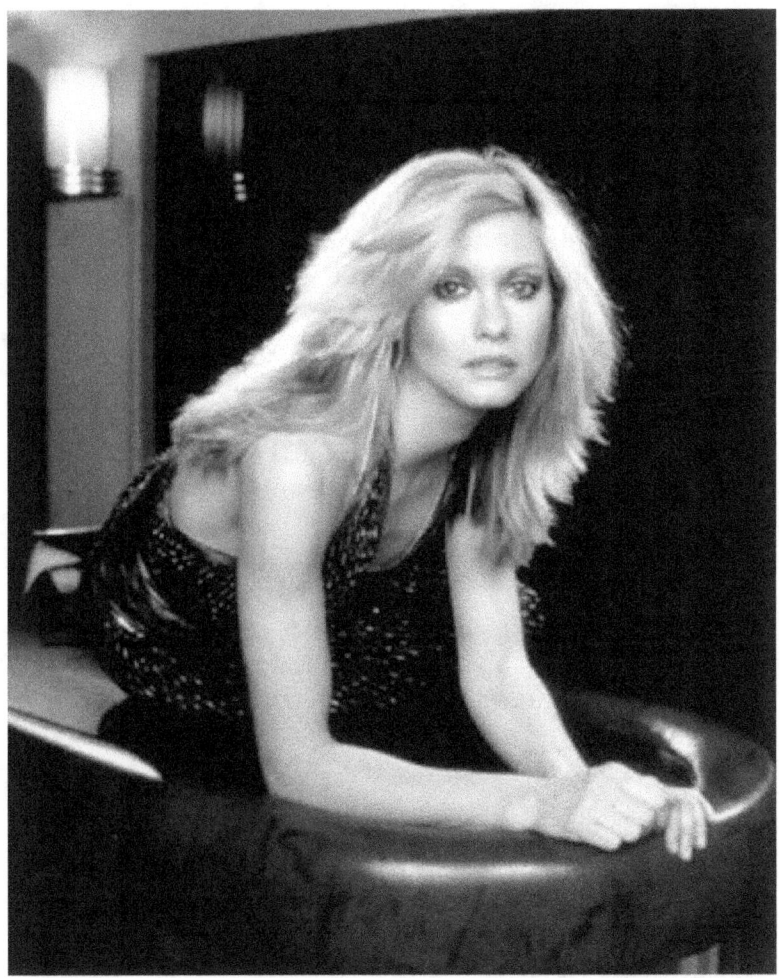

sencillas canciones como "If You Love Me (Let Me Know)" y "Have You Never Been Mellow?", y así hubiera seguido si la oportunidad no le hubiera llegado al interpretar el principal personaje femenino en la adaptación para la gran pantalla del gran éxito musical de Broadway "Grease" en 1978. La historia nos llevaba hasta los años 50, cuando las adolescentes idealizaban las relaciones amorosas, y esa mezcla de romanticismo y realismo encajó en esta actriz que, curiosamente, tenía más edad que su propio personaje, pues superaba a Travolta en siete años.

La reposición de "Grease" reavivó el interés por esta actriz desaprovechada y de nuevo se la ha vuelto a recordar cantando esa balada titulada "Hopelessly Devoted to You" y el dúo con John Travolta, "You're the One That I Want".

Aunque sus películas siguientes, "Xanadú" (1980) con Gene Kelly, y "Tal para cual" (1983, de nuevo con Travolta), fallaron para los críticos y algo menos para el público, consiguió su canto de cisne en 1981 con "Physical", uno de los espectáculos más aplaudidos de los años ochenta.

Newton-John se casó con el actor y modelo Matt Lattanzi en 1985. En 1992, dos semanas después de la muerte de su padre, a ella se le diagnosticó un cáncer y sufrió una mastectomía parcial y una posterior reconstrucción del pecho, apareciendo ya solamente esporádicamente en la televisión cada vez que alguien quería mostrar el impacto de los musicales de esa época.

Filmografía esencial

1979 TOOMORROW
1978 GREASE
1980 XANADÚ
1983 TAL PARA CUAL
1990 A MOM FOR CHRISTMAS
1996 IT´S MY PARTY

René Zellweger

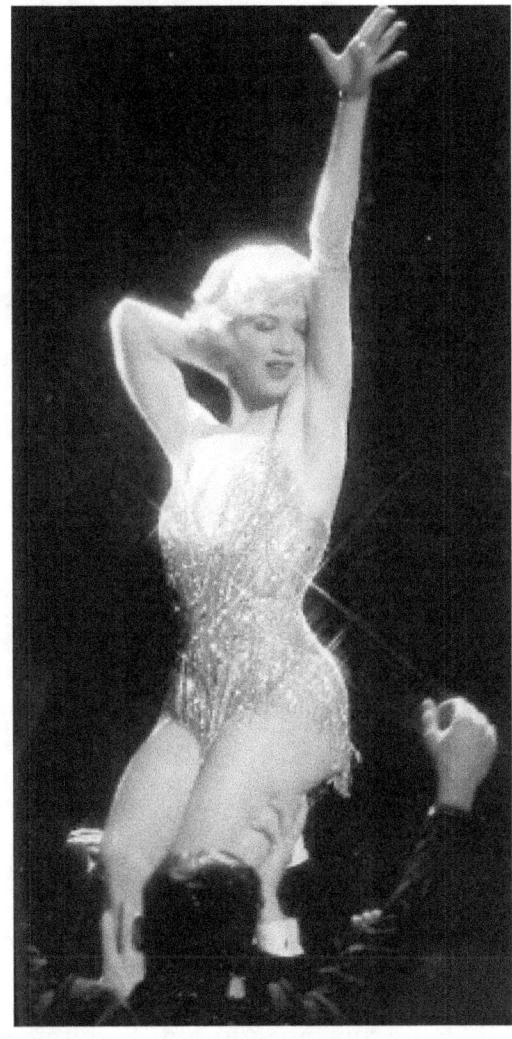

Nacida el 25 de abril de 1969 en Katy, Texas, EE.UU., esta actriz de corta trayectoria cinematográfica ha conseguido ya cierta reputación por "Jerry Maguire" (1996), junto a Tom Cruise, aunque posteriormente saltó a la fama por su buen trabajo en "Chicago". Su meritoria interpretación como bailarina y actriz, imitando sin reparo a Marilyn Monroe, logró que su cotización aumentara sensiblemente, así como su prestigio. Aunque sus pasos de baile nunca podrían asemejarse a los de Gingers Rogers, se le reconoce su mérito al ser descendiente de suizos y noruegos sin antecedentes artísticos.

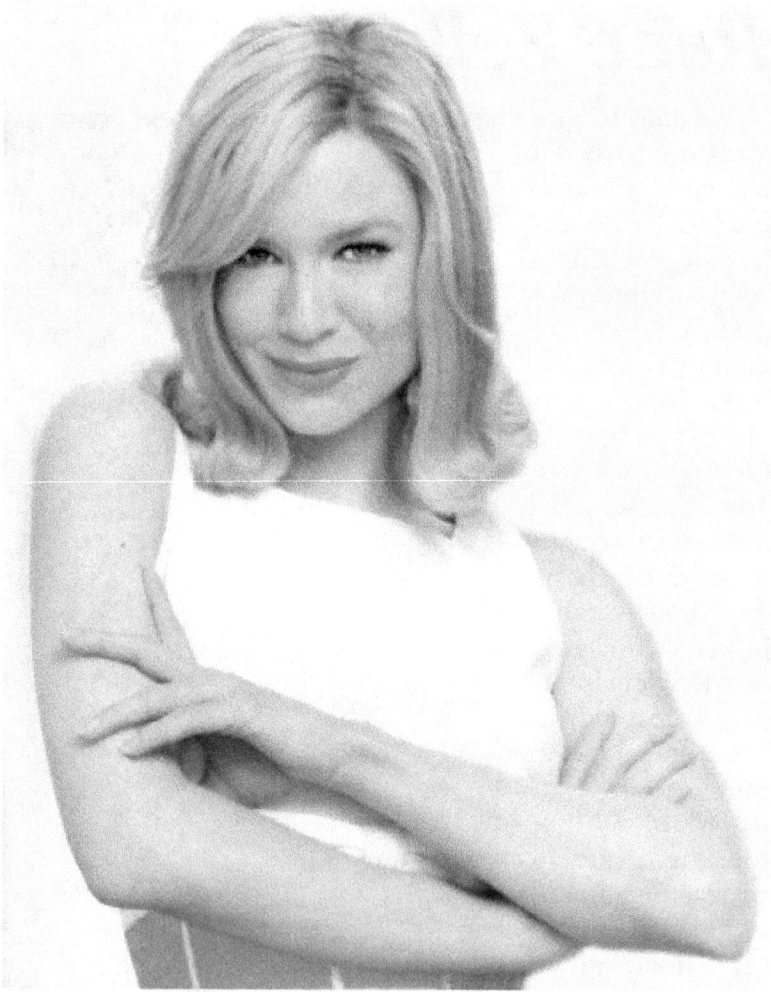

Estudiante en la Universidad de Texas se graduó en Radio, Cine y Televisión, debutando en el film "Rebeldes y
confundidos" (Dazed and Confused, 1993), de Richard
Linklater, continuando con "El soltero más codiciado" (The
Bachelor, 1999), donde trabajó junto a Chris O'Donnell,
así como en "Yo, yo mismo e Irene" (Me, Myself and Irene,

1999), en la que conoció a Jim Carrey, su actual pareja. También fue notorio su trabajo en "El diario de Bridget Jones", en donde se nos muestra con una docena de kilos de más. Más adelante y rememorando con gran acierto a Doris Day, realizó el remake de "Pijama para dos" en el acertado filme "Abajo el amor", una comedia de enredos y feminismo suave que entusiasmó a los espectadores.

Filmografía esencial

2003 ABAJO EL AMOR
2003 CHICAGO
2002 WHITE OLEANDER
2001 EL DIARIO DE BRIDGET JONES
2000 LA ENFERMERA BETTY
2000 YO, YO MISMO E IRENE
1998 ONE TRUE THING
1998 A PRICE ABOVE RUBIES
1996 THE WHOLE WIDE WORLD
1996 JERRY MAGUIRE
1995 THE RETURN OF THE TEXAS CHAINSAW MASSACRE
1994 REALITY BITES
1994 8 SECONDS
1993 DAZED AND CONFUSED

Rita Hayworth

Nacida como Margarita Carmen Cansino en Brooklyn, Nueva York, el 17 de octubre de 1918, su talento artístico indudablemente lo heredó de su padre, Eduardo Cansino, un bailarín español de ascendencia sefardita, y su madre Volga Haworth, una irlandesa que había bailado en las filas

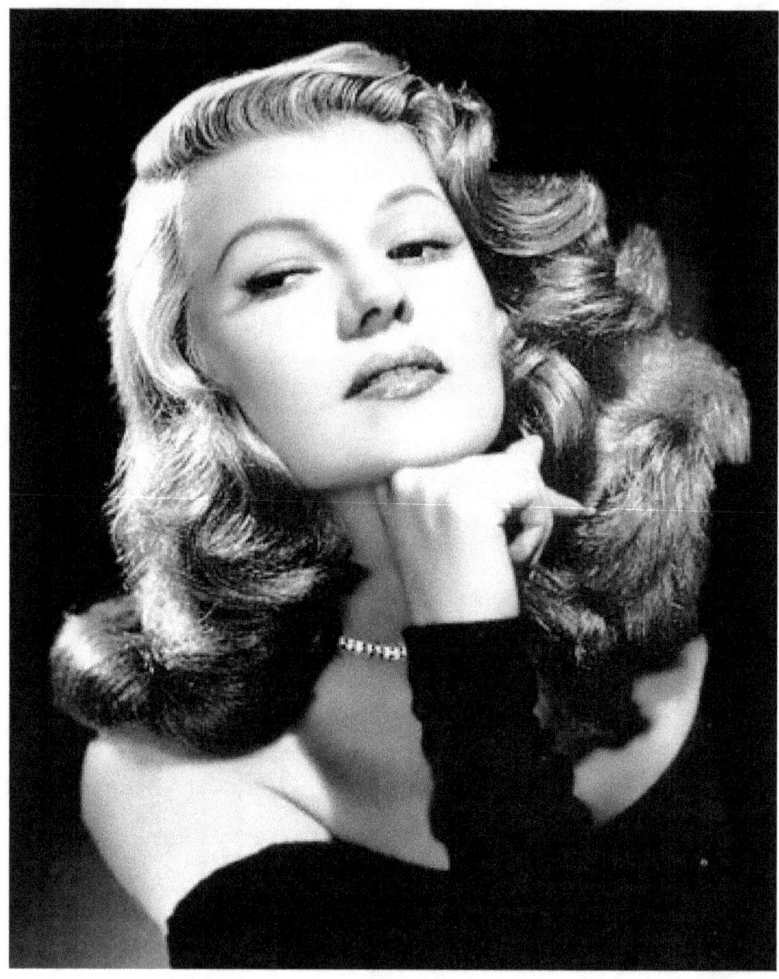

de las "Ziegfeld Follies". Ambos esposos se habían conocido en el Casino Theatre de los Hermanos Shubert, mientras trabajaban en el musical "Follow Me".

Apodada con justicia como *La Diosa del Amor* y *La bomba erótica*, esta actriz y bailarina se inició en el cine con los filmes "Criminales en el aire" y "Girls Can Play" en 1937,

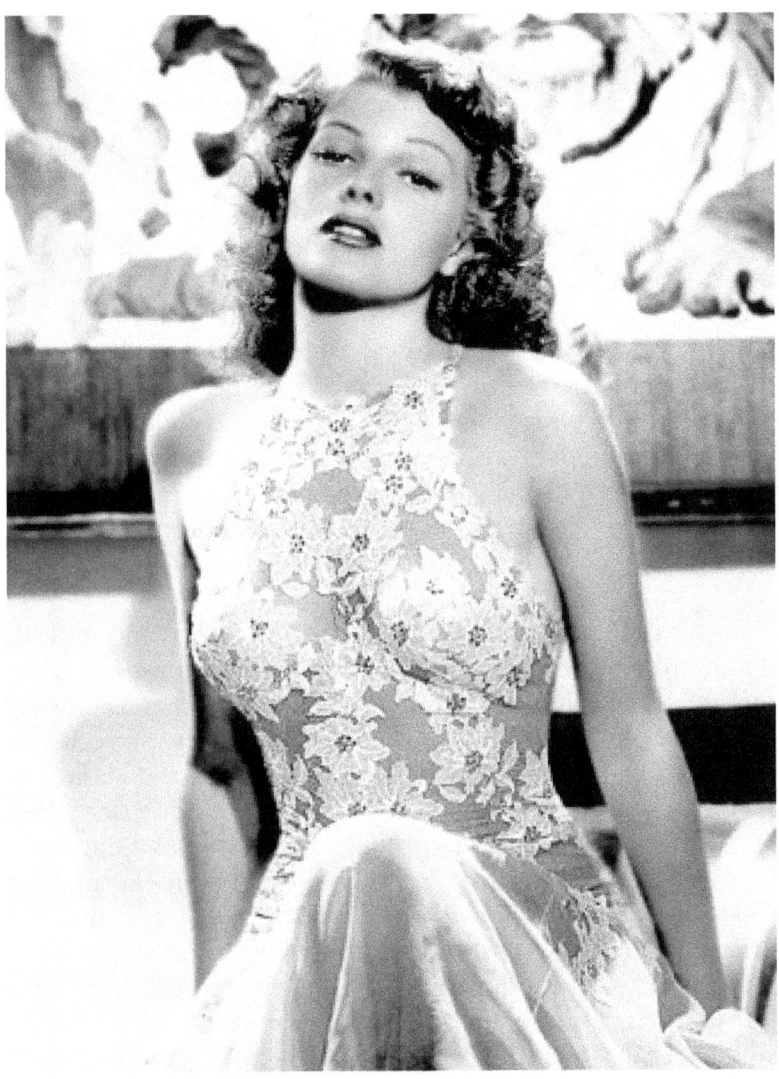

consiguiendo enseguida un contrato con la Columbia Pictures por siete años y un sueldo inicial de 250 dólares semanales que irían ascendiendo progresivamente, hasta los 1.750 el último año. Estos filmes eran solamente una puesta a punto de la actriz, tal y como expresó el director de la Columbia Harry Cohn, pues su nombre puesto en la cabecera de los carteles todavía tardaría bastantes años en lograrse, y antes, para amortizar su contrato, tendría que interpretar seis películas en 1937 y cuatro en 1938.

Su glamour, su atractiva seducción y su belleza, hicieron que incluso la cámara se enamorara de ella, especialmente en su primer película importante titulada "Sólo los ángeles tienen alas" de Howard Hawks, en 1939. En la década siguiente se convirtió en una de las mayores estrellas de Hollywood, y consiguió demostrar que era una actriz de gran talento y buena bailarina. Fue una de las "pin-up" más representativas durante la II Guerra Mundial, aunque las malas lenguas aseguran que la bomba atómica lanzada sobre Hiroshima llevaba inscrito su nombre.

Hayworth, con su pelo rojo largo, corto, o rubio teñido, demostró su maduro talento en cualquiera de sus interpretaciones, pero sin duda alguna fue en su papel como mujer vulnerable en "Gilda" (1946), por el que todos la recordamos. Realizando el más memorable strip-tease de la historia del cine y aguantando una soberana bofetada de Glenn Ford, su imagen estará siempre ligada a esta película. También hizo un extraordinario trabajo en la película dirigida por Orson Welles (su segundo marido) "La Dama de Shanghai" (1948), cortándose posteriormente su larga cabellera y tiñéndose de rubia. Pero la imagen de "mujer fatal" comienza ya a consolidarse en esa época y se vuelve en su contra, especialmente cuando decide divorciarse de Welles y llevarse a su hija a Palm Springs, donde entabla relaciones sentimentales con David Niven, un actor desconsolado por la repentina muerte de su esposa. Ambos deciden darse consuelo mutuamente –mejor entre las sábanas–, aunque al poco tiempo prefiere cambiarle por el

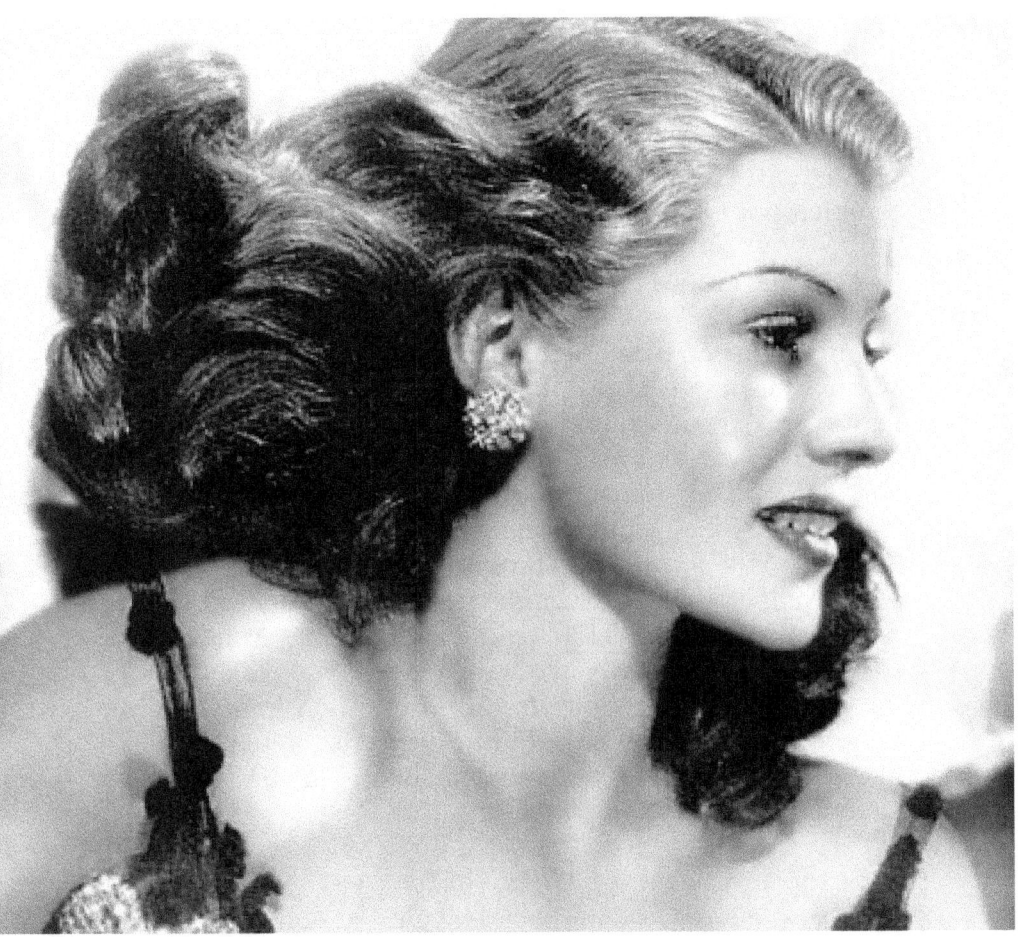

cantante Tony Martin. Se habían conocido durante el rodaje de "Music in my Heart" en 1940 y parece ser que al
finalizar el rodaje acordaron festejarlo brindando con champán en el lecho de Rita. Su amor terminó con la misma
rapidez que termina un helado en la boca de un niño.

Cuando en 1949 anuncia la boda con el príncipe Alí
Khan es objeto de numerosas críticas, especialmente por

los grupos feministas, quienes consideran a la actriz un mal ejemplo para las mujeres en general y piden a la industria cinematográfica que la olviden. Como consecuencia de ello, la película "Los amores de Carmen", basada en la famosa ópera, no tuvo apenas éxito, y eso que estaba interpretada también por Glenn Ford, su mítica pareja en "Gilda".

Para que ambos esposos no se vean involucrados en un escándalo sexual y sentimental, Alí asegura en una rueda de prensa que no ha mantenido aún contactos sexuales con su nueva esposa (todavía no había obtenido el divorcio de la primera), pero cuando Rita descubre que está embarazada quien se desconcierta es Alí. Aturdido, decide relajarse con otras mujeres, sin saber qué decisión tomar. Por fin, el 27 de mayo de ese año, se celebra la boda entre el príncipe Alí Khan y la actriz Rita Hayworth, en un pueblecito llamado Vallauris, cerca de Cannes, con miles de invitados. El restaurante elegido, el Chateau du L'Horizon, es cerrado totalmente a la prensa y a los aficionados. Su hija Yasmine nació el 28 de diciembre de ese mismo año, por lo que tuvieron que explicar a la prensa que era "sietemesina", algo difícil de asimilar teniendo en cuenta que pesaba casi cuatro kilos.

Se divorciaron en 1953, pero ella tenía ya la mirada puesta en otro apuesto galán, Dick Haymes, aunque antes debía finalizar su escandalosa relación con Bob Savage, un cantante con el cual aprendió a pelear cada vez que se encontraban a solas en su alcoba. A principios de 1956, una vez olvidada la vida con su anterior marido Dick, y después de dejar a sus dos hijas al cuidado de Alí Khan, se enamora rápidamente (como siempre) de Raymond Hakim, un egipcio que también se dedica al cine, quien la exige como condición previa que rompa su contrato con la Columbia; él se encargará de llevarla de nuevo a la cúspide del

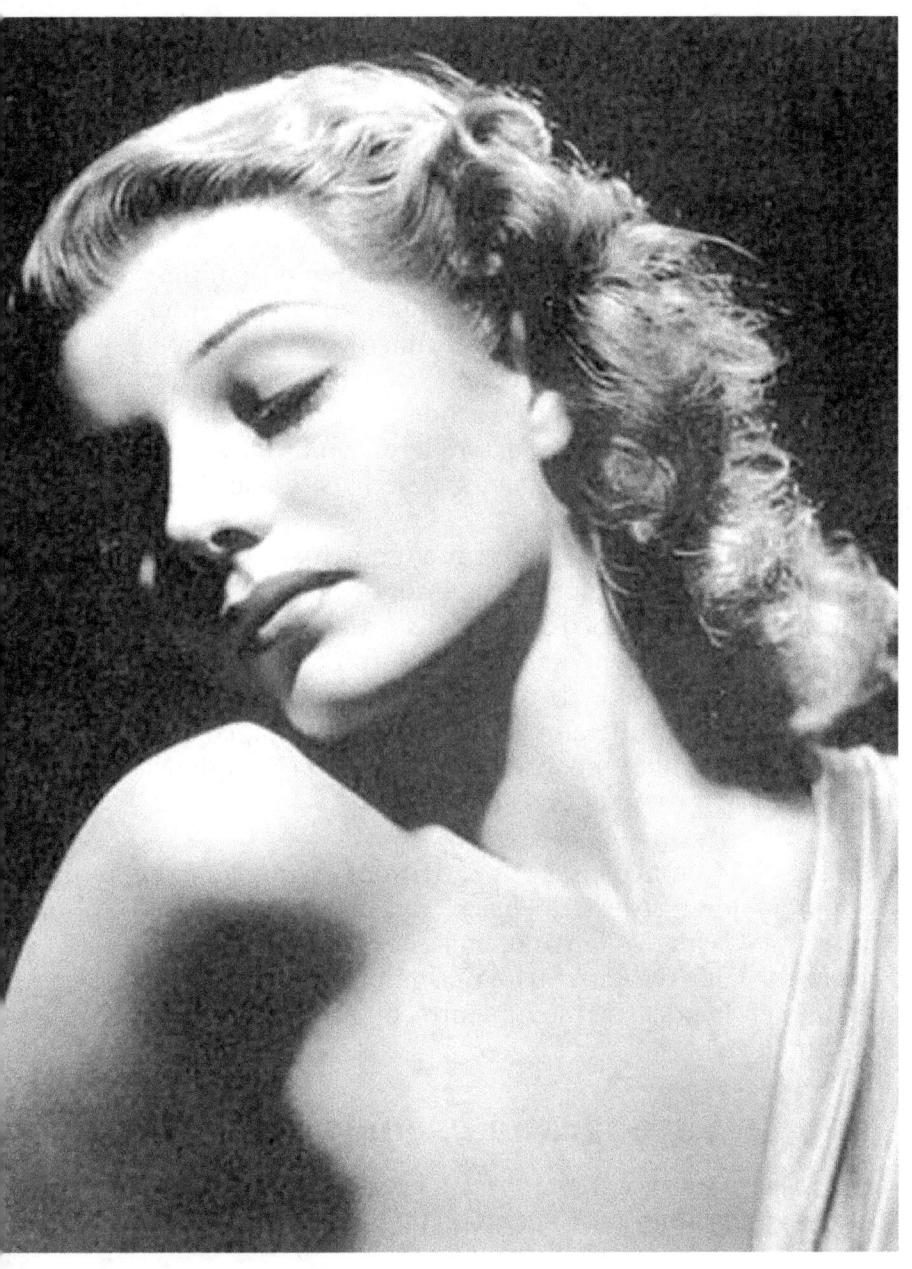

la actriz. Pero esas fotos solamente reflejan a una mujer cansada, agotada por los sedantes, y sin maquillar adecuadamente, algo que no corresponde a la realidad.

En 1973, y con la enfermedad invadiendo su cuerpo, abandona a su nuevo amor (Curtis Roberts, un joven de 29 años) sin darle explicaciones y se marcha a Los Ángeles con un inglés llamado Robert Damphy, quien manifiesta desde los primeros momentos que no acaba de comprenderla. Los problemas financieros comienzan a ser serios y los estudios le demandan judicialmente por incumplimiento de contrato, aunque cuando acuden a los tribunales y la ven en tan lastimoso estado, prefieren voluntariamente anular el contrato. Mejor eso, que tenerla como actriz.

Presa de una gran furia, lo primero que hace es romper con Damphy y ligarse ahora a un pintor de nombre William Gilpin, un bohemio poco amante del orden y la limpieza, costumbres que le vienen a Rita extraordinariamente porque ella está ya cansada de tener su casa arreglada para los amigos. Los pocos que aún se atreven a visitarla, como la cantante Ann Miller, no vuelven a repetir la experiencia ante el agresivo carácter de la estrella.

Y así, el 14 de mayo de 1987, después de una larga lucha por mejorar su estado físico, murió en Nueva York Margarita Carmen Cansino, más conocida como Rita Hayworth. Tenía 68 años. Su hija Yasmine se convirtió desde entonces en la líder del movimiento contra la enfermedad de Alzheimer.

Filmografía esencial

1934 CRUZ DIABLO
1938 SIEMPRE HAY UNA MUJER

1939 LOS ÁNGELES TIENEN ALAS
1941 SANGRE Y ARENA
1941 DESDE AQUEL BESO
1944 LAS MODELOS
1946 GILDA
1948 LA DAMA DE SHANGHAI
1953 SALOMÉ
1957 PAL JOEL
1958 MESAS SEPARADAS
1964 EL FABULOSO MUNDO DEL CIRCO
1972 LA IRA DE DIOS

Vera-Ellen

Nacida el 16 de febrero de 1926 en Cincinatti, OH, Vera-Ellen (Westmeyr Rohe) ha sido considerada como una de las mejores bailarinas del cine americano de todos los tiempos, aunque su popularidad no alcanzara nunca la de otras actrices menos dotadas. Con su menuda figura y su cabello rubio, similar a una muñeca Barbie viviente, se movía con una agilidad que ninguna otra bailarina podía lograr, contando, además, con recursos ilimitados que la permitían improvisar sin que el espectador fuera consciente de ello.

Formando pareja con los dos bailarines del musical americano más importantes, Gene Kelly y Fred Astaire, aportó no solamente una compañera que se movía al unísono con ellos, sino también alguien que era capaz de obligarles a desplazarse y a seguirla en sus ágiles movimientos. Con su cara de niña buena, sus andares enérgicos y su figura estilizada, consiguió que cualquier oponente masculino pudiera destacar a su lado, aunque ello supusiera pasar ella a segundo plano.

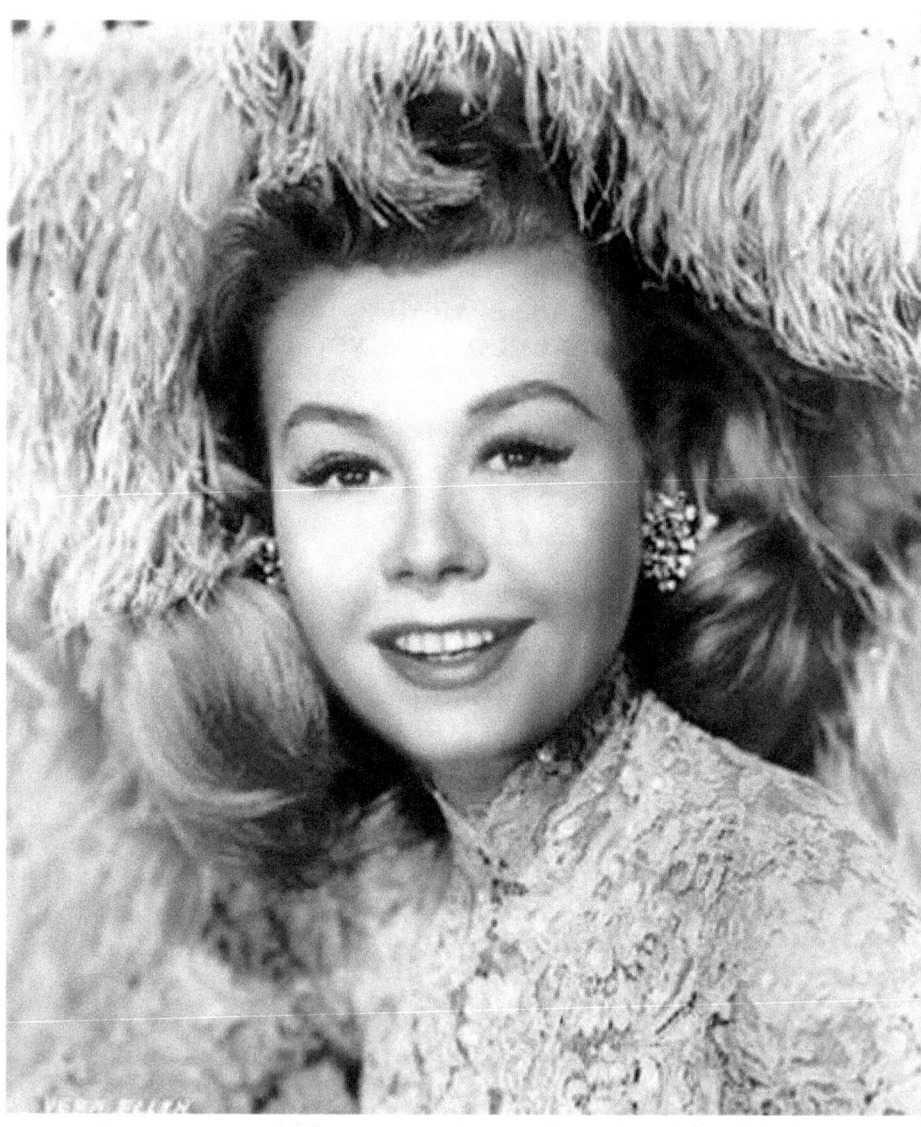

Su afición al baile comenzó desde niña, cuando tenía cinco años, y los primeros datos sobre sus éxitos proceden del año 1936, cuando con apenas 10 años conseguía ser la bailarina más joven y prestigiosa en los musicales de Radio City Music Hall Rockette, pasando inmediatamente a ser la primera bailarina en numerosos musicales de Broadway.

Apenas cumplió los dieciocho años fue seleccionada por el productor Samuel Goldwyn para formar parte de sus "chicas Goldwyn", debutando en el filme "Wonder Man" (Un hombre fenómeno, 1945), junto a Danny Kaye, con quien haría dos películas más. Anteriormente había realizado una pequeña intervención en la película inglesa "Happy Go Lucky" en 1943.

Un año después, y nuevamente con Danny Kaye, hizo "The Kid From Brooklyn" (El asombro de Brooklyn, 1946), película galardonada con un oscar a los mejores efectos especiales y que tuvo un gran éxito en todo el mundo. Unos meses después, y en un papel inferior, interpretó "Three Little Girls in Blue" (1946), una comedia musical plagada de novedosos y buenos efectos especiales. Ese mismo año se divorció de su primer marido Robert Hightower, con quien había estado casada solamente un año, sin que llegaran a tener hijos.

Después, en 1947, realizó junto a Carmen Miranda "Carnaval en Costa Rica" y un año después "Words and Music" (1948), una recopilación de buenos números musicales unidos por un débil argumento, en la cual apenas si sale diez minutos. Esos pequeños minutos sirvieron, no obstante, para afianzar su gran categoría como bailarina, ya que teniendo como pareja a Gene Kelly efectúa la gran exhibición de un pequeño drama musical, en el cual ella acaba muriendo.

Su carrera cinematográfica parecía ya imparable y contaba incluso con algunos clubes de fans en América, siendo

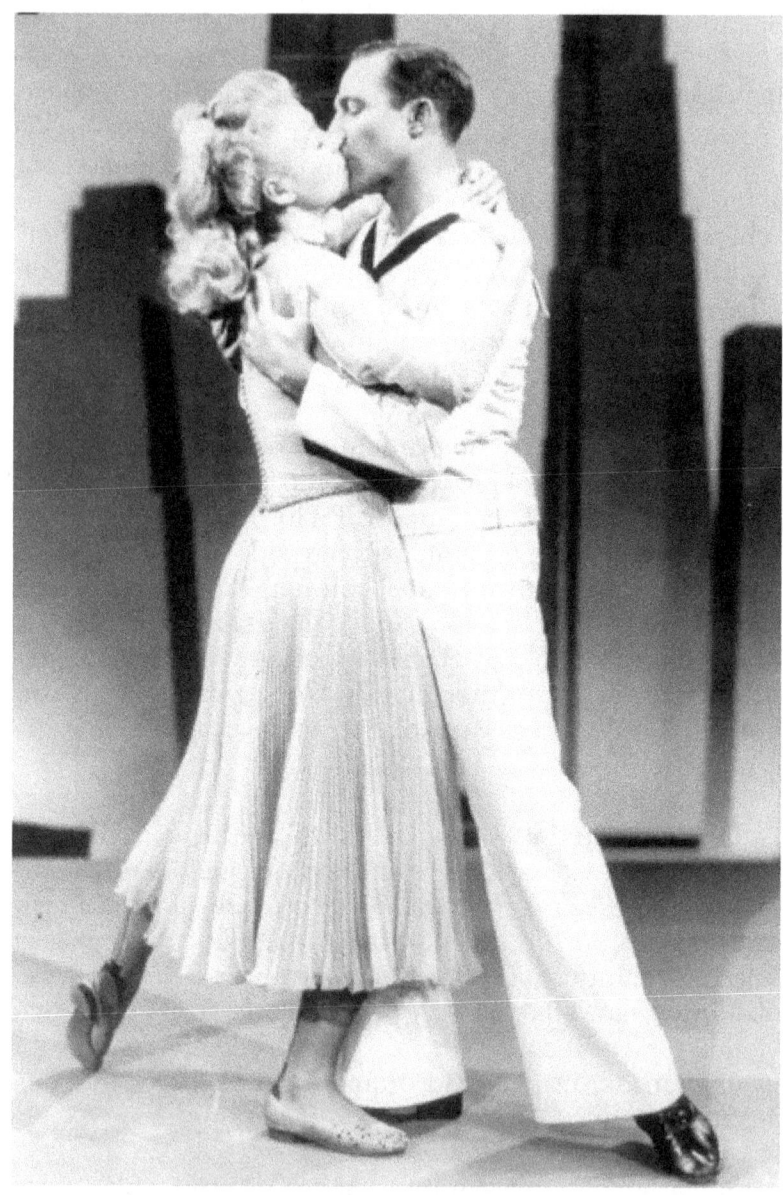

Con Gene Kelly en "Un día en Nueva York"

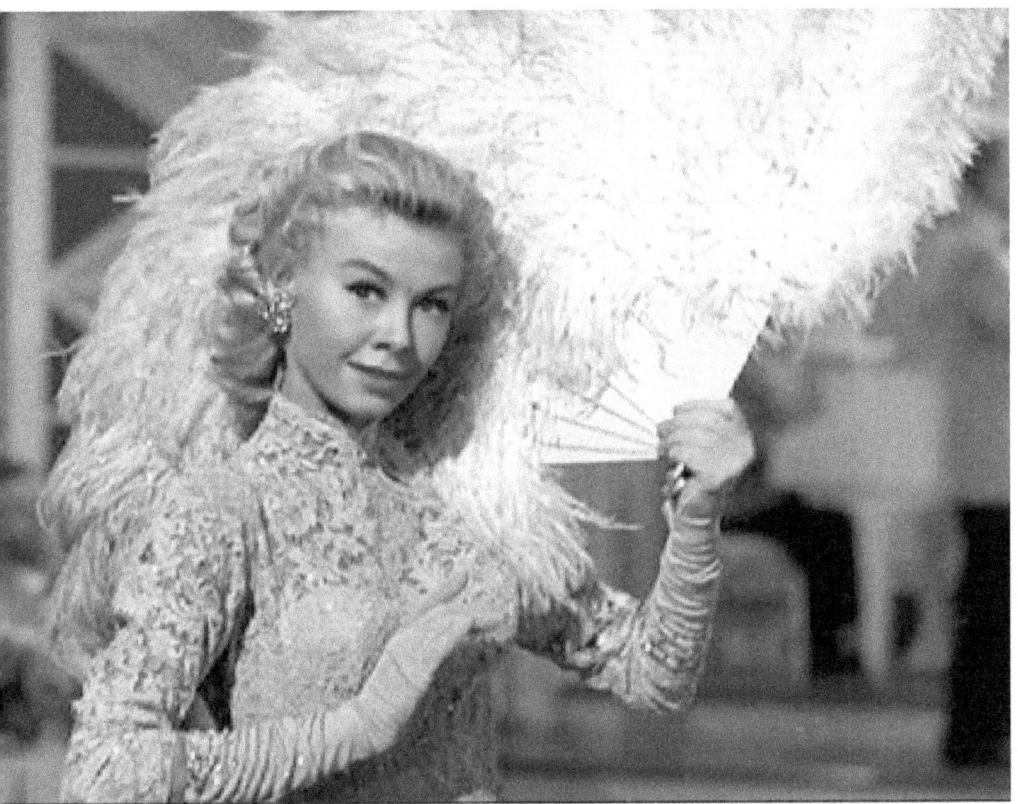

En el filme "Navidades blancas"

seleccionada para formar pareja con Harpo Marx en el filme "Love Happy" (Amor en conserva, 1949). Pero esta
película, en la cual debutaba Marilyn Monroe, era ya el
definitivo canto de cisne de Los Hermanos Marx y supuso
uno de los grandes fracasos del trío de cómicos, alcanzando también a Vera-Ellen, quien no obstante conseguía efectuar un par de buenos números musicales, en blanco y negro.

Pero el destino la tendría reservado su gran triunfo cuando interpretó "On The Town" (Un día en Nueva York,

1949), junto a Gene Kelly y Frank Sinatra. La película fue un éxito absoluto en todo el mundo y hoy en día es considerada como uno de los clásicos del cine musical americano. Vera-Ellen consigue eclipsar con sus bailes incluso al mismísimo Kelly, quien se encuentra pletórico de facultades cuando baila con ella.

Ese éxito la conduce a trabajar en "Three Litlle Words", en 1950, con Fred Astaire, y dos años después vuelven a formar de nuevo pareja en "The belle of New York", una comedia basada en una popular ópera de Broadway.

Al lado de David Niven y César Romero filma en 1951 "Happy go Lovely" (Horas de ensueño), una agradable comedia de enredos con buenos números musicales, y en 1953 "Big Leaguer" con el popular Edward G. Robinson, película que no tuvo apenas ningún éxito comercial y de la cual no disponemos de datos. Ese mismo año tiene un merecido éxito conjuntamente con Donald O'Connor y Ethel Merman en "Call Me Madam (Llámeme señora, 1953), aunque su presencia es anulada deliberadamente en favor de estos dos actores.

Un año después, en 1954, vuelve a alcanzar un nuevo triunfo en todo el mundo al interpretar "White Chrismas" (Navidades Blancas), junto a Danny Kaye y Bing Crosby, la primera película que se filmó en el nuevo sistema VistaVisión. En este filme, Vera-Ellen estaba en su mejor momento artístico y como bailarina nos deleitó con algunos números musicales de imborrable recuerdo. Ella sola es capaz de dar categoría al filme, sin que podamos olvidar las canciones de Crosby.

Pero su retirada del cine era ya un hecho, especialmente cuando se casó ese mismo año con el financiero Victor

Rothschild, uno de los hombres más ricos del mundo (anteriormente había mantenido un romance con Rock Hudson). Al año de su matrimonio se quedó embarazada, pero perdió a su hijo cuando apenas había cumplido los dos meses, falleciendo cuando dormía por causas desconocidas. Este hecho la sumió en una profunda depresión de la cual nunca más se recuperaría, y se retiró, no solamente del cine, sino de la vida pública.

Afortunadamente la gran amistad que le unía con el presentador Perry Como la sacaron de su aislamiento y en 1956 interviene en "El Show de Perry Como", en un programa homenaje al filme "Planeta prohibido". En este show estaban presentes, además de Vera-Ellen, Henry Fonda, Los Platters y el robot Robby que aparece en el filme.

Un año después decide intentar su reaparición en el cine y viaja a Escocia para rodar junto a Tony Martin "Let's Be Happy" (Soñar no cuesta dinero, 1957), aunque su modesto éxito en el mundo no la motiva lo suficiente como para continuar. Su retirada fue definitiva.

En 1966 se divorcia de Victor Rothschild y desde ese día no existe ni un solo dato sobre sus ocupaciones, sabiendo únicamente que se aisló voluntariamente del mundo hasta el día de su fallecimiento el 31 de agosto de 1981 en Los Ángeles, víctima de un cáncer cuando tenía 55 años de edad.

Filmografía esencial

1945 UN HOMBRE FENÓMENO
1946 EL ASOMBRO DE BROOKLYN
1946 THREE LITTLE GIRLS IN BLUE
1948 WORDS AND MUSIC

1949 AMOR EN CONSERVA
1949 UN DÍA EN NUEVA YORK
1950 THREE LITLLE WORDS
1951 THE BELLE OF NEW YORK
1951 HORAS DE ENSUEÑO
1953 LLÁMEME SEÑORA
1954 NAVIDADES BLANCAS
1957 SOÑAR NO CUESTA DINERO

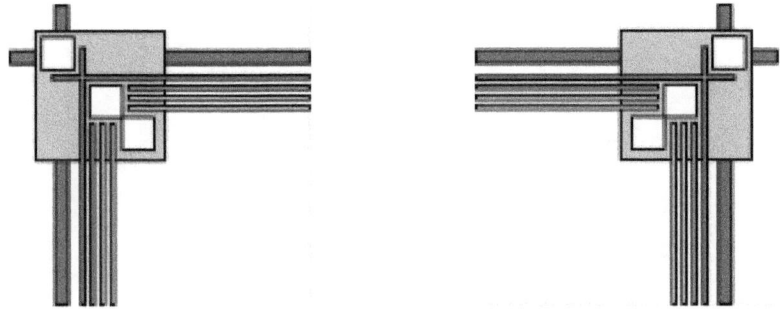

PELÍCULAS

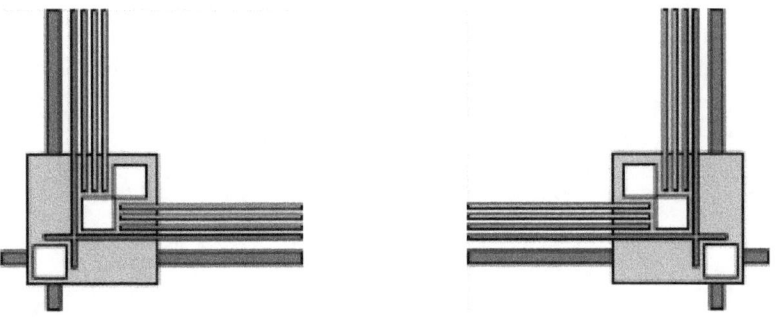

EL CANTOR DE JAZZ 1927
The jazz singer 1927

Director: Alan Crosland
Guión: Jack Jarmuth
Basada en la obra: Day of Atonement de Samson
      Raphaelson
Fotografía: Hal Mohr
Música: Louis Silvers

Intérpretes:

AL JOLSON: Jakie RabinowitzJack Robin
MAY MCAVOY: Mary Dale
WARNER OLANO: Cantor Rabinowitz
EUGENIE BESSERER: Sara Rabinowitz

La primera película hablada de la historia es también el primer filme musical. Nos encontramos con una leyenda de la cinematografía mundial, pues dio paso al cine sonoro, aunque no todo el metraje fue hablado, ya que había más minutos sin sonido que con él. Los espectadores llenaron las salas cinematográficas donde se exhibía y disfrutaron con la historia de Chantre, el hijo de Oland (Jolson), dando lugar posteriormente a varios remakes, el último en 1980. De visión

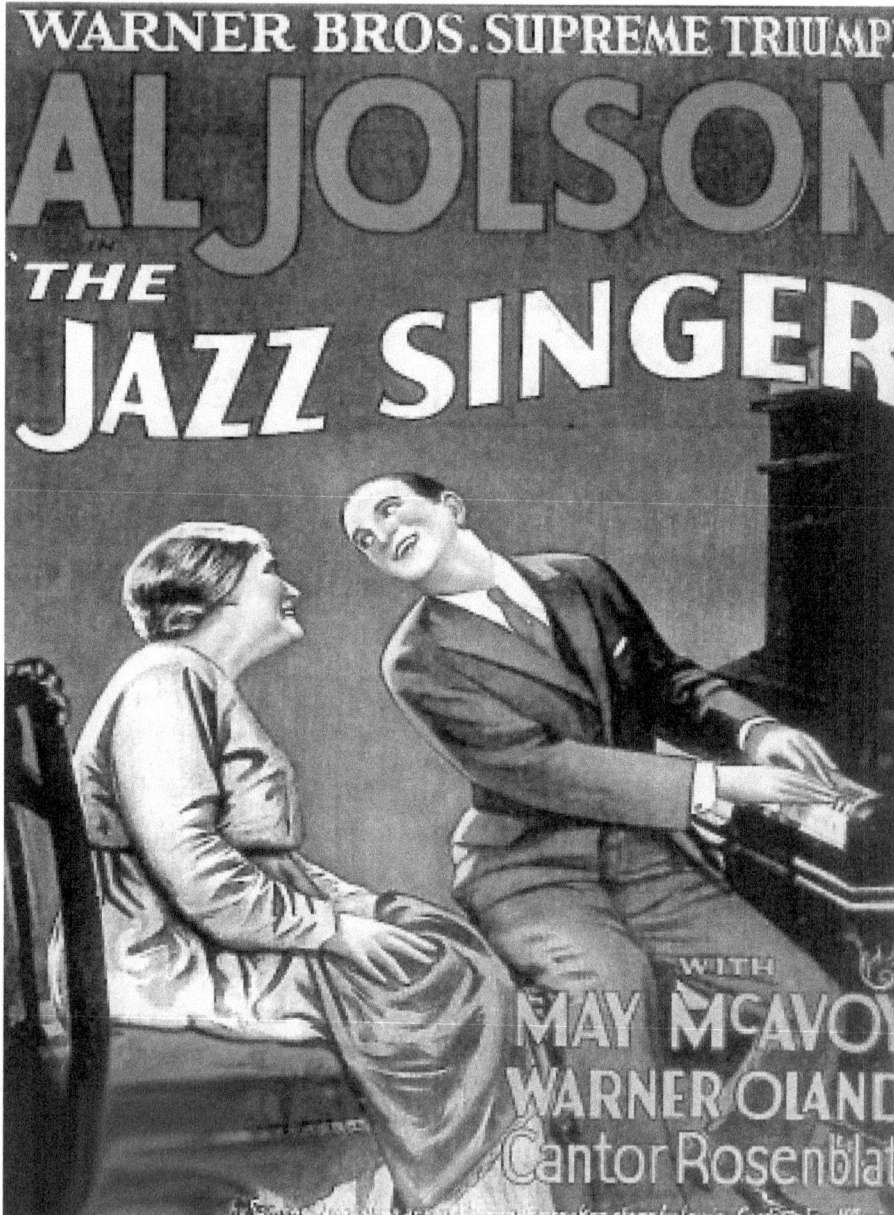

obligada para todo buen aficionado (otro asunto es que se pueda encontrar una copia en DVD), supuso también el debut para la actriz Myrna Loy, a quien pueden buscar entre una de las chicas del coro.

Premios:
Nominada al mejor guión adaptado 1927-1928: Alfred Cohn

Nominada a los mejores efectos sonoros 1927-1928: Nugent Slaughter

Oscar Honorífico 1927-1928: Warner Bros.

SOMBRERO DE COPA 1935
Top Hat 1935

Director: Mark Sandrich
Fotografía: David Abel
Música: Irving Berlin
Montaje: William Hamilton

Intérpretes:
FRED ASTAIRE: Jerry Travers
GINGER ROGERS: Dale Tremont
EDWARD EVERETT HORTON: Horace Hardwick
ERIK RHODES: Alberto Beddini
HELEN BRODERICK: Madge Hardwick

Este fue el cuarto filme de Fred Astaire y Gingers Rogers, y el primero que disponía de un guión específicamente escrito para demostrar sus talentos. Aunque "Sombrero de copa" supone la quintaesencia de Astaire y Rogers, lo cierto es que el argumento sigue siendo igual de simple, con un romance, buenos secundarios, arte deco en abundancia, y, claro, suficientes canciones maravillosas y números del baile.

La película comienza en Londres, aunque realmente se trata de un decorado de Hollywood. Jerry Travers (Astaire) es un bailarín americano recientemente llegado a Londres, que espera en el Club de Thackeray a su agente Horace Hardwick (Edward Everett Horton). Este lugar está gobernado estrictamente y se prohíbe cualquier ruido, incluso el chisporroteo de un periódico. Cuando Horace recoge a su hombre finalmente, Jerry dice adiós armando un gran alboroto, lo que ocasiona el enfado de los dueños.

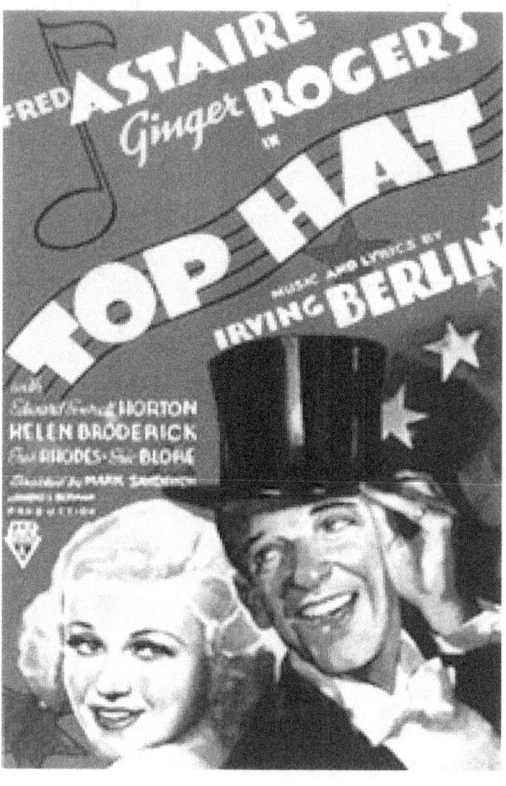

La historia nos cuenta un caso típico de identificación errónea, en el cual la acaudalada Dale Tremont (Ginger Rogers), de vacaciones en Londres y Venecia, está convencida de que el artista Jerry Travers es el marido de su amiga Madge (Helen Broderick), quien en realidad es la esposa del representante de Jerry, Horace Hardwick. Este pequeño enredo se complica aún más con la presencia del celoso preten-

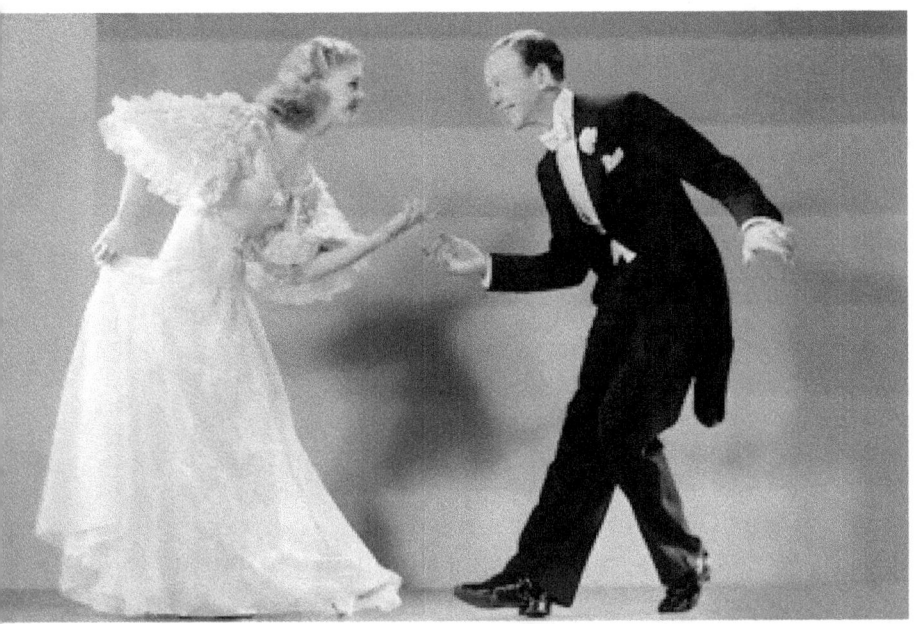

diente de Dale, Beddini (Erik Rhodes), cuyo lema es "Para la mujer el beso, para el hombre la espada". Jerry consigue librarse de la vigilancia de Beddini con algunos trucos, y ello nos lleva a la historia de amor que todos presagiábamos al principio.

Jerry empieza enviándola flores, añadiendo una nota en la tarjeta de visita de Horace, pero ante sus negativas decide ser más audaz y cuando Dale contrata un cabriolé para dar un paseo por Londres, se queda sorprendida al descubrir que es Jerry quien maneja el coche. El idilio comienza en el momento en el cual se marcan su primer paso de baile.

Indudablemente "Sombrero de copa" era un filme adecuado para la época de la Gran Depresión norteamericana. Con algunas alegorías a filmes anteriores, como "La alegre divorciada", es sin duda uno de los musicales más memorables de Astaire, aunque inicialmente no aceptó de buen grado el guión, el cual consideraba juvenil y poco profundo. Se realizaron entonces algunos cambios para satisfacerle y el resultado fue una historia alegre y debidamente encauzada.

Obviamente, el momento culminante de la película es el número de baile "Top Hat, White Tie and Tails", con Astaire en solitario, en donde nos muestra como "dispara" al coro masculino usando su bastón como arma y sus pies simulando las explosiones. Esta coreografía había sido una idea original del gran bailarín, una que había usado antes en 1930 en una actuación en Broadway, aunque esa exhibición fue entonces un fracaso, Astaire seguía pensando que era magnífica y le pidió al director Mark Sandrich que la incluyera para la pantalla. Utilizando trece bastones especialmente construidos para esa escena, llegó a romper uno por uno cada vez que algo salía mal en los ensayos.

"Sombrero de copa" costó a la RKO sólo 620.000 dólares, mientras que le proporcionaron más de 3 millones en taquilla. En conclusión, pocas veces hemos podido disfrutar de un filme musical con tal cantidad de aciertos, todo ello enmarcado en un ambiente sencillo, sin demasiadas pretensiones y con una coreografía que demuestra que, en su estilo, Fred Astaire no tenía rival.

Las cinco canciones de Irving Berlin fueron un éxito en la radio (en especial Cheek to Cheek, Isn't it a Lovely Day? y la canción que da título a la película), y todas consiguieron quedarse entre las quince canciones del año más escuchadas.

Premios:
Nominada a la mejor película 1935
Nominado al mejor director artístico 1935: Carroll Clark, Van Nest Polglase

Nominada a la mejor dirección musical 1935: Hermes Pan
Nominada a la mejor música 1935: Irving Berlin

SIGAMOS LA FLOTA 1936
Follow the Fleet

Productor: Pandro S. Berman
Director: Mark Sandrich
Guión: Dwight Taylor, Allan Scott
Basada en la historia de Hubert Osborne
Fotografía: David Abel

Intérpretes:

FRED ASTAIRE: Bake Baker
GINGER ROGERS: Sherry Martin
RANDOLPH SCOTT: Bilge Smith
HARRIET HILLIARD: Connie Martin
TONY MARTIN

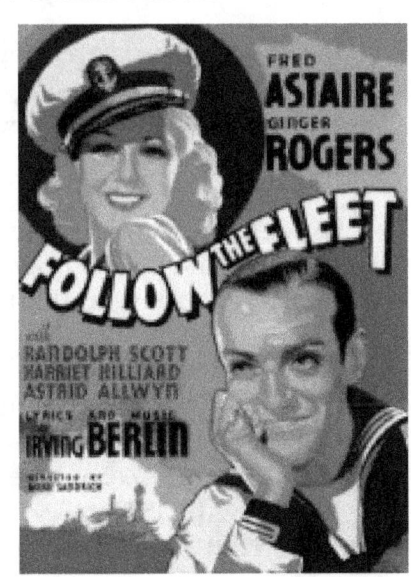

Astaire y Rogers están en
esta ocasión en alta mar, casi
flotando de amor. Ahora se
establece un dúo competiti-
vo entre Astaire y Randolph
Scott totalmente inverosímil
como compañeros de a bor-
do, e igualmente increíble
entre Rogers y Harriet
Hilliard en el papel de hermanas. Harriet Hilliard,
una popular estrella de la
televisión que, creemos,
nunca más reincidió en el

cine (aunque consiguió dar trabajo en la pequeña pantalla a toda su familia), es una de las protagonistas de esta historia centrada en el año 1922 y basada en el musical "Shore leave", que, a su vez, estuvo basado en "Hit the Desk".

Los personajes no están tan bien elaborados como en otras anteriores películas de Astaire-Rogers, pero el entretenimiento está igualmente asegurado. Astaire, con el pelo más engomado que nunca y un esmoquin impecable, se mueve con la misma agilidad de siempre, marcándose algunos pasos de ballet clásico. Los números musicales son alegres y novedosos, y entre las canciones de Irving se incluyen "Follow the Fleet," "Let Yourself Go," "I'm Putting All My Eggs in One Basket," y el apoteósico número final "Let's Face the Music and Dance."

EL MAGO DE OZZ 1939
The Wizard of Oz

Productor: Mervyn LeRoy
Director: Victor Fleming, King Vidor
Guión: Noel Langley, Florence Ryerson, Edgar Allan Woolf
Basada en la novella de: L. Frank Baum
Fotografía: Harold Rosson
Arreglos musicales: Roger Edens
Música: Herbert Stothart

Intérpretes:

JUDY GARLAND: Dorothy
RAY BOLGER: Hunk
BERT LAHR: Zeke, El león miedica
JACK HALEY: Hickory
BILLIE BURKE: Glinda

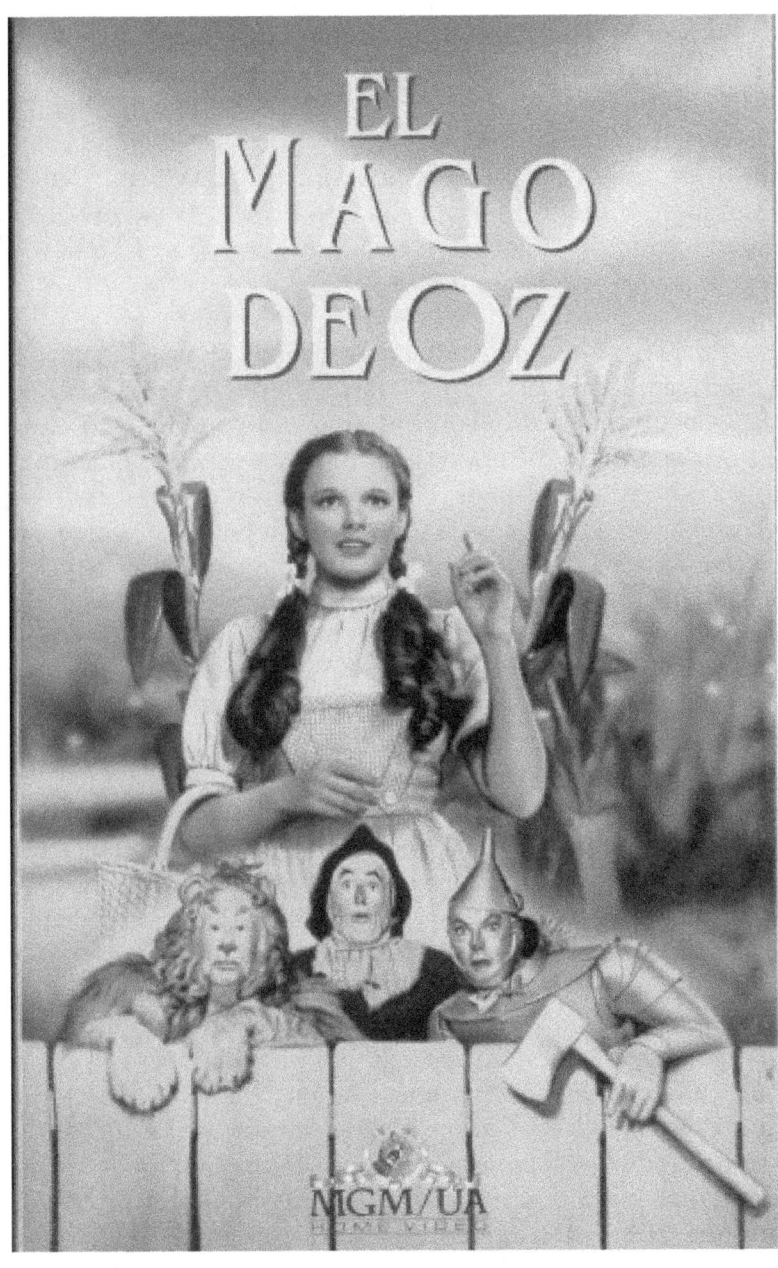

En Kansas reside Dorothy (Garland), una colegiala de once años que vive con su Tío Henry (Charley Grapewin), tal y como nos muestran las primeras escenas en blanco y negro. Después vemos al perro de Dorothy, Totó, su amigo más íntimo, enredando entre las posesiones de la Srta. Gulch (Margaret Hamilton.) Mientras esto ocurre, la joven sueña con otro mundo mejor mientras canta "Over The Rainbow", con lo cual la magia comienza ya.

Pero el perro se ha metido en problemas y hay quien quiere llevarlo a una perrera para matarle, y a pesar de las súplicas de Dorothy sus tíos deben entregar el pequeño Totó a las autoridades, aunque apenas pasados unos metros el animal logra escaparse. Después, la joven es atrapada en un tornado que la lleva muy lejos, a un mundo lleno de color y música, con un camino de baldosas amarillas que la conducirá hasta la Ciudad Esmeralda, lugar donde reside el Mago de Oz. En el camino se encuentra con personajes insólitos, como el León Cobarde en busca de valor, el Hombre de Hojalata que quiere un corazón, y el Espantapájaros deseoso de tener un cerebro, quienes la acompañan para protegerla de los mil peligros que la acechan.

Es difícil encontrar una obra tan memorable, salvo cuando pensamos en "Lo que el viento se llevó". "El mago de Oz" –y si tenemos en cuenta su pase por televisión– es la película que más espectadores la han visto en el mundo, lo que demuestra que la magia de Hollywood empezó hace ya un siglo y sigue igual de vigente. Ahora la vemos como un filme clásico, pero en su momento fue un prodigio técnico, en la que tomaron parte nada menos que Víctor Fleming, Richard Torpe, King Vidor y George Cukor. Aunque en los títulos de crédito aparezca solamente Fleming como director, lo cierto es que los otros tres trabajaron igualmente en el proyecto, aunque desde una discreta sombra que el tiempo logró aclarar. Cukor consiguió dirigir acertadamente a los actores, e intervino de manera decisiva en el aspecto de Dorothy, pues aunque Judy Garland tenía 17 años debía aparentar ser una muchacha de 11 años. Los prominentes pechos, por ejemplo, fueron debidamente enfundados en un pequeño corsé, mientras que el maquillaje fue prácticamente inexistente.

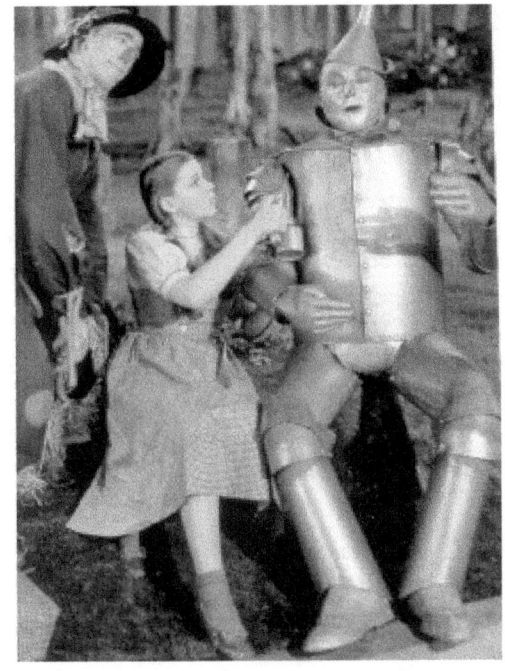

King Vidor dirigió las escenas de Kansas y las del tornado que introduce a la protagonista en Munchkin Land, sin olvidarnos de la escena más memorable, cuando canta "Over The Rainbow", la cual estuvo a punto de ser eliminada por los ejecutivos de la Metro, quienes pensaron que era demasiado melancólica y sofisticada para los niños.

Los efectos especiales fueron otro gran acierto técnico, así como el maquillaje. La decisión de filmar la producción primero en blanco y negro y posteriormente en Technicolor indudablemente supuso una novedad, ya que debían aprovechar la última tecnología sobre el coloreado de las películas, proporcionando unos colores en la pantalla posiblemente no superados hoy.

Premios:

Nominada a la mejor película 1939
Nominada a la mejor dirección artística 1939: Cedric
    Gibbons, William A. Horning
Nominada a la mejor fotografía 1939: Hal Rosson
Oscar a la mejor música original 1939: Herbert Stothart
Oscar a la mejor canción 1939: Harold Arlen, E.Y. Harburg
Nominada a los mejores efectos especiales 1939: A. Arnold
    Gillespie, Douglas Shearer

FANTASÍA 1940
112 minutos

Walt Disney
Director: Ben Shardsteen
Música dirigida por: Leopold Stokowski

Temas musicales: El aprendiz de brujo, La consagración
de la primavera, Cascanueces, Sinfonía pastoral, Danza de
las horas, Tocata y fuga en Do, Una noche en el Monte Pelado, Ave María de Schubert, etc.

La más extraordinaria película de Disney, pero la peor
aceptada por el público. Constituyó un fracaso comercial
absoluto en el mundo entero e incluso en la propaganda se
obligó a poner una advertencia para aclarar que no era una
película para niños, matiz fuera de lugar.

Fantasía fue un prodigio de la imaginación, del buen gusto y de la labor bien hecha. Con unos temas musicales elegi-
dos con gran acierto, unos personajes encantadores en todas
las secuencias y una sincronización entre imagen y sonido
casi perfecta, constituyó la mejor obra de Disney. Es una de

esas películas que se puede ver una y otra vez sin cansancio... siempre que nos guste la música clásica, porque ese es el problema. Una película de dibujos que no pueda ser vista por los niños crea un problema en el espectador adulto. Si acuden con los niños éstos se aburrirán pasado el magnífico episodio de Mickey Mouse en el "Aprendiz de brujo". Afortunadamente el vídeo la puso en su lugar y fue una de las películas más esperadas y vendidas de todos los tiempos.

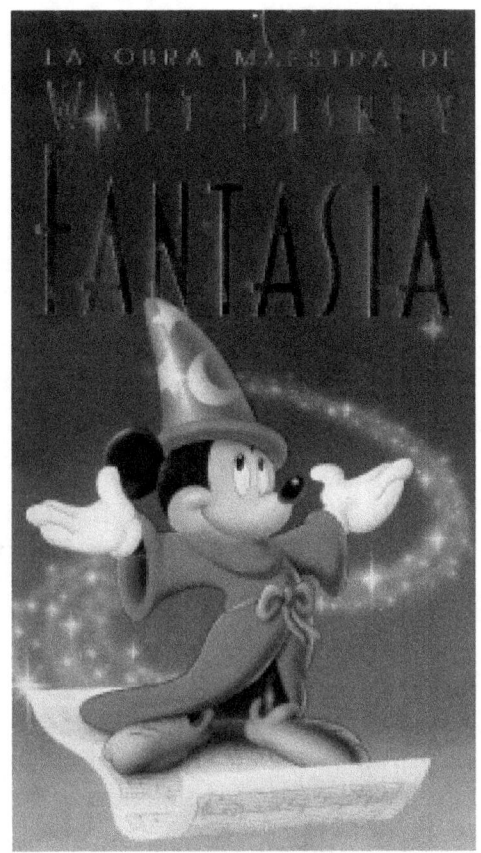

Destacamos el ya mencionado episodio de "El aprendiz de brujo", así como "Una noche en el monte pelado", y la breve secuencia sobre la Banda sonora, pero sin que ello quiera decir que los otros episodios son inferiores, que no lo son.

Posteriormente se ha realizado una continuación, con algunos episodios recuperados.

Premios:
Obtuvo dos oscar honoríficos.

DESDE AQUEL BESO 1941
You'll Never Get Rich

Productor: Samuel Bischoff
Director: Sidney Lanfield
Guión: Michael Fessier y Ernest Pagano
Fotografía: Philip Tannura
Maquetas: Clay Campbell
Coreografía: Robert Alton
Vestuario: Robert Kalloch

Intérpretes:

FRED ASTAIRE: Robert Curtis
RITA HAYWORTH: Sheila Winthrop
JOHN HUBBARD: Tom Barton
ROBERT BENCHLEY: Martin Cortland

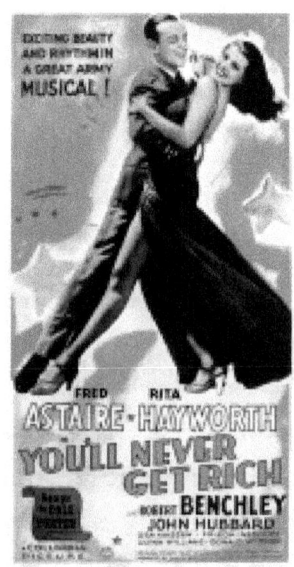

Fred Astaire y Rita Hayworth no funcionaron demasiado bien juntos, en parte porque ella tenía un físico excesivamente radiante, predominando sus curvas juveniles antes que su habilidad bailando. Por ello, podemos considerar que Rita consiguió una mejor pareja cuando trabajó con Gene Kelly en "Las Modelos".

La historia es una mezcla de musical clásico con un débil argumento sobre el alistamiento de los jóvenes que combaten en la Segunda Guerra Mundial, tema que pesa demasiado en las canciones y bailes.

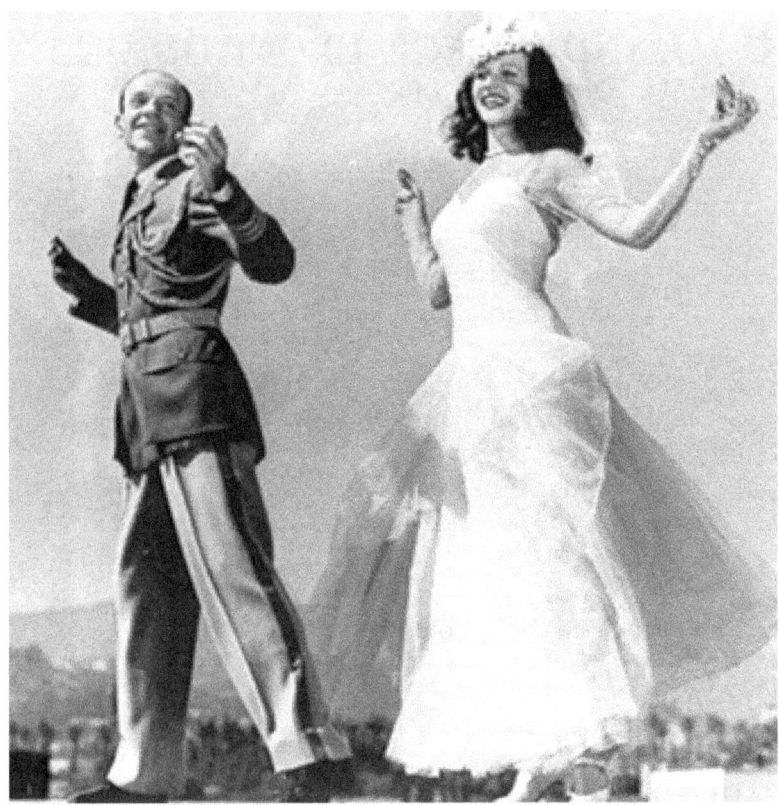

Cole Porter hizo la letra y la música, y vemos una secuencia interesante rodada en la prisión militar, con los Delta Rhythm Boys y un grupo de jazz que dirige Lionel Hamilton. Las canciones de Rita Hayworth fueron dobladas por Nan Wynn.

Premios:

Nominada a la mejor música de película 1941: Morris Stoloff
Nominada por las mejores canciones 1941: Cole Porter

BAILANDO NACE EL AMOR 1942
You Were Never Lovelier

Productor: Louis F. Edelman
Director: William A. Seiter
Guión: Michael Fessier, Ernest Pagano y Delmer
    Daves, basado en la historia y el guión "The
    Gay Señorita" de: Carlos Olivari, Sixto Pondal
    Rios
Fotografía: Ted Tetzlaff
Director musical: Leigh Harline
Compositor: Jerome Kern
Coreografía: Val Raset
Vestuario: Irene

Intérpretes:

FRED ASTAIRE: Robert Davis
RITA HAYWORTH: Maria Acuna
ADOLPHE MENJOU: Edward Acuna
LESLIE BROOKS: Cecy Acuna

Fred Astaire y Rita Hayworth volvieron a reunirse en este filme romántico, dotado de un fondo latino-americano que estaba de moda (aunque realmente podría haber estado ambientado en cualquier lugar.) Con un guión chispeante obra de Jerome Kern y Johnny Mercer, y un ambiente adecuado para el lucimiento de Astaire, le vemos ahora como un bailarín de sala de fiestas de Nueva York, mientras que Hayworth es María, la segunda de

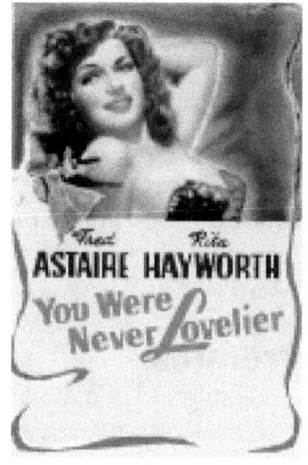

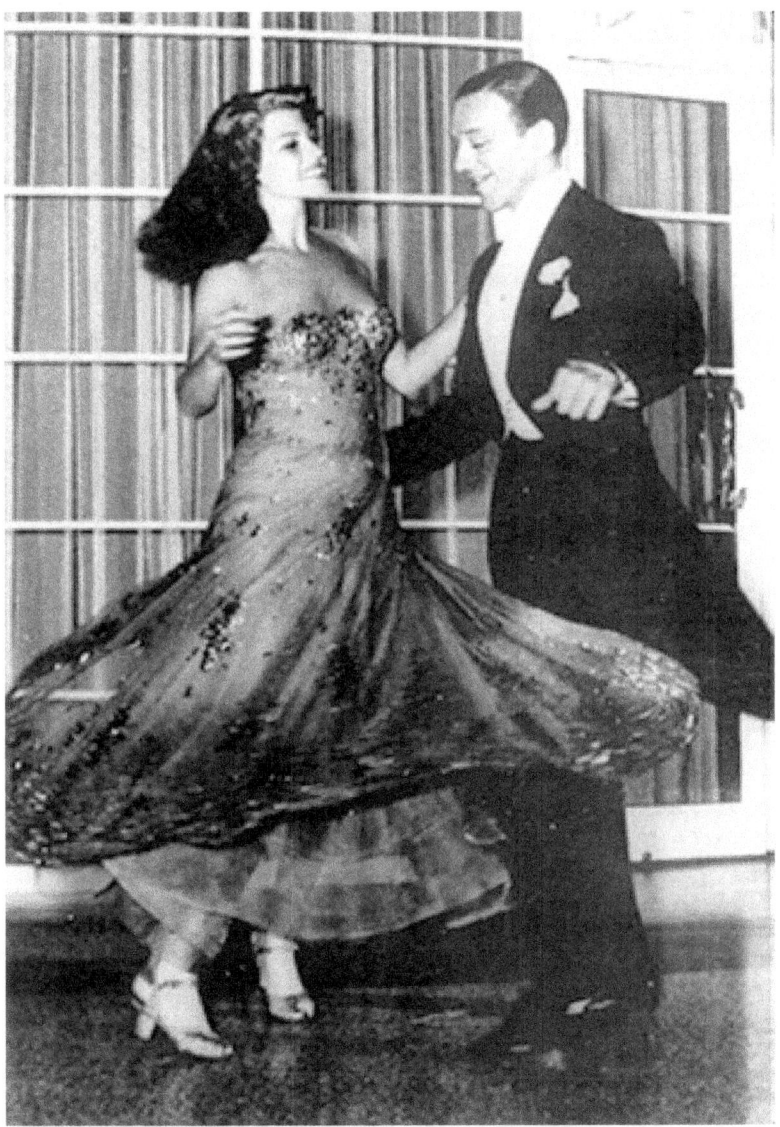

las cuatro hijas del dueño del hotel de Adolphe Menjou. Juntos pronto entablan una relación amorosa, una historia repetidas cientos de veces, pero que nos permite ver buenos

bailes y escuchar melódicas canciones. Particularmente interesantes son 'Shorty George' y el poema lírico 'I'm Old
Fashioned'. El último número, maravillosamente orquestado
por Conrad Salinger, es un dúo largo para las dos estrellas
puestas en una terraza a luz de la Luna y adornado con un
jardín, en donde no solamente demuestran que es el momento culminante de la película, sino uno de los mejores
números en la historia del cine musical.

A destacar las buenas canciones de Xavier Cugat y su His
Orquesta.

Premios:
Nominada a la mejor música de película 1942: Leigh Harline
Nominada a las mejores canciones 1942: Jerome Kern y
    Johnny Mercer
Nominada al mejor sonido de grabación 1942: John Livadary

FOR ME AND MY GAL 1942
Productor: Arthur Freed
Director: Busby Berkeley
Guión: Richard Sherman, Fred Finklehoffe, Sid
    Silvers, Jack McGowan e Irving Brecher,
    basado en la historia "The Big Time" de:
    Howard Emmett Rogers
Director Musical: George Stoll
Coreografía: Bobby Connolly y Gene Kelly
Vestuario: Robert Kalloch y Gile Steele

Intérpretes:
JUDY GARLAND: Jo Hayden
GEORGE MURPHY: Jimmy K. Metcalf
GENE KELLY: Harry Palmer

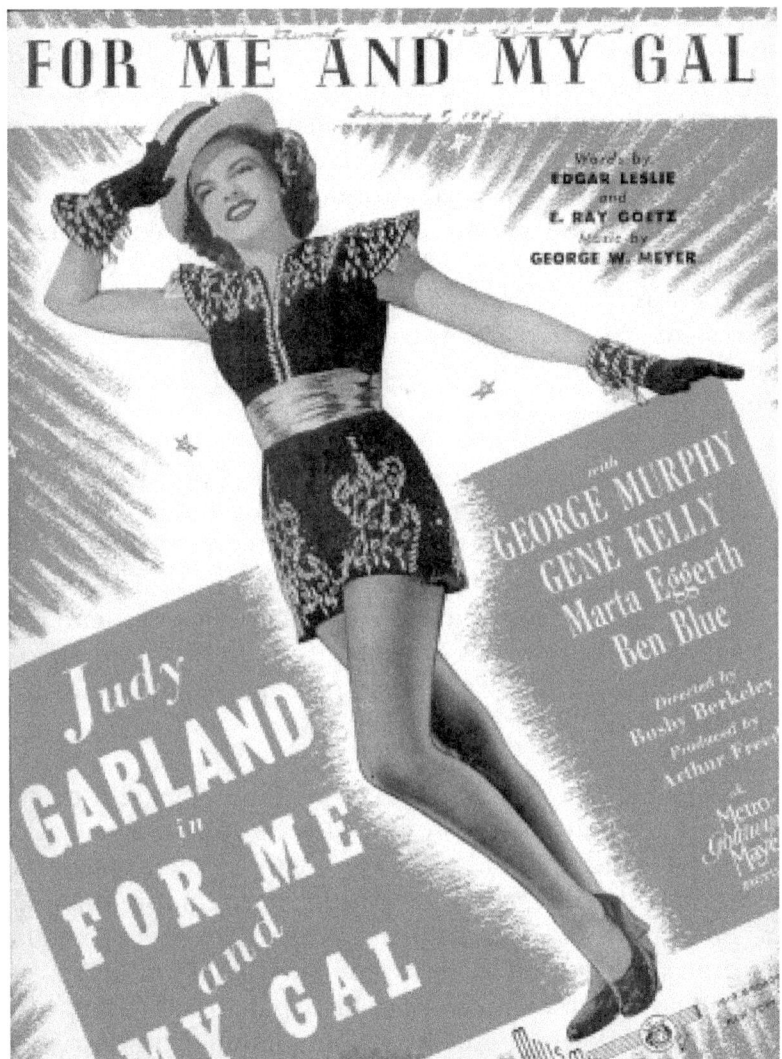

MARTA EGGERTH: Eve Minard
BEN BLUE: Sid Simms
RICHARD QUINE: Danny Hayden
KEENAN WYNN: Eddie Milton

Todavía reciente sus éxitos en Broadway con el musical "The Pal Joey", Gene Kelly hizo así su debut en el cine como un buen chico que se vuelve malo por amor, actuado con Judy Garland. Ellos forman parte de un grupo de vaudeville que consigue un gran éxito cuando Harry (Kelly) se une a ellos. La película tiene como fondo argumental el período de la Primera Guerra Mundial, cuando con el fin de evitar el reclutamiento forzoso nuestro protagonista deliberadamente se lastima su mano, para no ir a la guerra y continuar trabajando con sus compañeros. Posteriormente y en un alarde de patriotismo, realiza un acto heroico que le hace recuperar su estima.

En algunos países se cambió la Primera por la Segunda Guerra Mundial y en la traducción de los diálogos se puso más énfasis en el acto de heroísmo de Kelly. Con todo, la historia es enormemente patriótica y sentimental, pero merece la pena verse por tratarse del primer filme de Gene. Su atractivo era ya manifiesto y entre él y Garland proporcionan la suficiente dosis de frescura para que se considere una película válida.

Gene Kelly estaba alcanzando un gran prestigio como bailarín y cantante en los escenarios de Broadway cuando interpretó este filme. El productor Arthur Freed pretendía lanzar a Kelly en el papel de Murphy, pero comprendiendo la similitud entre Harry Palmer y Pal Joey, los cambió con la esperanza de que Kelly aportaría mayor dinamismo con su personaje más dramático. Así se hizo, pero quedó decepcionado cuando leyó el guión, con su combinación de risa y sentimentalismo, especialmente por la caracterización de Harry transformado en un cruel y ambicioso personaje enamorado de sí mismo, aunque posteriormente se convierte en un héroe de guerra.

La película, sin embargo, logró introducir adecuadamente a Kelly gracias a sus enérgicos bailes, mediante una serie de rutinas llenas de humor y romance. Kelly y Garland (quién recibió una buena crítica por el filme), trabajaron brillantemente juntos y establecieron una relación mágica, especialmente en el número que da origen al título, elaborado por Edgar Leslie, E, Ray Goetz y George W. Meyer, que supone el momento más culminante de la película. En contraste con la vulnerabilidad de Judy, vacilante e insegura, Kelly era muy eficaz y a pesar de la parcela algo sentimental de la película, adecuada al patriotismo del público de ese año, ambos se convirtieron en la mejor opción para afianzar la economía de la MGM.

Nominaciones:

Nominada a la mejor música 1942: Roger Edens, Georgie Stoll

LAS MODELOS 1944
Cover Girl

Productor: Arthur Schwartz
Director: Charles Vidor
Guión: Virginia Van Upp, Marion Parsonnet, Paul Gangelin
Basada en la historia de: Erwin Gelsey
Fotografía: Rudolph Maté, Allen Davey
Música: M.W. Stoloff
Compositor: Carmen Dragon
Coreografía: Val Raset, Seymour Felix, Gene Kelly, Stanley Donen
Vestuario: Travis Banton, Gwen Wakeling, Muriel King, Kenneth Hopkins

Intérpretes:

RITA HAYWOORTH: Rusty Parker, Maribelle Hicks
GENE KELLY: Danny McGuire
LEE BOWMAN: Noel Wheaton
PHIL SILVERS:Genius
EVE ARDEN: Cornelia Jackson
SHELLEY WINTERS: chica

La historia centrada en las horas de tiempo libre en época de guerra entre los artistas y el público, constituyen aquí un desorden, solamente aclarado con las escenas retrospectivas del teatro de Tony Pastor, en donde canta Rita Hayworth.

Rodada para la Columbia en un deslumbrante Technicolor, la mayoría de los bailes y canciones están especialmente bien logrados, incluso aquellos en los que interviene Rita. Ella no era una cantante, pero cuando cantaba los hombres se derretían, y tampoco era una bailarina, pero conseguía que Gene Kelly pareciera incluso mejor a su lado.

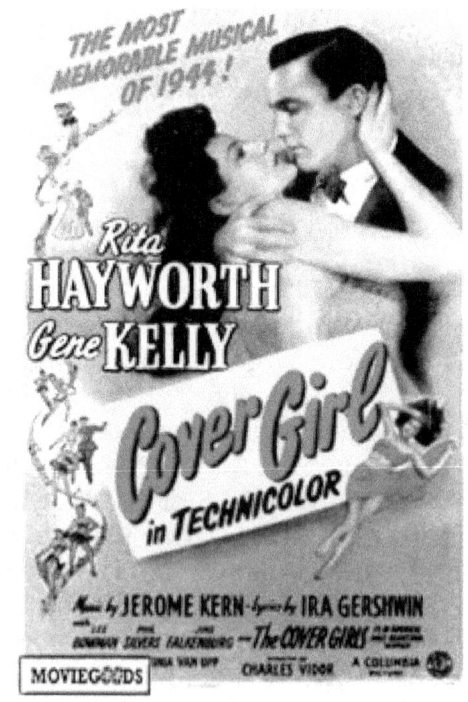

Como musical aporta la separación clara que Kelly quería

lograr entre el teatro y el cine. En esa época ya era consciente de que la cámara cinematográfica obligaba a otra forma de bailar y se esforzó mucho para conseguir mostrar sus ideas con éxito. La canción "Póngame a prueba" que canta a un maniquí, es tan memorable como aquel baile de Fred Astaire con un perchero.

Kelly y Silvers forman un equipo que rivaliza con la unión entre Kelly y Hayworth, aunque ella aparece tan suntuosa y con una sonrisa tan grande que nos impide apreciar con suficiente imparcialidad todo lo demás.

Las canciones de Rita están dobladas por Nan Wynn, mientras que muchos de los bailes fueron obra de Stanley Donen.

LEVANDO ANCLAS 1945
Anchors Aweigh

Productor: Joe Pasternak
Director: George Sidney
Guión: Isobel Lennart
Basada en la historia de: Natalie Marcin
Secuencias de baile creadas por: Gene Kelly
Dibujos Animados de Tom & Jerry
Canciones de Sinatra: We Hate to Leave, What Makes the Sunsent? The Charm of You, I Begged Her y I Fall in Love Too Easily.

Intérpretes:

FRANK SINATRA: Clarence Doolittle
GENE KELLY: Joseph Brady
KATHRYN GRAYSON: Susan Abbott
JOSE ITURBI: Como el mismo

Este binomio musical Gene Kelly-Frank Sinatra tiene gran abundancia de energía y espíritu, y el espectador puede sentirse a gusto con este maravilloso musical… sino fuera tan almibarado y asexuado. Pero no crean que el problema está precisamente en Kelly y Sinatra, ellos hacen lo que pueden para darle algo de vigor al filme, sino en ese dúo que forman Kathryn Grayson y José Iturbi. Ella, tan guapa y con una voz de soprano que hoy día encontramos fuera de lugar y sumamente artificial, está tan cargante como Iturbi.

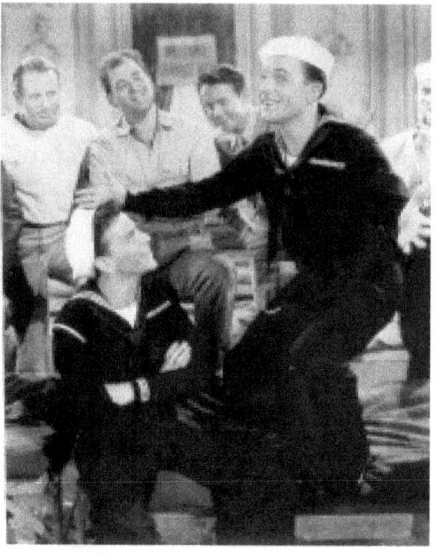

El argumento tiene su gracia, puesto que asistimos a escenas reales dentro de los estudios de cine, y nos describen los problemas habituales en las personas que aspiran a ser actores. El asunto es que no hay quien se crea, al menos hoy, que la vida es tan sencilla y la gente tan maravillosa como nos la describen en la película.

El productor Joe Pasternak parece ser que insistió en no mostrar, y ni siquiera esbozar, una sola escena de sexo, aunque por otra parte admite que los dos marineros puedan estar a solas en casa de una chica, apenas unos minutos después de haberse conocido. Aun así, Pasternak no consigue destruir la vitalidad de Kelly, ni anular la presencia de Sinatra, en esa época un ídolo mundial de la canción. Para ambos actores supuso su primer gran triunfo en el cine, a pesar de

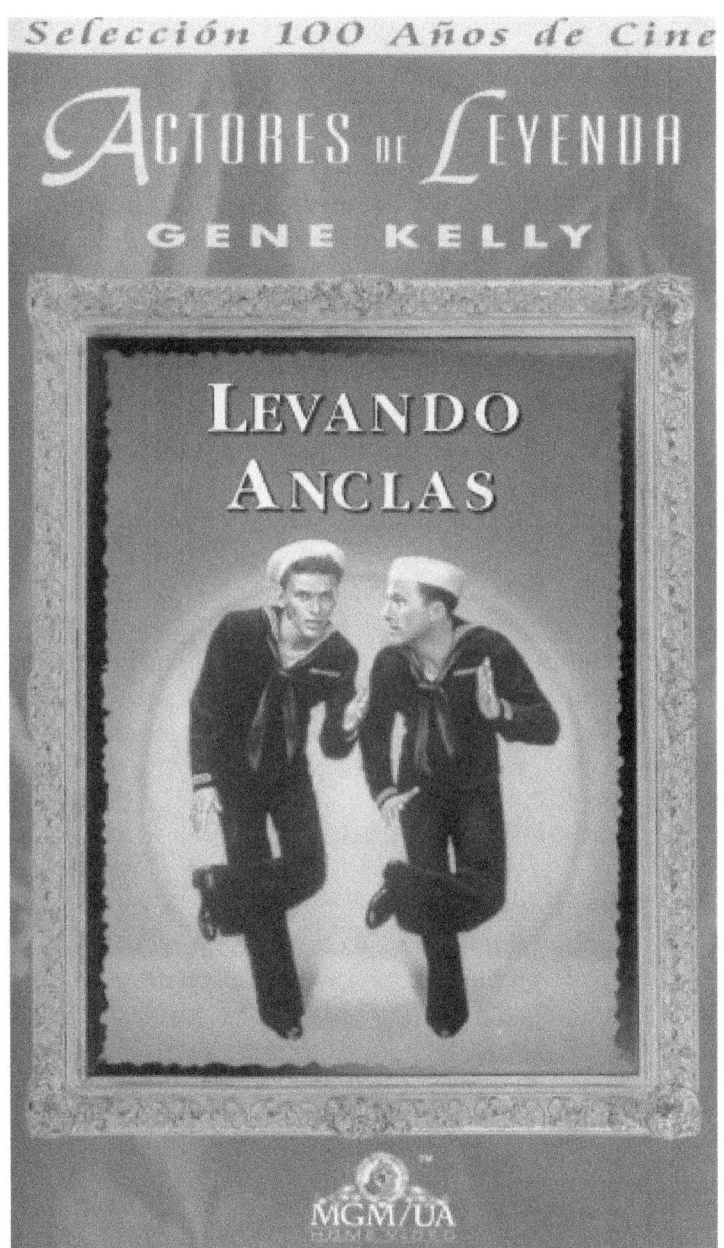

Selección 100 Años de Cine

ACTORES DE LEYENDA

GENE KELLY

LEVANDO ANCLAS

MGM/UA
HOME VIDEO

que ese trío compuesto por Iturbi, Grayson y Pasternak, trataron de anularlo con su trabajo.

El argumento nos habla de dos marineros con permiso, uno un galán y otro un novato con las chicas, que llegan a las calles de Hollywood para divertirse, pero en lugar de ello se convierten en niñeras de un pequeño que desea ser marino como ellos. Su tía Susan (Grayson) es una recatada aspirante a cantante, que desea que alguien le proporcione una oportunidad para cantar delante de Iturbi. Mientras Kelly intenta que su sueño se haga realidad, Sinatra cuida a su sobrino pequeño, un angelical niño (Dean Stockwell) que solamente se duerme si Frank le canta "Arrullo" de Brahms. Los dos pelean por el amor de Susan, pero cuando ella canta "Celos", sus gorgoritos enloquecen a Kelly y por eso Sinatra pone sus ojos en Brooklyn (Pamela Britton), una camarera algo más fea pero más soportable.

Gene Kelly tiene tres números de baile importantes, uno de ellos con Sinatra mientras destrozan un dormitorio, otro bailando el tango "La cumparsita" y otro con Jerry, el ratón animado. Solamente por esta corta secuencia titulada "The King Who Couldn't Dance" merece la pena que la película forme parte de nuestra videoteca.

Premios:
Nominada a la mejor película 1945: Joe Pasternak
Nominada al mejor actor 1945: Gene Kelly
Nominada a la mejor fotografía 1945: Robert Planck, Charles Boyle
Mejor Música: 1945: Georgie Stoll
Nominada a las mejores canciones 1945: Jule Styne – Música, Sammy Cahn – Letras

ZIEGFELD FOLLIES 1946

Productor: Arthur Freed
Director: Vincente Minnelli, George Sidney, Charles
      Walters, Roy Del Ruth, Lemuel Ayers
Guión: E.Y. Harburg y 35 más
Fotografía: George Folsey, Charles Rosher y William
      Ferrari
Música: Lennie Hayton
Decorados: Jack Dawn
Coreografía: Robert Alton
Vestuario: Florence Bunin, Irene, Helen Rose

Intérpretes:

WILLIAM POWELL: El Gran Ziegfeld
FRED ASTAIRE:
LUCILLE BALL
JUDY GARLAND
ESTHER WILLIAMS
RED SKELTON
GENE KELLY
KEENAN WYNN
PETER LAWFORD
KATHRYN GRAYSON

Vincente Minnelli dirigió este lanzamiento extraordinario de estrellas del musical americano, apto en principio para los teatros de Broadway, pero que constituyó un gran éxito en el momento de su estreno, por cierto retrasado dos años por la distribuidora.

Este estupendo musical del Hollywood de los años 40 tiene una peculiar decoración y un estilo que fue copiado posteriormente por la mayoría de las películas del género. En la puesta en escena no falta nada del Hollywood más clásico:

chicas del coro guapísi-
mas que apenas si ha-
cen algo, decorados de
fuertes colores, luces
sabiamente colocadas,
bastante humo y mu-
chas canciones que lue-
go nadie recordaría.

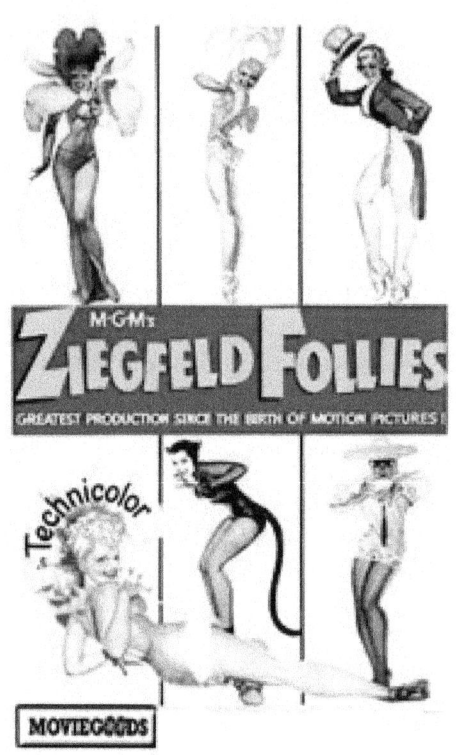

Pero Minnelli no
quería convertir a esta
reunión de grandes es-
trellas en un documen-
tal y logró unirlas ade-
cuadamente con un
argumento sostenido
por Astaire, mientras
introducía hábilmente
a cómicos famosos
como Red Skelton, a
actores como Keenan
Wynn y a una Esther
Williams más majestuosa y mojada que nunca.

Fred Astaire baila "Limehouse Blues" y "This Heart of
Mine" con Lucille Bremer. Pero el auténtico número fuerte
es el número de baile de Gene Kelly con Fred Astaire, nada
original en su argumento, pero toda una epopeya en el cine
musical. Su número titulado "El Babbitt y el Bromuro", fue
ensayado durante dos semanas y se necesitaron dos días para
el rodaje, pero no se lo pierdan.

También sale una correcta Judy Garland en el número
"Entrevista a una gran señora" y un buen sketch cómico a
cargo de Victor Moore y Edward S. Arnold. El único número

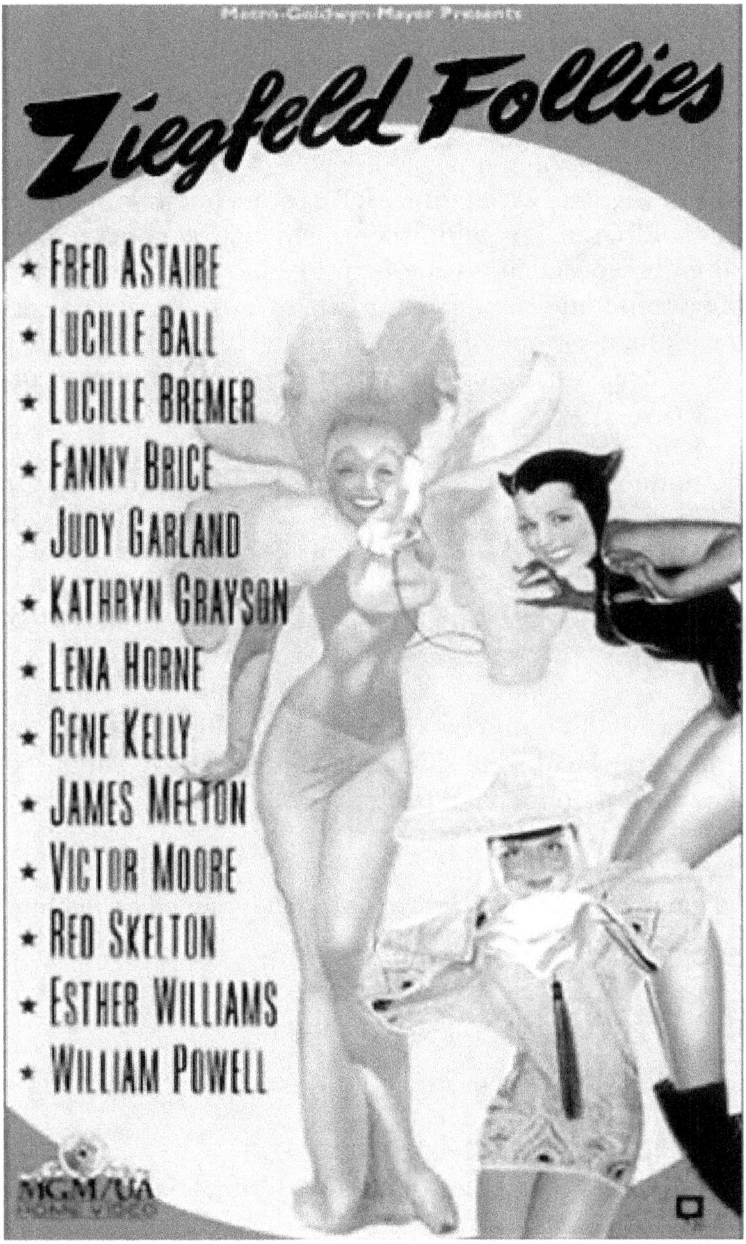
Metro-Goldwyn-Mayer Presents
Ziegfeld Follies
★ FRED ASTAIRE
★ LUCILLE BALL
★ LUCILLE BREMER
★ FANNY BRICE
★ JUDY GARLAND
★ KATHRYN GRAYSON
★ LENA HORNE
★ GENE KELLY
★ JAMES MELTON
★ VICTOR MOORE
★ RED SKELTON
★ ESTHER WILLIAMS
★ WILLIAM POWELL
MGM/UA
HOME VIDEO

que pueden perderse es el de Kathryn Grayson cantando algo así como "Hay belleza por todas partes", con unos decorados surrealistas tan empalagosos como su canción.

La película comienza con un prólogo corto en el cielo con Florenz Ziegfeld (William Powell), recauchutando neumáticos en El Gran Ziegfeld, mientras habla de cosas pasadas sobre sus espectáculos y meditando en lo que supondría organizar un filme con una larga lista de estrellas de la Metro. Desde allí, nos vamos a los capítulos del filme, independientes entre sí, cada uno más espectacular que el otro o más cómico.

Aunque incoherente en la calidad, el filme nos muestra una gran diversidad de profesionales y por ello no es posible quedarse decepcionado. El conjunto es acertado, pues condensar en poco más de 90 minutos a tantos astros y lograr que cada uno realice una pequeña obra memorable, no es tarea fácil.

Coordinado todo por Vincente Minnelli, se trata de uno de los espectáculos musicales más interesantes, aunque en su momento no fue bien recibido.

Premios:
Primer premio en el Festival de Cannes al mejor filme musical.

BLUE SKIES 1946

Productor: Sol C. Siegel
Director: Stuart Heisler
Guión: Arthur Sheekman
Basada en una idea de: Irving Berlin, adaptada por
	Allan Scott

Fotografía: Charles Lang, William Snyder
Música: Robert Emmett Dolan

Intérpretes:

BING CROSBY: Johnny Adams
FRED ASTAIRE: Jed Potter
JOAN CAULFIELD: Mary O'Hara

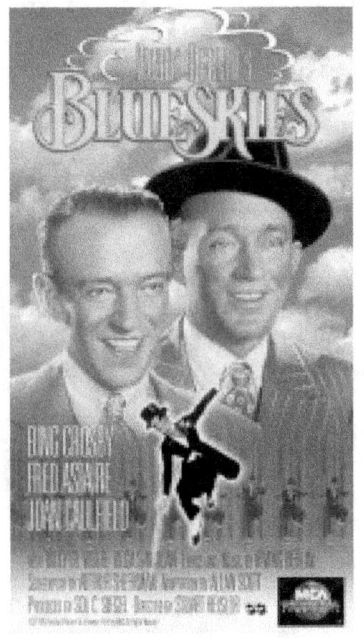

Astaire y Crosby interpretan juntos canciones y bailes, aunque ninguno quiere mezclarse en las habilidades del otro. Ellos son rivales por el amor y el éxito en esta película adornada con las canciones de Irving Berlin.

Hay escenas de sumo interés, como "Puttin' on the Ritz," y el dúo entre ambos "A Couple of Song and Dance Men".

Nominaciones:

Nominada a la mejor música 1946: Robert Emmett Dolan
Nominada a la mejor canción 1946: Irving Berlin

LA DIOSA DE LA DANZA 1947
Down to Earth

Productor: Don Hartman
Director Alexander Hall

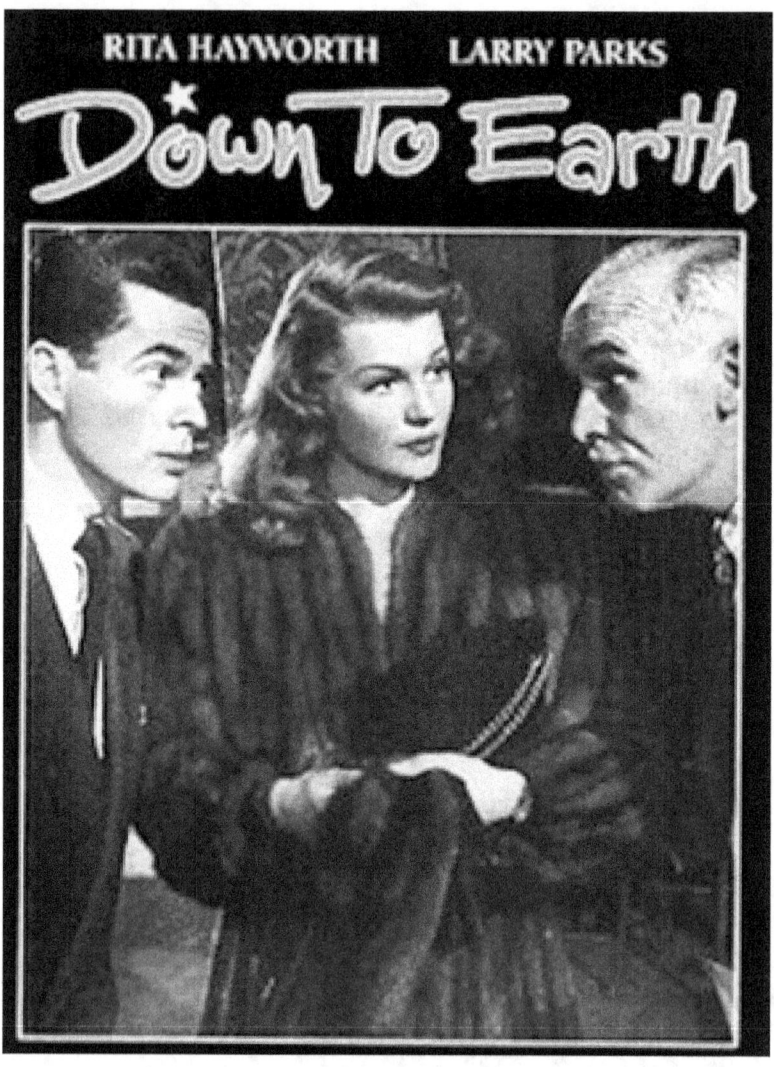

Guión: Edward Blum y Don Hartman
Basado en la obra "Heaven Can Wait" de: Harry
    Segall

Intérpretes:

RITA HAYWORTH: Terpsichore
LARRY PARKS: Danny Miller
MARC PLATT: Eddie
ROLAND CULVER: Señor Jordan
JAMES GLEASON: Max Corkle

Musical con el cielo por medio, que puede llegar a producir cierto sopor. Rita Hayworth es la diosa Terpsichore que desciende desde el Paraíso para hacer una obra en Broadway titulada "Swinging the Muses", menos ofensiva y más auténtica.

Se trataba de realizar una película aprovechando el éxito que había tenido en Broadway la obra "Here comes Mr. Jordan", usando al mismo director (Alexander Hall) y alguno de los personajes, tales como Max Corkle y Heavenly Messenger, interpretados por los mismos actores originales James Gleason y Edward Everett Horton.

El Sr. Jordan, es un alto ejecutivo en el "Otro Lado", siendo interpretado aquí por Roland Culver, reemplazando a Claude Rains en el papel. Larry Parks hace el papel del productor Danny Miller, quien, además, se dedica a mortificar a los espectadores cantando con bastante desacierto "The Jolson Story".

Pero para el aficionado todo es soportable en el momento en que aparece Hayworth cantando una bella melodía (doblada por Anita Ellis).

LAS ZAPATILLAS ROJAS 1948
The Red Shoes

Director: Michaell Powell, Emeric Pressburger
Música: Brian Easdale
Fotografía: Jack Cardiff
Guión: Keith Winter

Intérpretes:

ANTON WALBROOK: Boris Lermontov
MARIUS GORING: Julian Craster
MOIRA SHEARER: Victoria Page
LEONID MASSINE: Grischa Ljubov
ROBERT HELPMANN: Ivan Boleslawsky

Esta tragedia musical realizada por Michael Powell y
Emeric Pressburger, abrió las puertas a los números de baile
que se convirtieron en el común denominador de los musicales de Arthur Freed para la M.G.M. al comienzo de los
cincuenta. Basada en el trágico cuento de hadas de Hans
Christian Andersen, la historia comienza cuando Julián
Craster (Marius Goring), un compositor en busca de reconocimiento, asiste a una presentación de la Compañía de Ballet de Lermontov y descubre que la música que usan en uno
de los números es suya. Julián expone su protesta ante el
director de la compañía de ballet, Boris Lermontov (Anton
Walbrook), y le exige una explicación. Impresionado con el
talento del compositor, Boris le contrata para que compon-
ga el programa musical de la siguiente obra de ballet, una
adaptación de "Las Zapatillas Rojas".

Mientras tanto, Boris contrata a una joven bailarina llamada Victoria Page (Moira Shearer) para que se una a la
compañía. Un día, la primera bailarina anuncia que planea

casarse, y Boris pone a la joven Victoria en el papel estelar. A medida en que Julián trabaja en el programa musical de la obra y Victoria se entrena para perfeccionar sus habilidades, los dos se enamoran. Desde el primer día en que se estrena la obra se convierte en todo un éxito y Victoria en una estrella. Sin embargo, Boris, quien está secretamente enamorado de Victoria, descubre la relación amorosa entre 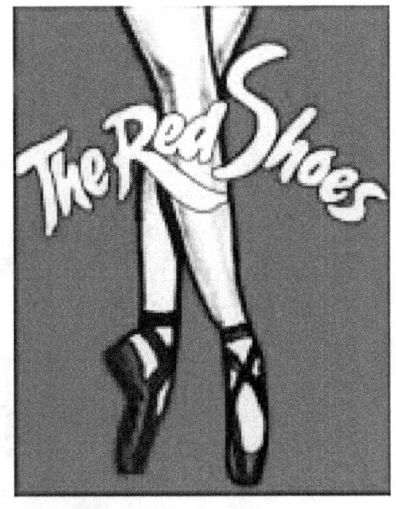 Julián y Victoria y, en un ataque de furia, obliga a Julián a abandonar la compañía de ballet, pero Victoria le acompaña. Como Boris es el dueño de los derechos de "Las Zapatillas Rojas", le prohíbe a Victoria bailar en dicha obra y le hace imposible conseguir empleo. El tiempo pasa y Julián y Victoria viven felizmente casados, y él triunfa con sus composiciones. Un día Victoria se encuentra con Boris, quien le implora que baile una vez más Las Zapatillas Rojas en Mónaco, a lo que ella accede. Julián cancela un compromiso en Londres para viajar a MonteCarlo y persuadir a su esposa de que no lo haga, pero ella insiste y desde ese momento la tragedia se cierne sobre los protagonistas.

DESFILE DE PASCUA 1948
Easter parada

Productor: Arthur Freed
Director: Charles Walters

Guión: Frances Goodrich, Albert Hackett, Sidney Sheldon

Intérpretes:

JUDY GARLAND: Hannah Brown
FRED ASTAIRE: Don Hewes
PETER LAWFORD: Jonathan Harrow III
ANN MILLER: Nadine Gale
JULES MUNSHIN: François, Headwaiter

El argumento en esta ocasión es tan simple que parece que ni siquiera tuvo un guionista, aunque lo cierto es que hubo nada menos que tres, lo que nos deja asombrados. La comedia es simplemente agradable, pero de ninguna manera imaginativa, aunque afortunadamente el dúo formado por Fred Astaire y Judy Garland consigue finalmente salvar el filme y que podamos disfrutar con sus espléndidas canciones y bailes. Para reforzar su trabajo estuvieron ayudados por la bailarina Ann

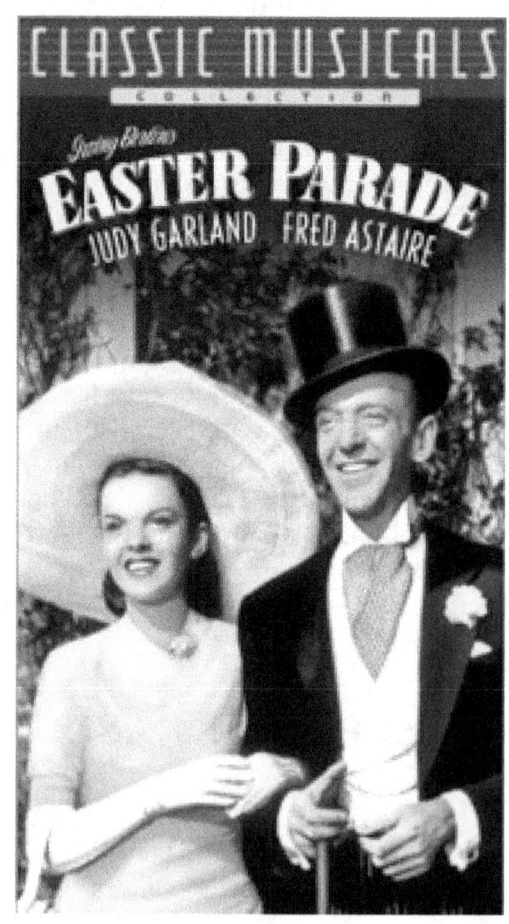

Miller y el actor Peter Lawford, así como por Lola Albright. Charles Walters dirigió la historia con poca
fortuna, aunque afortunadamente contaba con la música
de Irving Berlin, entre cuyas
obras destacamos "Stepping
Out With My Baby," y "Sha-
king the Blues Away".

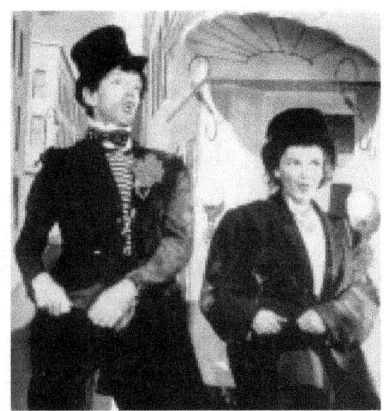

Irving Berlin consigue con
Astaire su mejor colaborador, pero en esta ocasión ambos se
robustecen con el trabajo de Judy Garland. Algunos momentos musicales culminantes son "It Only Happens When I
Dance with You" y "A Couple of Swells", así como el paseo
por la Quinta Avenida que da origen al título.

Premios:
Oscar a la mejor música 1948: Johnny Green, Roger Edens

EL PIRATA 1948
The Pirate

Productor: Arthur Freed
Director: Vincente Minnelli
Guión: Albert Hackett, Frances Goodrich, Joseph
        L. Mankiewicz (sin créditos), Joseph Than,
        Lillian Braun, Anita Loos y Wilkie Mahoney
Basado en la obra de teatro de: S.N. Behrman
Director musical: Lennie Hayton
Compositor: Cole Porter
Coreografía: Robert Alton y Gene Kelly

Intérpretes:

JUDY GARLAND: Manuela
GENE KELLY: Serafin
WALTER SLEZAK: Don Pedro Vargas
GLADYS COOPER: Tía Inez
REGINALD OWEN: El Abogado
GEORGE ZUCCO: El Virrey

Judy Garland es una doncella de 19 años que vive en una isla caribeña y sueña con un pirata famoso, mientras que Gene Kelly realiza una exhibición emulando al legendario Fairbanks, con espada y capa moviéndose al unísono.

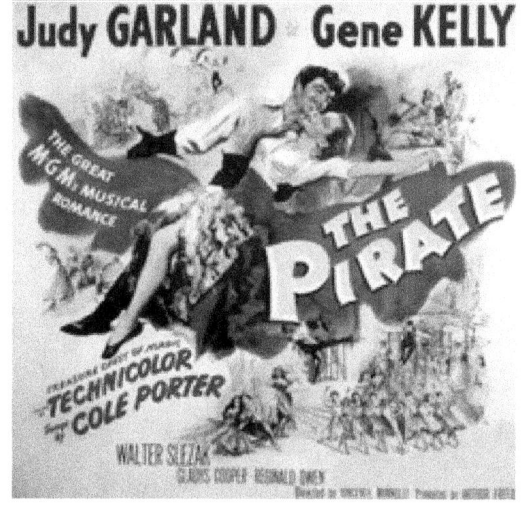

Este musical de Vincente Minnelli estaba basado en una obra teatral de Behrman que se había realizado con pocas pretensiones en su momento. Minnelli adquirió los derechos para su recién estrenada esposa Judy Garland y con el fin de que todo saliera bien contrató a Gene Kelly y al compositor Cole Porter, para que juntos se encargaran de toda la labor musical del filme. Aunque realmente la película no funcionó (quizá porque era difícil asimilar una película de piratas que cantan en lugar de matar a través de los siete mares), hoy en día se puede ver si no somos demasiado exigentes.

Los Nicholas Brothers se unen a Garland y Kelly en el famoso "Be a Clown", un baile que mezcla a los payasos con el baile y las canciones, diseñado exclusivamente por Gene.

Esta producción de Arthur Freed era, si ello es posible, aun más artificial en su look que la atmósfera creada en "Yolanda And The Thief", del mismo equipo, rodada en 1945. Y como Yolanda no fue un éxito, alguien pensó que se podía volver a intentar algo parecido, pero contando con la música de Cole Porter y la presencia de Garland y Kelly.

La historia nos habla de un cómico llamado Serafín que pretende ser un pirata caribeño muy popular llamado Macoco, para así conseguir ganar el amor de Manuela, una chica rica que es hipnotizada por Serafín hasta el punto en que ella se cree que está enamorada de él. La isla en la que viven se llama San Sebastián, aunque en realidad todo se reduce a unos cuantos decorados colocados hábilmente.

Judy Garland como Manuela y Gene Kelly como Serafín actúan con mucha más rigidez que en otras películas, aunque consiguieron diferenciar perfectamente sus números musicales de su papel como intérpretes. Nada que objetar, por tanto, al conjunto de su interpretación y hasta podríamos considerar que están muy correctos.

Los resultados globales no son malos, pero la película falló, quizá también por el exceso de ingredientes. La historia de un cómico que se hace pasar por pirata, de un pirata que aparenta ser un alcalde honrado y de una guapa chica hambrienta de emociones sentimentales, no es desacertada, pero si lo mezclamos con bailes, canciones y decorados escandalosos, nos explicaremos dónde está el problema. Con el paso del tiempo, sin embargo, nos ha permitido volver a evaluar sus calidades, y aunque la claustrofobia de los decorados nos condiciona, no podemos negar la buena labor de Minnelli como director.

Con guión de Albert Hackett y Frances Goodrich a partir de una obra de Behrman, la película puede permanecer como muy digna en la mente de los fans

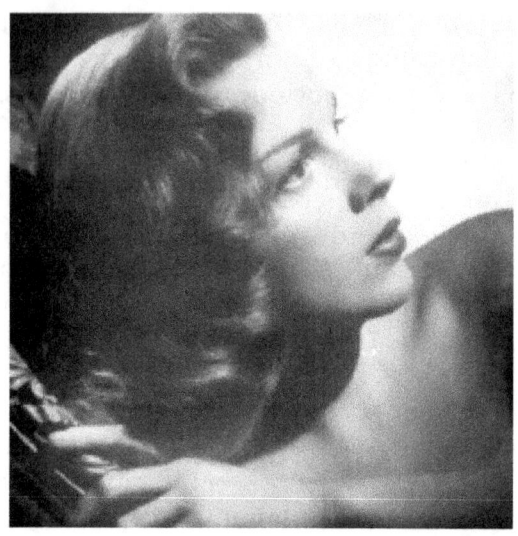

de Kelly, especialmente si olvidamos a todos, excepto a él y a Garland. La dirección de los bailes a cargo de Gene y Robert Alton, especialmente la coreografía de "Nina", tienen una gran calidad. Bailando al ritmo de un bolero pegadizo, Kelly, vestido con pantalones negros, chaleco de fuertes colores y sombrero español, mientras sus rizos se mueven en su frente, trepa por las alturas y nos ofrece una escena apoteósica. En esta película los productores intentaron que Gene tuviera un doble que realizara sus escenas circenses más acrobáticas, no por falta de cualidades, sino por miedo a que se lesionase, pero él rechazó tal oferta. Si no era capaz de realizar íntegramente un baile no estaba dispuesto a hacerlo parcialmente. Todo se solucionó haciéndole un seguro de accidentes.

Cuando Kelly corteja a cada muchacha que pasa por las calles de la isla caribeña de San Sebastián llamándolas niñas, nos parece un ejercicio demasiado estilístico para afirmar sus ademanes masculinos, algo que queda ya perfectamente definido cuando baila. Pero no es solamente la presencia de

Kelly lo único digno del filme, ya que también hay que destacar el montaje de Blanche Sewell, la fotografía en Technicolor de Harry Stradling, el color escogido por Minnelli para compensarlo todo y, por supuesto, el hechizo de las canciones de Cole Porter.

Menos inventivo, pero también excitante desde el punto de vista visual, es el ballet de "El Pirata", en el cual Kelly baila una fantasía como el supuesto pirata Macoco, girando tumultuosamente arriba y debajo de la pantalla, mientras una cortina de humo inunda la escena. Este baile no está tan bien coreografiado como "Nina" y es bastante más ruidoso. Los momentos de mayor sosiego en la película llegan de la mano de la balada de Porter, "You Can Do No Wrong" que siguió a un salvaje baile en el que intervino Judy Garland.

WORDS AND MUSIC 1948

Productor: Arthur Freed
Director: Norman Taurog
Guión: Fred Finklehoffe y Ben Feiner Jr.
Basado en la historia de: Guy Bolton, Jean Holloway
Fotografía: Charles Rosher y Harry Stradling
Director musical: Lennie Hayton
Efectos especiales: Warren Newcombe
Coreografía: Robert Alton
Vestuario: Helen Rose y Valles

Intérpretes:

PERRY COMO: Eddie Lorrison Anders
MICKEY ROONEY: Lorenz "Larry" Hart
BETTY GARRETT: Peggy Lorgan McNeil
JANET LEIGH: Dorothy Feiner

CYD CHARISSE: Margo Grant
JUDY GARLAND
JUNE ALLYSON
GENE KELLY: Olly
VERA-ELLEN: chica de la 10th avenida

Basada en la doble biografía de los compositores Richard Rodgers y Lorenz Hart, con Tom Drake y Mickey Rooney interpretándoles demencialmente, nos encontramos con una película de pésimo argumento (quizá es que nunca lo hubo) y extraordinarios números musicales.

El plantel de grandes estrellas es amplio e incluye a Judy Garland, Cyd Charisse, Perry Como, Janet Leigh, Gower Champion, Gene Kelly (quién coreografió "Matanza en Décima Avenida" ballet que él baila con Vera-Ellen), y June Allyson, cuya actuación junto con la de los Gemelos de Blackburn supone una mancha en su carrera. Está correcta Lena Horne cuando canta "La Señora es un peso pesado", lo mismo que Ana Sothern, Mel Tormé, Betty Garrett, y Marshall Thompson.

Norman Taurog dirigió, por llamarlo de algún modo, el guión de Fred Finklehoffe, basado en una historia de Tipo Bolton y Jean Holloway, mientras que Robert Alton y Kelly organizaron los bailes.

La parte más importante del filme es la secuencia entre Gene Kelly y Vera-Ellen "Slaugter on Tenth Avenue", obra que ya se había presentado con un gran éxito en 1937 en Broadway, como final del musical On Your Toes. Esta secuencia dura en "Words and Music" apenas siete minutos y constituyen por sí sola la justificación para ver toda la película, aunque pueden prescindir del resto si lo desean. Kelly interpreta a un camorrista quien ve a una atractiva chica (Vera-

Ellen) que lleva una falda abierta y se acerca a ella. Ambos comienzan a bailar hasta que aparece un rival y uno y otro se pelean, desembocando en tragedia cuando la chica recibe una bala y cae muerta en sus brazos, mientras él muere de otro balazo. Para Gene, Vera-Ellen fue la mejor bailarina de la historia del cine musical y para ella, esta secuencia constituyó lo mejor de toda su carrera. Nosotros estamos de acuerdo en la primera apreciación, pero no en la segunda.

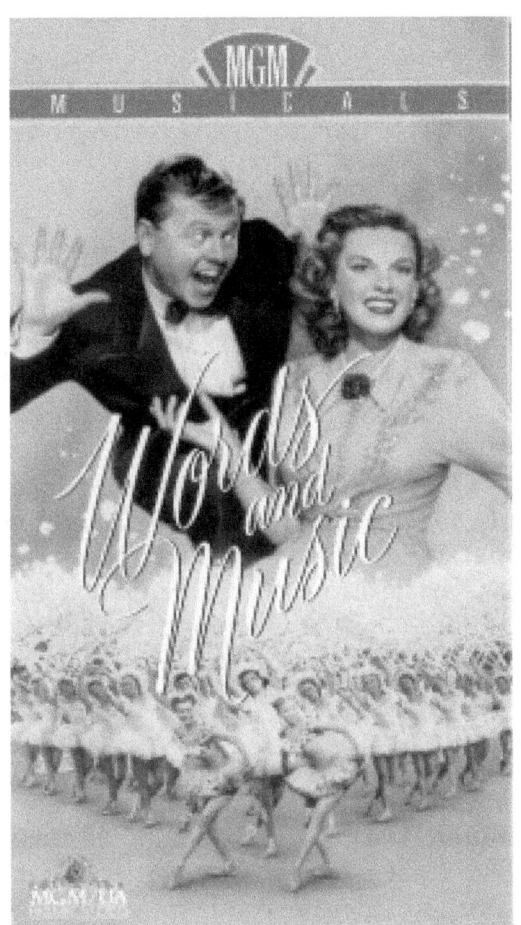

Amor en conserva 1949
Love Happy

Director: David Miller
Producción: Mary Pickford

Guión: Frank Tashlin
Basada en una novela de: Harpo Marx
Música: Ann Bonell

Intérpretes:

HARPO MARX: Harpo
CHICO MARX: Fautino el Grande
GROUCHO MARX: Sam Grunion
VERA-ELLEN: Maggie Phillips
ILONA MASSEY: Madam Egilichi
RAYMOND BURR: Alfonso Zotto
MARILYN MONROE: cliente de Sam

Quien no haya visto aún esta película no debe llevarse a engaño, ya que ni es una película típica de los Hermanos Marx, ni Marilyn es una actriz de reparto aunque figure en las carteleras modernas. Su actuación no dura más de un minuto (y eso si tenemos el cronómetro estropeado), y los Hermanos Marx solamente nos deleitan con un par de buenos chistes.

El film, que contenía algunos ingredientes para triunfar, fracasó por culpa precisamente de uno de los Hermanos, el mudito Harpo, quien tratando de emular a Charles Chaplin hizo recaer sobre sí todo el peso argumental y lo único que consiguió fue aburrir al espectador más entusiasta, quedando bien claro, aunque ya sin remedio, que la genialidad de los Hermanos Marx estaba centrada en un 90% sobre Groucho y que sus otros dos hermanos solamente conseguían apoyar su ingenio.

Groucho apenas si tiene tiempo de hablar en off y de dejarnos ver su imagen al principio y al final de la película, mientras que Harpo se dedica a tratar de enamorar a la guapa Maggie Phillips, protagonizado por la extraordinaria bailarina Vera-Ellen, quien al menos nos ofrece unos estupendos números de baile clásico y moderno, mientras un malísimo Raymond Burr (el popular Ironside de la serie de televisión) intentaba apoderarse de unos diamantes que iban de mano en mano.

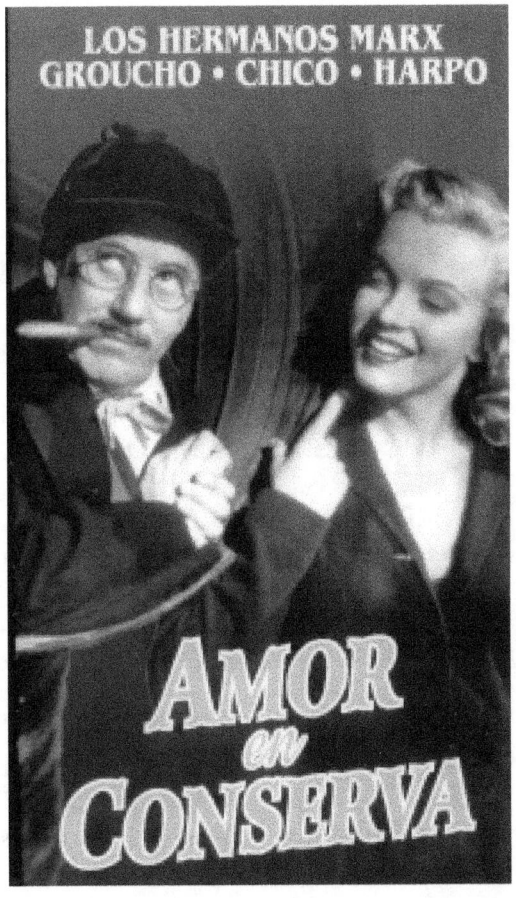

La aparición de Marilyn ciertamente fue memorable y la vemos entrando en el gabinete de Groucho Marx para pedirle su ayuda como detective, ya que "unos hombres la persiguen", algo que nadie ponía en duda, ni siquiera Groucho.

Armada con un vestido ceñido y un escote increíble, curiosamente su presencia pasó menos desapercibida que en el resto de sus filmes, y eso que económicamente la película fue un fracaso total que envolvió a los Hermanos Marx e hizo que se planteasen su definitiva retirada del cine.

LLÉVAME A VER UN PARTIDO 1949
Take Me Out to the Ball Game

Productor: Arthur Freed
Director: Busby Berkeley
Guión: Harry Tugend y George Wells
Basada en la historia de Gene Kelly y Stanley Donen

Intérpretes:

FRANK SINATRA: Dennis Ryan
ESTHER WILLIAMS: K.C. Higgins
GENE KELLY: Eddie O´Brien
BETTY GARRETT: Shirley Delwyn
EDWARD ARNOLD: Joe lorgan
RICHARD LANE: Michael Gilhuly

Este musical de la MGM, basado en una historia real de principios de siglo, empezó como una idea escrita por Gene Kelly y Stanley Donen que fue mostrada a Arthur Freed. Posteriormente sufrió una serie de cambios para que se pudiera incorporar como director un veterano llamado Busby Berkeley, quien llevaba años retirado de su trabajo a causa de ciertos problemas personales que le sumieron en una crisis depresiva.

La historia nos habla de dos cantantes del vaudeville, Kelly y Sinatra –al mismo tiempo buenos jugadores de béisbol–, quienes tienen como jefa a la guapa pero severa Esther Williams. De ella se enamoran ambos jóvenes, aunque posteriormente se cruza en la vida de Frank otra guapa chica, Betty Garrett, y así logran tener cada uno su pareja. En su camino aparecen unos gángsteres que intentan traicionar a los muchachos para conseguir que pierdan un partido decisivo.

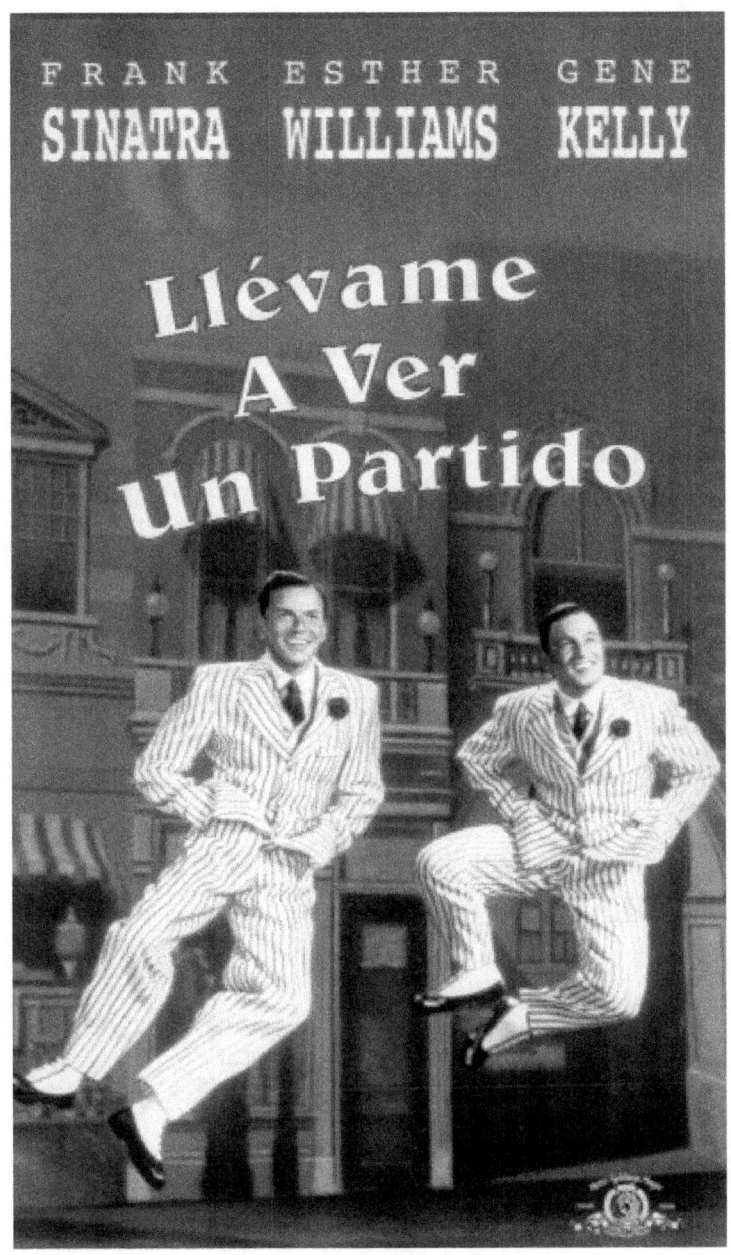

204 El cine musical

Esta sencilla historia no es tema para una gran película, ni siquiera lo son las canciones, pero sirvió para que pudiéramos ver de nuevo juntos a Sinatra y Kelly, y marcar las bases definitivas para el rodaje ese mismo año de "Un día en Nueva York".

Comden, Green y Roger Edens hicieron las canciones, pero los números musicales tienen esa animación irlandesa-americana, como una bandera ondulante, que también fue la base de muchos musicales de Broadway del mismo período.

Con Betty Garrett y Jules Munshin, que trabajan bien con Kelly y Sinatra, vemos a una Esther Williams más tapada que nunca. Aunque la película estuvo dirigida por Berkeley (a quien los estudios querían dar una nueva oportunidad), en realidad estuvo auxiliado en todo momento por Kelly y Donen, quienes renunciaron a que su nombre apareciera en los títulos de crédito a favor de Berkeley.

De especial interés el número entre Kelly y Sinatra titulado "Yes, Indeedy".

UN DÍA EN NUEVA YORK 1949
On the Town

Productor: Arthur Freed
Director: Gene Kelly y Stanley Donen
Guión: Adolph Green y Betty Gomden
A partir de un musical basado en la idea de Jerome
    Robbins
Canciones de Sinatra: New York, New York y Come
    up to My Place, You´re Awful, On the Town y
    Count on Me

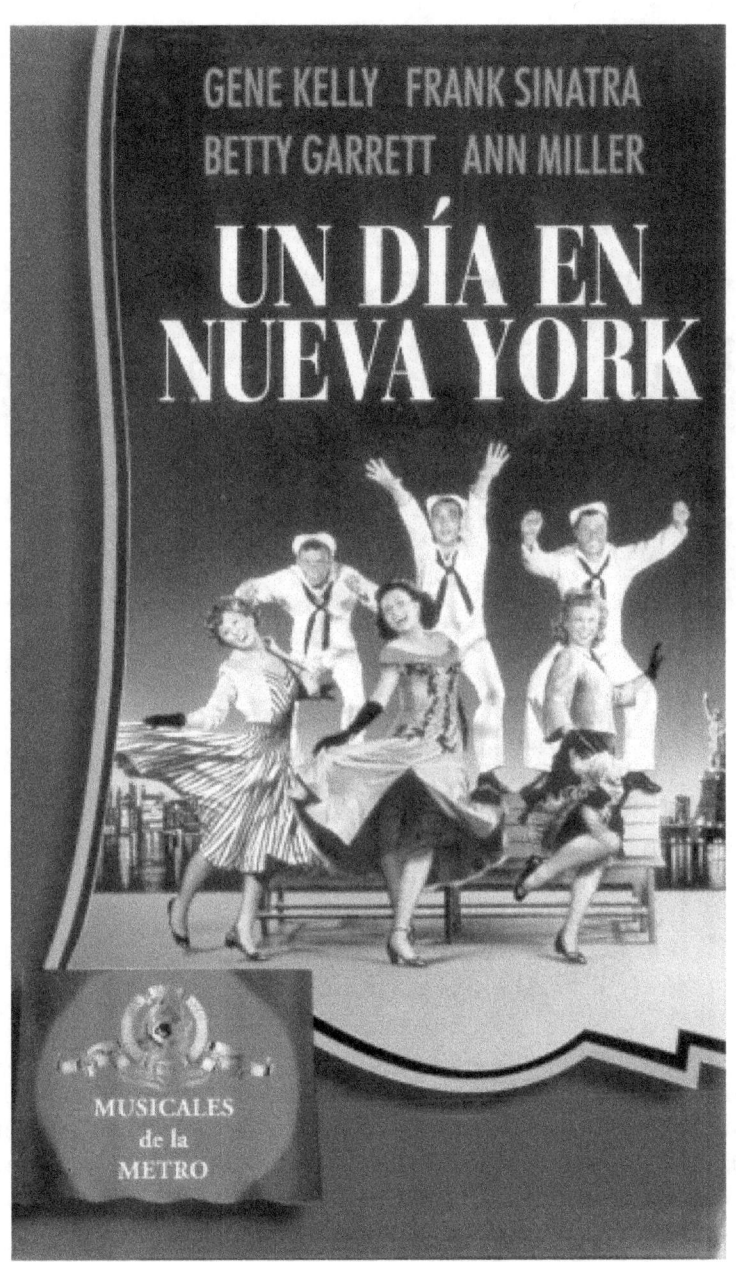

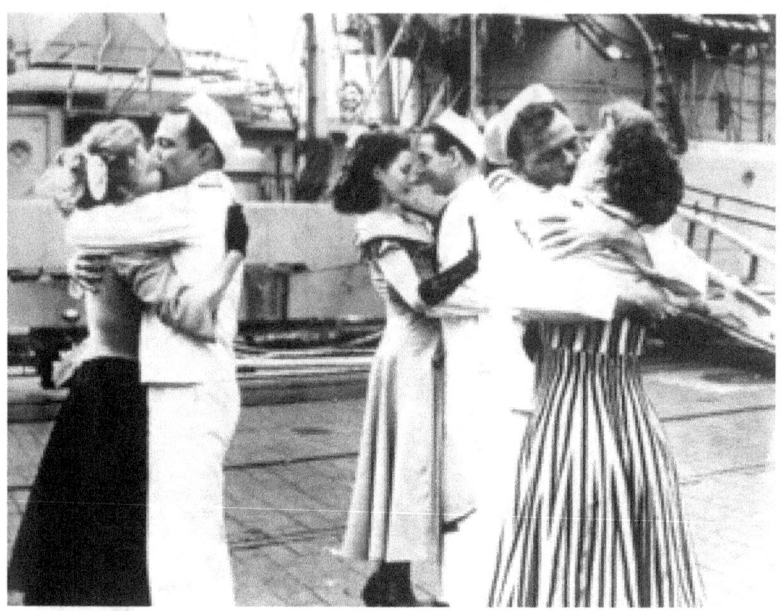

Intérpretes:

GENE KELLY: Gabey
FRANK SINATRA: Chip
VERA-ELLEN: Ivy Smith
BETTY GARRET: Bruhilde Esterhazy
ANN MILLER: Claire Huddesen
JULES MUNSHIN: Ozzie
FLORENCE BATES: Madame Dilyovska
ALICE PEARCE: Lucy Shmeeler

Dicen que Nueva York nunca se vio más hermosa y excitante en la pantalla que en "Un Día en Nueva York", película
que se adelantó a su tiempo y, por primera vez, se rodó en
los escenarios naturales de las concurridas calles neoyorqui-
nas. La historia perfectamente fundada, las canciones y bailes, no son una excusa para el lucimiento de sus intérpretes,

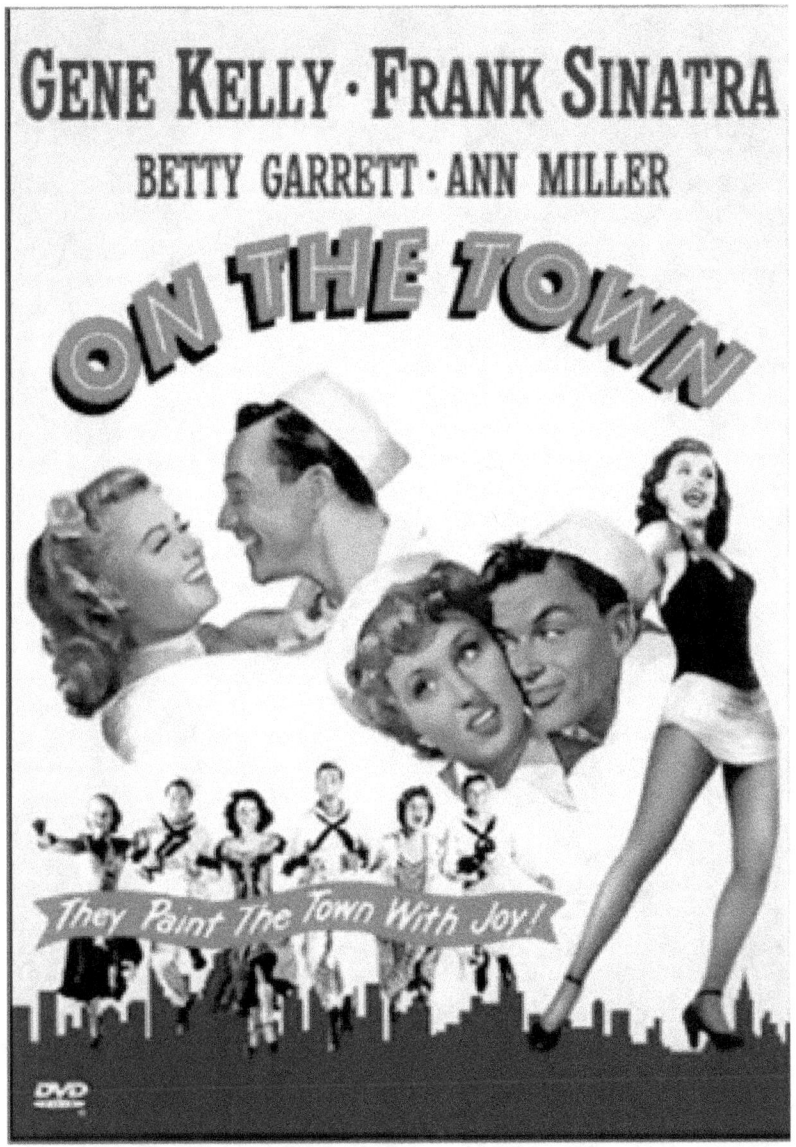

sino la esencia misma de la película. "Un Día en Nueva York" es tan energética y vital que en la pantalla los actores parecen

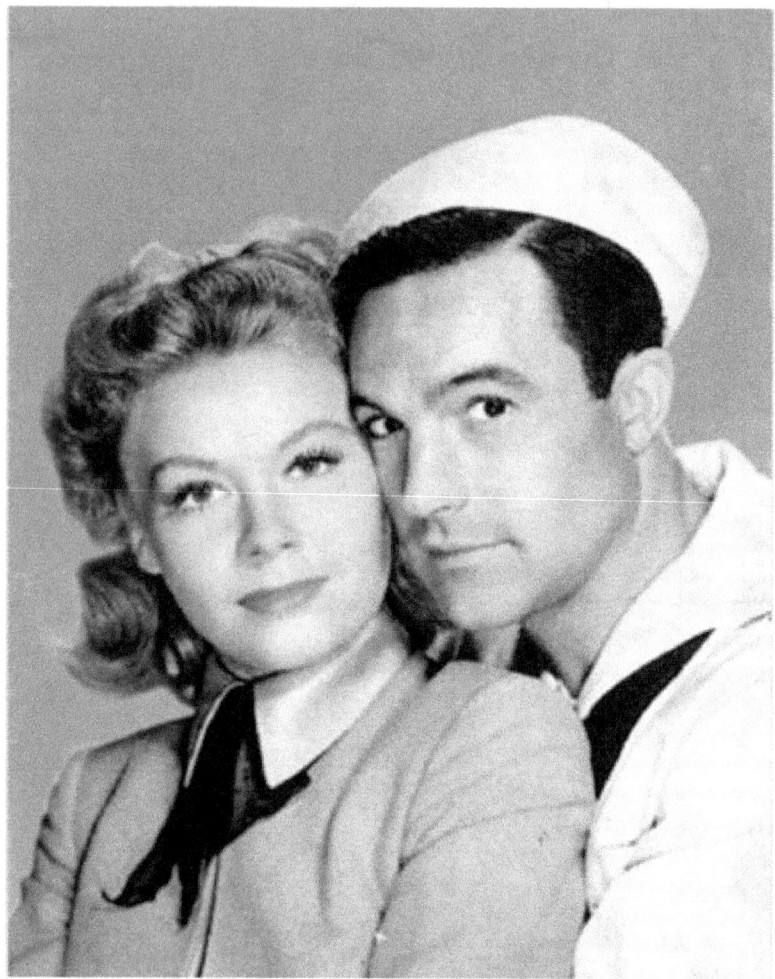

estar en directo contacto con los espectadores y en ocasiones nos miran y bailan directamente para nosotros.

Louis B. Mayer compró el espectáculo por 250.000$, aunque tuvo que reformar algunas escenas por considerarlas no apropiadas para la época, especialmente cuando un marinero baila con una chica negra.

Mayer no quería rodar el musical fuera de los escenarios de los estudios, mientras que Kelly insistió en sacar las cámaras a la calle, buscando los escenarios emblemáticos del Bronx, Battery, Coney Island, Brooklyn, el Edificio Empire State, Times Square, la Estatua de la Libertad, la Quinta Avenida, Radio City, el Zoológico del Bronx, Central Park, Carnegie Hall, el metro, Wall Street, la Tumba de Grant, y el Brooklyn Navy Yard.

Para las escenas de baile se contó, además de Kelly, con la presencia de dos expertas, Vera-Ellen y Ann Miller, sin lugar a dudas las mejores bailarinas de música americana de todos los tiempos, aunque no necesariamente las más famosas. Especialmente memorables son los dos bailes entre Vera-Ellen y Gene Kelly, uno en el Music-hall y otro en una imaginaria escena de Kelly, así como la introducción de la película con el fornido trabajador de los muelles cantando al amanecer y la explosión de los tres marineros con permiso cantando "New York, New York".

Aunque "Cantando bajo la lluvia" poseía un argumento más elaborado y complejo, la sensación de júbilo y bienestar que proporciona este filme es superior, con una historia de amor incluso más romántica. El dúo Vera-Ellen y Gene Kelly ejecutan algunos bailes memorables, pues ella, con su aspecto de muñeca de carne y hueso, se mueve con tal delicadeza que incluso nos hace parecer algo brusco a Kelly. Sinatra también está igualmente seductor, aunque en este caso su compañera (Betty Garret) no sea capaz de cantar a dúo con él de manera acertada.

Números musicales especialmente resaltables son "New York, New York", "Come Up to My Place", "Miss Turnstiles Ballet", "Main Street", "Un Día en Nueva York", "You Can Count on Me", y "That's All There Is, Folks".

THREE LITTLE WORDS 1950

Productor: Jack Cummings
Director: Richard Thorpe
Guión: George Wells

Intérpretes:

FRED ASTAIRE: Bert Kalmar
RED SKELTON: Harry Ruby
VERA-ELLEN: Jessie Brown Kalmar
ARLENE DAHL: Eileen Percy
KEENAN WYNN: Charlie Kope

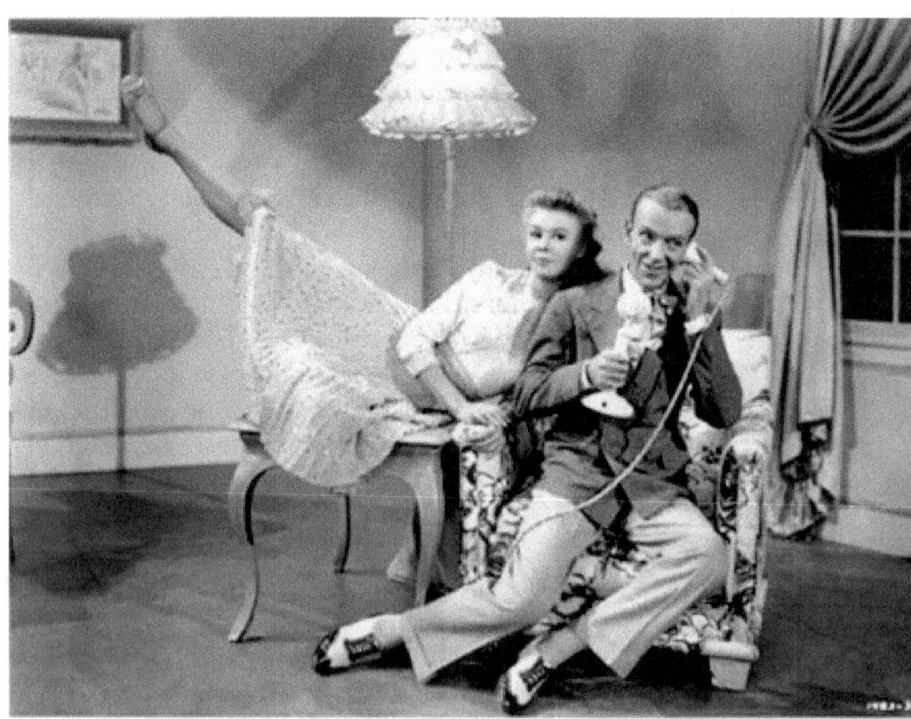

Aunque poco conocido, se trata de uno de los mejores musicales de los 50. Contando con una producción detalladamente organizada, nos muestra las aventuras de dos expertos en el mundo del espectáculo, Fred Astaire como Kalmar, y Red Skelton como el compositor Ruby. El guión de George Wells nos habla de la vida de estos dos hombres, uno de ellos que debe dedicarse a la magia cuando una lesión de rodilla le impide seguir bailando. El otro trabaja ahora como pianista, pero su anhelo es jugar al béisbol. Los dos hombres consiguen formar un equipo adecuado, junto con sus compañeras Vera-Ellen (doblada en las canciones por Anita Ellis) y Arlene Dahl.

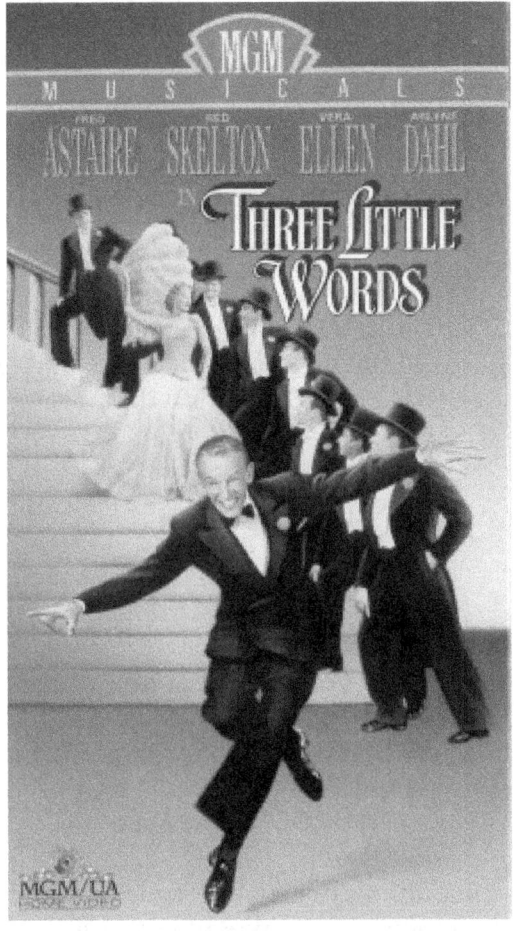

Fred tiene aquí pocas oportunidades para bailar, pues hay bastantes situaciones dramáticas, pero al menos hay trucos de magia, béisbol y buenos bailes a cargo de Vera-Ellen. Vemos también una pequeña intervención de Debbie Reynolds que juega al boop-un-doop y nos canta una corta e insoportable melodía.

SUMMER STOCK 1950

Productor: Joe Pasternak
Director: Charles Walters
Guión: George Wells y Sy Gomberg
Basado en la historia de: Gomberg
Fotografía: Robert Planck
Director musical: Johnny Green y Saul Chaplin
Coreografía: Nick Castle, Gene Kelly y Charles Walters
Vestuario: Walter Plunkett y Helen Rose

Intérpretes:

JUDY GARLAND: Jane Falbury
GENE KELLY: Joe D. Ross
EDDIE BRACKEN: Orville Wingait
GLORIA DeHAVEN: Abigail Falbury
MARJORIE MAIN: Esme

La última película de Judy Garland para MGM fue este "Summer Stock" una anticuada forma de realizar un filme musical, empleando sistemas que el público ya no aceptaba. Es una muestra del interés de los estudios por poner a actores adultos haciendo papeles de adolescentes, una fórmula que había resultado en anteriores películas de Mickey Rooney.

Gene Kelly tuvo como oponente a una deprimida Judy Garland, quien trataba de realizar su trabajo lo mejor que podía, dada la gran inestabilidad que se había iniciado ya en

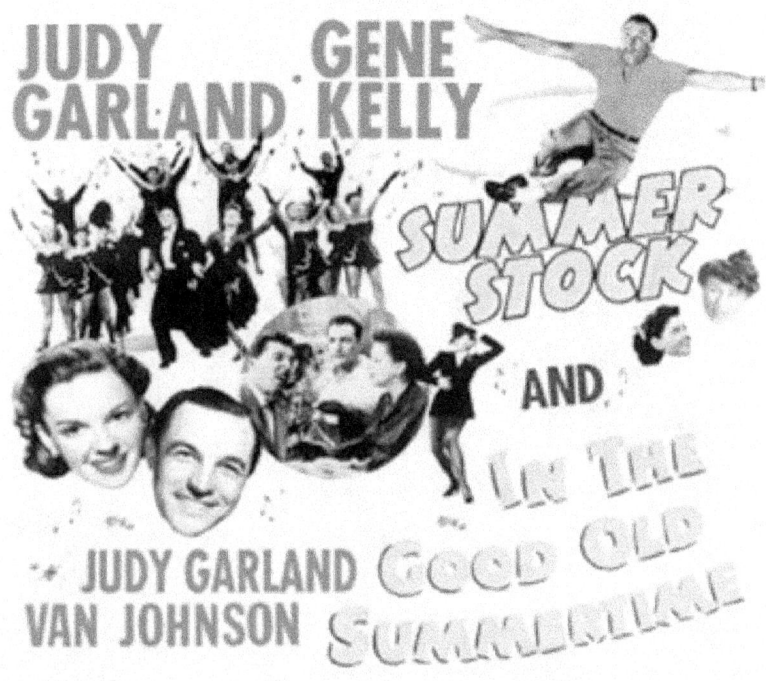

sus sentimientos. Por si fuera poco, la gran dosis de medicamentos, estimulantes y sedantes, que médicos ignorantes la
recetaban, hacía inviable cualquier escena que fuera más larga de 30 segundos. Solamente la paciencia de sus compañeros de reparto, especialmente de Gene, logró que la película
pudiera ser finalizada.

El espectador quizá encuentre diferencias entre la apariencia física de Garland –en algunas escenas más gorda que
en otras–, pero son totalmente reales y corresponden a las
grandes oscilaciones que su peso sufría a causa de la medica-
ción. Concretamente, hay una secuencia de baile, titulada
"Portland Fancy", que se rodó dos meses después de termi-
nada la película, cuando Garland pesaba siete kilos menos.

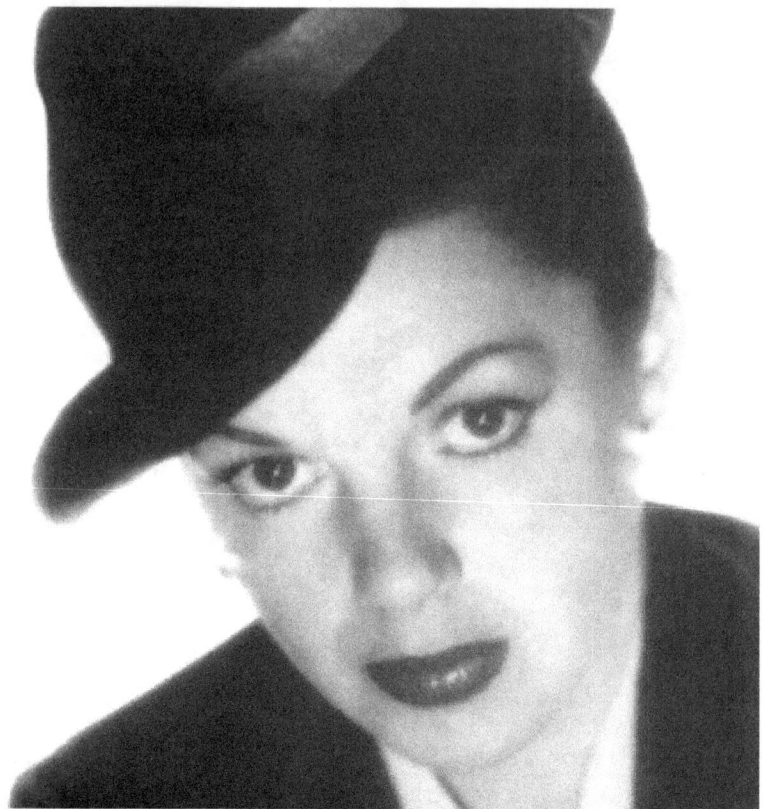

La sencilla historia es así: Jane, en su granja de Nueva Inglaterra, tiene una existencia pacífica, bucólicamente interrumpida cuando la religiosa Abigail (De Haven) la invita a que una compañía de gente del teatro pueda emplear su granero para dar una función.

Garland está furiosa con esta invasión de su retiro, e insiste en que los actores ayuden en la granja para pagar así por el uso del granero y la comida. Con el tiempo, sin embargo, ella se enamora de Ross (Kelly), el autor de la compañía, y hasta colabora después en el desarrollo de la función.

Este guión tan romántico, indigno para dos actores tan extraordinarios, fue planeado solamente para mostrar una serie de números musicales espléndidamente organizados. Los dos más excelentes fueron a cargo de Kelly, uno con un simple periódico del cual logra sacar hasta música y el otro un dúo con Garland, ambos disfrazados como espantapájaros.

La canción "Usted es maravillosa", coreografiada por Kelly, estaba compuesta por Harry Warren, Jack Brooks y Saul Chaplin, y se le canta a Garland en una romántica escena. Ella, por su parte, le canta "Consigue felicidad", de Harold Arlen y Ted Koehler, la cual ya sabemos que se filmó tres meses después de finalizado el rodaje.

El baile más sexy –según los censores–, es aquel en el cual ambos protagonistas visten impecablemente un esmoquin (Kelly), y ella sin pantalones, enfundada en medias negras, se mueve al ritmo de sus caderas. El sombrero de Kelly tapaba discretamente su ojo derecho y eso ya le proporcionaba, según los críticos, un atractivo sexual imposible de soportar por las mujeres.

Sexys o no, lo cierto es que lucían muy elegantes.

UN AMERICANO EN PARÍS 1951
An American in Paris

Productor: Arthur Freed
Director: Vincente Minnelli
Guión: Alan Jay Lerner
Fotografía: Alfred Gilks y John Alton
Director musical: Johnny Green y Saul Chaplin

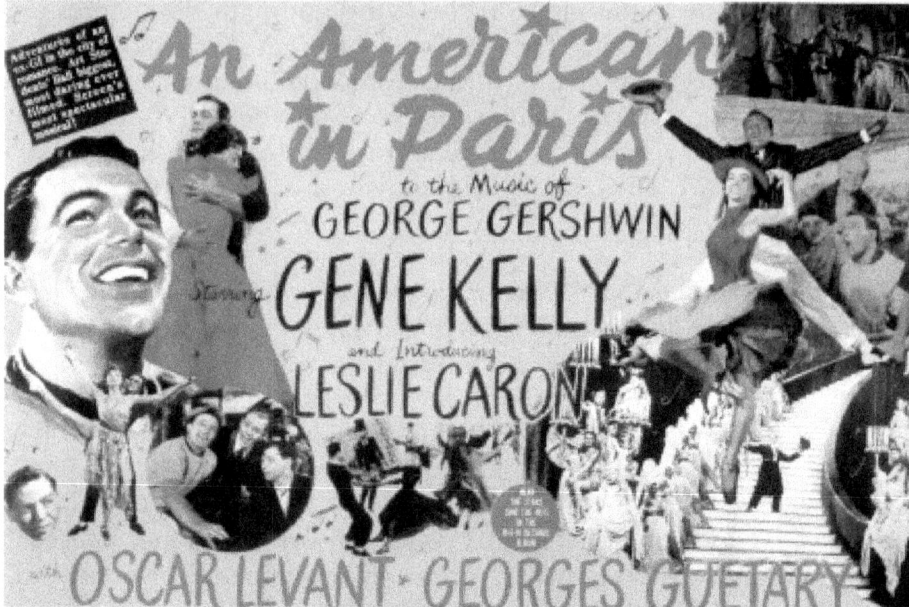

Efectos especiales: Warren Newcombe
Coreografía: Gene Kelly

Intérpretes:

GENE KELLY: Jerry Mulligan
LESLIE CARON: Lise Bouvier
OSCAR LEVANT: Adam Cook
GEORGES GUETARY: Henri Baurel
NINA FOCH: Milo Roberts
EUGENE BORDEN: George Mattieu
MARTHA BAMATTRE: Mathilde Mattieu

Como si de un cuadro del impresionismo francés se trata-
ra, los guionistas de este filme trataron de reflejar la Francia
de sus sueños mediante una historia de amor y delicados
bailes clásicos y modernos. Por eso "Un Americano en París"
no solamente es una obra de luz y movimiento, sino una

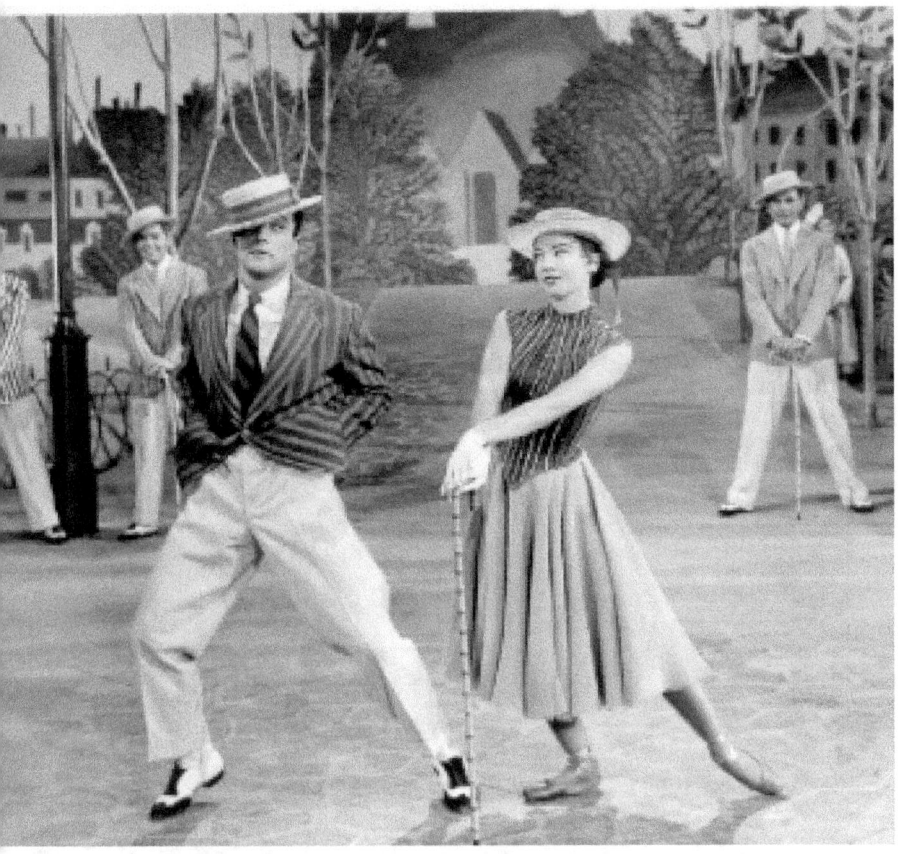

pintura plasmada en el cine. Según los críticos de entonces, nunca antes Hollywood había tenido tanta clase, estilo y elegancia en una película musical.

Todo empieza en la escuela de Bellas Artes de París en donde un pintor (Gene Kelly), después de encontrarse con la chica a quien ama y separarse bruscamente de ella (Leslie Caron), mira, medio embriagado por sus recuerdos, hacia el exterior de su terraza en el barrio viejo de la ciudad, y empieza un boceto con una barra de carboncillo. Él lo rompe, está

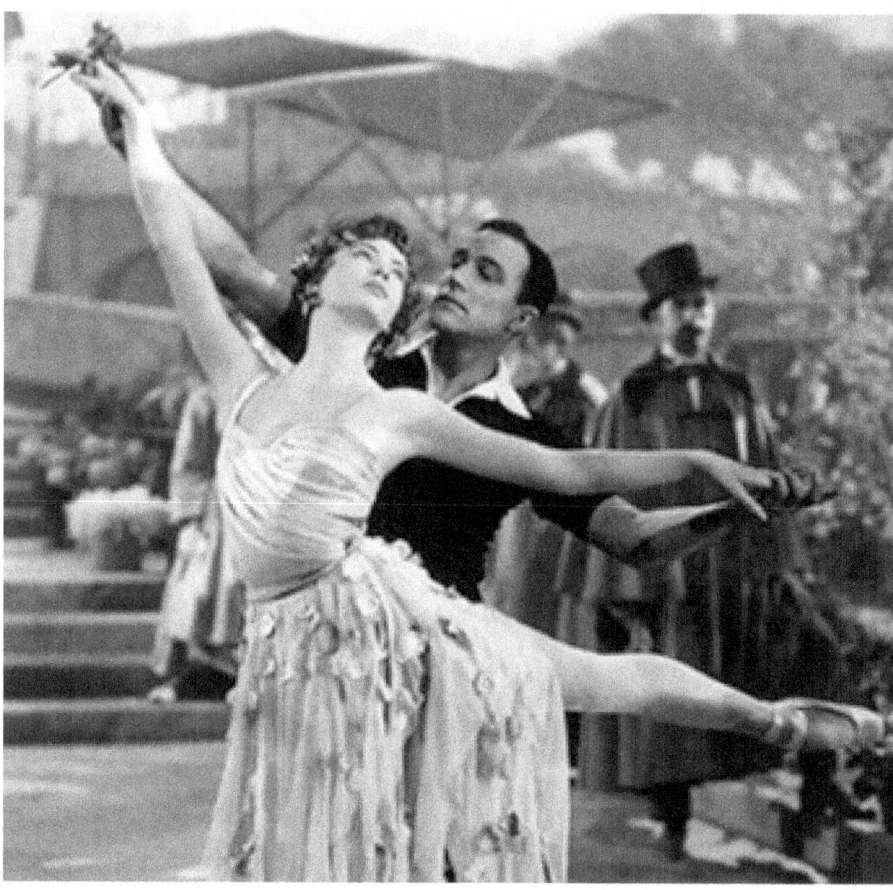

triste, pero de repente hay una brisa y las dos mitades del boceto vuelan hasta la parte trasera del edificio. A sus pies ve una rosa roja. La recoge, ahora hay un fondo negro y blanco que se vuelve de color y la escena cambia a la Plaza de la Concordia, con juegos y trajes muy tradicionales. Entonces, cuando el pintor ve y sigue a la muchacha que él ama, la escena se convierte en un mercado de flores cerca de La Madeleine. El pintor está triste pero tranquilo, lo mismo que tiene el estilo pictórico de un cuadro de Renoir.

Los colores cambian para mostrarnos una escena callejera en la que cuatro americanos en París celebran el 4 de julio. Por eso el pintor baila ahora alrededor de la fuente de la Plaza de la Concordia. Nueva escena y ahora nos muestran la Ópera de París, con cuadros de Van Gogh, y después de eso vemos el barrio de Montmartre de Toulouse Lautrec. El final nos devuelve a la fuente, mientras comienza una música frenética. Todos desaparecen y el pintor queda solo.

Esta secuencia que hemos descrito fue diseñada por Preston Ames, antiguo alumno de Bellas Artes en París, con vestuario de Irene Sharaff, y coreografiado por Kelly, logrando así los 18 minutos de magia musical más asombrosos que hemos visto en la pantalla. Excelente por la audacia de las escenas y el deslumbramiento de su ejecución, fueron necesarios seis meses para ensayar, un mes para rodar, y costó 450.000$. El resto de la película era, en todos los sentidos, bastante más convencional, una trivial historia de amor de un pintor americano hacia una chica ayudante en una tienda de perfumes (Caron.) Junto con su pasión amorosa, una bella y rica mujer (Nina Foch) quiere patrocinar con su dinero al joven pintor, no tanto por la calidad de sus pinturas como por su embriagadora sonrisa, pero a cambio le exige que no ande con otras mujeres.

Al guionista Alan Lerner le faltó originalidad; pero quedó compensada por las aportaciones que le proporcionaron Kelly y la personalidad de Leslie Caron. Afortunadamente, la narrativa es interrumpida frecuentemente para mostrarnos las secuencias de baile y con ello no sentimos plenamente satisfechos.

La música de George y las letras de Ira Gershwin, cuyo catálogo completo de canciones fueron adquiridos por el productor Arthur Freed, nos aportan buenas canciones como

"Conseguí Ritmo", cantado y bailado por Kelly a un grupo de niños franceses, y "Tra La La"', interpretado al piano por Levant y bailado por Kelly en un ático de París. Menos adecuado fue el pequeño homenaje a los valses vieneses titulado "Por Strauss", realizado por Kelly, Guetary y Levant, y la secuencia del sueño de Levant en la que él se imagina como director, solista y cada miembro de la orquesta en el tercer movimiento del Concierto de Gershwin en Fa.

Leslie Caron haciendo su debut como pareja, estaba encantadora, contribuyendo incalculablemente al éxito global de "Un americano en París", mientras que el director Vincente Minnelli cuyo infalible y sofisticado sentido visual nos asegura minutos de placer. La dirección musical estaba a cargo de Johnny Green y Saul Chaplin

Premios:

Oscar al mejor guión, historia y adaptación 1951: Alan Jay Lerner

Oscar a la dirección artística y decoración 1951: Cedric Gibbons, Preston Ames, Edwin B. Willis y Keogh Gleason.

Oscar a la mejor fotografía en color 1951: Alfred Gilks, John Alton

Oscar al mejor vestuario 1951: Orry-Kelly, Walter Plunkett, Irene Sharaff

Oscar a la mejor música escrita para el cine 1951: Johnny Green, Saul Chaplin

Nominaciones:

Nominada al mejor director 1951: Vincente Minnelli

Nominada al mejor filme editado 1951: Adrienne Fazan

HORAS DE ENSUEÑO1951
Happy go lovely

Director H. Bruce Humberstone

Intérpretes:
DAVID NIVEN
VERA-ELLEN

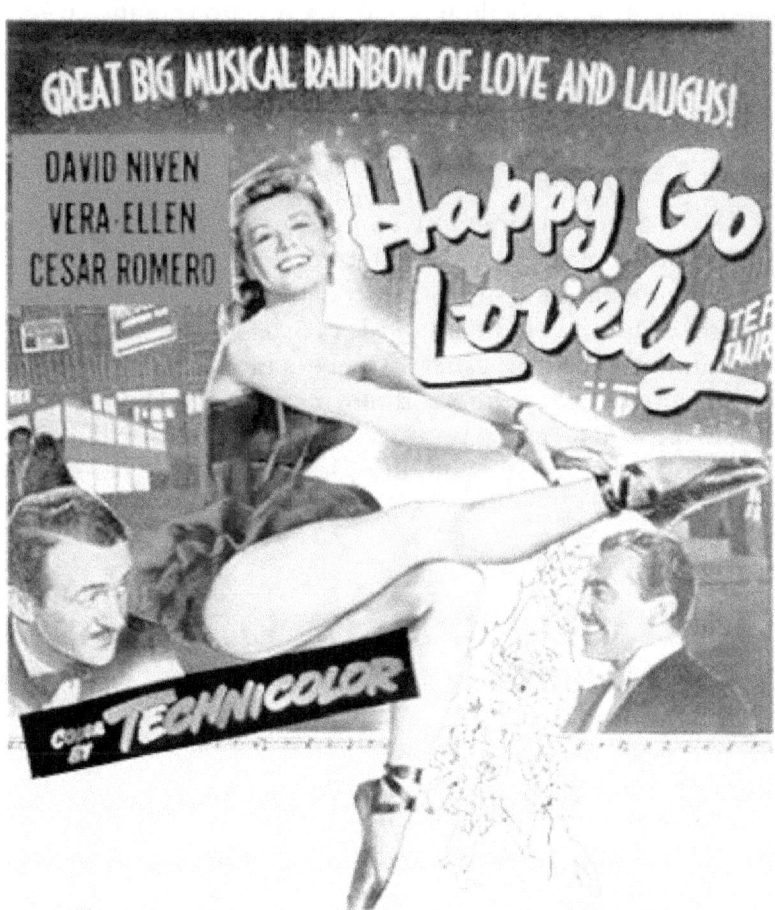

CESAR ROMERO
BOBBY HOWES
DIANE HART
GORDON JACKSON

El encanto de sus tres protagonistas principales es suficiente motivo para salir contento del cine. Ella es una simpática y guapa bailarina, por la cual han perdido la razón los dos galanes, pero luego sabemos que el dinero no lo es todo y nos muestran un bello musical con mucho romance rodado en Edimburgo. Ya sabemos que Vera-Ellen tiene muy buenos recuerdos de esta emblemática ciudad del norte de Europa, pues luego volvió para interpretar su última película, "Soñar no cuesta dinero".

David Niven mantiene su compostura como el empresario rico que quiere salvar a la obra de teatro, al mismo tiempo que se enamora sin remedio de Vera-Ellen quien, por cierto, se muestra en plenitud física y artística. César Romero, exagerado hasta la desesperación, es el inquieto director que busca desesperadamente el dinero para financiar su espectáculo musical. Cuando por fin consigue el preciado cheque, tan enorme como su contenido, lo tira al suelo pensando que es falso.

CANTANDO BAJO LA LLUVIA 1952
Singin' in the Rain

Productor: Arthur Freed
Director: Gene Kelly y Stanley Donen
Guión: Adolph Green y Betty Comden
Inspirada en la canción: "Singin' in the Rain"
Fotografía: Harold Rosson

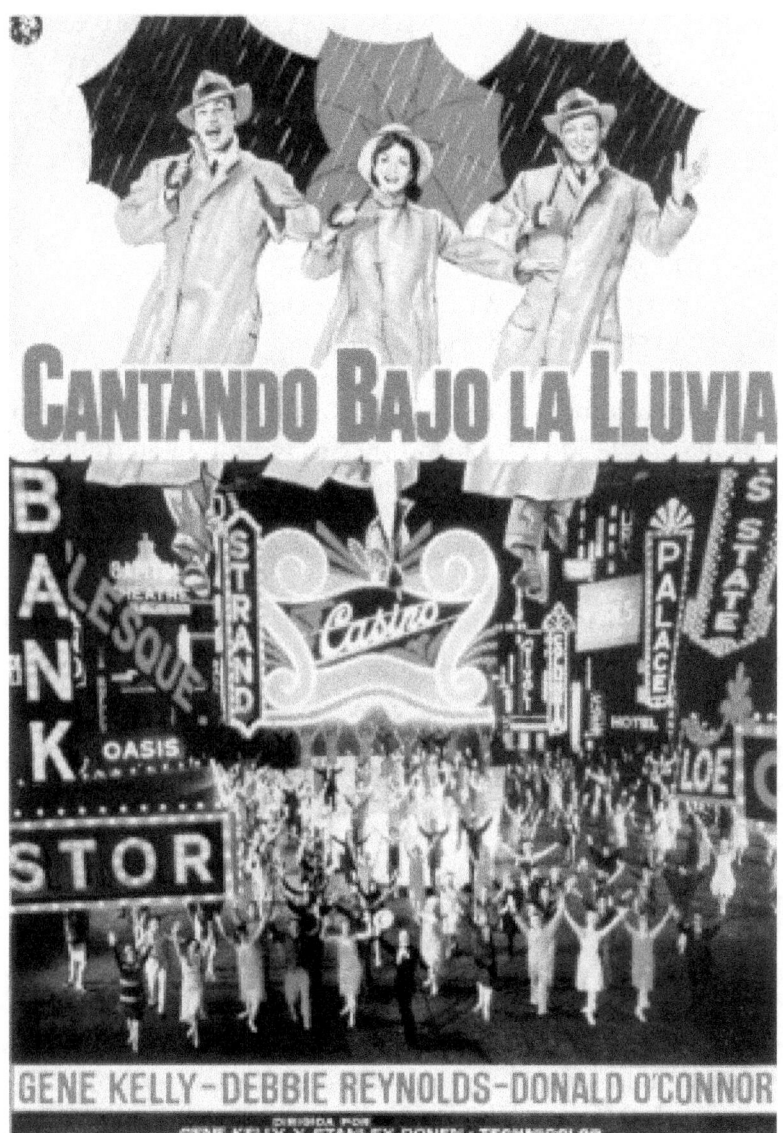

Director musical: Lennie Hayton
Compositor: Nacio Herb Brown

Intérpretes:

GENE KELLY: Don Lockwood
DONALD O´CONNOR: Cosmo Brown
DEBBIE REYNOLDS: Kathy Seldon
JEAN HAGEN: Lina Lamont
MILLARD MITCHELL: R.F. Simpson
RITA MORENO: Zelda Zanders
DOUGLAS FOWLEY: Roscoe Dexter
CYD CHARISSE: Bailarina

"Cantando bajo la lluvia" es la historia de un ídolo de la matinée llamado Don Lockwood (Gene Kelly) y su romance con Kathy Seldon (Debbie Reynolds), una muchacha del coro. Paradigma del cine musical, se trata de la mejor historia escrita para un musical de Hollywood, a cargo de Betty Comden y Adolph Green, para conseguir un filme que fuera tan perfecto que sirviera como estímulo imparable para una larga serie de nuevas películas que pudieran competir con la televisión.

Producida por el veterano Arthur Freed y con el buen trabajo de Nacio Herb Brown, como compositor, fue una oportunidad única para mostrar los inquietos días que siguieron al nacimiento del cine sonoro y los numerosos problemas que ello implicó, tanto a los técnicos como a los actores.

Con la excepción de tres números "Fit As A Fiddle" (por Al Hoffman y Al Goodhart), "Moses Supposes", y "Make'Em Laugh" (escritos especialmente por Roger Edens, Comden y Green), todos los números Freed-Brown ofrecidos en "Cantando bajo la lluvia" son originales de otras anteriores películas de la MGM. "All I Do Is dream Of You" cantado por Debbie Reynolds (después de aparecer fuera de un enorme pastel en una reunión de caballeros), se oyó primero en "Sadie McKee" (1934). "Should I" era un importante número en

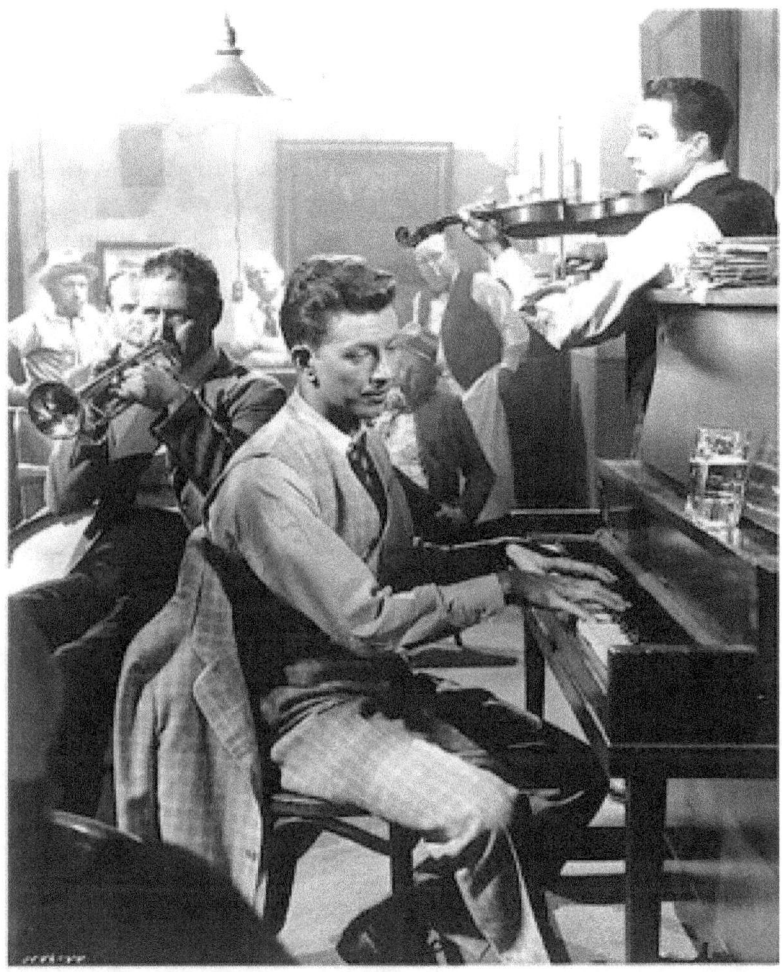

"Señor Byron de Broadway" (1929). "Cantando bajo la lluvia'" vino de la Revista hollywoodense de 1929. "I've Got A Feelin You're Foolin", "Usted es mi estrella afortunada" y "El Ritmo de Broadway", provienen de "Melodías de Broadway 1936".

Así como la mayoría de su música había pertenecido de forma destacada a películas del pasado, para que todo lo

226 El cine musical

demás en "Cantando bajo la lluvia" fuera de inspiración propia se introdujeron nuevos personajes y un argumento inédito. De hecho, la mayoría de las películas de entonces estaban basadas en hechos reales y por eso no era extraño que se pretendiera aprovechar esta tendencia tan al gusto de los espectadores. Por ejemplo, la escena con la rubia Jean Hagen muda, efectuando una gira promocional forzada, lo mismo que cuando intenta desesperadamente "hablar al arbusto" donde está oculto el micrófono, tenía sus orígenes en la sección de incidentes de Douglas Shearer, durante los primeros días del cine sonoro de la MGM.

Para que no hubiera errores, se tomó en consideración los recuerdos de los numerosos especialistas que habían vivido esa época y se incorporaron datos auténticos sobre los riesgos de las grabaciones en directo, en esos días en los cuales todo podría significar un rotundo fracaso. De un modo satírico, se incluyeron la mayoría de las tribulaciones sufridas por los artistas y directores con la nueva tecnología, por lo que la reconstrucción de los hechos que vemos en la película es todo un documento revelador y en ocasiones patéticos.

Roscoe Dexter (Douglas Fowley) el director en esa escena, era modelo en Busby Berkeley, mientras R.F. Simpson, el jefe del estudio (Millard Mitchell), estaba inspirado en el productor Arthur Freed. Dora Bailey la redactora (interpretada por Madge Blake) era modelo en Louella Parsons, y el propio Kelly era una representación de varios ídolos de la matinée (particularmente Fairbanks, en "El caballero duelista".) Por su parte, Cyd Charisse, en el "Ballet de Broadway", se basa en Louise Brooks.

Musicalmente, el ballet, coreografiado por Kelly, era la presentación más ambiciosa de la película y también mejora su inspiración de películas anteriores.

Completamente nuevo, sin embargo, era lo que Kelly llama el "Crazy Veil", escena en la que Cyd Charisse bailó con un trozo de suave velo, y que requirió motores generadores de aire para controlar el movimiento del velo.

Coreográficamente, Kelly aporta unos bailes más líricos. De hecho, "Cantando bajo la lluvia", dirigida y coreografiada por Kelly y Stanley Donen, tienen secuencias que son una obra maestra y han conseguido perdurar como los mejores bailes de toda la historia del cine. Si la prueba de un gran musical es que usted puede verla una y otra vez sin anhelar el diálogo, y desea que los números musicales comiencen de nuevo, entonces "Cantando bajo la lluvia" es su película.

Es más popular ahora, en la nostalgia de hoy, que cuando se exhibió en todo el mundo en el año de su estreno. Pero incluso para aquellos que no están seducidos por la nostalgia, permanece como un musical con vigor, como algo perfecto de un mundo que se ha ido para siempre, y también algo inolvidable si sólo desea ver bailar con alegría a Gene Kelly. La secuencia en la cual Kelly baila bajo un aguacero californiano, dando puntapiés al agua, subido a un poste de la luz con los brazos extendidos, mientras el agua le cae por la cara, es imposible que no haga vibrar a todos los espectadores del mundo, sean cuales sean sus preferencias.

Solamente el arranque de esta secuencia, con la música comenzando a sonar con timidez, mientras Kelly camina entre la lluvia, es suficiente para que amemos el cine por encima de cualquier otra diversión. *"El número provoca un optimismo incontenible"* dijeron Comden y Green, *"es la apoteosis del arte, y el clímax de una vida apasionante"*.

Aunque el resto de la película realmente no logra brillar con igual intensidad que en esos cinco minutos gloriosos, el

resto de los otros números todavía superan y dejan en ridículo a la mayoría de los musicales que les precedieron.

Donald O'Connor nunca ha sido tan nuevo ni tan bueno,
notablemente en su justamente famoso "Make 'Em Laugh",
un baile que pondría a prueba las facultades físicas de cualquier profesional y que O'Connor llevó con soltura. Él cantó, bailó, e hizo el payaso como si su vida artística dependiera del éxito aquí. Cada truco en su repertorio fue aireado de
nuevo y el efecto acumulativo llegaba al virtuosismo.

En cuanto a Debbie Reynolds, su escena bailando en el
flotante "Good Morning", nunca, ni por un momento, dejó
entrever su falta de experiencia, y ella era una buena compañía incluso bailando al lado de Kelly

Nominaciones:

Nominada a la mejor actriz secundaria 1952: Jean Hagen
Nominada a la mejor música compuesta para una película
    1952: Lennie Hayton

LA BELLA DE NUEVA YORK 1952
The belle of New York

Productor: Arthur Freed
Director: Charles Walters
Basado en el musical de: Hugh Morton
Director musical: Adolph Deutsch

Intérpretes:

FRED ASTAIRE: Charlie Hill
VERA-ELLEN: Ángela Bonfils
MARJORIE MAIN: Mrs. Phineas Hill
KEENAN WYNN: Max Ferris

ALICE PEARCE: Elsie Wilkins

Había tantos efectos especiales en "La bella de Nueva York" que el productor Arthur Freed invirtió 24 semanas para terminarla. Basada en la opereta de 1897, nos muestra una apacible ciudad de Nueva York y a un joven millonario que no trabaja pero que está acosado por bellas mujeres. Nosotros ya sabemos que el dinero ejerce una gran atracción sobre ellas, menos en Ángela, una guapa chica muy decente que trabaja para el Ejército de Salvación. Cuando Charlie se enamora de ella debe hacer muchos méritos para ganarse su amor, entre ellos trabajar de barrendero y de conductor de tranvía.

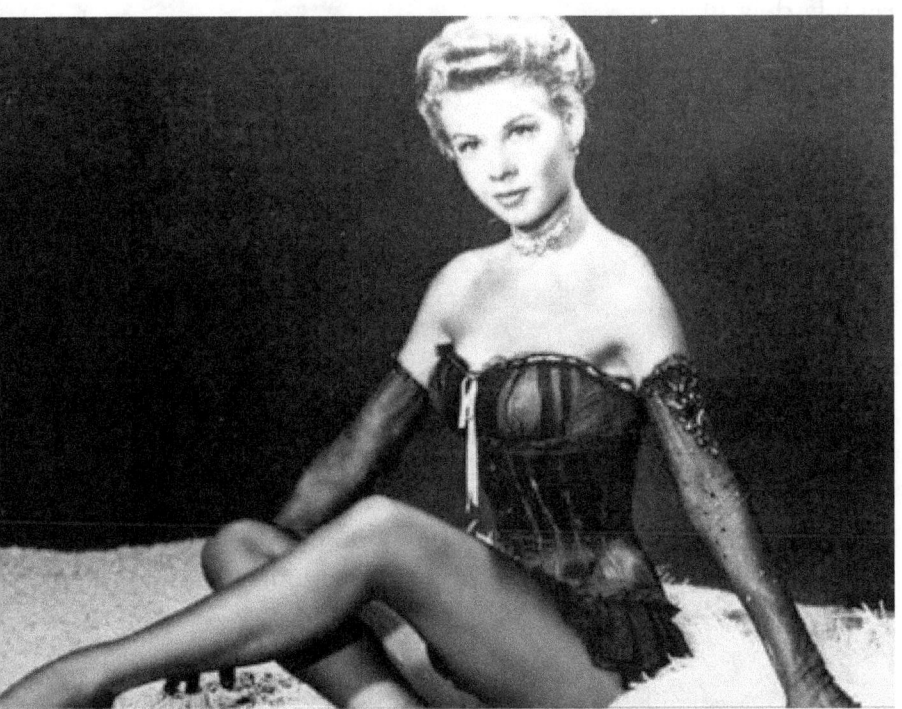

La chica también se enamora del delgado galán, y ambos cuando se besan flotan en las nubes, señal de que su amor es intenso y sincero. Juntos bailan y se dan besos furtivos, hasta que deciden casarse. Pero él no está dispuesto a romper con su bien ganada soltería y la deja plantada en la iglesia, compuesta y sin novio. Ángela cree que la razón está en que no conoce nada del mundo ni de los hombres, y para aprender se va con su amiga Elsie a un cabaret, dispuesta a emborracharse con champán.

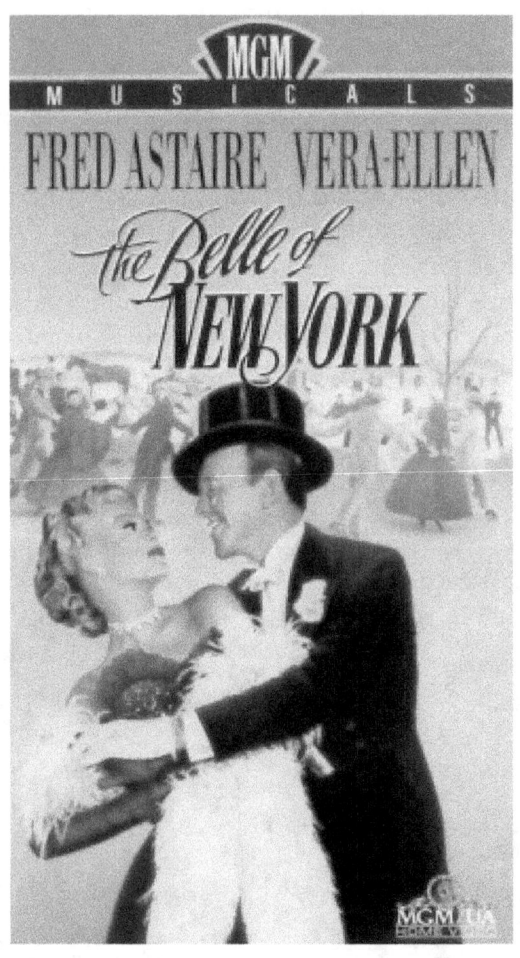

Cuando por fin todo se aclara, ambos enamorados bailan a la luz de la luna, flotando entre las nubes mientras cantan el vals de "La bella de Nueva York". Más romanticismo imposible.

Entre las estupendas canciones hay que destacar "Muñe-ca baby", con una Vera-Ellen más sexy que nunca, luciendo una lencería negra que quita el hipo. También hay que mencionar, además del vals que da origen al título, "Let A Little Love Come In."

Premios:
Oscar a los Mejores Efectos especiales

MOULIN ROUGE 1958
Moulin rouge

Director: John Huston
Guión: John Huston, Anthony Veiller
Fotografía: Oswald Morris
Música: Georges Auric

Intérpretes:
JOSE FERRER: Henri de Toulouse-Lautrec
COLETTE MARCHAND: Marie Charlet
SUZANNE FLON: Myriamme Hayem
ZSA ZSA GABOR: Jane Avril
KATHERINE KATH: La Goulue

Touluse-Lautrec, el ahora renombrado pintor, fue realmente un hombre de baja estatura a causa de un desgraciado accidente cuando era niño. Despreciado por las mujeres de su ambiente y objeto de burla entre sus propios amigos, encuentra el olvido y la amistad entre los artistas del Moulin Rouge. Cuando abandona por pocas horas el vistoso salón de baile del cabaret, deambula por las calles de Montmartre y recuerda con pesadumbre su accidente y a su primer amor, que con crueles palabras le asegura que "ninguna chica se

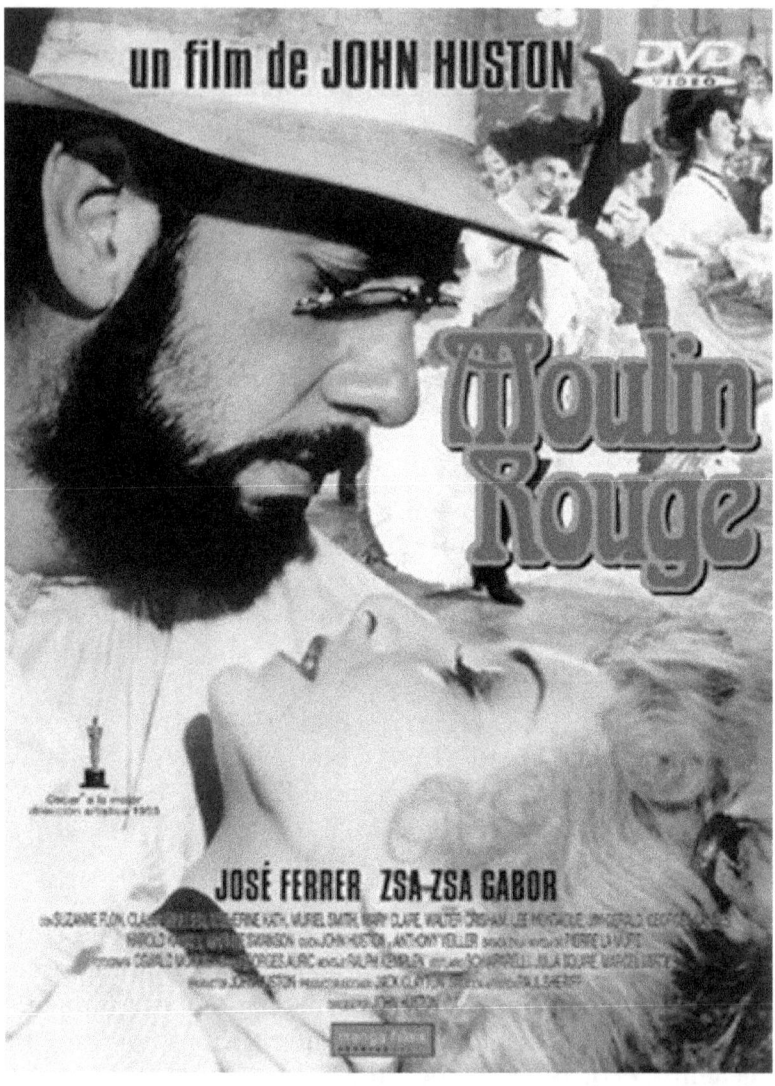

casará contigo, nunca". Cuando encuentra a Marie, una joven desesperada de ayuda, él busca su amistad. Ella es una
prostituta y aparentemente sabe otorgar cierta felicidad a los
varones, por ello le convence para que la lleve a su casa y

tenga por primera vez una compañera. Su relación es turbulenta y finalmente descubre que ella vivía con él sólo por su dinero. Entonces pretende acabar con su vida, hasta que se da cuenta de que todavía tiene su arte para seguir viviendo.

Indudablemente la historia es trágica y sabemos que la realidad fue similar, pero en medio nos llevan al ambiente de colorido, humo y música del Moulin Rouge, con las chicas bailando el can-can, y una atractiva Zsa Zsa Gabor poniendo su voz para una melodía romántica y triste, como corresponde a esta historia.

Premios:

Oscar a la Mejor Dirección Artística 1952: Paul Sheriff, Marcel Vertes
Oscar al Mejor Vestuario 1952: Marcel Vertes

Nominaciones:

Nominada a la Mejor Película 1952
Nominado al Mejor Actor 1952: José Ferrer
Nominada a la Mejor Actriz Secundaria 1952: Colette Marchand
Nominado al Mejor Director 1952: John Huston
Nominado a la Mejor Edición 1952: Ralph Kemplen

LOS CABALLEROS LAS PREFIEREN RUBIAS 1953
Gentlemen prefer blondes

Director: Howard Hawks
Guión: Charles Lederer
Basada en la comedia musical de: Joseph Fields

Música: Lionel Newman
Duración: 85 minutos

Intérpretes:

MARILYN MONROE: Lorelei Lee
JANE RUSSELL: Dorothy Shaw
CHARLES COBURN: Sir Francis Beekman
ELLIOT REID: Malone
TOMMY NOONAN: Gus Esmeond

Dos guapas chicas que proceden de un pequeño pueblo llamado Little Rock, llegan hasta París con la pretensión de triunfar en el mundo del espectáculo, aunque para Lorelei el viaje tiene otra finalidad aun más importante: reunirse con su millonario novio Gus para casarse. Sus deseos no son compartidos por el padre de Gus, convencido de que la joven solamente está interesada en el dinero de su hijo, cosa lógica, ya que no tiene otras cualidades dignas de mención. Contrata a un detective de nombre Malone para que las persiga y acumule

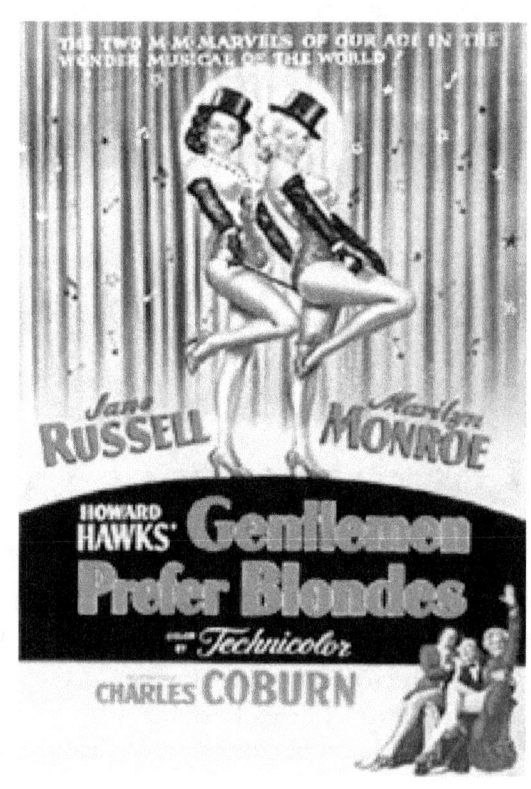

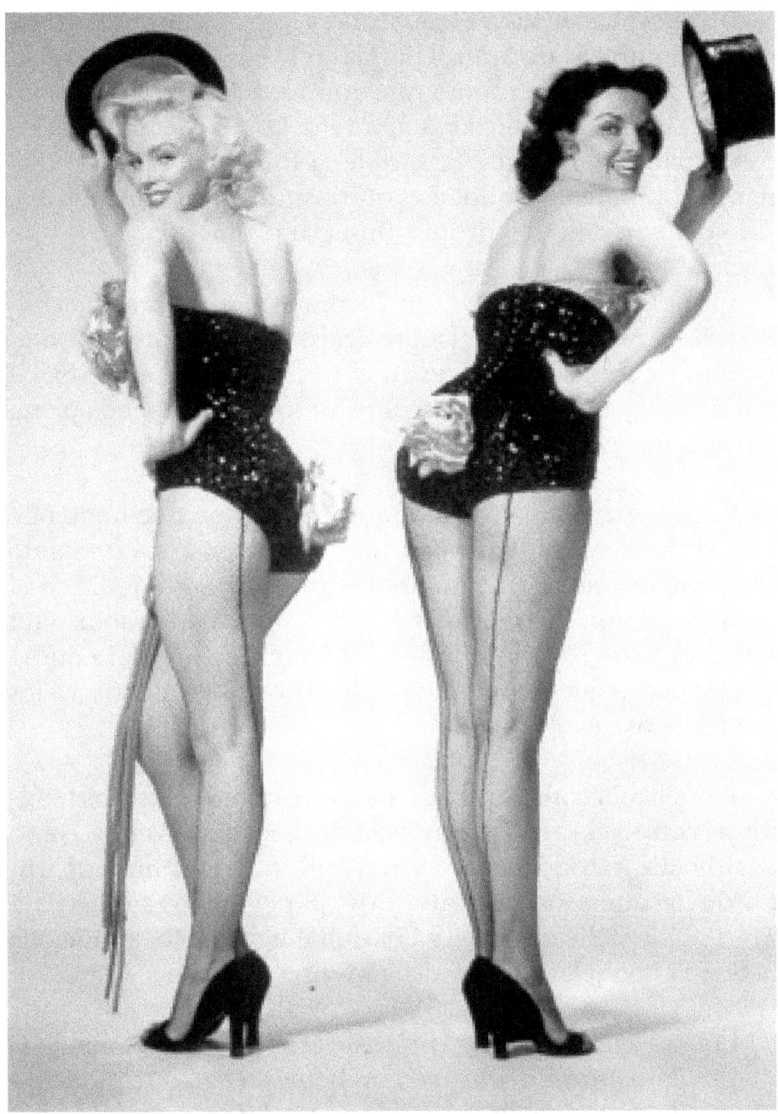

pruebas de su falta de moralidad; pero no puede evitar que el propio Malone se enamore de la compañera de Lorelei, la guapa Dorothy, naciendo entre ambos una profunda pasión.

Para deshacer todo el embrollo y lograr romper las relaciones amorosas de ambas parejas, el señor Beekman, ayudado por su propia esposa que tampoco ve bien las relaciones de su hijo, denuncian a la infeliz Lorelei acusándola de robar nada menos que la propiedad de una mina de diamantes, aunque la realidad es que nunca se trató de un robo, sino de un regalo del propio Gus a su prometida.

La película constituye un lucimiento absoluto hacia la belleza de Marilyn, la cual logra eclipsar totalmente a su compañera de reparto, aunque en el film la hambrienta sexual sea Russell y la que va detrás del dinero Marilyn, algo que no encaja en su vida privada.

Existe una escena bastante subida de tono que hubo que censurar en su momento en más de un país, y es cuando Jane Russell entra en el gimnasio en el cual está reunido el equipo olímpico y dice: "¿Es que no hay nadie aquí para hacer el amor?", a lo que ningún componente del equipo responde, ya que están demasiado absortos en sus ejercicios gimnásticos.

La película constituye uno de los primeros alegatos feministas contra el varón y secuencia tras secuencia vemos como se ridiculiza a todo personaje masculino. Si logramos disfrutar de los números musicales y del papel menos agresivo de Marilyn, la película nos será bastante agradable, a pesar de la forma de dirigir de Hawks, tan discrepante.

Los críticos juzgaron el filme de este modo: *"He aquí a la maravillosa Marilyn subida en un pedestal más alto que nunca, con un papel totalmente diferente al de "Niágara". Considero que en esta ocasión responde mucho mejor a la imagen del mito popularizado a través de las revistas, en una clara sucesión a Greta Garbo y Marlene"*

"Marilyn Monroe es una expresión plástica de la imagen, algo para ver mil veces. Posee un espíritu joven y es una pequeña mujer bien formada, pero cuando trabaja con otras mujeres igualmente bellas las anula y los espectadores no pueden resistir su seducción, hasta el punto en que cuando ella desaparece es cuando por fin son conscientes de que hay otras actrices en el film".

CÓMO CASARSE CON UN MILLONARIO 1953
How to marry a millionaire

Director: Jean Nebulesco
Guión: Nunnally Johnson

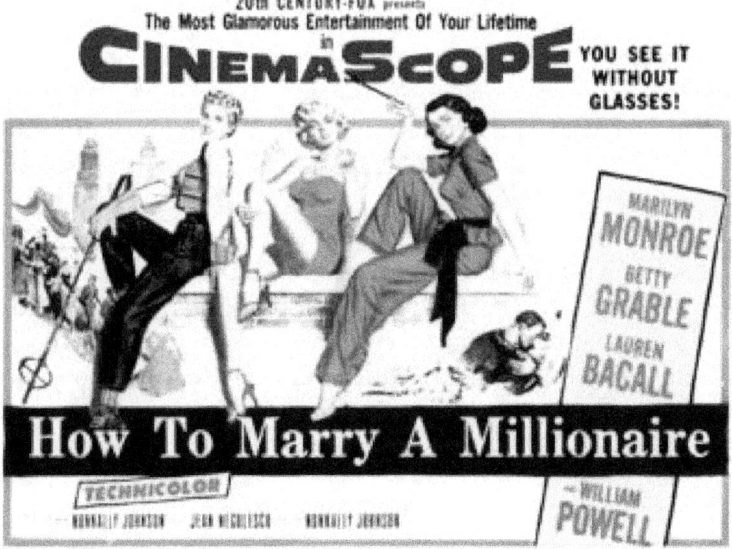

Basada en la obra de: Zoe Akins
Música: Alfred Newman
Duración: 95 minutos

Intérpretes:

MARILYN MONROE: Pola Debevoise
BETTY GRABLE: Loco
LAUREN BACALL: Schage Page
DAVID WAYNE: Freddie Denmark
RORY CALHOUN: Eben
CAMERON MITCHELL: Tom Brookman
FRED CLARK: Waldo Brewster
WILLIAM POWELL: J.D. Hanley

El argumento nos habla de tres chicas con ganas de casarse con un hombre rico que las saque de su pesado trabajo y para ello utilizan las armas que cada una dispone, aunque finalmente se darán cuenta que como el dinero no las asegura la felicidad deberán buscar el amor sincero por encima de todo.

Ya tenemos reunidas en un mismo film a los tres símbolos del cine femenino más importantes, aunque justo es reconocer que cuando Marilyn sale en pantalla anula totalmente a las otras dos, incluida la genial Lauren Bacall, y eso solamente con su presencia.

Este mérito de Marilyn nunca fue debidamente valorado por sus detractores, quienes esperaban ver siempre a una actriz dramática sin darse cuenta que Marilyn era alguien que llenaba la pantalla aunque solamente cantase, bailase o sonriera; no necesitaba más, para otras formas de interpretar estaban el resto de las actrices del reparto.

En "Como casarse..." Marilyn estaba en el apogeo de su belleza, sabía perfectamente hacerse con el público sin

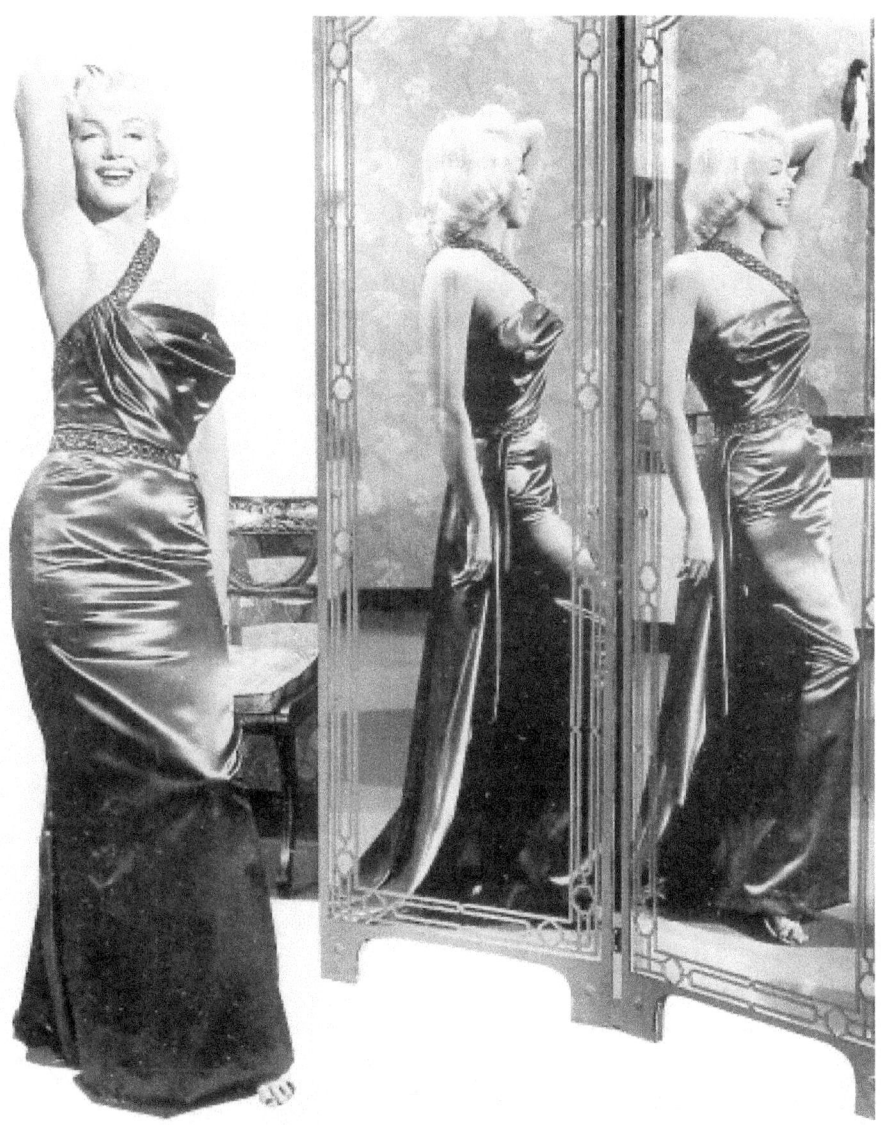

mostrar más anatomía de la necesaria y su increíble voz sensual lograba embriagar a todos aunque no supiera cantar y necesitase siempre unas canciones suaves y sin pretensiones.

Su papel de miope es acertado en todo momento y aunque no pretendiera eclipsar a sus compañeras, cuando ella no está en pantalla todo se viene abajo y debemos esperar con impaciencia su próxima aparición.

Algunas críticas decían: *"Las tres protagonistas representan a la mayoría de las mujeres norteamericanas, aunque Marilyn consigue con su papel de miope y su aspecto de ingenua, centrar la atención en su personaje y anular a sus dos compañeras"*.

"Marilyn nos sorprende de nuevo con un papel de una ingenua chica miope que arranca numerosas carcajadas, sin dejarnos olvidar su hermosura y su aptitud para la canción y la comedia".

Nominaciones:

Mejor vestuario en color a Charles LeMaire y Travilla

LLÁMEME SEÑORA 1953
Call me madam

Productor: Sol C. Siegel
Director: Walter Lang
Basada en la obra de: Howard Lindsay y Russel Crouse
Música dirigida por: Alfred Newman
Compositor: Irving Berlin

Intérpretes:

ETHEL MERMAN: Mrs. Sally Adams

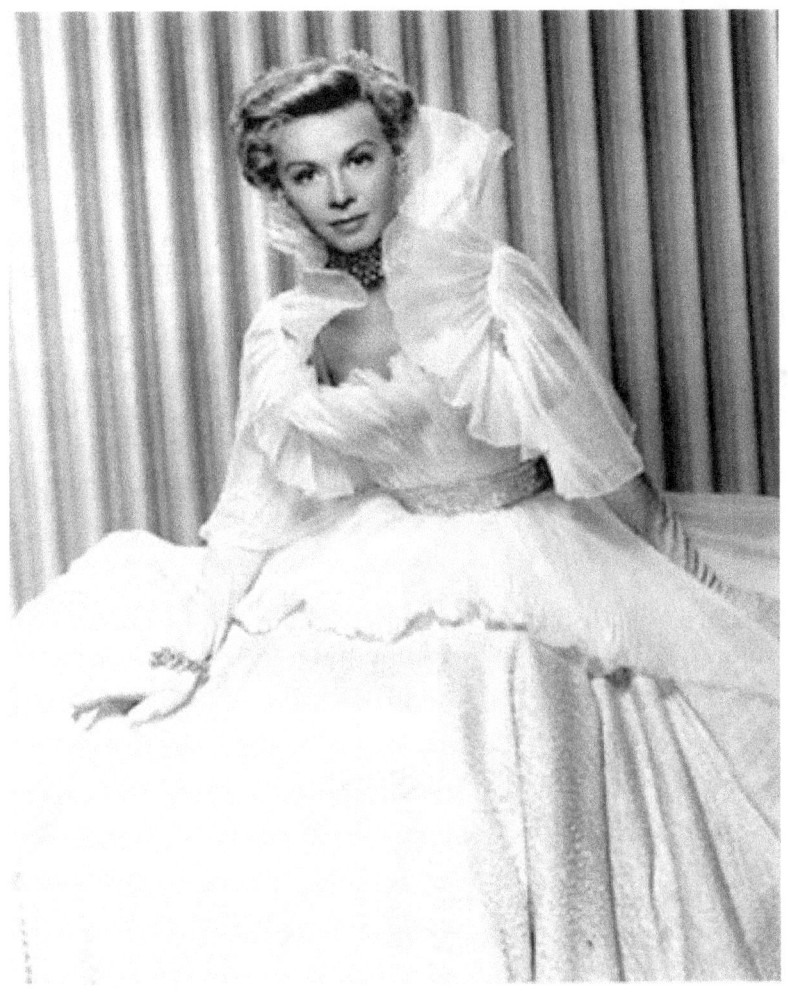

DONALD O'CONNOR: Kenneth
VERA-ELLEN: Princesa Maria
GEORGE SANDERS: Lichtenberg

La música de Irving Berlin, anteriormente mostrada en
Broadway, dio a Ethel Merman la oportunidad de realizar el

mejor papel para la pantalla de su carrera, ocasión que no desaprovechó.

Anteriormente ya la había representado 644 veces en los escenarios, siempre consiguiendo aplausos, por lo que su papel en el cine no necesitaba muchos ensayos. Sin embargo, esta prepotencia se deja notar en cada escena en la que sale y se nos antoja cargante y reiterativa a los pocos minutos. Esta es una película a su servicio y ni siquiera dos buenos bailarines como son Donald O'Connor (como su agregado de prensa), Vera-Ellen (como la princesa), ni mucho menos George Sanders (como el general Lichtenberg), logran tener un papel destacado. También musicalmente, Merman quiere acaparar toda la pantalla y se marca algunos bailes a dúo con O'Connor, como "You're Just in Love".

Respecto a Vera-Ellen, (doblada en su voz por Carole Richards), la disfrutamos viéndola bailar "It's A Lovely Day Today", "The Ocarina" y "Something To Dance About".

CARMEN JONES 1954
Carmen Jones

Productor: Otto Preminger
Director: Otto Preminger
Guión: Harry Kleiner
Basada en el libro de: Oscar Hammerstein II
Adaptada de: Meilhac and Halevy's adaptation of
    Prosper Merimee's "*Carmen*"
Fotografía: Sam Leavitt
Director musical: Herschel Burke Gilbert
Música: Georges Bizet

Intérpretes:

DOROTHY DANDRIDGE: Carmen
HARRY BELAFONTE: Joe
OLGA JAMES: Cindy Lou
PEARL BAILEY: Frankie

En un pueblo del sur de los Estados Unidos, durante la Segunda Guerra Mundial, Joe, un militar de intendencia, se detiene cerca de una fábrica de paracaídas donde Carmen Jones está empleada. Pronto nace un idilio entre ambos y al poco tiempo deciden escaparse juntos a Chicago, aunque ello supone la deserción de Joe. Pero la inconstante Carmen pronto pierde interés por Joe cuando encuentra a Husky Miller, un deportista. Enfadado, Joe espera a Carmen fuera del estadio la noche del torneo para hacer una última súplica desesperada por su amor. Cuando ella le rechaza con decisión, él la apuñala hasta matarla, en un arrebato de rabia y pasión.

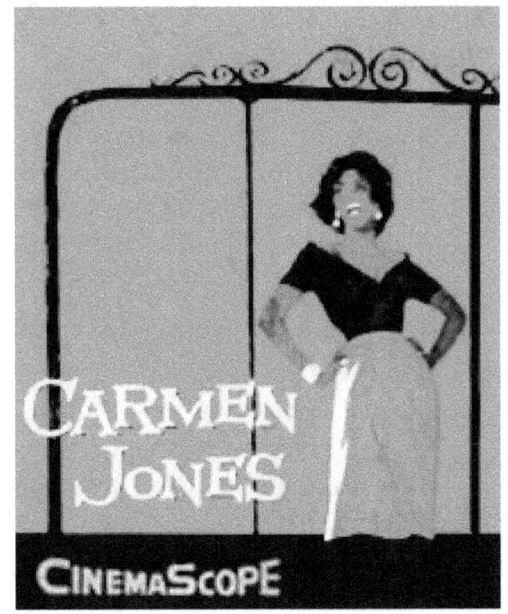

Basada lejanamente en la ópera "Carmen" de Bizet, se cambia la España de Mérimée por Jacksonville, Florida, y el libreto de Meilhac y Halévy es vuelto a escribir por Oscar Hammerstein II, quien proporciona un argumento más sencillo, bastante básico, pero con una música que retiene mucha de la magia de esta versión.

Dorothy Dandridge está maravillosa como la Carmen ardiente y susceptible, con las caderas moviendo airosa su falda rosa. Aunque para las canciones tuvo que ser doblada por Marilyn Horne, su encanto fue suficiente para seducir nada menos que a Harry Belafonte (incomprensiblemente doblado), mostrándose adecuadamente desesperado y enamorado. Solamente pone su auténtica voz Pearl Bailey, quien consigue un gran éxito con Gypsy Song.

Nominaciones:

Mejor actriz 1954: Dorothy Dandridge
Mejor música: 1954: Herschel Burke Gilbert

MÚSICA Y LÁGRIMAS 1954
The Glenn Miller Story

Productor: Aaron Rosenberg
Director: Anthony Mann
Guión: Valentine Davies, Oscar Brodney
Fotografía: William Daniels
Música: Joseph Gershenson

Intérpretes:

JAMES STEWART: Glenn Miller
JUNE ALLYSON: Helen Burger Miller
CHARLES DRAKE: Don Haynes
GEORGE TOBIAS: Si Schribman
HARRY MORGAN: Chummy MacGregor
MARION ROSS: Polly Haynes

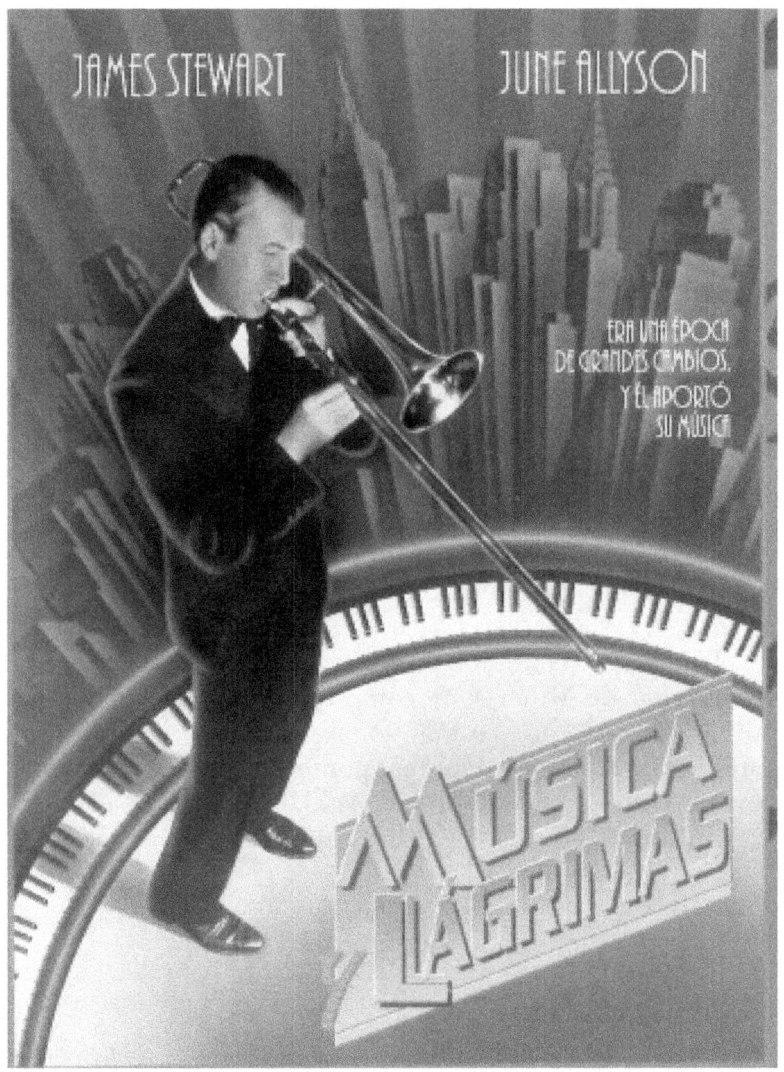

Entrañable y romántico filme biográfico, con James Stewart en el papel de Glenn Miller, en el cual se describe el proceso que siguió para desarrollar lo que él consideraba como "su propio sonido," en realidad la incorporación de varios saxos y trombones en la misma orquesta. Un poco de sordina en la trompeta y el toque certero de su clarinete, proporcionaron a Miller la inmortalidad merecida.

Esta versión hollywoodense de la vida del compositor de "En forma", el primero de sus grandes éxitos, es algo edulcorada, a lo que contribuye no poco June Allyson, la más sensiblera de todas las actrices de entonces, a quien dedica "Serenata a la luz de la Luna".

La historia nos lleva a sus primeros años, empeñando los instrumentos una y otra vez, comprando un destartalado Ford con el cual intenta llegar a su destino a través de caminos nevados, así como su amistad con músicos de tanto prestigio como el batería Gen Krupa y el trompetista Louis Armstrong. Ellos le dan incluso una fiesta en su propia casa y nos recuerdan un número de teléfono mágico: Pensilvania 6,5000.

El argumento también nos describe la misteriosa muerte en alta mar de Miller, y de cómo consiguió que su marcha militar "Patrulla americana" sonara un poco mejor con su batuta. Stewart parece que realmente supiera tocar al trombón, aunque es doblado por Joe Yukl, mientras que el director Anthony Mann parece disfrutar de tanta música.

Premios:

Oscar al mejor sonido 1954: Leslie I. Carey

Nominaciones:

Nominada al mejor guión 1954: Valentine Davies, Oscar Brodney

Nominada a la mejor música 1954: Joseph Gershenson, Henry Mancini

BRIGADOON 1954
Brigadoon

Productor: Arthur Freed
Director: Vincente Minnelli
Guión: Alan Jay Lerner
Basado en la obra musical de: Lerner y Frederick
        Loewe
Fotografía: Joseph Ruttenberg
Coreografía: Gene Kelly

Intérpretes:

GENE KELLY: Tommy Albright
VAN JOHNSON: Jeff Douglas
CYD CHARISSE: Fiona Campbell
ELAINE STEWART: Jane Ashton
BARRY JONES: Señor Lundie
HUGH LAING: Harry Beaton

Los directivos de la Metro deseaban que la versión de
Brigadoon se aproximara lo más posible al texto original y
para ello enviaron a los técnicos para encontrar exteriores
en Escocia. Allí había multitud de escenarios similares al
pueblo descrito en la novela de Lener, pero también había
una climatología húmeda y desapacible la mayor parte del
año. Kelly sugirió que se podría rodar en tierras californianas,
por lo menos había sol, pero al final se eligieron unos gigan-
tescos estudios que debían albergar un pueblecito escocés
perdido en las montañas. Cualquier espectador percibe ya
en los primeros minutos que todo es un inmenso decorado,
especialmente las desenfocadas montañas del fondo, pero
dado que así había sido mostrada en Broadway en 1947, tampoco existían grandes diferencias. El Cinemascope y el Ansco
Color proporcionarían la grandiosidad requerida.

La película está basada en una caprichosa fantasía en la cual dos americanos que viven en Manhattan se marchan de caza hasta la mismísima Escocia y se pierden en su camino de regreso. Cuando empiezan a preocuparse seriamente se encuentran en su camino con un pequeño pueblo que no figura en ningún mapa. Se trata de Brigadoon, una aldea poblada por gente encantadora que revive una vez cada cien años, durante solo un día. Eso no lo saben Kelly y Johnson, quienes al ver a las gentes con esos trajes tan antiguos piensan que están de fiesta.

Tommy (Kelly) se enamora pronto de una guapa chica del lugar llamada Fiona (Cid Charisse), quien, además, sabe cantar bellas melodías y cuando se encariña con Kelly también emprende estupendos bailes. Ese día, el único que los habitantes tienen de vida, hay una boda y aparece entonces un antiguo novio de la prometida quien dice su ultimátum: o se suspende la boda o propaga la fantástica realidad de Brigadoon por los alrededores, lo que supondría la desaparición definitiva del pueblo. Kelly, por su parte, debe elegir ahora entre su novia de Manhattan y Cid Charisse, una vez que conoce ya la historia. El ex-novio celoso muere accidentalmente y el pueblo queda nuevamente a salvo para reencarnarse cien años después, pero Kelly no puede llevarse fuera a Fiona (Charisse), puesto que ella moriría al salir del lugar. Triste y abatido, Kelly vuelve a Nueva York pero ya nada es igual. Medio destrozado decide retornar a Brigadoon y gracias al amor el pueblo aparece de nuevo y se queda allí con la guapa chica mientras cantan bellas canciones.

Comedia romántica por excelencia, aunque no tuvo ya el éxito deseado al coincidir con el comienzo del declive del cine musical. La dirección de Minelli no es en esta ocasión tan acertada como en otros filmes y carecía del dinamismo necesario. Gene Kelly no acusaba tanto los problemas ajenos

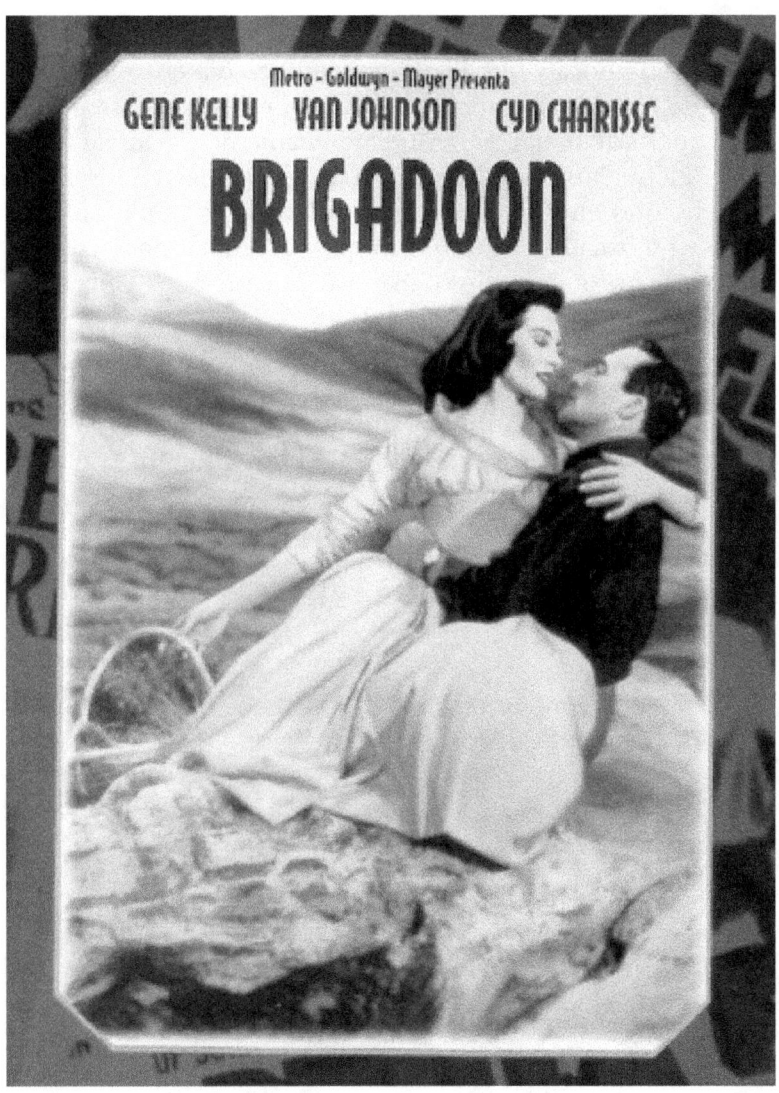

a él y junto con Van Johnson interpretaron muy bien a esos dos americanos insensibles a la muerte de inocentes cervatillos mediante sus mortíferas escopetas.

Cyd Charisse como Fiona, la guapa chica escocesa de quien Kelly se enamora y que le obliga a que escoja entre ella y su novia de Manhattan, aporta sus esculturales piernas y su firme manera de bailar para que la película no decaiga demasiado. La película en esta ocasión no se sostiene en los bailes de Kelly sino en el mismo argumento, por lo que los aficionados al musical se sintieron un poco decepcionados, especialmente porque se eliminaron varias canciones de la obra original.

Producida por el veterano Arthur Freed, supuso el debut de Elaine Stewart (la novia americana), y Cid Charisse fue doblada vocalmente por Carole Richards, mientras que la coreografía fue de Gene Kelly.

Nominaciones:

Nominada a la mejor dirección artística y decoración 1954: Cedric Gibbons, Preston Ames, Edwin B. Willis, Keogh Gleason.
Nominada al mejor vestuario 1954: Irene Sharaff
Nominada al mejor sonido 1954: Wesley C. Miller

SIETE NOVIAS PARA SIETE HERMANOS 1954
Seven Brides for seven Brothers

Director: Stanley Donen
Guión: Albert Hackett, Frances Goodrich, Dorothy Kingsley
Basada en la historia: "The Sobbin' Women" de Stephen Vincent Benét
Fotografía: George Folsey
Música: Adolph Deutsch, Saul Chaplin

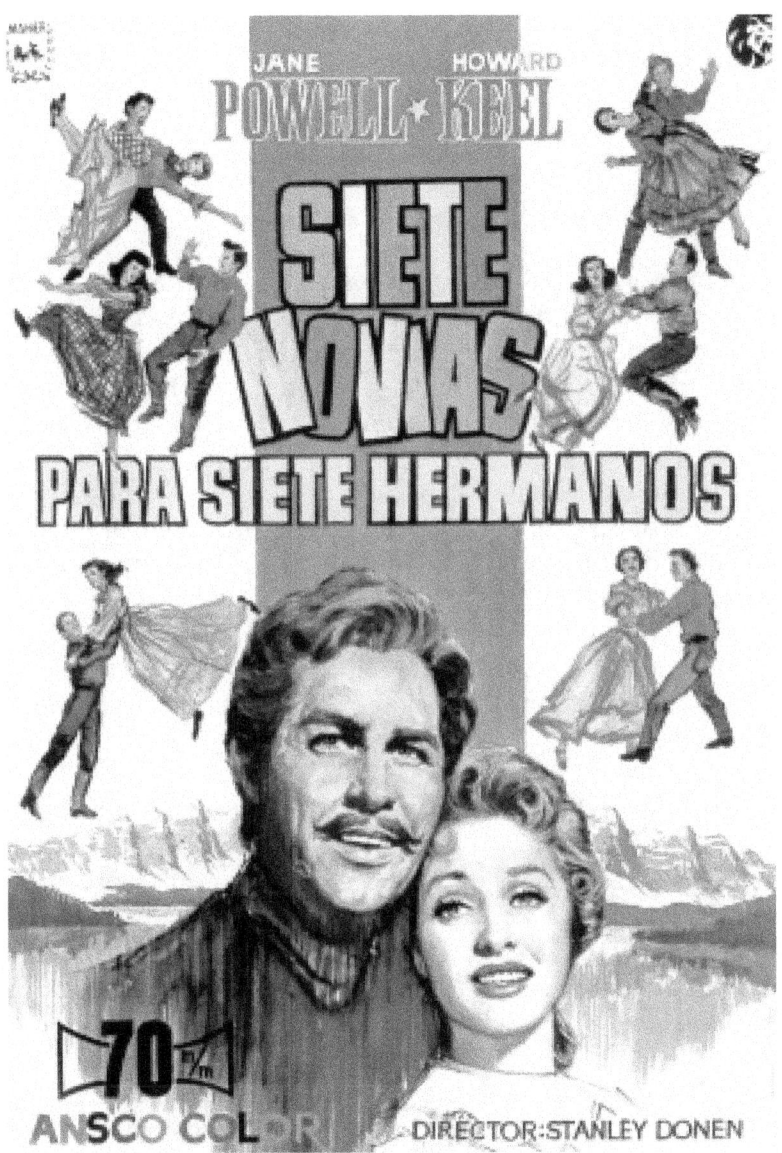

Coreografía: Michael Kidd
Vestuario: Peter Plunkett

Intérpretes:

HOWARD KEEL
JANE POWELL
JEFF RICHARDS
RUSS TAMBLYN

La historia de "Siete novias para siete hermanos" adapta el popular mito del rapto de las Sabinas al escenario del western americano, más concretamente a las montañas de Oregón, en donde vive aislado Adam Pontabee (Howard Keel) con sus seis rudos hermanos leñadores.

Ellos ya deben casarse, pues su presencia en el hogar paterno empieza a ser conflictiva, pero cuando bajan al pueblo en busca de chicas sus rudos modales hacen reflexionar a sus padres.

Después todo es mejor, pues saben bailar, hacer acrobacias, cantar y, por supuesto, besar y abrazar, algo brucamente, pero da igual.

Este musical clásico tuvo un gran éxito entre el público femenino, realizando apuestas para decidir quién era el galán más atractivo y seductor, pero en general estuvo muy sobrevalorado. El principal mérito estriba en una acertada dirección y en sus estupendas y enérgicas secuencias coreográficas obra de Michael Kidd. Algo de humor y cierta picardía sexual, contribuyeron al gran éxito de público.

Hay escenas memorables (algo circenses), como cuando se establece el duelo entre los hermanos y los chicos de la ciudad, así como la correcta y elegante interpretación bajo la nieve del tema "Lonesome Polecat", posiblemente la mejor canción de la película.

Premios:
Oscar a la mejor música 1954: Adolph Deutsch, Saul Chaplin

Nominaciones:
Nominada al mejor filme 1954
Nominada al mejor guión 1954: Albert Hackett, Frances Goodrich, Dorothy Kingsley
Nominada a la mejor fotografía 1954: George Folsey
Nominada al mejor montaje 1954: Ralph E. Winters

LUCES DE CANDILEJAS 1954
There's no business like show business

Director: Walter Lang
Guión: Phoebe y Henry Ephron
Basada en una historia de : Lamarr Trotti
Música: Alfred y Lionel Newman
Canciones: Irving Berlin

Intérpretes:
MARILYN MONROE: Vicky
DAN DAILEY: Terrance Donahue
DONALD O'CONNOR: Tim Donahue
ETHEL MERMAN: Molly Donahue
MITZI GAYNOR: Katy Donahue

La historia nos habla de una familia compuesta de los padres y tres hijos, los cuales pertenecen al mundo del espectáculo y siguen trabajando juntos hasta que comienzan los problemas. Steve decide hacerse sacerdote, Tim comienza a beber a causa de su amor no correspondido por una cantante llamada Vicky, mientras que Kaye también cae presa de las garras de Cupido.

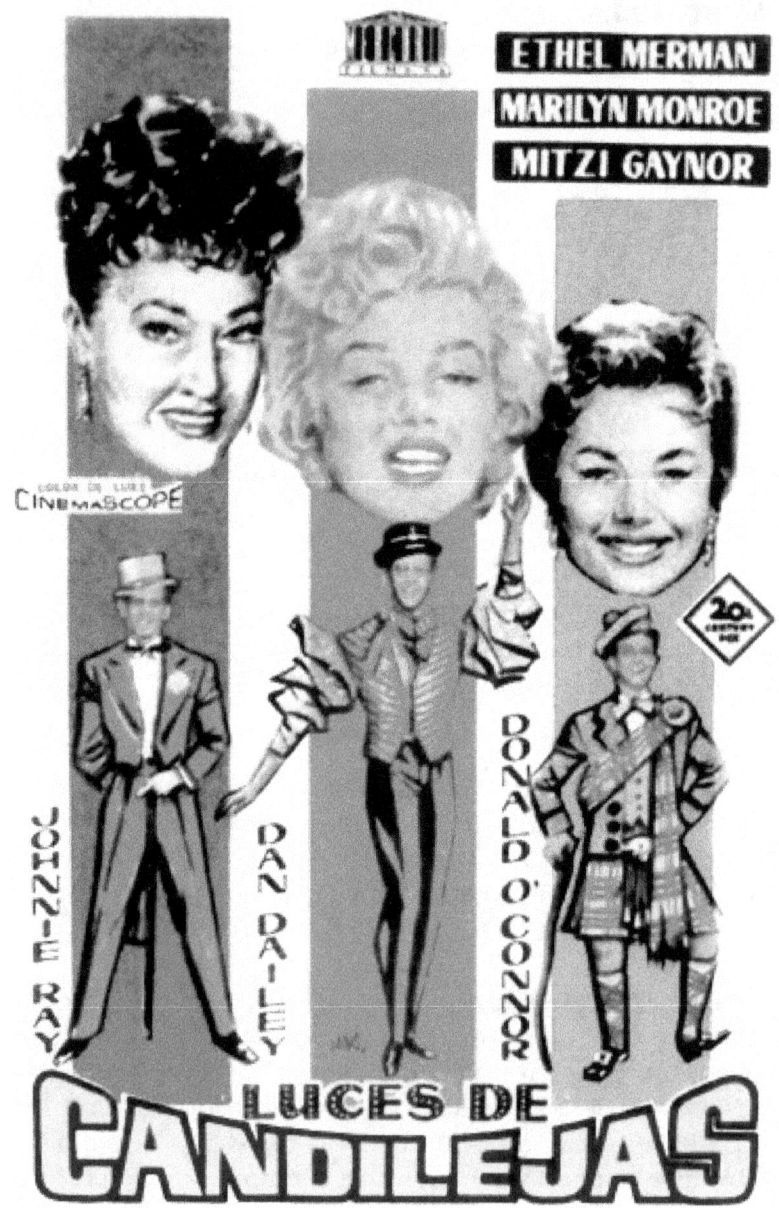

ETHEL MERMAN
MARILYN MONROE
MITZI GAYNOR

CINEMASCOPE

JOHNNIE RAY
DAN DAILEY
DONALD O'CONNOR

LUCES DE
CANDILEJAS

Fue la primera película en Cinemascope que rodó Walter Lang, el cual disponía para conseguir un buen resultado con la participación de Irving Berlin como compositor y director musical, la buena coreografía de Robert Alton, así como unos más que loables actores que ya tenían detrás de sí grandes éxitos en películas musicales. Aunque en un principio la participación de Marilyn Monroe no era la más decisiva para la película, los tres buenos números musicales que interpretó dieron un prestigio mucho mayor al filme, el cual es posible que nunca hubiera alcanzado la gran popularidad que tuvo sin la presencia de Marilyn. Interpretó las canciones "After you Get What You Want You Don't Wan It", "Heat Wave" y "Lazy", anulando con su presencia la posible importancia de los demás números musicales.

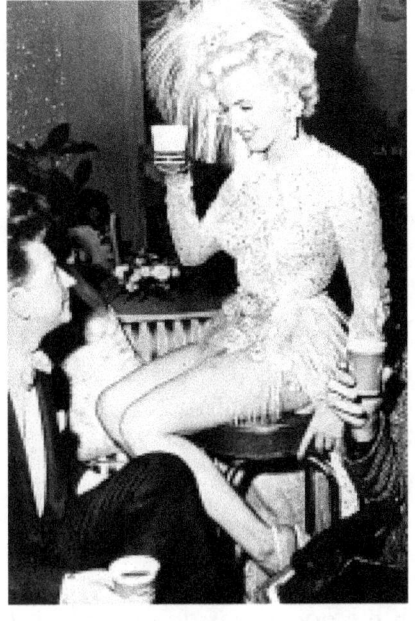

La crítica, una vez más, alabó a Marilyn diciendo: *"Marilyn Monroe, en sus bailes, derrocha un ardor volcánico que anula a todas las actrices anteriores, e incluso nos hace poner la mirada exclusivamente en ella"*

Nominaciones:

Mejor argumento a Lamar trotti.
Mejor banda sonora en film original a Alfred y Lionel Newman
Mejor vestuario en color a Charles Le maire

NAVIDADES BLANCAS 1954
White christmas

Director: Michael Curtiz
Fotografía: Loyal Griggs

Intérpretes:

BING CROSBY: Wallace
DANNY KAYE: Davis
ROSEMARY CLOONEY: Betty
VERA-ELLEN: Judy
DEAN JAGGER: General

"Navidades blancas" acumuló 512.000.000 dólares de beneficios y fue la película más taquillera de 1954. Con una partitura magistral de Irving Berlin, con Bing Crosby y Danny Kaye encabezando el reparto (este último reemplazando a Donald O'Connor que se había dañado una pierna), contaba, además, con la presencia de Vera-Ellen y John Brascia como bailarines principales.

En este filme todos son aciertos, al menos desde el punto de vista musical. Crosby destaca con algunas de sus mejores melodías, entre ellas "Count Your Blessings Instead Of Sheep" junto a Clooney, y la archipopular "Navidades blancas" de la cual vendió 25 millones de copias.

Kaye nos demuestra algunas mediocres habilidades como cómico, pero logra asombrarnos cuando efectúa un buen baile con Vera-Ellen denominado "The Best Things Happen When You're Dancing", un prodigio teniendo en cuenta que tenía como compañera a la mejor bailarina del momento. La historia es sencilla y nos habla de dos veteranos soldados retirados del servicio activo que deciden formar pareja musical.

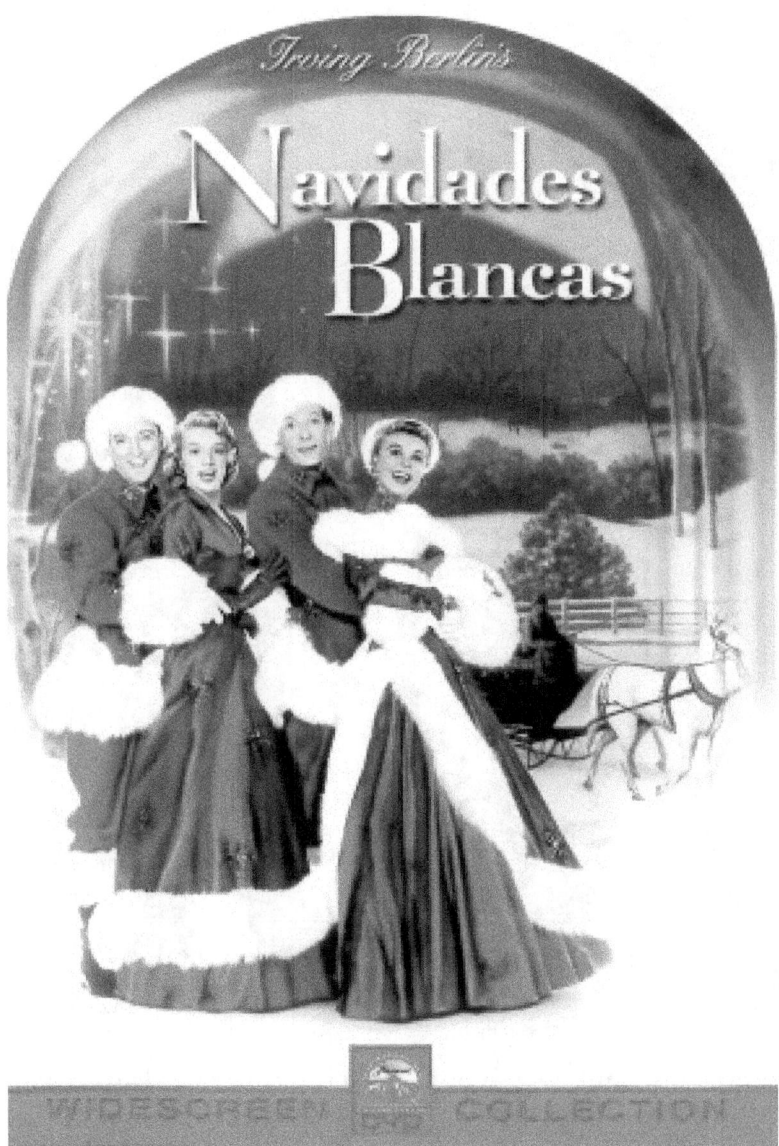

Ambos cosechan muchos triunfos y en su recorrido conocen a unas guapas hermanas, igualmente solteras. El amor

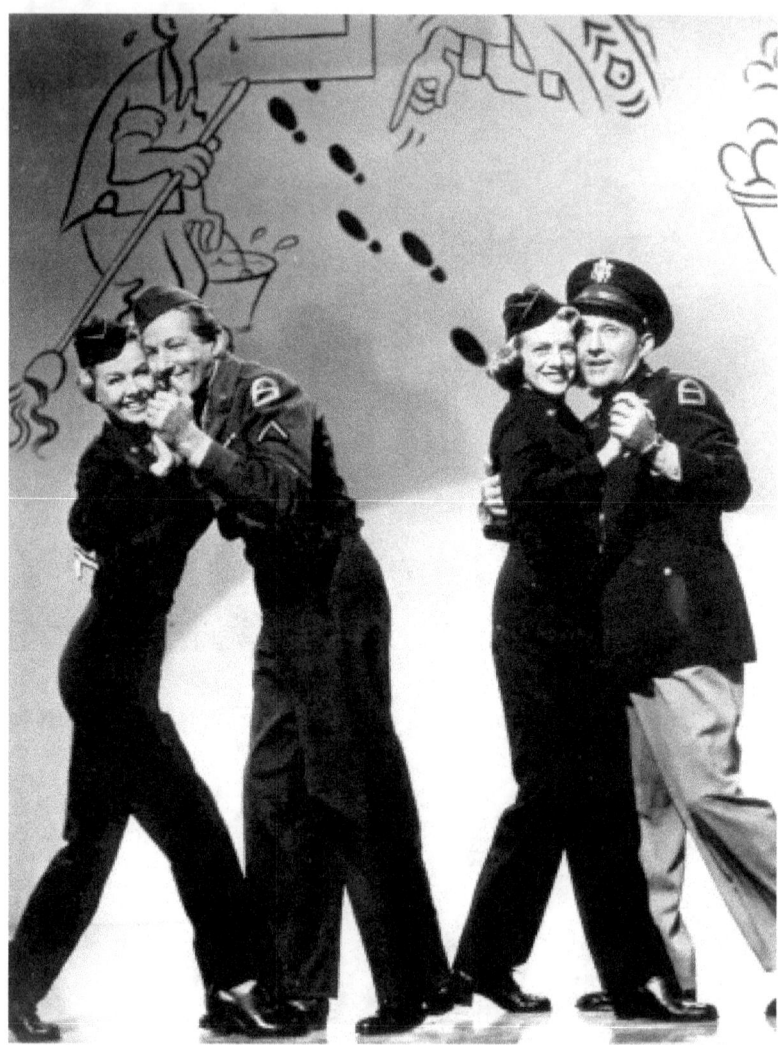

surge entre ambos y así nos dan la oportunidad de disfrutar de números como "White Christmas" (cantada por Crosby, Kaye, Clooney, Vera-Ellen); The Old Man (Crosby, Kaye); Gee. I Wish I Was Back In The Army (Crosby, Kaye, Clooney, Vera-Ellen); Snow (Crosby, Kaye, Clooney, Vera-Ellen); Count

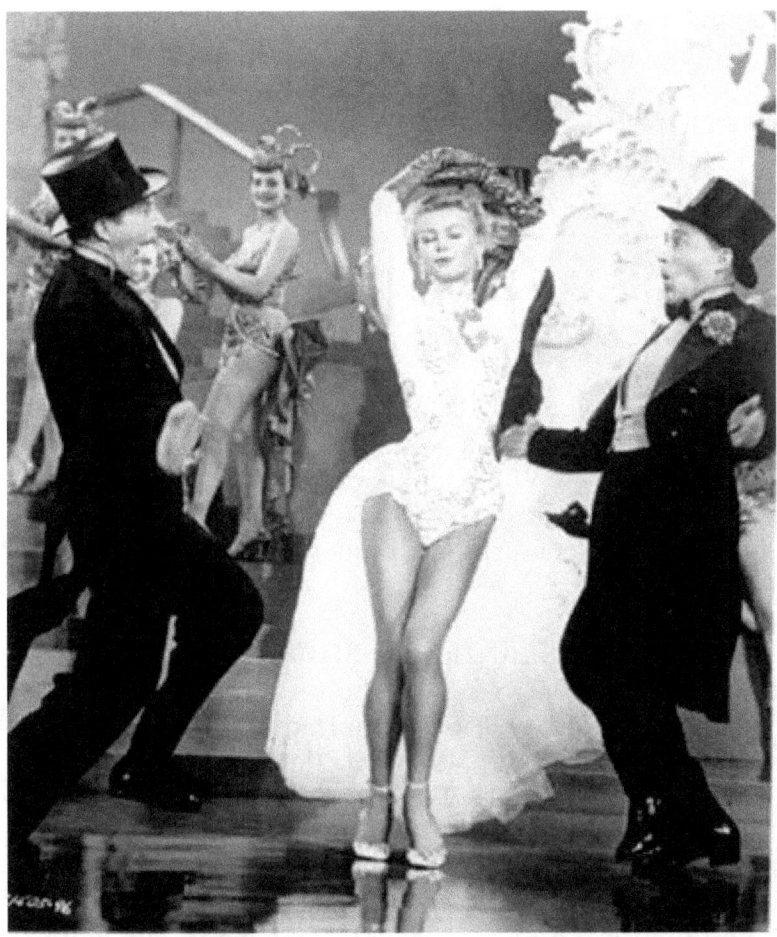

Your Blessings Instead Of Sheep (Crosby, Clooney); What Can You Do With /1 General (Crosby): Abroham (Vera-Ellen, Brascia); Mandy (Vera-Ellen. Brascia), Heat Wave; Let Me Sing; Blue Skies (Crosby, Kaye).

Filmada con el nuevo sistema VistaVision, y disponiendo de unos acertados decorados que recrean ambientes bélicos y un lujoso hotel de montaña, la historia nos encandila por su amabilidad y sencillez, aportándonos bailes y canciones que nunca más se disfrutaron en el cine musical.

Premios:
Consiguió un oscar a la mejor música.

ELLOS Y ELLAS 1955
Guys and Dolls

Productor: Samuel Goldwyn
Director: Joseph L. Mankiewicz
Guión: Joseph L. Mankiewicz
A partir de la obra de: Jo Sterling y Abe Burrows
Basada en el relato de: Damon Runyon

Intérpretes:
MARLON BRANDO: Sky Masterson
JEAN SIMMONS: Sarah Brown
FRANK SINATRA: Nathan Detroit
VIVAN BLAINE: Miss Adelaide
ROBERT KEITH: Teniente Brannigan
STUBBY KAYE: Nicely-Nicely Johnson

El gran Samuel Goldwyn quiso hacer en el cine la versión de este musical de Broadway. El problema es que tanto el director de escena Joseph L. Mankiewicz, como los actores Jean Simmons y Marlon Brando, no tenían ninguna experiencia musical, aunque todos pensaron que era cuestión de hacerles cantar y bailar con un profesor. La obra había estado en los escenarios de Broadway durante tres años, más otros tres en Inglaterra, pero la película consiguió arruinar la reputación de todos.

Premios:

Nominada a la mejor dirección artística y decoración: Oliver Smith, Joseph C. Wright, Howard Bristol

Nominada a la mejor fotografía: Harry Stradling, Sr.

Nominada al mejor vestuario: Irene Sharaff

Nominada a la mejor música: Jay Blackton, Cyril J. Mockridge

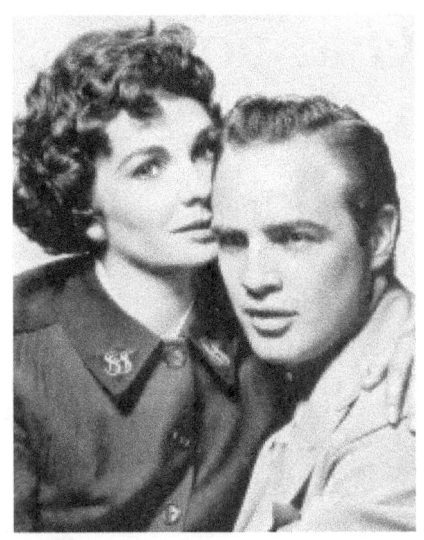

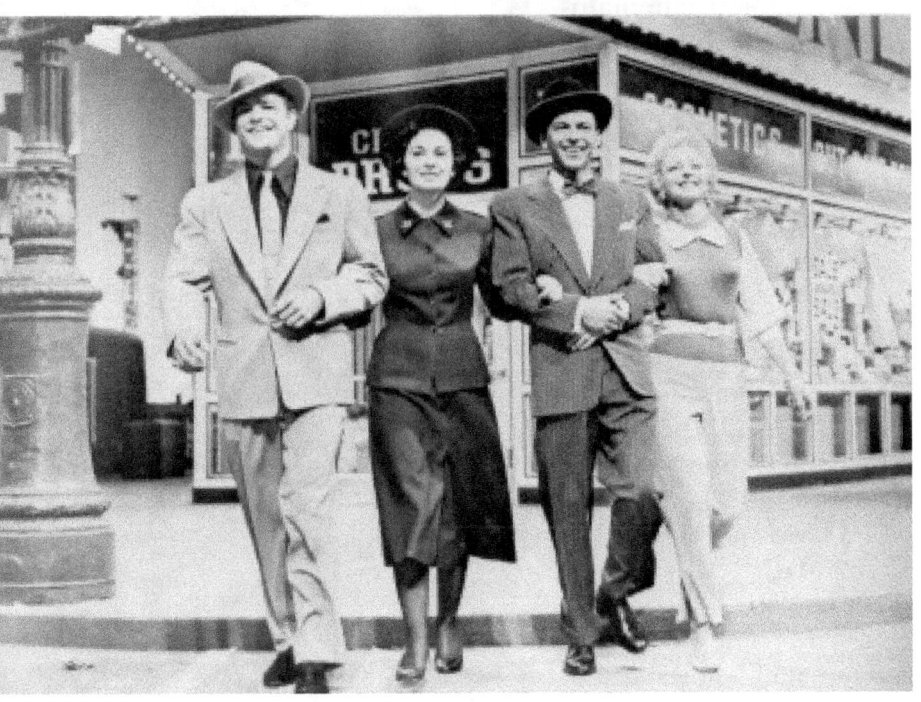

OKLAHOMA 1955

Productor: Arthur Hornblow Jr.
Director: Fred Zinnemann
Guión: Sonya Levien, William Ludwig
Basada en el musical de Richard Rodgers y Oscar
    Hammerstein II

Intérpretes:

GORDON MACRAE: Curly
GLORIA GRAHAME: Ado Annie
GENE NELSON: Will Parker
CHARLOTTE GREENWOOD: Aunt Eller
SHIRLEY JONES: Laurey

Esta versión cinematográfica sobre la obra de Rodgers y Hammerstein, estrenada en Broadway en 1943, posee gran cantidad de melodías notables cantadas por MacRae y Jones, además de un elenco de actores tan importantes como Gloria Grahame (Annie) y Shirley Jones en el papel de Laurey. El conjunto de ingredientes nos permiten considerarla como una buena obra musical, destacando las canciones "Oh, What a Beautiful Mornin" y "People Will Say We're in Love", así como los escenarios que dan lugar al título.

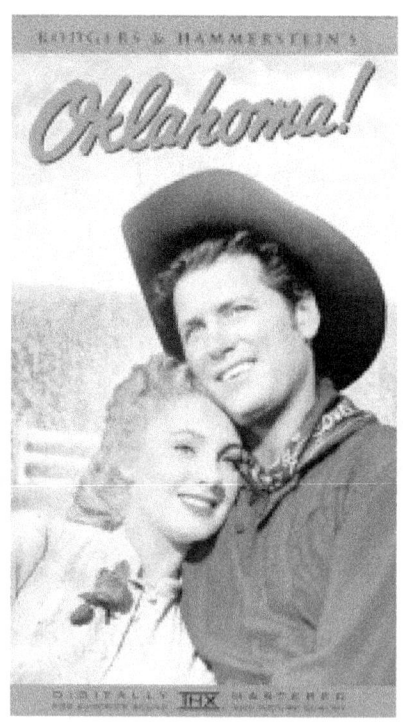

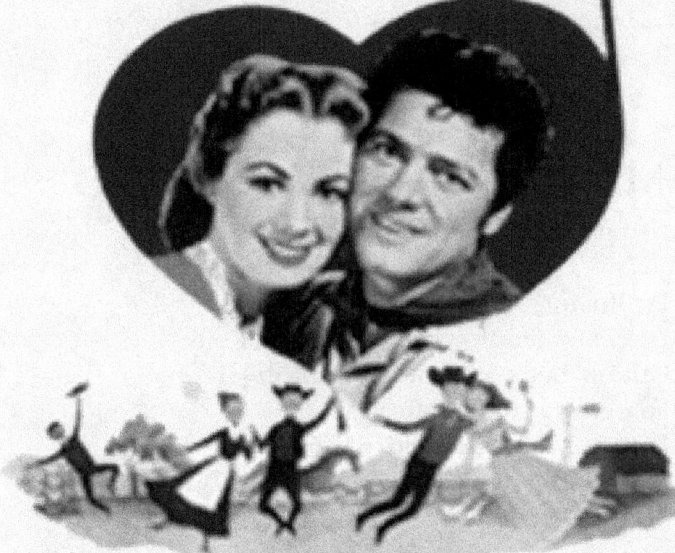

Filmada en Todd-AO, la gigantesca pantalla de gran definición, existe otra versión posterior en CinemaScope, una vez que el primer formato fue abandonado por su creador Michael Todd, aunque para muchos técnicos era un sistema superior.

Premios:

Oscar a la mejor música original 1955: Robert Russell
  Bennett, Jay Blackton, Adolph Deutsch
Oscar al mejor sonido 1955: Fred Hynes

Nominaciones:

Nominada a la mejor fotografía 1955: Robert L. Surtees
Nominada al mejor montaje 1955: Gene Ruggiero, George
  Boemler

SIEMPRE HACE BUEN TIEMPO 1955
It's Always fair Weather

Productor: Arthur Freed
Director: Stanley Donen y Gene Kelly
Guión: Betty Comden y Adolph Green
Fotografía: Robert Bronner
Director musical: Andre Previn
Dirección artística: Cedric Gibbons y Arthur
  Lonergan

Intérpretes:

GENE KELLY: Ted Riley
DAN DAILEY: Doug Hallerton
CYD CHARISSE: Jackie Leighton
DOLORES GRAY: Madeline Bradville
MICHAEL KIDD: Angie Valentine

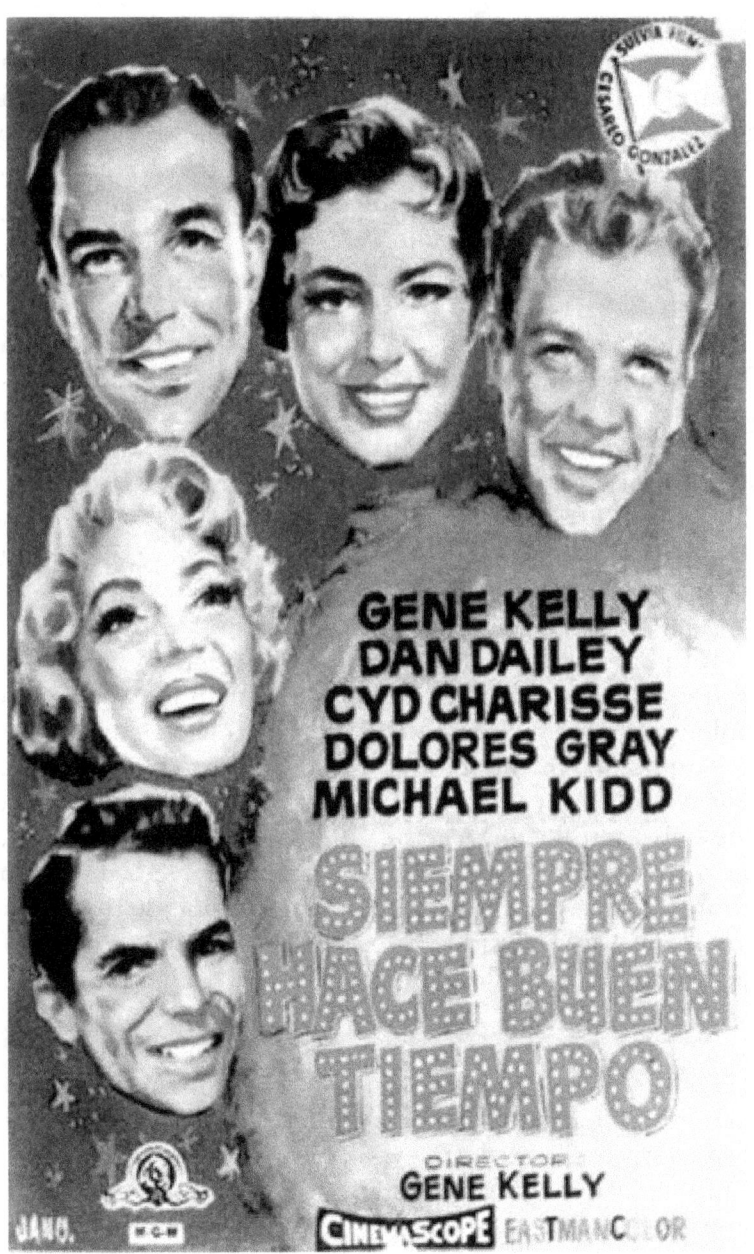

Con la llegada del cinemascope, Gene Kelly se acopló perfectamente a la gigantesca pantalla y esta película es con diferencia la mejor en el nuevo formato. Poco a poco consiguió elaborar un estilo propio, primero en "Brigadoon" y posteriormente con "It´s Always Fair Weather", siendo esta la última película que él y Stanley Donen dirigieran juntos, y uno de los últimos musicales de la MGM bajo la producción de Arthur Freed.

Según la idea original de Betty Comden y Adolph Green, fue vista inicialmente como una continuación del filme "Un Día en Nueva York", aunque Kelly los persuadió para convertirlo en una nueva película creada para un público nuevo. Lo cierto es que aunque el argumento tendría que ser diferente, se trataba de explicar qué había pasado con los tres marineros que un día estuvieron en Nueva York y allí conocieron a tres chicas.

Para que todo resultase correcto se pusieron en contacto primero con Frank Sinatra y Jules Munshin. Sinatra, sin embargo, que había ganado un Oscar por su actuación en "De aquí a la eternidad" dos años antes, no deseó volver a realizar un musical, ya que les culpaba del poco prestigio que había tenido como actor. Esta decisión, más el rechazo de Munshin, obligó a Kelly a cambiar su primer argumento. Ahora ya no se trataba de tres marineros, sino de tres soldados (Kelly, Dailey y Kidd), que estarían acompañados en los dos papeles principales femeninos por Cyd Charisse y Dolores Gray.

La historia era bastante simple: tres compañeros que habían intervenido en la guerra se emplazan al regresar a sus casas para reunirse de nuevo diez años después, para ver cómo cada uno ha resuelto su vida de paisano. Cuando, nuevamente, los tres vuelven a encontrarse tal y como planearon, comprenden que ellos ya no tienen ninguna cosa en común.

Aunque "It´s Always Fair Weather" no tenía que ser para la MGM un gran éxito como "Un Americano en París" (1950) o "Cantando bajo la lluvia" (1952), no se escatimó nada para que todo resultase bien, y por eso el resultado es sumamente agradable.

El tema tiene connotaciones psicológicas más profundas de lo esperado en un musical, con la incompatibilidad de tres hombres que una década anterior habría muerto el uno por el otro y ahora se desprecian.

Los guionistas Comden y Green trataron de dar al público lo que esperaban y por eso se incluyeron algunas referencias críticas y cínicas al mundo de la televisión.

Los números musicales también eran eficaces (aunque algunos de ellos no tenían nada absolutamente que ver con el argumento), especialmente uno de Kelly "I Like Myself" (música de Andre Previn, letra de Comden y Green quien escribió todas las canciones), cantado y bailando en patines. Charisse, como una señora fanáticamente interesada en todo, hizo un número enérgico llamado "Baby, You Knonk Me Out", con un manojo de pugilistas en un gimnasio.

Kelly, Kidd y Dailey tienen algunos momentos interesantes cuando bailan con tapaderas de cubos de basura atadas a sus pies, y Dolores Gray canta una de las mejores canciones, "Thanks A Lot But No Thanks". Kelly y Donen eran responsables de la coreografía, y Previn de la dirección musical. Otras canciones y números musicales son: "March, March"; "Once Upon A Time"; "The Time For Parting"; "Why Are We Here" (Danubio azul).

Nominaciones:

Nominada al mejor guión 1955: Betty Comden, Adolph Green

Nominada a la mejor música compuesta para una película 1955: Andre Previn

LOVE ME TENDER

Director: Robert D. Webb
Guión: Robert Buckner
Basada en una historia de: Maurice Geraghty
Música: Lionel Newman

Intérpretes:

ELVIS PRESLEY: Clint
RICHARD EGAN
DEBRA PAGET
ROBERT MIDDLETON
WILLIAM CAMPBELL

Al final de la Guerra de Secesión americana, un grupo de sudistas se apodera de un tesoro nordista y lo ocultan. Después de cuatro años, Vance, el jefe del grupo, encuentra a su novia Cathy a la cual creía muerta, quien es ahora novia de Clint. Vance decide rehacer su vida y organiza una fiesta para celebrar su retorno, en la que Clint canta alguna de sus canciones. Pero algo viene a impedir su nueva vida, ya que la policía norteña le detiene por el robo anterior, aunque no consiguen recuperar el oro, que es rescatado por Clint y al final lo entrega a los confederados.

En un principio la película se titulaba "The Reno Brothers" y no estaba pensada la inclusión de canción alguna, ya que el protagonista no era Elvis. Solamente el enorme éxito del

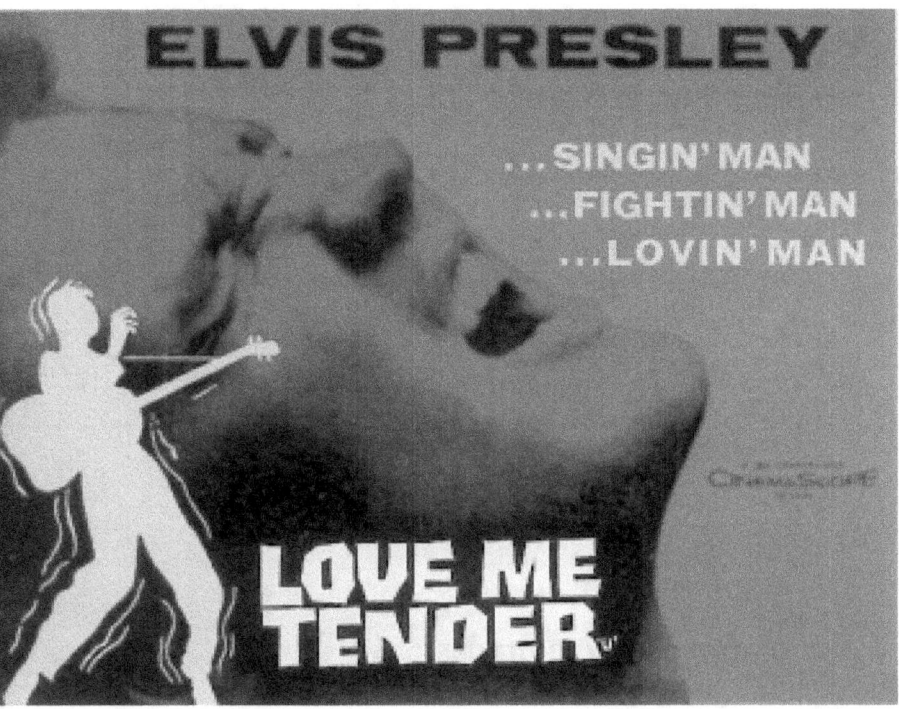

cantante obligó a reformar discretamente el argumento y se incluyó como tema musical principal a uno de los mayores éxitos de Elvis, además de cuatro canciones más. No era una buena película pero el éxito de público fue espectacular, logrando en solamente tres semanas recuperar el millón de dólares invertidos en su rodaje. Se realizaron nada menos que 550 copias para ser estrenada en otras tantas salas de cine, mientras que de la canción que da origen a la película se vendieron nada menos que 800.000 discos.

La prensa no fue amable con Elvis en este su primer filme, y le acusaron de ser tierno e inexpresivo, adjetivos que siguieron utilizando con posterioridad para descalificarle como actor.

¡VIVA LAS VEGAS! 1956
Meet Me in Las Vegas

Productor: Joe Pasternak
Director: Roy Rowland
Guión: Isobel Lennart
Música adaptada para el ballet Frankie y Johnny,
de Johnny Green

Intérpretes:

DAN DAILEY: Chuck Rodwell
CYD CHARISSE: Maria Corvier
AGNES MOOREHEAD: Miss Hattie
LILI DARVAS: Sari Hatvani
JIM BACKUS: Tom Culdane
OSCAR KARLWEIS: Loisi

Apariciones no acreditadas:

FRANK SINATRA
DEBBIE REYNOLDS
TONY MARTIN
DAN DAILEY
CYD CHARISSE
FRANKIE LAINE
PETER LORRE
PIER ANGELI

Mostrando esplendorosa sus largas piernas, Cyd Charisse, acompañada por Dan Dailey, nos introdujo en lo mejor de Las Vegas con este espectacular filme rodado en Cinemascope y Eastmancolor en el Hotel Las Arenas, Nevada.

La historia nos cuenta lo que pasa cuando un ranchero adinerado (Dailey) descubre que todo lo que tiene que hacer

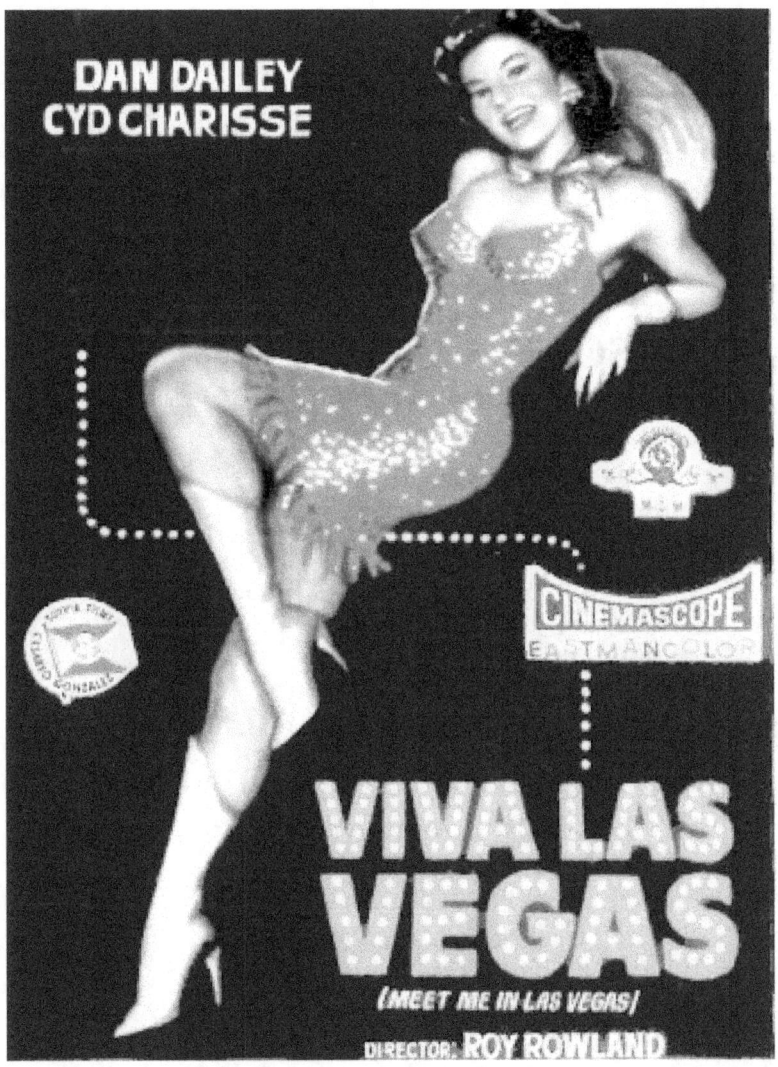

para ganar a la ruleta es mantener bien cogida la mano de la bailarina María (Charisse.) Esta producción nos mostró adecuadamente los interiores de los casinos, además de incorporar chistes y varios bailes, pero el conjunto es demasiado pobre. Sin embargo, la presencia de tantos famosos invitados contribuye a que, finalmente, podamos pasar un rato agradable.

Nominaciones:

Nominada a la mejor música 1956: George Stoll, Johnny Green

ALTA SOCIEDAD 1956
High Society

Productor: Sol C. Siegel
Director: Charles Walters
Guión: John Patrick
Basado en la obra "The Philadelphia Story" de:
    Philip Barry
Fotografía: Paul C. Vogel
Director musical: Johnny Green
Compositor: Johnny Green y Saul Chaplin

Intérpretes:

BING CROSBY: C.K. Dexter-Haven
GRACE KELLY: Tracy Lord
FRANK SINATRA: Mike Connor
CELESTE HOLM: Liz Imbrie
JOHN LUND: George Kittredge
LOUIS CALHERN: Tío Willie
SIDNEY BLACKMER: Seth Lord
LOUIS ARMSTRONG: Él mismo

Curioso remake del gran éxito "Historias de Filadelfia", con mucho más color, mejor fotografía y mejores canciones, pero que perdió todo el encanto de su predecesora. No era

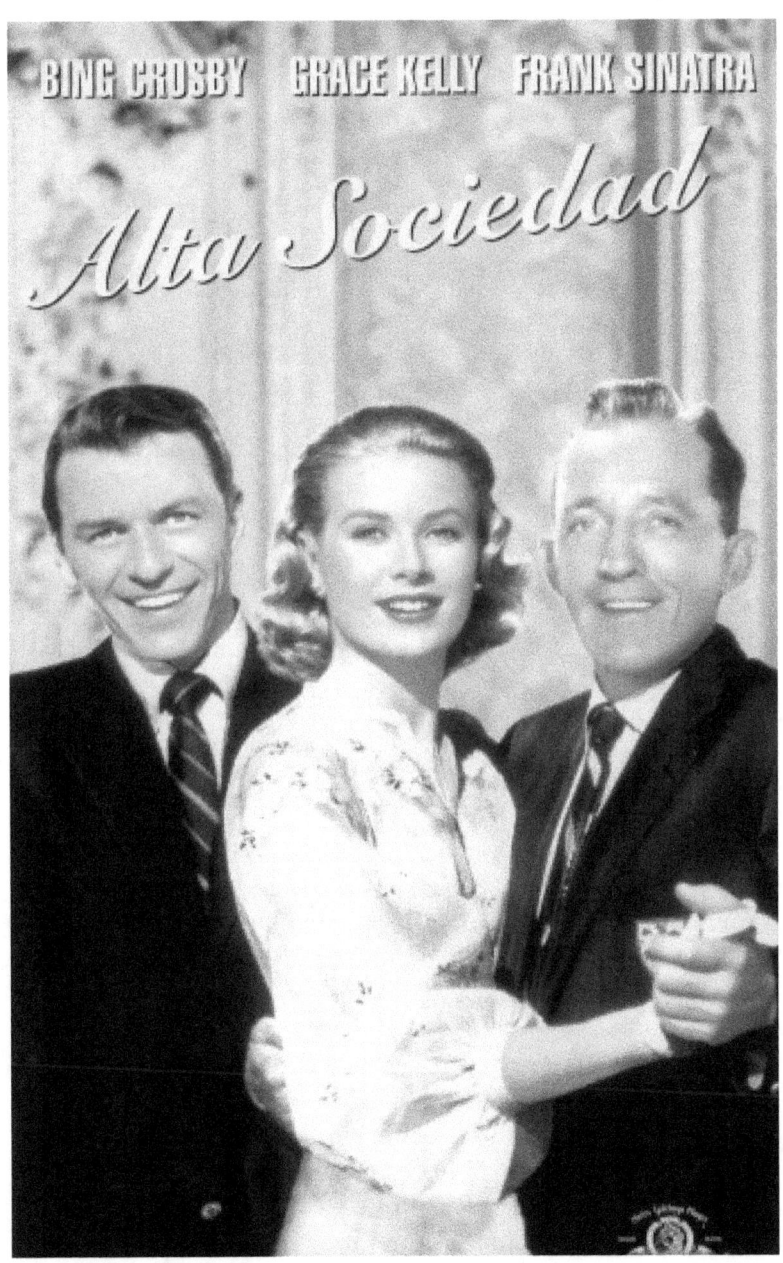

tarea fácil lograr una historia adecuada que sirviera de lucimiento para tres de las estrellas más taquilleras del cine, Sinatra, Crosby y Grace, por lo que el argumento se pierde en sacrificio de los actores.

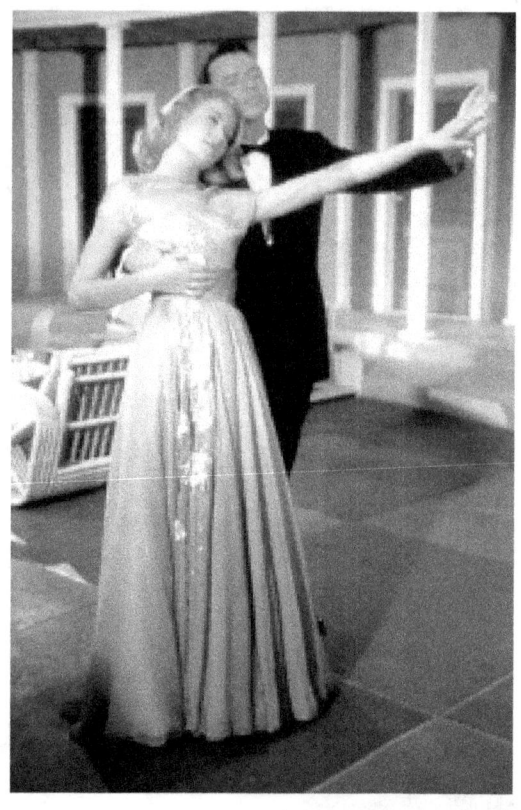

La guapa Tracy (Grace Kelly), está a punto de casarse con Kittredge (John Lund), después de haberse divorciado de su marido Dexter (Crosby.) Cuando están haciendo los preparativos para la boda aparece su ex-marido, acompañado por unos reporteros (Sinatra y Holm) a quienes les han encargado que cubran la noticia del acontecimiento, y una orquesta extraordinaria dirigida por Armstrong que aportará la indispensable música en el baile nupcial.

Mientras todo se prepara, Tracy vuelve a mantener conversaciones con su ex-marido y se da cuenta que aún le quiere, especialmente cuando recuerdan bellos momentos en un precioso velero. Y como no es cosa de casarse malamente, decide dejar plantado a Kittredge y volver con Dexter quien, además, sabe cantar mucho mejor.

Se incluyen las canciones de Cole Porter, "True Love", "Did You Evah?" "You're Sensational", y "Now You Has Jazz" de Satchmo. Grace Kelly interpretó su último papel en el cine (el año anterior había intervenido en el "El cisne"), justo cuando estaba en la plenitud de su belleza y madurez emocional.

El traje de baño que nos muestra durante unos cortos minutos levantó pasiones intensas entre los varones y constituyó un éxito de ventas en las playas norteamericanas. Los espectadores, además, se pudieron deleitar oyéndola cantar a dúo con Bing Crosby la canción "True Love" que fue un gran éxito mundial. La melodía fue grabada el 22 enero de 1956 con la orquesta de Johnny Green, en los estudios de la Metro y el disco permaneció durante 22 semanas en el puesto número tres de la lista de éxitos norteamericana.

Premios:
Oscar a la mejor fotografía en color 1956: Robert Burks

Nominaciones:
Nominada a la mejor música de película 1956: Johnny Green, Saul Chaplin

Nominada por las mejores canciones 1956: Cole Porter (Música y letras)

Nominada al mejor vestuario: Edith Head

EL REY Y YO 1956
The King and I

Productor: Charles Brackett
Director: Walter Lang
Guión: Ernest Lehman

Basada en la obra de Oscar Hammerstein II y
Richard Rodgers, y en el libro Anna y el rey
de Siam de Margaret Landon
Fotografía: Leon Shamroy
Director musical: Alfred Newman
Música: Richard Rodgers
Vestuario: Irene Sharaff
Estrenada el 29 de marzo de 1951 en el St. James
Theatre

Intérpretes:

DEBORAH KERR: Anna Leonowens
YUL BRYNNER: The King
RITA MORENO: Tuptim
MARTIN BENSON: Kralahome
TERRY SAUNDERS: Lady Thiang
REX THOMPSON: Louis Leonowens

La actuación justamente reconocida de Yul Brynner como el Rey de Siam en la obra de Rodgers y Hammerstein, que se había representado con éxito en Broadway, le llevó hasta esta versión para la gran pantalla, igualmente memorable. Producida por Charles Brackett, en un principio se pensó en Gertrude Lawrence para el papel de Anna, la maestra escolar, aunque posteriormente la elección fue en Deborah Kerr.

Nuestra protagonista llega en 1862 desde la lejana Inglaterra hasta el reino de Siam para emprender la ardua labor de educar a los hijos del Rey, pues ese país mantiene buenas relaciones comerciales con los británicos y deben demostrar que no son unos salvajes.

En realidad solamente conservan una disciplina férrea para evitar los disturbios incipientes, pero la educación que les debe proporcionar esa maestra inglesa será el pilar que

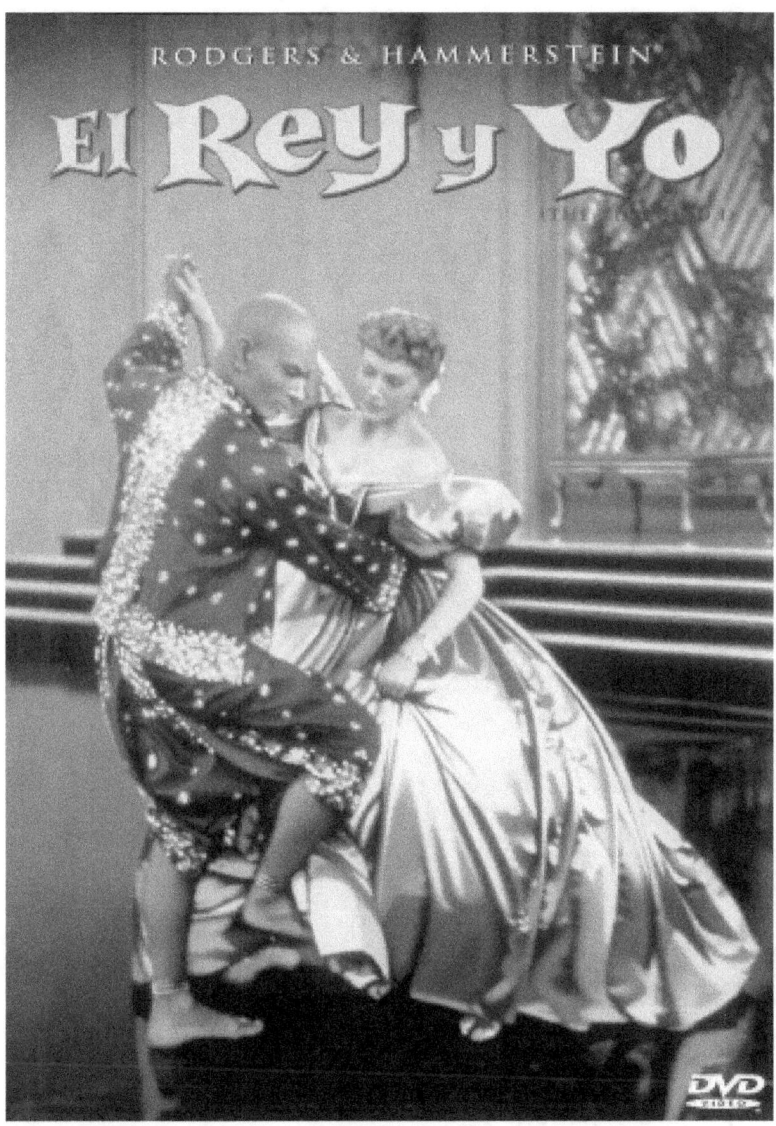

necesitaban. Después, entre canción y canción, Anna (doblada por Marni Nixon) nos demostró que era capaz de suavizar
las rudas maneras del soberano. Poco a poco, y sin grandes

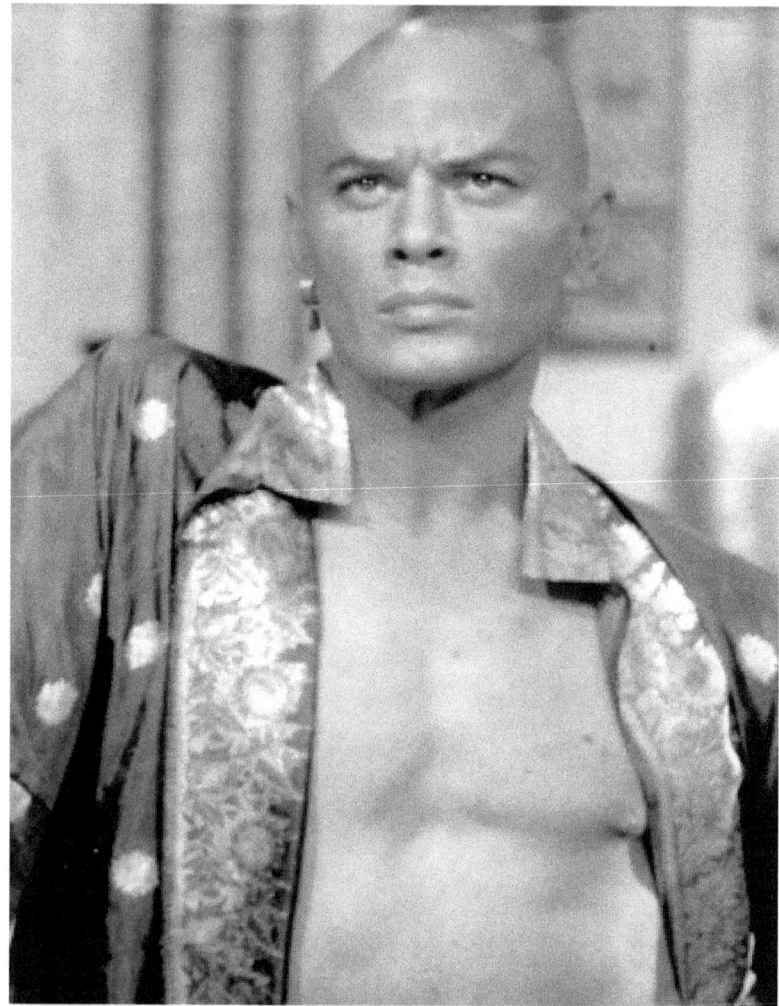

confrontaciones, consiguió dominar a Brynner mediante la ternura y las sabias palabras, dos cualidades que suelen abrir no pocos corazones.

Deborah Kerr, quien ya nos había asombrado con su trabajo en "De aquí a la eternidad (1953), consiguió uno de sus mejores trabajos en el cine, mérito compartido con los directores Alfred Newman y Ken Darby, quienes condujeron perfectamente el libreto de Rodgers. Y después, cuando comienzan a sonar canciones como "Getting To Know" o "Shall We Dance", la magia traspasa la pantalla y los espectadores se dan cuenta que están asistiendo a una obra maestra del cine musical.

Rita Moreno es la joven y enamorada esclava, y Carlos Rivas su amante Lun Tha, pero su idilio trágico se queda empequeñecido ante el amor que sienten el rey y Anna, aunque ninguno de los dos son capaces de darse cuenta hasta el final, justo cuando todo se acaba.

Premios:

Oscar al mejor Actor 1956: Yul Brynner
Oscar a la mejor dirección artística 1956: Lyle Wheeler, John DeCuir, Walter M. Scott, Paul S. Fox.
Oscar al mejor vestuario 1956: Irene Sharaff
Oscar a la mejor música 1956: Alfred Newman, Ken Darby
Oscar al mejor sonido 1956: Carl Faulkner
Nominaciones:
Nominada a la mejor película 1956
Nominada a la mejor Actriz 1956: Deborah Kerr
Nominado al mejor Director 1956: Walter Lang
Nominada a la mejor fotografía 1956: Leon Shamroy

UNA CARA CON ÁNGEL 1957
Funny Face

Productor: Roger Edens
Director: Stanley Donen
Guión: Leonard Gershe

Basada en el musical Wedding Day
Fotografía: Ray June
Música: Adolph Deutsch

Intérpretes:

AUDREY HEPBURN: Jo Stockton
FRED ASTAIRE: Dick Avery
KAY THOMPSON: Maggie Prescott
MICHEL AUCLAIR: Prof. Emile Flostre
ROBERT FLEMYNG: Paul Duval

Fred Astaire es ahora un fotógrafo de moda que descubre por casualidad a Audrey Hepburn, una joven y refinada empleada de una librería, a quien propone viajar hasta París para diseñar sobre su esbelto cuerpo la nueva moda que se mostrará en la revista Vogue. La ropa de Givenchy que lucirá es encantadora, pero ella no está de acuerdo en ser solamente un maniquí sin sentimientos a quien todo el mundo trata con indiferencia. Mientras la prueban los trajes, Astaire toma las fotografías y es cuando se da cuenta de que detrás de ese rostro hay alguien muy especial, lo que le lleva al enamoramiento.

El estilo del filme y algunos diálogos son lo peor, pues nos conducen a épocas atrás, posiblemente al cine de los años 30, cuando todo debía ser muy suave y con las mujeres hablando párrafos superficiales. Stanley Donen indudablemente es un artesano musical de prestigio, capaz de moverse con soltura con un argumento mínimo, pero en este caso la historia romántica es previsible y ciertamente empalagosa, pero de cualquier modo atrayente. El guión de Leonard es demasiado débil, particularmente el papel de Astaire, y la película intenta disimular la edad del bailarín, lo que nos lleva a una historia poco creíble. Cuando la película quiere ser pretenciosa, con Hepburn comportándose como una

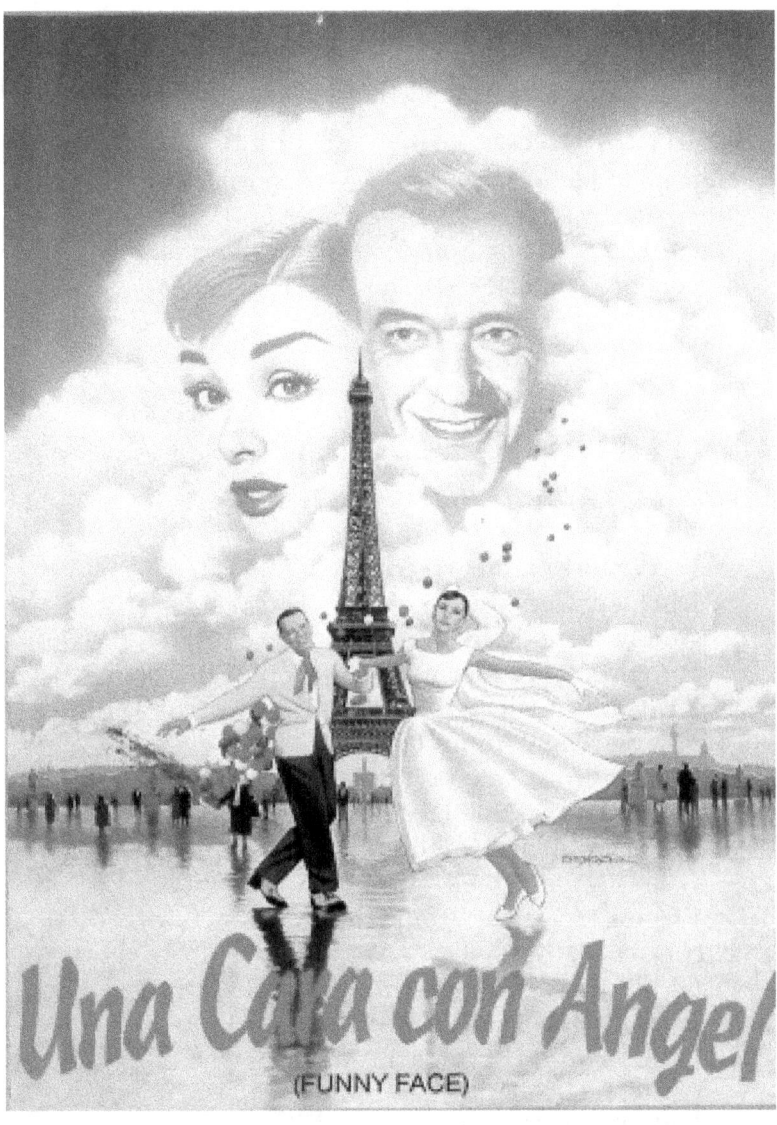

Una Cara con Angel
(FUNNY FACE)

intelectual enfadada con el sexo, y Astaire como un joven norteamericano mucho más liberal, se convierte en falsa e incómoda. No obstante, no se lleven a engaño con las criticas, pues ver juntos Hepburn y Astaire es suficiente motivo para comprar el DVD.

Nominaciones:

Nominada al mejor guión 1957: Leonard Gershe
Nominada a la mejor dirección artística 1957: Hal Pereira, George W. Davis, Sam Comer, Ray Moyer
Nominada a la mejor fotografía 1957: Ray June
Nominada al mejor vestuario 1957: Hubert de Givenchy

INVITACIÓN A LA DANZA 1957
Invitation to the Dance

Productor: Arthur Freed
Director: Gene Kelly
Guión: Gene Kelly
Fotografía: Freddie Young y Joseph Ruttenberg
Director musical: John Hollingsworth, Johnny Green y Andre Previn
Compositor: Jacques Ibert, Andre Previn, Roger Edens y Nikolai Andreevich
Dirección Artística: Alfred Junge, Cedric Gibbons y Randall Duell
Efectos especiales: Tom Howard

Intérpretes:

GENE KELLY: El Clown/Simbad el Marino
IGOR YOUSKEVITCH: El amante/El Artista
CLAIRE SOMBERT: La Amada
CAROL HANEY: Scheherazade
DAVID KASDAY: El Genio

Gene Kelly empezó a trabajar en "Invitación a la Danza" (MGM) en 1952. Quería exponer en una misma película, de

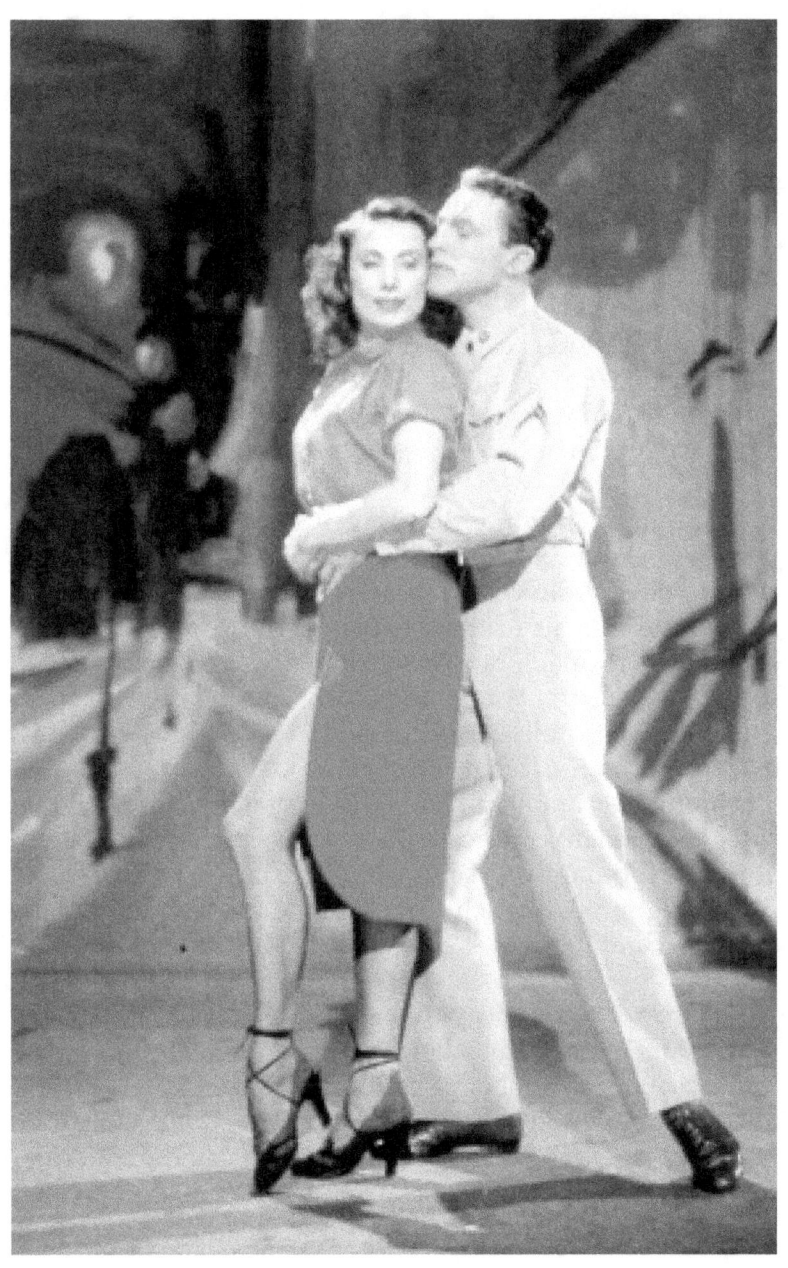

una manera popular, cuatro partes separadas en las cuales intervendrían los mejores bailarines de Europa y América. Cuatro años después empezó a rodar, de manera provisional, las primeras escenas de baile, aunque ahora serían solamente tres capítulos en los cuales Kelly, y otros bailarines interpretarían, a través del baile, una docena de canciones populares.

El primero de los tres ballets fue "Circus", compuesto por Jacques Ibert. Era el cuento de un hombre enfermo de amor (Kelly), quién se cae de un trapecio en el circo y se mata, intentando impresionar a la muchacha que él ama (Claire Sombert), quién, a su vez, ama a otro (Igor Youskevitch).

El segundo fragmento "Ring Around The Rosy", con música de Andre Previn, quien sustituyó a Malcolm Arnold cuando el capítulo estaba ya terminado, estaba basado en "Le Ronde". La historia nos habla del recorrido de una pulsera que es regalada por un marido viejo a su esposa quien se lo da a un artista, éste se la da a una modelo, que ella pasa a un amigo presumido, éste a una sirena de la sala de fiestas, ella a un cantante, luego a una chica de guardarropa, a un marinero, llega a una prostituta y, finalmente, vuelve al marido. Los números musicales fueron interpretados por Kelly, Tamara Toumanova, Tommy Rall, Claude Bessy, Diane Adams, Igor Youskevitch, Paddy Stone e Irving Davies, todos bailarines de gran prestigio en su país.

El tercero y último capítulo era "Simbad El Marino", con música de Rimsky Korsakov, basada en Scheherazade. En esta ocasión se combina de modo eficaz la imagen real con los dibujos animados (de la misma manera que se hizo en "Levando anclas"), y en ella Kelly destaca como un marinero, David Kasday como el joven genio de la lámpara, y Carol Haney como Scheherazade.

De las tres secciones, la del medio es la más íntima en espíritu y supone una muestra equilibrada del ya olvidado cine musical de Hollywood. Se trata de una maravilla coreográfica interpretada por Tommy Rall. La parte final era igualmente eficaz, mientras que la primera, a pesar de un excelente dúo entre Kelly y Claire Sombert, era implacablemente amanerada y pretenciosa. Kelly se esforzó por ser el tipo de bailarín clásico, algo que no le correspondía, y esa tensión se notó. Las sucesiones de dibujos animados fueron dirigidas por Fred Quimby, William Hanna y Joseph Barbera. Para esta corta secuencia se realizaron 57.000 dibujos, pero ya la magia de la mezcla no resultó y las críticas abundaron.

Kelly había puesto todo su interés en esta película, síntesis de los bailes más famosos en el mundo, y trató de demostrar con ella que su capacidad como bailarín estaba fuera de toda duda. Pero el filme estuvo maldito desde sus inicios en 1952 y el rodaje fue interrumpido en dos ocasiones: una para rodar "Brigadoon" y otra por "Crest of the Wave". Además, las escenas más espectaculares que se deberían filmar en los estudios londinenses de Elstree tuvieron que rodarse en California, bastante menos preparada para este tipo de proyecto.

Su estreno se retrasó un año más por los malos resultados de los preestrenos y cuando por fin lo hizo, el público ya no estaba interesado en los musicales. A fin de cuentas, los podía ver más cómodamente en televisión.

SOÑAR NO CUESTA DINERO 1957
Let's Be Happy

Productor: Marcel Hellman

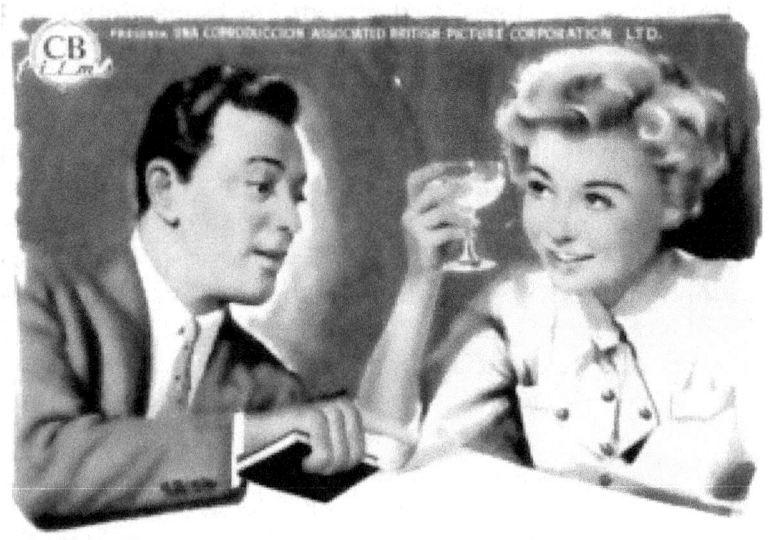

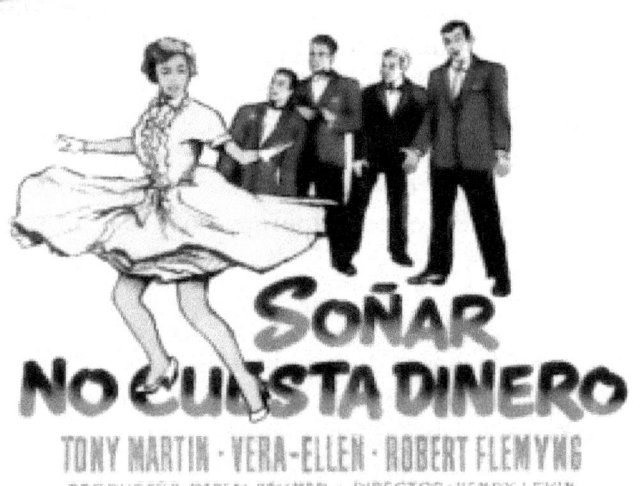

Director : Henry Levin
Basada en la historia de: Jeannie y Aimee Stuart
Música: Louis Levy

Intérpretes:

VERA-ELLEN: Jeannie MacLean
TONY MARTIN: Stanley Smith
ROBERT FLEMYNG: Lord James MacNairn

Uno de los primeros y tímidos intentos europeos por lograr un musical al estilo norteamericano que no consiguió el éxito deseado. La historia nos habla de una guapa chica llamada Jeannie, residente en Estados Unidos, que súbitamente dispone de una herencia de su abuelo escocés. Decidida a conocer a su familia original, emprende un viaje hasta Edimburgo con su bien repleta cartera. Ella en realidad no ha heredado mucho dinero, pero aparentemente parece millonaria y un caza-recompensas sentimental, un lord arruinado, la trata de seducir para salvar del embargo su castillo.

Pero allí está también un guapo norteamericano, inventor de una lavadora que incluso plancha, que también quiere a la chica, aunque es un poco juerguista y ello ocasiona no pocos enfados entre ambos. A Jeannie, por su parte, le gusta soñar y se imagina bailando un bello ballet, demostrándonos que aún sigue siendo la mejor bailarina del musical americano. Finalmente, y como es habitual, triunfa el amor, los dos norteamericanos se casan y se besan mientras cantan eso de "Let's Be Happy", algo así como Estamos Contentos.

LAS GIRLS 1957
Les Girls

Productor: Sol C. Siegel
Director: George Cukor
Guión: John Patrick

Compositor: Cole Porter

Intérpretes:

GENE KELLY: Barry Nichols
MITZI GAYNOR: Joy Henderson
KAY KENDALL: Lady Wren
TAINA ELG: Angele Ducros
JACQUES BERGERAC: Pierre Ducros
LESLIE PHILLIPS: Sir Gerald Wren
HENRY DANIELL: Judge
PATRICK MACNEE: Sir Percy

La última película de Gene Kelly para la MGM, y el último gran musical con el cual consiguió dejar constancia de su talento artístico. "Las Girls", producida en cinemascope y Metrocolor por Sol C. Siegel y dirigida por George Cukor, contaba con el coreógrafo Jack Cole con quien Kelly nunca había trabajado antes. Lo que el público no llegó a saber es que Kelly asumió su trabajo en casi toda la película, a causa de una enfermedad de Jack.

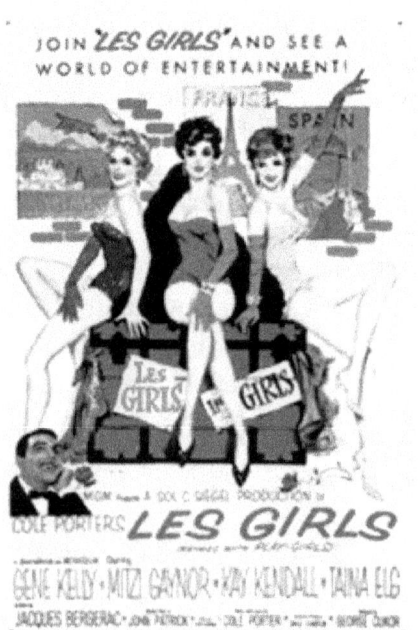

No es un musical de Kelly en el sentido más estricto, ya que su acento, como el título indica, estaba en la historia de tres mujeres, en una época en la cual se hacía necesario darlas más protagonismo, en un in-

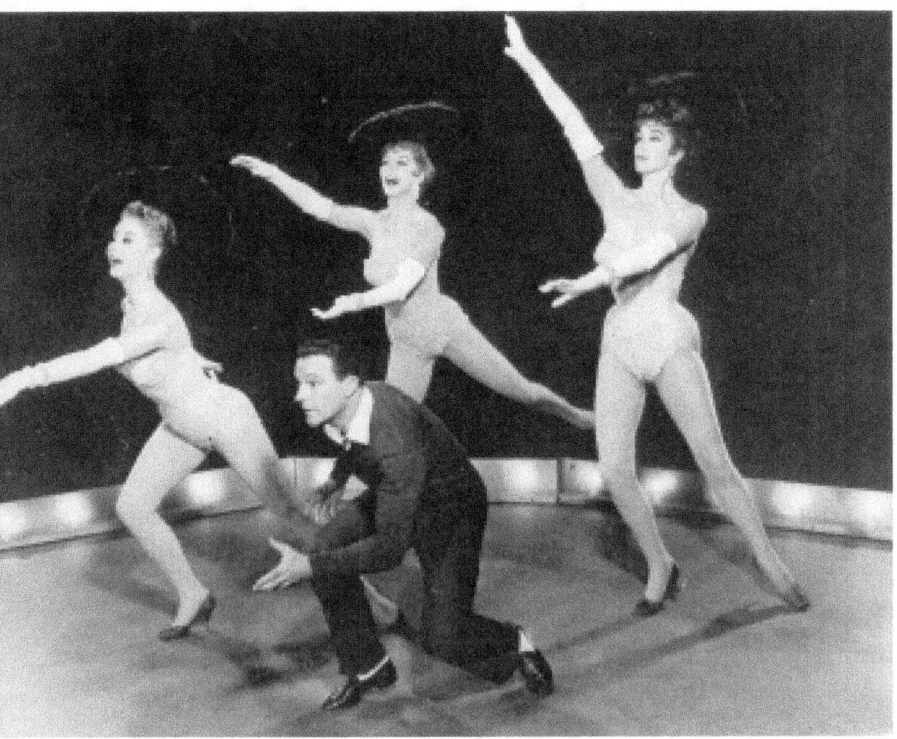

tento de volver a captar espectadores. La idea no resultó y aunque la película estaba correctamente realizada, los resultados en taquilla fueron pobres, tan pobres que podemos considerar a este filme el último gran musical de Hollywood.

Cukor tenía buena reputación trabajando con actrices protagonistas y así lo demostró al dirigir a estas por entonces desconocidas actrices, Mitzi Gaynor, Taina Elg, y Kay Kendall. Tanto Mitzi Gaynor como Taina Elg, eran bailarinas expertas y no hubo ningún problema en adecuarlas en los números musicales con Kelly, pero Kendall era sumamente inepta para el baile, aunque la habilidad de Cukor consiguió enmascarar parcialmente este defecto.

La letra y música eran de Cole Porter, quien estaba sumamente enfermo en el momento y necesitaba la ayuda inesti-
mable de Saul Chaplin para permitirle terminar su labor.
Una vez estrenada la película ninguna de las tres actrices
consiguió consolidarse en el cine, ni siquiera Mitzi Gaynor,
quien debería haber sido la sustituta de Vera-Ellen (retirada
del cine ese mismo año.) Kay Kendall, a quienes los productores la auguraban un buen futuro, murió de cáncer poco
tiempo después.

John Patrick escribió el guión sobre una historia de Vera
Caspary que empezaba en un cuarto de Londres donde Lady
Wren (Kendall), una muchacha que anteriormente había formado parte de un grupo denominadas "Las Girls", está me-
tida dentro de un proceso judicial. El motivo: haber publicado unas memorias en las que ella contaba ciertos hechos que
involucraban a su jefe Nichols (Kelly) y a las otras dos muchachas de su grupo (Gaynor y Elg.) Las confesiones de
Kendall, sin embargo, parecen estar en su desacertada visión de los hechos acaecidos, y se hace necesario la declaración de las otras personas involucradas para aclarar todo el
asunto.

El argumento básico, la demanda judicial, no es creíble y
las historias carecen de suficiente profundidad como para
que el público se las tome en serio. Por tanto, solamente nos
quedan los números musicales, de menor ambición que en
otros filmes, pero igualmente válidos. La narración de la historia es confusa y desordenada y al estar estructurada como
tres historias independientes, mediante numerosos
flashbacks, hay momentos en que es fácil perderse en este
desajuste.

Aparte de una muy deleitable realización de Kay Kendall,
quien realiza una buena interpretación cuando desentona

cantando un fragmento de la ópera Carmen, nos queda como escena correcta el número "Why Am I So Gone About That Gal?", una parodia musical de la película de la Columbia de 1953 con Marlon Brando "The Wild Ones", realizada por Kelly y Gaynor.

Premios:

Oscar al mejor vestuario 1957: Orry-Kelly
Nominaciones:
Nominada por la mejor dirección artística 1957: William A. Horning, Gene Allen, Edwin B. Willis, Richard Pefferle.
Nominada al mejor sonido 1957: Dr. Wesley C. Miller

EL ROCK DE LA CÁRCEL 1957
Jailhouse Rock

Director: Richard Torpe
Basada en una historia de: Ned Young
Música: Jeff Alexander

Intérpretes:

ELVIS PRESLEY: Vince Everet
DEAN JONES
JUDY TYLER
VAUGHN TAYLOR
MICKEY SHAUGHNESSY

Con esta película Elvis obtiene por contrato 250.000 dólares, más un 50% de los beneficios. El filme produce unos resultados muy superiores a los esperados y ofrece, además, mejores oportunidades de interpretación a Elvis en su papel de Vicent, un joven impulsivo que acaba en la prisión por un altercado involuntario en un bar. Con sus compañeros de

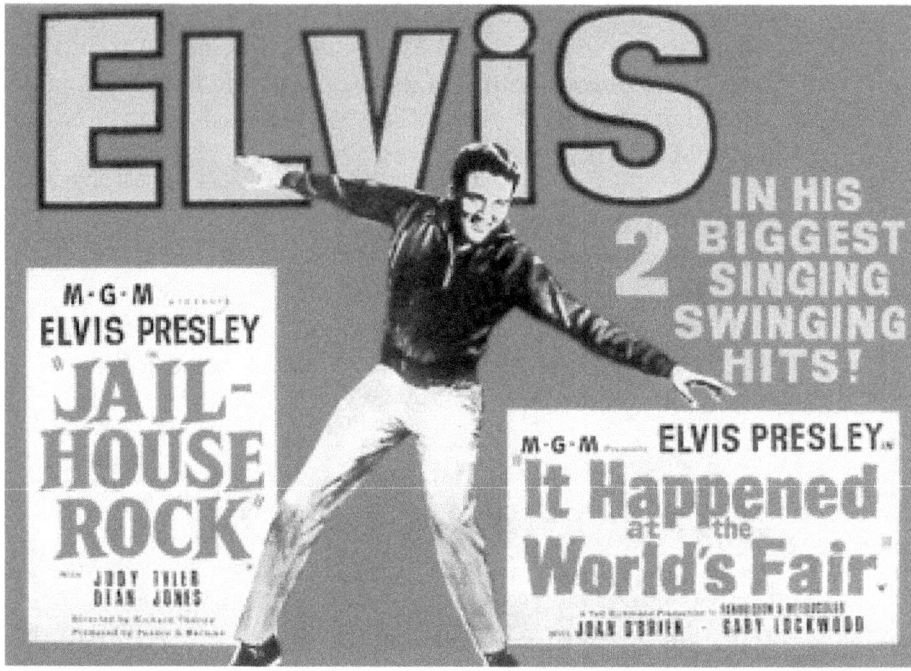

celda y un viejo músico, Vicent aprende a tocar la guitarra en la prisión. Y así, cuando una emisora de televisión retransmite en directo la vida de los presos, liberan inmediatamente al joven, que se lanza entonces al mundo de la canción y se convierte en una gran estrella del Rock, aunque la gloria y el dinero le transforman en una persona sin escrúpulos.

La película es aceptada en esta ocasión muy bien por la crítica, que la consideran un giro muy positivo en la carrera del cantante. Aunque construida exclusivamente para el lucimiento de Elvis, no es solamente un musical sin relieve como otros anteriores. Muy al contrario y gracias a la dirección de un veterano como es Richard Thorpe, la película tiene momentos muy importantes. Elvis interpreta ahora un papel dramático digno, alejado ya de la imagen de showman y de héroe de la canción. Además, la atmósfera de la prisión otorga a la película una gran categoría y salvo algunas concesiones a sus fans, Elvis ya no es un cantante que hace cine sino un actor con carácter.

"Jailhouse Rock" sirvió para mostrarnos a un Elvis más del agrado del público joven que deseaba a un ídolo rebelde, colérico y agresivo, muy próximo a las numerosas bandas de gamberros que proliferaban en los barrios de las grandes ciudades. No querían a un Elvis blando ni haciendo papeles de paleto que llega a la gran ciudad para alcanzar la fama.

Esta película se situó entre las diez más taquilleras de ese año en USA y colocó a Elvis en el puesto número cuatro de los actores más taquilleros del momento.

PAL JOEY 1957
Pal Joey

Productor: Fred Kohlmar
Director: George Sidney
Guión: Dorothy Kingsley
Basado en el musical de: John O´Hara

Intérpretes:

RITA HAYWORTH: Vera Simpson
FRANK SINATRA: Joey Evans
KIM NOVAK: Linda English
BARBARA NICHOLS: Gladys
BOBBY SHERWOOD: Ned Galvin

La banda sonora de John O´Hara/Rodgers & Hart fue un musical que tuvo cierto éxit los años 40 o, en el que el

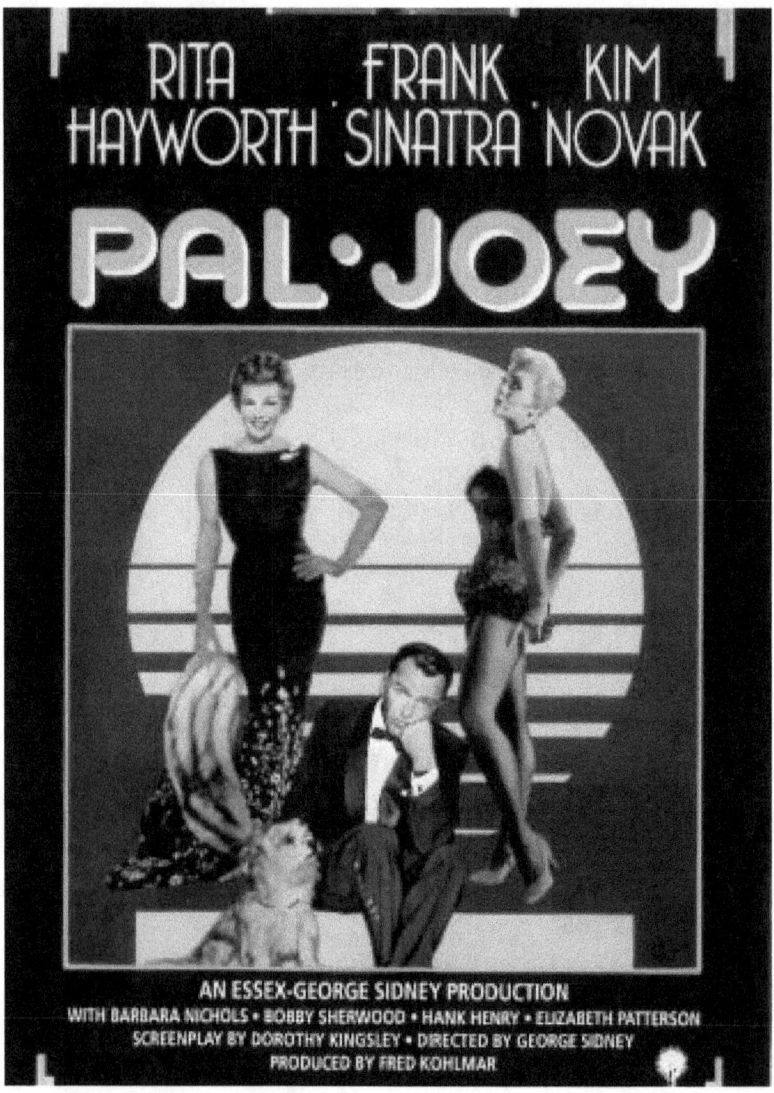

protagonista es un sinvergüenza que consigue trabajar en un club nocturno de San Francisco. Hayworth y Novak luchan por el amor de Frank con resultados diversos; pero la candidez de Novak y su boquita de piñón, terminan imponiéndose.

Luego, la historia nos dulcifica al protagonista, pues realmente en muy honrado y prefiere dejar la vida cómoda en el club regentado por la guapa millonaria Vera, antes que abandonar a su amor Linda.

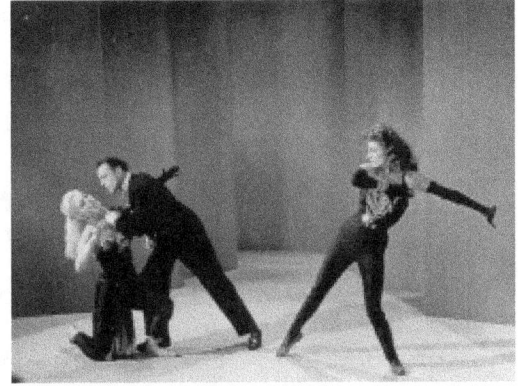

Rita nos deleita con dos bailes, uno tan seductor que es imposible no dilatar las pupilas, y el otro un sueño compartido con Kim Novak. Ésta no es buena bailarina y por eso prefiere simplemente cantar, tan maravillosamente doblada que casi parece ella misma.

En medio, Sinatra, ahora sobrio y sin gesticular ni bailar, pero igualmente atractivo y buen cantante. También hay un perro protagonista, pero como ni habla, ni canta, ni por supuesto baila, no podemos enjuiciarle.

KING CREOLE 1968
El barrio contra mí

Director: Michael Curtiz
Productor: Hal Wallis
Basada en la novela: "A Stone For Danny Fisher" de
        Harold Robbins
Guión: Herbert Baker y Michael V. Gazzo
Música: Warren Low

Intérpretes:

ELVIS PRESLEY: Dann Fisher
WALTER MATTHAU: Maxie Fields
DEAN JAGGER
CAROLYN JONES
VIC MORROW

En enero de 1958 Elvis comienza el rodaje de "King Creole" bajo la dirección del célebre realizador Michael Curtiz, en donde nos cuentan la historia de un joven boxeador de los bajos fondos de Nueva York. En el escenario, adaptado para Elvis, el héroe es capaz de cantar y pelear para sobrevivir en las calles de Nueva Orleáns.

Tratada con un estilo neorrealista, este melodrama musical fue muy bien acogido por la crítica, la cual consideró que los personajes estaban muy bien definidos y analizados, incluido el que interpreta Elvis.

El director gozaba ya de gran fama por la película "Casablanca", la cual obtuvo un Oscar al mejor film, y por haber dirigido a actores de la talla de Errol Flynn, Bette Davis y Humphrey Bogart. El filme estaba pensado para ser interpretado por James Dean y en un principio el reconocido director Curtiz no estaba de acuerdo en que fuera Elvis el actor principal, a quien consideraba una especie de sub-actor sin cualidades dignas de crédito. Posteriormente, y a medida en que avanzaba el rodaje, su impresión fue cambiando y llegó a darse cuenta que el hecho de ser cantante encajaba muy bien en la persona central del argumento.

Elvis por fin cuenta con el aplauso de los críticos y el filme se considera lo mejor de toda su carrera. Bien realizado y con ambiciones de gran película, nos muestra a un Elvis en

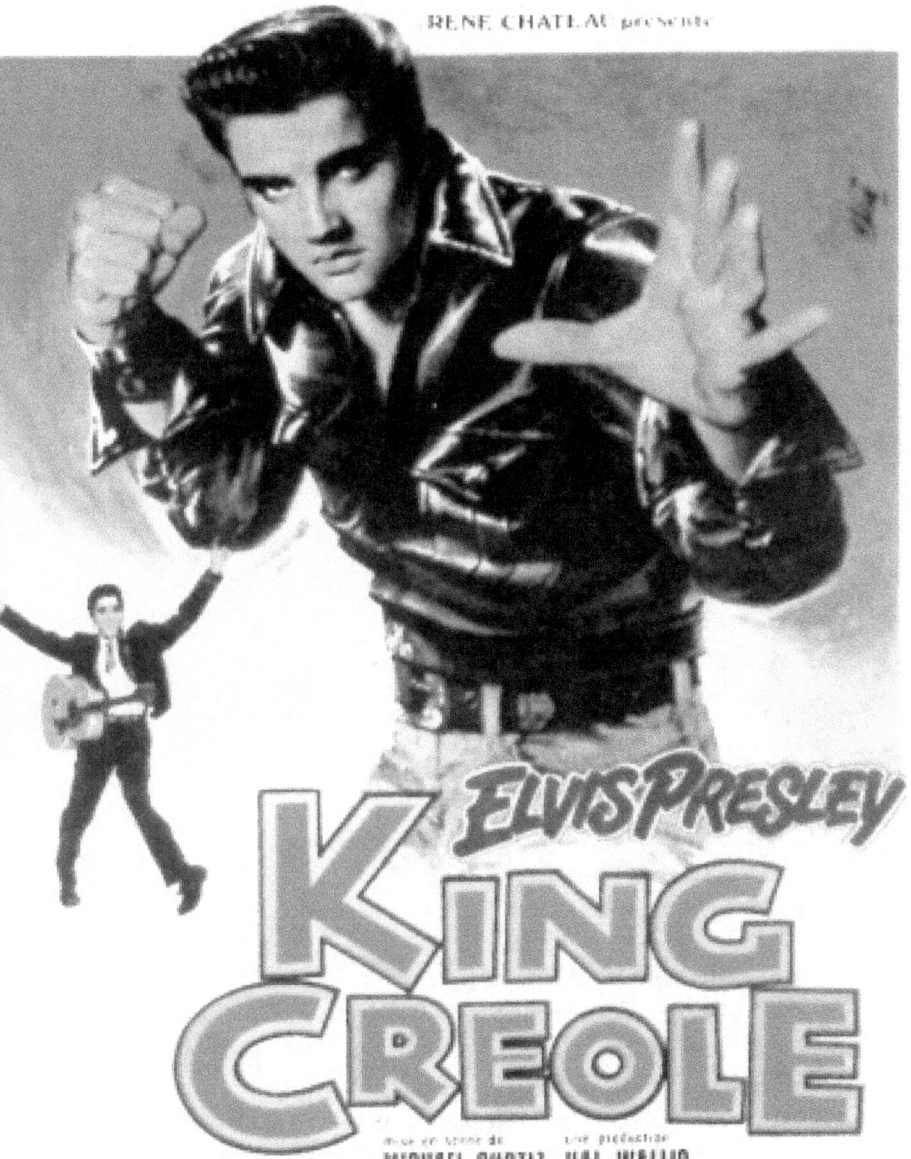

plena madurez interpretativa y supone una experiencia que le faculta para seguir afianzándose en su carrera de actor. Bien secundado por unos actores de gran prestigio, como eran Walter Matthau y Carolyn Jones, la fama de Elvis como actor empezaba a ir emparentada con su trabajo como cantante. La película proporciona cuatro millones de dólares de beneficio en el primer año y la habilidad de Elvis para cantar canciones de música negra asombra a todos.

CON FALDAS Y A LO LOCO 1959
Some like it Hot

Director: Billy Wilder
Guión: Billy Wilder y I.A.L. Diamond
Basada en la obra: "Ellas somos nosotros" de R.
    Taeren y M. Logan
Música: Adolf Deutsch

Intérpretes:

JACK LEMMON: Jerry-Daphne
TONY CURTIS: Joe-Josephine
MARILYN MONROE: Sugar Kane
PAT O'BRIEN: Mulligan
JOE E. BROWN: Osgood Fielding III

El argumento nos habla de dos músicos mediocres que son testigos de la célebre Matanza de San Valentín protagonizada por la mafia en Chicago, y que por ello son perseguidos por dos bandas de mafiosos que quieren así eliminar testigos indeseables. Esto les obliga a disfrazarse de mujeres e incorporarse a una banda musical de chicas de nombre "Sweet Sue's Society Syncopators", que se dirigen a Miami, Lógicamente deben permanecer ocultos bajo los vestidos de

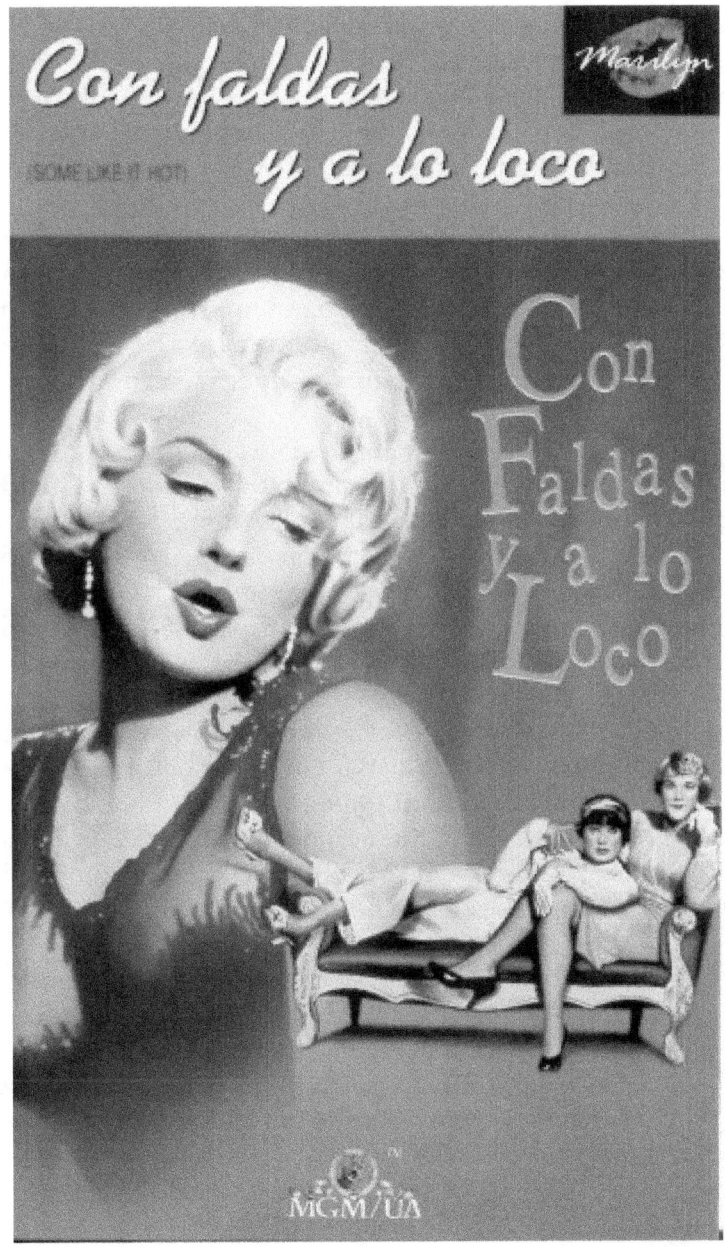

mujer y no desenmascararse ni siquiera con las guapas chicas de la banda musical, ya que los mafiosos sospechan su astuta jugada.

Al llegar a Miami, uno de ellos –el que ha adoptado el delicado nombre de Daphne–, se ve perseguido por un millonario que se ha enamorado de él, mientras que su compañero abandona ya su disfraz de mujer para adoptar la personalidad de un financiero muy rico. Ambos son testigos de un nuevo asesinato y son perseguidos otra vez por los gángsteres, aunque afortunadamente logran ponerse a salvo.

Con tal cantidad de buenos técnicos y actores era lógico que la película alcanzara un gran éxito, siendo una de las primeras ocasiones en que el cine norteamericano mostraba la homosexualidad como una opción más, especialmente en la escena final del filme en la cual Daphne (Jack Lemmon) le confiesa a Osgood (Joe E. Brown) que es un hombre vestido de mujer y este le dice aquello de: "Nadie es perfecto".

La película es ciertamente memorable, no solamente por la acertada dirección de Billy Wilder, sino especialmente por el trabajo de Jack Lemmon (quien hizo el papel que había sido pensado para Frank Sinatra, de lo cual nos alegramos), y la presencia inimitable de Marilyn que logra enamorar sin muchos esfuerzos a todos, espectadores y actores.

Circulan no obstante dos rumores que pretenden descalificarla, aunque uno de ellos es digno de agradecer, como es el relativo a su papel, el cual había sido ofertado en primer lugar a la bailarina rubia Mitzi Gaynor y que ésta rechazó por tener otro compromiso ya firmado. El otro rumor es una supuesta escena que se debió repetir hasta 59 veces a causa de que Marilyn era incapaz de decir con soltura: "¿Dónde está el Bourbon?". Podemos pensar que el problema estuvo

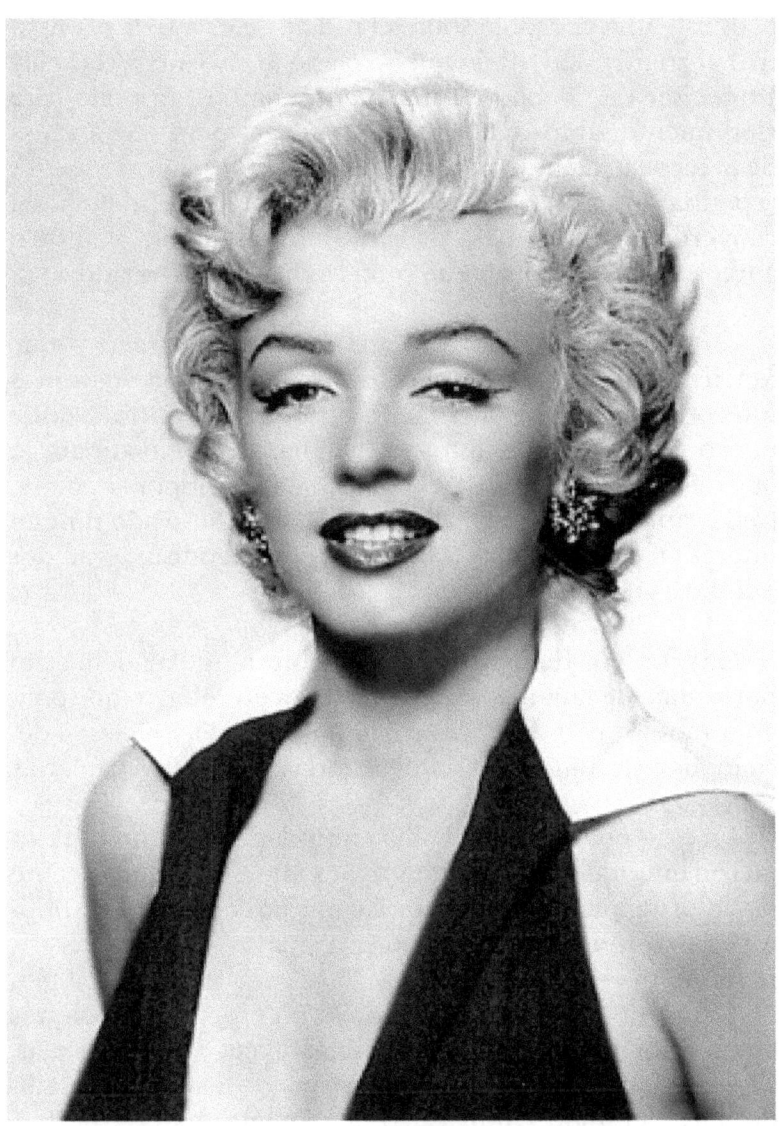

en el afán perfeccionista del director Billy Wilder, el cual era famoso por no querer dejar ningún cabo suelto.

Existe una anécdota sobre el rodaje de esta película relativo al tremendo enfado que se cogió Tony Curtis con ella. Parece ser que debían comerse entre ambos un pollo frito ciertamente sabroso durante una escena, pero que a causa de la torpeza memorística de Marilyn la escena tuvo que ser repetida varias veces, el pollo tuvo que ser recalentado hasta convertirse en una masa de carne impresentable, y al final ambos actores tuvieron que comerlo frío y requemado.

Aunque Billy Wilder era consciente del atractivo que Marilyn tenía en los espectadores y valoraba sus dotes interpretativas para la comedia, no quería contratarla de nuevo a causa de sus numerosas faltas de puntualidad, lo que desquiciaba al resto del equipo. La consideraba una estrella caprichosa y, además, ella no había mostrado ningún interés en esta película en la cual los protagonistas eran dos hombres vestidos de mujer.

Cuando por fin la convencieron, ofertándola además un porcentaje de taquilla, exigió que fuera en color, lo que obligó a modificar todo el vestuario para que ella luciese adecuadamente, aunque después se rodase en blanco y negro.

En esa época Marilyn había engordado bastante y la exigieron que adelgazara al menos diez kilos, lo que ella aceptó en un principio pero que nunca cumplió, ya que los vestidos tuvieron que adaptarse a sus bien ganados kilos de más.

Los retrasos de Marilyn se hicieron crónicos y molestos en un principio, para ser intolerables con el paso de los días, a los que había que sumar un problema de maquillaje añadido: Jack Lemmon y Tony Curtis tenían que aparecer perfectamente afeitados cuando hacían su papel de mujer y la tardanza en acudir de Marilyn –en ocasiones varias horas–, motivaba nuevo afeitado y nueva sesión de maquillaje.

En esa época estaba casada con Arthur Miller y el paciente escritor solía hacer de intermediario entre su esposa y el director, ciertamente hastiado ya de las tardanzas y los plantones de la actriz. Incluso hubo una secuencia en la cual tuvieron que prescindir de Marilyn y es justamente al final, cuando están alejándose en la lancha, ya que en el guión debían estar los cuatro protagonistas y ante una súbita enfermedad de Marilyn la suprimieron, junto a Tony Curtis, de esa escena que debería ser clave para la película.

Cuando por fin finalizó el rodaje, Billy Wilder ni siquiera quiso invitar a Marilyn a la fiesta que celebró en su casa y manifestó a la prensa que había odiado a las mujeres durante todo el rodaje y que ahora por fin conseguía dormir placenteramente. Se reconciliaron en 1960 cuando se estrenó "El apartamento", otra película de Wilder a cuyo estrenó acudió Marilyn con Ives Montand.

Oscar:

Mejor vestuario en blanco y negro.
Nominaciones:
Mejor actor Jack Lemon
Mejor director Billy Wilder
Mejor guión adaptado Billy Wilder y I.A.L. Diamond
Mejores decorados en blanco y negro Ted Haworth y Edward
   G. Boyle

EL MULTIMILLONARIO 1960
Let's Make Love

Productor: Jerry Wald
Director: George Cukor
Guión: Norman Krasna y Hal Kanter

Fotografía: Daniel Fapp
Director musical: Lionel Newman
Compositor: Lionel Newman

Intérpretes:

MARILYN MONROE: Amanda
YVES MONTAND: Jean-Marc Clement
TONY RANDALL: Howard Coffman
FRANKIE VAUGHAN: Tony Danton
WILFRID HYDE-WHITE: John Wales

Estrellas Invitadas:

MILTON BERLE
BING CROSBY
GENE KELLY

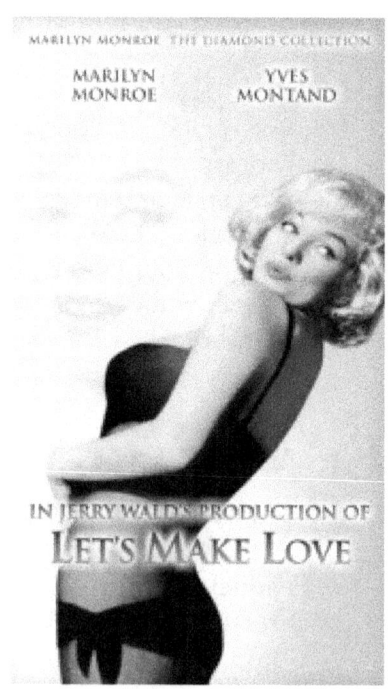

En "El Multimillonario", inspirada en "On The Avenue" (1937), a Yves Montand le tocó hacer el papel del billonario franco-americano que no piensa nada más que en contratar a Milton Berle, Bing Crosby y Gene Kelly para que le enseñen cómo ser cómico, cómo cantar y cómo bailar.

La historia inicial debía estar basada en la vida del magnate Howard Hughes, por supuesto parodiándola, y en principio sería Gregory Peck quien le encarnaría. Pero hubo quien pensó que

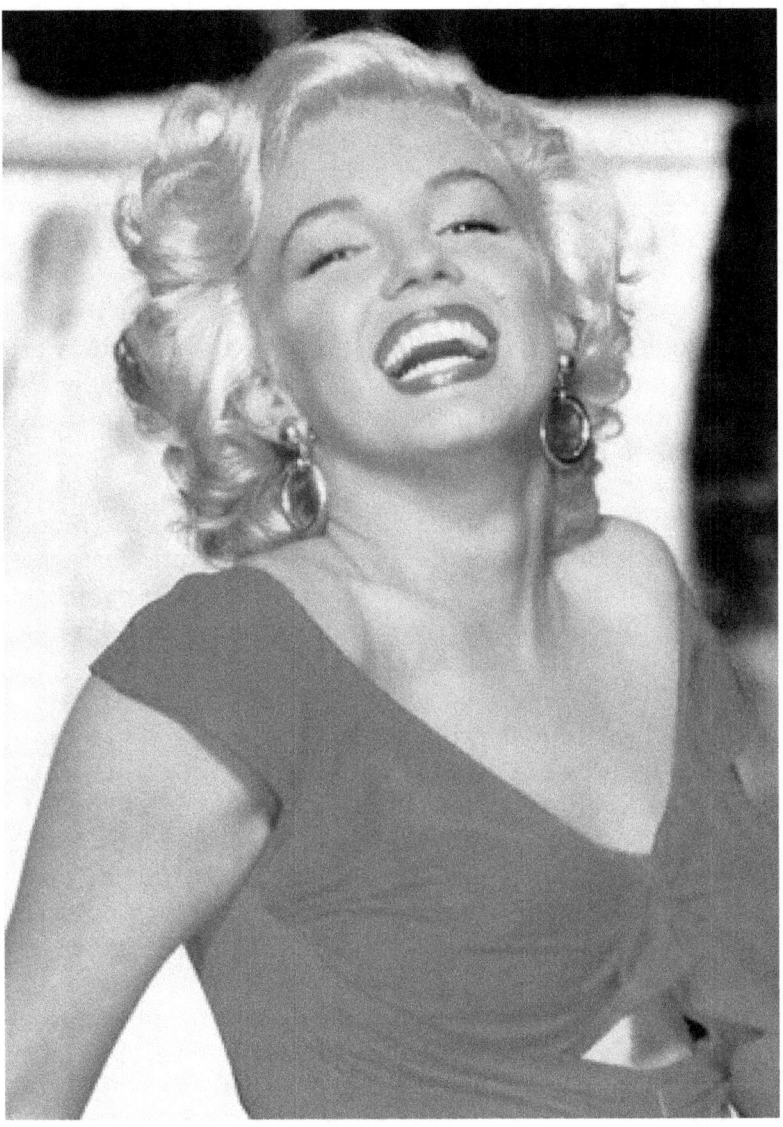

eso podría traer serios problemas legales a la compañía y se decidieron por poner a un francés como cabeza de turco.

Yves Montand sería pues, el alumno malo asistido por un trío de maestros inútiles, quien debería intentar ser un buen actor en la comedia teatral "Hagamos el amor". Montand está enamorado de Marilyn, la guapa rubia que canta sugestivamente "My Heart Belong to Daddy". Esto es algo comprensible porque una chica así entusiasma a cualquiera, pero lo que no es aceptable es que ella le rechace por ser multimillonario.

La solución es muy sencilla: él se disfraza de actor, y así con su pobreza trata de cautivar a la guapa muchacha llamada Amanda. Pero es tan mal actor que solamente inspira lástima y así no hay quien la enamore.

Por eso Montand contrata de manera privada a tres monstruos de la escena mundial, los mejores del mundo, para que le enseñen todos los trucos de la interpretación, el canto y el baile, aunque ella sigue enamorada del cantante Frankie Vaughand.

Aparte de la buena actuación de Mr. Berle y la organización inteligente de la coreografía de Jack Cole, existen otros alicientes en el filme, como la brillante melodía de Cole Porte "My Heart Belong To Daddy" (maravillosamente cantada por Marilyn Monroe) y una buena actuación de Tony Randall. Ives Montand está solamente correcto en su papel de billonario, lo mismo que la dirección de George Cukor.

Bing Crosby y Gene Kelly suponen por sí mismos motivo suficiente para ver la película, aunque la presencia de Marilyn justifica pagar cualquier precio por una entrada.

El resto de los ingredientes son el atractivo cinemascope y la actuación de ese secundario estupendo que es Wilfrid Hyde White.

Premios:
Nominada a la mejor música 1960: Lionel Newman, Earle H. Hagen

CAN-CAN 1960
Can-Can

Productor: Jack Cummings
Director: Walter Lang
Guión: Dorothy Kingsley y Charles Lederer
Basado en el musical de Abe Burrows

Intérpretes:
FRANK SINATRA: Francoise Durnais
SHIRLEY MacLAINE: Simone Pistache
MAURICE CHEVALIER: Paul Barriere
LOUIS JOURDAN: Philippe Forrestier
JULIET PROWSE: Claudine
MARCEL DALIO: André maitre

Esta buena versión del musical de Cole Porter de 1890, fue prohibida en Rusia por inmoral, aunque en Estados Unidos consiguió desbancar en recaudación a la popular Ben-Hur. La historia se centra durante los primeros años del siglo XX, en un París menos liberal que el actual, y en donde se perseguía con especial interés el baile del Can-Can por considerarlo obsceno. Sinatra es un abogado que

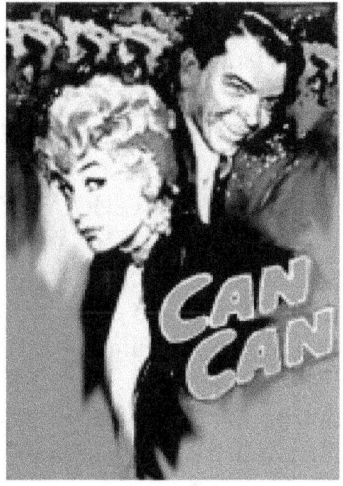

defiende a MacLaine y su derecho a mostrar el "osado" baile en su centro nocturno. Chevalier y Jourdan tratan de inyectar encanto, pero la historia gira en torno a Sinatra y MacLaine.

Nominaciones:

Nominada al mejor vestuario: Irene Sharaff
Nominada a la mejor música: Nelson Riddle

WEST SIDE STORY 1961

Director: Robert Wise, Jerome Robbins
Fotografía: Daniel L. Fapp
Musica: Leonard Bernstein, Saul Chaplin, Irwin Kostal, Sid Ramin
Montaje: Thomas G. Stanford
Coreografía: Jerome Robbins

Intérpretes:

NATALIE WOOD: María
RICHARD BEYMER: Tony
RUSS TAMBLYN: Riff
RITA MORENO: Anita
GEORGE CHAKIRIS: Bernardo
SIMON OAKLAND
WILLIAM BRAMLEY
NED GLASS

Ganadora de un total de diez Oscar de la Academia, incluida Mejor Película de 1961, "West Side Story" hizo renacer con fuerza la afición al cine musical, aunque ahora cambiaron los lujosos escenarios multicolores por los barrios de Nueva York y el chaqué con sombrero por los pantalones

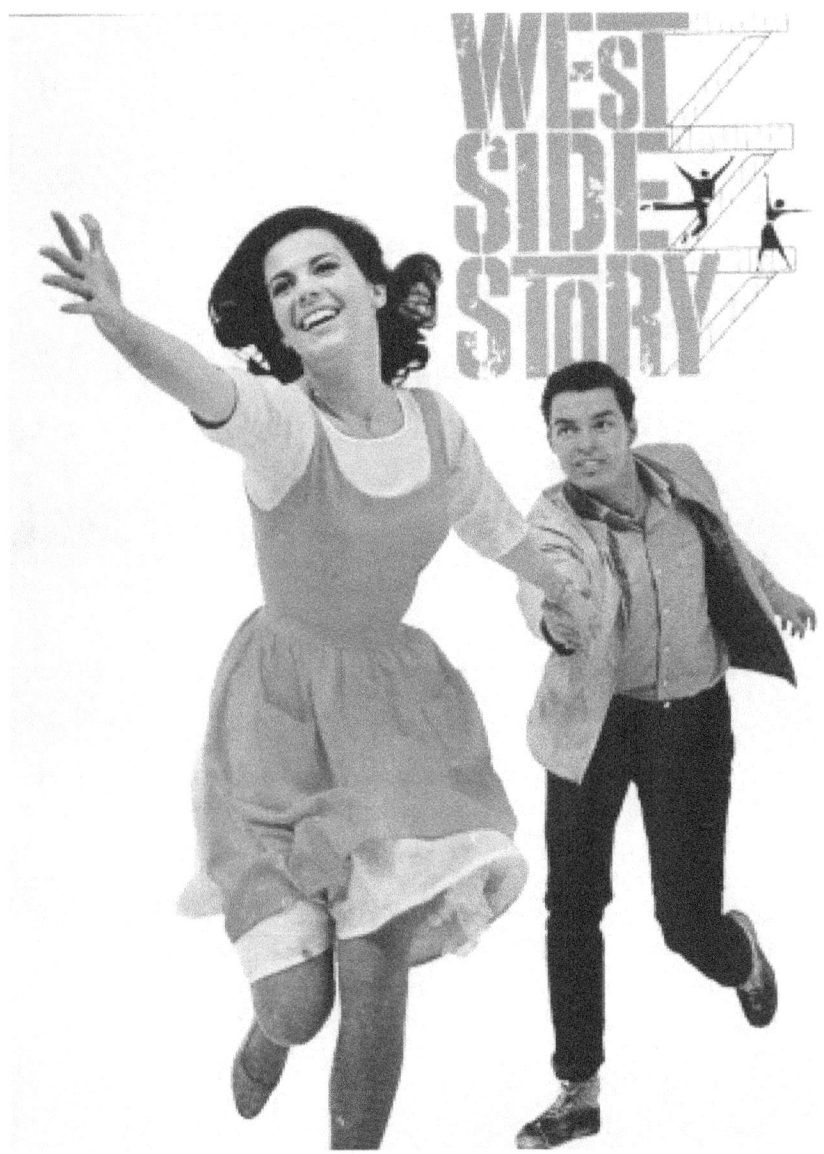

vaqueros y las cazadoras de cuero. Estableció un modelo a
seguir para el cine musical que aún no ha sido superado, en

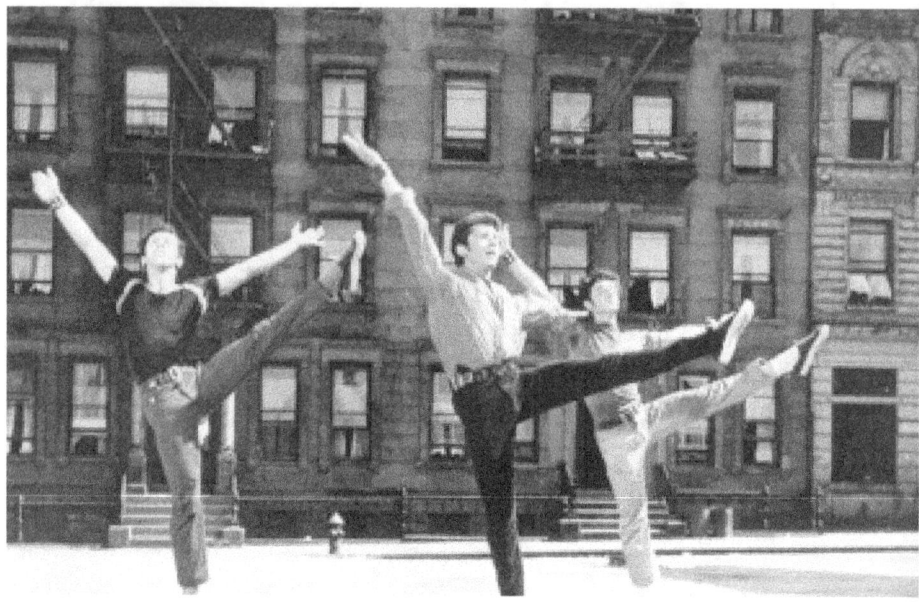

la cual se mezclaban acertadamente la música y el baile con la tragedia.

La historia no difiere esencialmente de Romeo y Julieta, con familias y bandas rivales, aunque existe una concepción totalmente nueva, llevada a cabo con energía, talento y vitalidad, cuando los protagonistas deben pelear mientras bailan. La insuperable dirección de Robert Wise, la apasionante música de Leonard Berstein, las sarcásticas letras de Stephen Sondheim y muy especialmente la genial coreografía de Jerome Robbins, hacen que el paso del tiempo apenas la haya dañado.

La película es la adaptación de una producción de Broadway, pero en contraste con lo que Hollywood solía hacer con sus adaptaciones musicales, todas las canciones escritas por Leonard Bernstein y Stephen Sondheim para el estreno de West Side Story en Broadway se usaron en la película, aunque se hicieron algunas modificaciones para evitar que la violencia y las palabras malsonantes implicaran una calificación moral poco rentable económicamente.

La película retiene también la coreografía original de Jerome Robbins, que es recreada en algunas de las secuencias más asombrosas y acrobáticas que hayan aparecido nunca en una película.

Por eso, hay que reconocer que el gran aliciente de la película es la danza diseñada por Robbins, una combinación de ballet, acrobacia, y jazz. Sin embargo, era delicado poner a bailar a jóvenes que minutos antes habían demostrado ser duros y pendencieros, pues el ridículo estaba muy próximo, aunque la sutileza con la cual se mueven esos jóvenes estuvo muy acertada.

Al principio, todo debería reducirse a un pequeño decorado que simulase los suburbios de la ciudad, aunque posteriormente se fue ampliando y los escenarios casi fueron tan extensos como en una película neoyorquina habitual.

La historia de amor indudablemente es hermosa, especialmente cuando ella canta "I Feel Pretty", o Tony se embelesa con "María" y "Tonight". En esos momentos la lírica casi nos saca del cine y solamente vemos los ojos de los enamorados diciéndose palabras hermosas. En este aspecto, hay que reconocer que Natalie Wood tuvo quizá la mejor de sus interpretaciones, aunque vemos ciertas dificultades para convencernos de que era una portorriqueña. Tampoco nos convenció mucho Beymer, demasiado guapo y pacífico para ser el líder de una banda callejera, del mismo modo que encontramos demasiado risueño al pequeño Tamblyn, buen bailarín pero poco adecuado para hacer de tipo duro.

Una nota curiosa, es que los apartamentos que aparecen en la película fueron demolidos más tarde para levantar el Lincoln Center. A Natalie Wood la dobló en sus canciones Marni Nixon, que también había doblado a Audrey Hepburn en My Fair Lady.

Premios:

Mejor Película
Mejores Actores secundarios
Mejor Director para Robbins y Wise

CITA EN LAS VEGAS 1964
Viva Las Vegas

Director: George Sidney
Productor: Jack Cummings y George Sidney
Coreografía: David Winters
Música: George Stoll

Intérpretes:

ELVIS PRESLEY: Lucky Jordan
ANNE MARGRETT: Rusty Martin
WILLIAM DEMAREST
CESARE DANOVA
JACK CARTER

En ocasiones ocurre que una simple canción es capaz de dar categoría a un filme, tal y como sabemos ha ocurrido en este caso. Si a este detalle añadimos una escena de baile moderno de imborrable recuerdo (nos referimos al dúo entre Presley y Margrett), tan sugestiva y dinámica que se nos hace imposible que se haya logrado teniendo en cuenta que ninguno sabía bailar, nuestro asombro es total.

El atractivo del fil-
me estriba, pues,
en estos factores,
pero también en el
colorido, la ausen-
cia de dramatismo,
la luz, los vestidos ca-
llejeros y hasta en la
tímida sonrisa de
Presley, aquella que
hacía vibrar a sus
fans.

El director Sydney
se encontró antes del
rodaje con un argu-
mento simple, una his-
toria de amor sin gran-
des pasiones y hasta con
secundarios poco efi-
cientes, pero gracias a su
habilidad logró dotar al
filme de un encanto
inigualable. Pregunten a
cualquier aficionado si conocen la canción que da origen
al título y seguro que le pueden
tatarear alguna estrofa, mientras
nos insisten en lo tremendamente sexy que estaba Anne Margrett,
tan embutida en sus mallas negras que parece mentira que
se las pudiera poner sin ayuda.

Nota: Hay otra película, protagonizada por Cyd Charisse y Dan Dayle,
que responde al título de "Meet me in Las Vegas", pero que en

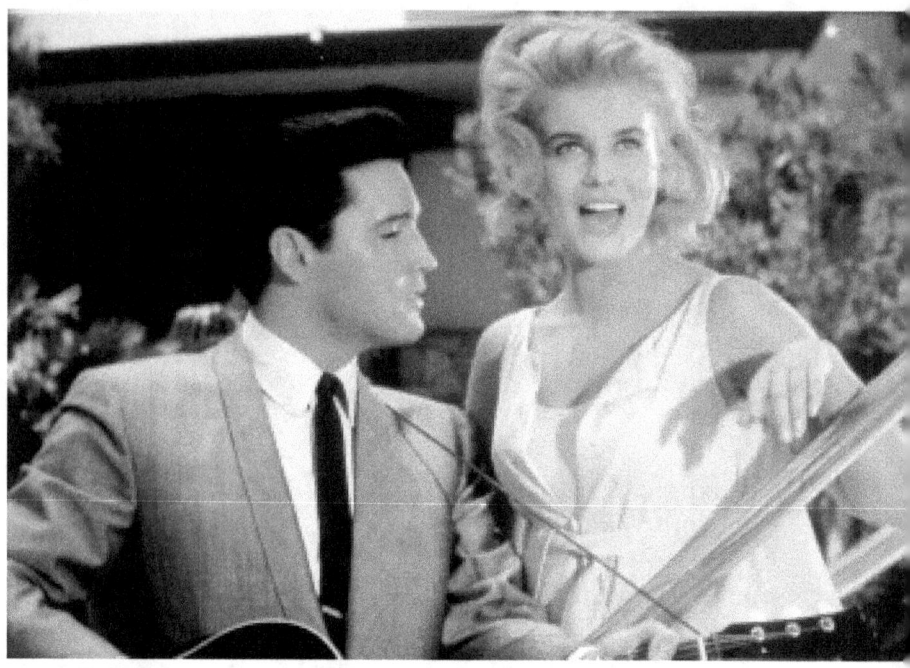

España se estrenó con el título de "Viva Las Vegas", que frecuentemente ocasiona no pocas confusiones.

LOS PARAGUAS DE
CHERBURGO 1964
The umbrella's Cherbourg

Música: Michael Legrand
Director: Jacques Demy
Fotografía: Jean Rabier
Guión: Jacques Demy

Intérpretes:

CATHERINE DENEUVE: Genevieve Emery
NINO CASTELNUOVO: Chico
ANNE VERNON: Madame Emery
MARC MICHEL: Roland Cassard
ELLEN FARNER: Madeleine
MIREILLE PERREY: Tía Elise

Los paraguas de Cherburgo es una de las películas más lacrimógenas de la historia del cine, pero al mismo tiempo una de las que mejor rinde homenaje a los musicales de Hollywood.

Demy se muestra hábil centrándose en los problemas cotidianos, siendo capaz de proporcionar una historia típica de amor y sueños rotos dentro de un torbellino romántico, de color y canciones bellas, para elevar la película por encima de lo que sería un drama sentimental. La idea del guionista era mantenerse fiel a la

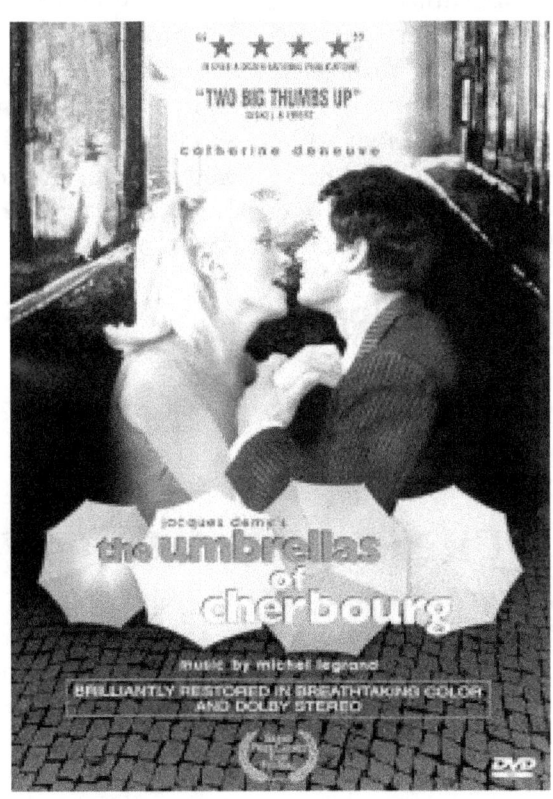

creencia que todos tenemos de la lucha de clases y los sueños de la juventud.

Los actores cantan todos los diálogos al son de la música de Michel Legrand, desde el trabajo en una gasolinera, hasta la declaración de amor entre los amantes. Catherine Deneuve y Nino Castelnuovo, junto con el vestuario multicolor creado para coordinar este bien pintado decorado, en los que se incluyen los edificios recién pintados de Cherburgo, ayudan a Demy a crear un mundo musical de ensueño.

La historia termina trágicamente, pues de ser no ser así las lágrimas no llegarían abundantes a los ojos de los espectadores, pero es suficiente como para que ganara la Palma de Oro y el premio a la mejor actriz del Festival de Cine de Cannes, convirtiéndose en una sensación internacional que catapultó al éxito a la desconocida Catherine Denueve; éxito que aún perdura. En 1992 fue restaurada a su brillantez original gracias a los esfuerzos constantes de Demy, Deneuve, Legrand y la viuda de Demy, Agnès Varda.

Nominaciones:
Nominada al mejor guión
Nominada a la mejor banda sonora
Nominada a la mejor canción.

QUÉ NOCHE LA DE AQUEL DÍA 1964
A hard day´s night

Música: John Lennon, Paul McCartney
Dirección: Richard Lester
Fotografía: Gilbert Taylor
Guión: Alun Owen

Intérpretes:

JOHN LENNON
PAUL MCCARTNEY
GEORGE HARRISON
RINGO STARR
WILFRID BRAMBELL: El abuelo de Paul

Los admiradores de los Beatles, especialmente aquellos que nunca tuvieron la fortuna de poderlos ver trabajar en directo, pudieron dar rienda suelta a sus deseos mediante películas como ésta, en donde se pudieron escuchar sus mejores canciones y saber cómo se comportaban realmente. Para muchos lo que se muestra en "Qué noche la de aquel día" no es una representación realista de 36 horas en la vida del

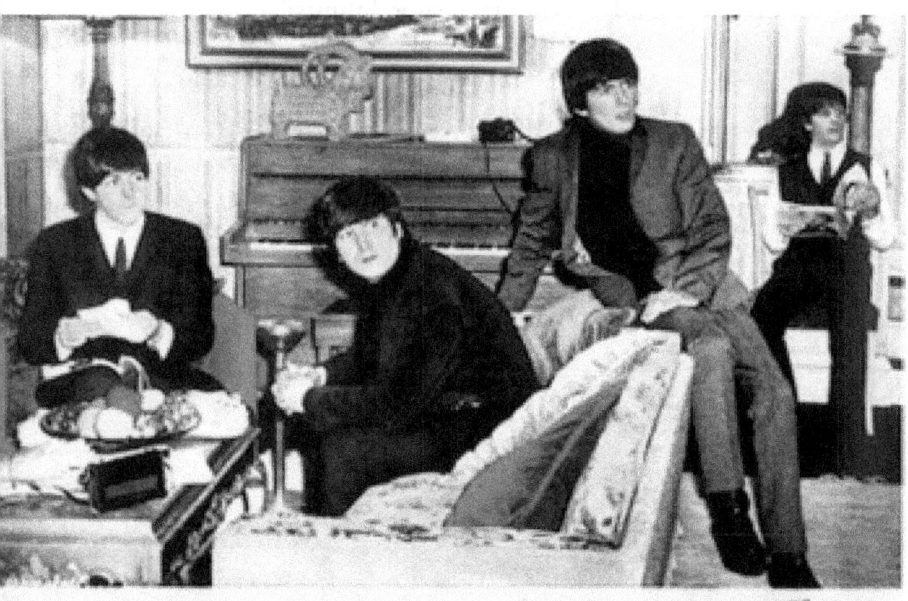

fabuloso cuarteto, pero hay datos que nos indican que posiblemente, y con algunas exageraciones, así trascurrían la mayoría de sus días.

El humor seco y fresco, denominado "inglés", del guión de Alun Owen, es adecuado para ser visto por sus admiradores, pero igualmente es digno para el resto de los espectadores, y aunque los Beatles no fueran los mejores actores del mundo (Ringo Starr reincidió en varias ocasiones), Owen tuvo la inteligencia de dejarles interpretar sus puntos fuertes: el sarcasmo de John, la maleducada personalidad de Ringo, el poder de seducción de Paul, y la actitud tranquila y práctica de George. Los demás actores están perfectos en sus papeles y consiguen robarles un poco de protagonismo a los cuatro músicos, mientras que el estilo visual innovador y preciso de Richard Lester es el aderezo perfecto de la música.

MARY POPPINS 1964

Productor: Walt Disney, Bill Walsh
Director: Robert Stevenson
Guión: Bill Walsh, Don DaGradi
Basada en la novela de: P.L. Travers
Fotografía: Edward Colman
Música: Irwin Kostal

Intérpretes:

JULIE ANDREWS: Mary Poppins
DICK VAN DYKE: BertMr. Dawes, Sr.
DAVID TOMLINSON: Mr. Banks
GLYNIS JOHNS: Mrs. Banks
HERMIONE BADDELEY: Ellen
RETA SHAW: Mrs. Brill

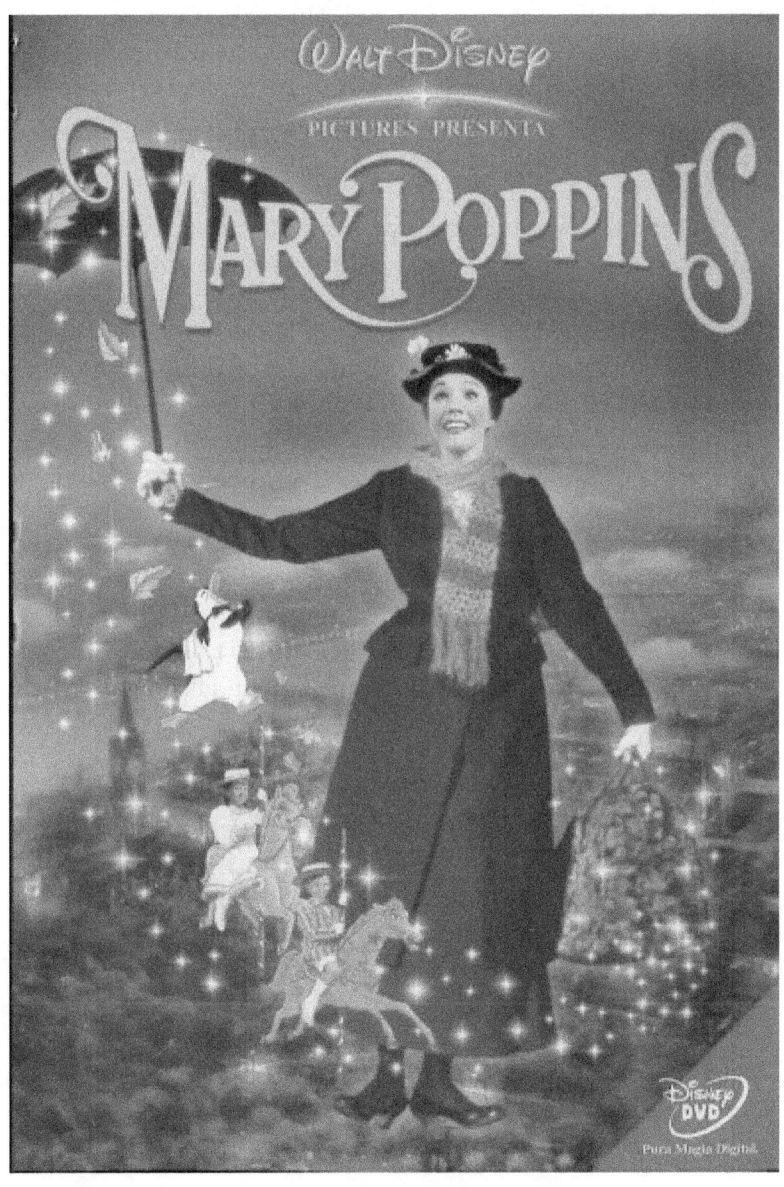

Es difícil encontrar más magia en una película dirigida a los niños, con el aliciente añadido de que también los mayores consiguen disfrutar con esta bella historia. Llegando hasta nosotros mediante un sencillo paraguas, sustituyendo así la tradicional escoba de las brujas, esta institutriz de bello aspecto y risueña como nadie, consiguió entusiasmar sin paliativos a varias generaciones.

La película nos muestra muchos trucos de magia, soportados por efectos especiales que aún hoy nos causan asombro, sin que logren quitar ni un gramo de sentimiento al filme. La historia es lo esencial, superando incluso a la extraordinaria banda sonora y a la buena interpretación de Julie Andrews y Dick Van Dyke. Este bello cuento puede rivalizar sin lugar a dudas con aquel entrañable llamado "El mago de Oz", y todo ello sin llegar a ser empalagoso o sensiblero, pues las lágrimas o el temor no tienen cabida en la historia.

La producción podría ser malinterpretada en manos de cualquier otro, pero Walt Disney se convirtió en un vigilante productor, y ayudado por el director Robert Stevenson consiguieron mezclar esta polifacética historia. Hay tanta diversión y maravilla, que resulta difícil comenzar a destacar algo o alguien. Los guionistas se basaron en la buena obra de P.L. Travers (quien por cierto escribió algunas continuaciones), pero decidieron que había que darle más belleza a Mary Poppins, haciéndola tan atractiva que hasta los adultos se quedaran prendados de ella. La elección de Julie Andrews fue tan acertada que se nos hace difícil saber cómo alguien supo ver en esa desconocida actriz toda una gran estrella.

Y si la protagonista está maravillosa, lo mismo que la historia y los guionistas, la mezcla entre los dibujos animados y los personajes reales es todo un logro del equipo de dibujantes y diseñadores. Por eso, si a estos méritos añadimos los buenos

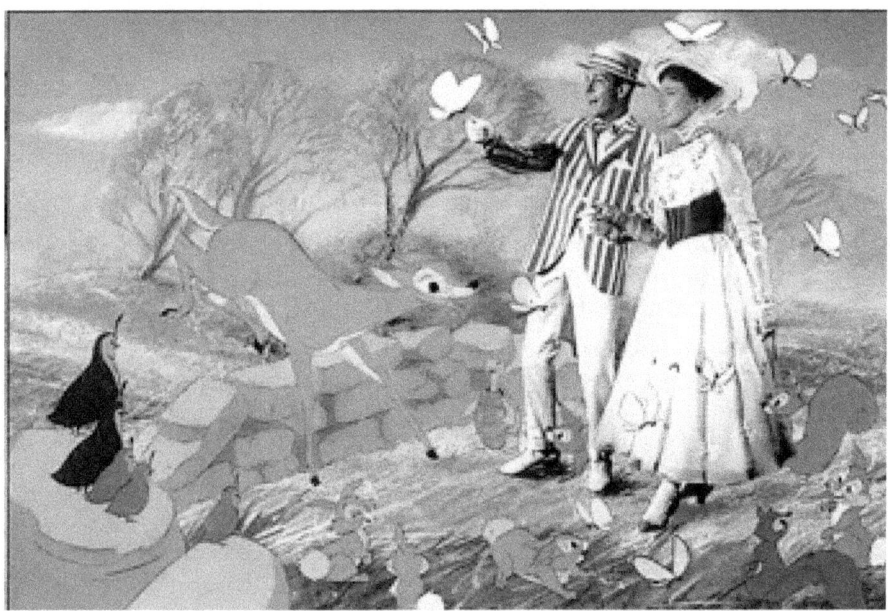

efectos especiales y una banda sonora que cautivó a millones de espectadores, nos encontramos con un filme casi redondo.

Hay momentos memorables en el filme, como el baile en las azoteas de Londres, la ternura de la viejecita alimentando a las palomas, y la escena en que los protagonistas llegan al mundo mágico del cuadro pintado en la acera.

Entre las canciones debemos destacar, "Supercalifragilisticoexpialidoso", "Chim Chim Cheree", "A Spoonful of Sugar", "The Perfect Nanny", "Step in Time", y "A Man Has Dreams".

Premios:

Oscar a la mejor actriz 1964: Julie Andrews
Oscar al mejor montaje 1964: Cotton Warburton
Oscar a la mejor música original 1964: Richard M. Sherman, Robert B. Sherman

Oscar a los mejores efectos especiales 1964: Peter Ellenshaw, Hamilton Luske, Eustace Lycett

Nominaciones:

Nominada a la mejor película 1964

Nominado al mejor director 1964

Nominado al mejor guión 1964: Bill Walsh, Don DaGradi

Nominada a la mejor dirección artística: Carroll Clark, William H. Tuntke, Emile Kuri, Hal Gausman

Nominada a la mejor fotografía 1964: Edward Colman

Nominada al mejor vestuario 1964: Tony Walton

Nominada a la mejor canción 1964: Richard M. Sherman, Robert B. Sherman

Nominada al mejor sonido 1964: Robert O. Cook

MY FAIR LADY 1964

Música: Frederick Loewe

Guión: Alan Jay Lerner

Productor: Herman Levin

Director: Moss Hart

Coreografía: Hanya Hola

Basada en la obra Pygmalion de 1914, escrita por George Bernard Shaw y estrenada en marzo de 1956 en el Mark Hellinger Theatre, (New York)

Intérpretes:

AUDREY HEPBURN: Eliza Doolittle

REX HARRISON: Prof. Henry Higgins

STANLEY HOLLOWAY: Alfred P. Doolittle

WILFRID HYDE-WHITE: Col. Hugh Pickering

GLADYS COOPER: Mrs. Higgins

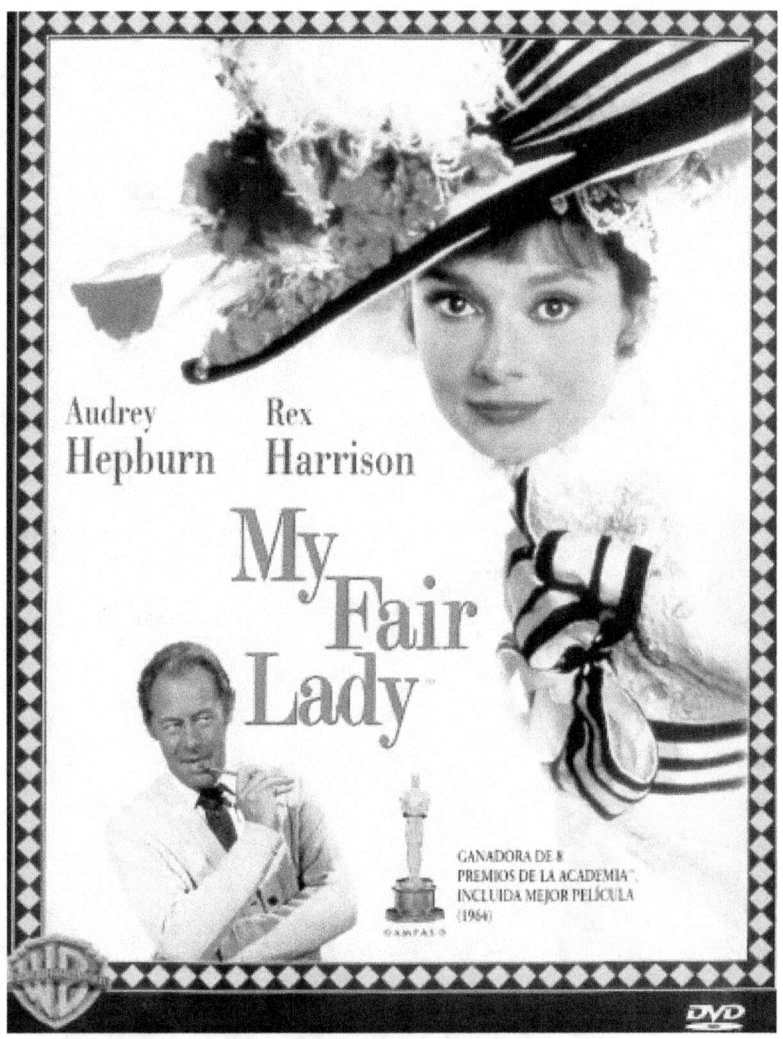

JEREMY BRETT: Freddy Eynsford-Hill
THEODORE BIKEL: Zoltan Karpathy
ISOBEL ELSOM: Mrs. Eysnford-Hill
MONA WASHBOURNE: Mrs. Pearce

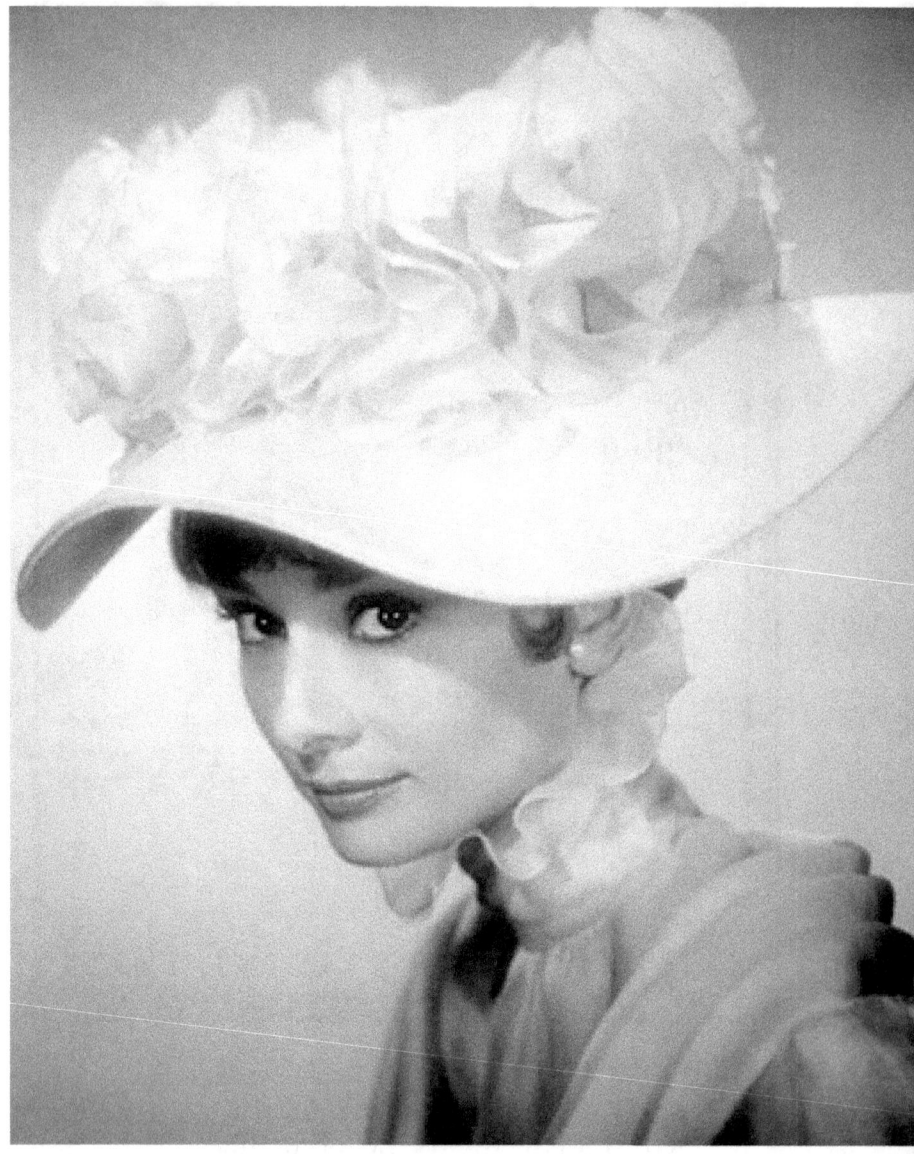

El primer encuentro entre el profesor Henry Higgins, un soltero inteligente, caprichoso, de mediana edad y muy misógino, con Eliza Doolittle se realiza en un barrio popular, cerca de la Casa de la Ópera Real, en el Covent Garden, una noche fría de marzo. Eliza está vendiendo violetas, mientras que Higgins sigue atento para escuchar los interminables nuevos dialectos de Londres. Cuando escucha hablar a Eliza su asombro no tiene límites, pues no es posible que alguien tan joven hable tan mal. Allí conoce también al Coronel Pickering, otro experto lingüístico, que ha llegado para verle, quien le ofrece vivir en su piso. El padre de Eliza, Alfred Doolittle, un insólito optimista que solamente encuentra alicientes en el agrio vino de las tabernas, posee quizá la mejor de las filosofías de la vida, aunque ciertamente poco ortodoxa. Y así, cuando entre Pickering y Higgins se establece una apuesta, Eliza es llevada hasta el piso de Higgins para ser instruida en el correcto idioma inglés, aunque el fin perseguido es conseguir convertirla en una auténtica dama de la nobleza.

Los primeros días se establece una pugna entre ella y él, pues Higgins no la trata como una persona con sentimientos y ella se empeña en demostrar que no es tan bruta de lo aparenta. Poco a poco el experimento progresa, pero en la primera experiencia con la alta sociedad todo sale mal, y cuando la palabra "culo" brota de su boca en el hipódromo con tanta fuerza que todos la escuchan, la desmoralización cunde. Pero después todos retoman el experimento, ella consigue deletrear "la lluvia en Sevilla es una maravilla" y aquel baile de gala delante de sus majestades es un triunfo para Liza, admirada por todos, salvo por Higgins, quien no sabe que ya está enamorado de ella.

Después vienen canciones inolvidables, como "La calle donde tú vives", "Show Me" y "I Could Have Danced All", entre otras muchas, recordándonos que estamos asistiendo a un musical irrepetible, único, de esos que debemos ver varias veces para poder disfrutarlo en su totalidad.

Premios:
Oscar al mejor actor 1964: Rex Harrison
Oscar al mejor Director 1964: George Cukor
Oscar a la mejor Dirección artística y decoración 1964: Gene
    Allen, Sir Cecil Beaton, George James Hopkins
Oscar a la mejor fotografía 1964: Harry Stradling, Sr.
Oscar al mejor vestuario 1964: Sir Cecil Beaton
Oscar a la mejor música 1964: Andre Previn
Oscar al mejor sonido 1964: George R. Groves

Nominaciones:
Nominado al mejor actor secundario 1964: Stanley Holloway
Nominada a la mejor actriz secundaria 1964: Gladys Cooper
Nominado al mejor Guión 1964: Alan Jay Lerner

SONRISAS Y LÁGRIMAS 1965
The Sound of Music

Productor: Robert Wise
Director: Robert Wise
Guión: Ernest Lehman
Basado en el musical de: Richard Rodgers, Oscar
    Hammerstein II, Howard Lindsay y Russel
    Crouse
Fotografía: Ted McCord

Intérpretes:
JULIE ANDREWS: Maria
CHRISTOPHER PLUMMER: Capitan Von Trapp
ELEANOR PARKER: La baronesa
RICHARD HAYDN: Max Detweiler

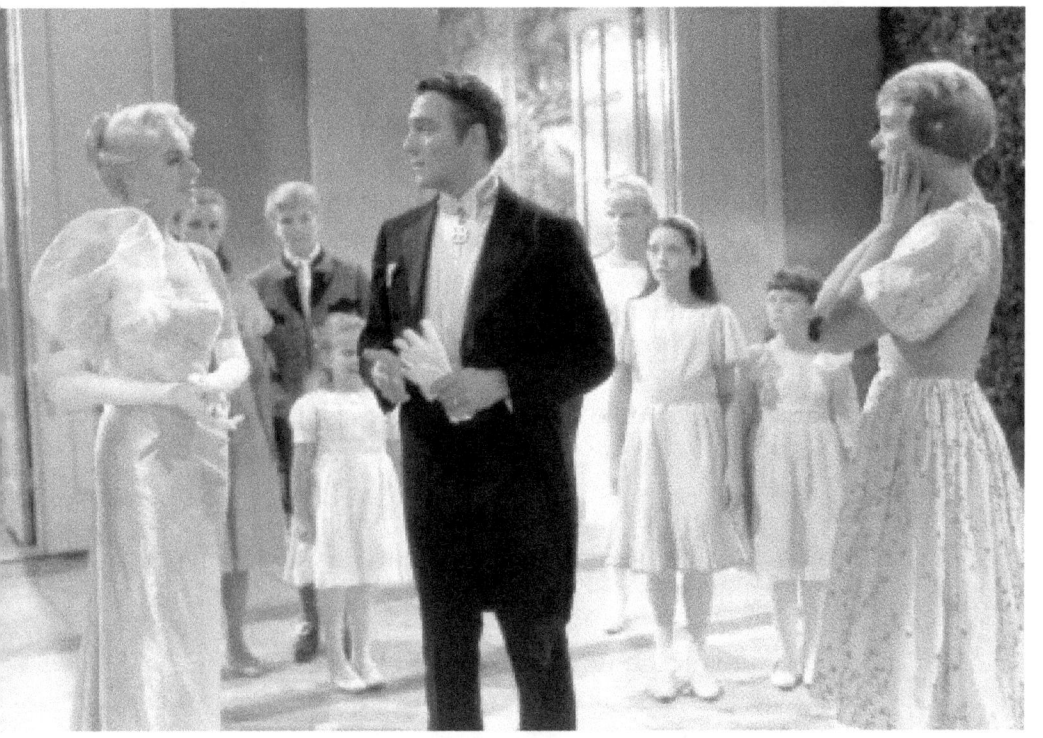

María (Andrews) es una joven novicia de un convento regido por la madre Abadesa (Peggy Wood), una rectora muy severa que no entiende las alegrías de María, pues supone que el convento es un lugar de recogimiento. Un día se da cuenta de que el claustro no es para ella y como todavía cree en los valores de la familia, le propone que se vaya como institutriz a la mansión de un acaudalado barón.

Cuando la joven llega es recibida por el Capitán Von Trapp (Christopher Plummer), un hombre dotado de un gran carisma, pero con el alma rota por la ausencia de su esposa, quien murió dejando a sus siete hijos. Él es un aristócrata típico, muy severo con la educación, pero María percibe que ese hogar necesita un poco de alegría y menos autoridad. Se esfuerza por abrir sus vidas al júbilo y para ello lleva a los niños a dar largos paseos por los Alpes, en donde les enseña canciones y juegos, más que nada cantar "Do, re, mi" y tirarse vestidos al lago. Cuando descubre que los niños están perfectamente dotados para la canción, forma un grupo musical con la ayuda de Max Detweiler (Richard Haydn), quien les propone dar una serie de conciertos. Al mismo tiempo, el Capitán Von Trapp intenta formalizar su compromiso con la rica Baronesa (Eleanor Parker), pero no parece ser rival para el recién nacido amor entre el barón y la novicia.

Filmada durante once semanas en los escenarios naturales de Salzburgo (aunque los interiores pertenecen a los estudios de la Fox), el filme es un obsequio visual y probablemente la mejor propaganda para el turismo austriaco. La historia no fue tan romántica como relatan Richard Rodgers y Oscar Hammerstein, ni por supuesto la joven era tan encantadora como Julie Andrews ni el barón tan atractivo, pero lo cierto es que fueron una familia que tuvo que escapar de la persecución nazi y que dieron conciertos por toda Europa durante varios años.

"Sonrisas y lágrimas" tuvo luego una continuación en la televisión, pues el éxito en el cine duró casi dos años en las carteleras mundiales. La historia de la Familia Trapp la vemos ahora quizá demasiado irreal, pero no hay ninguna posibilidad de que dejemos de emocionarnos con ellos, máxime cuando la banda musical es algo extraordinario, tal y como es habitual en Richard Rodgers y Oscar Hammerstein II. Ya sabemos que nadie es tan dulce como Julie Andrewes, ni los barones poseen esa educación tan exquisita, pero eso no nos impide soñar mientras la estamos viendo.

Entre las canciones debemos destacar la introducción orquestal, con esa escena épica de Julie Andrews girando en

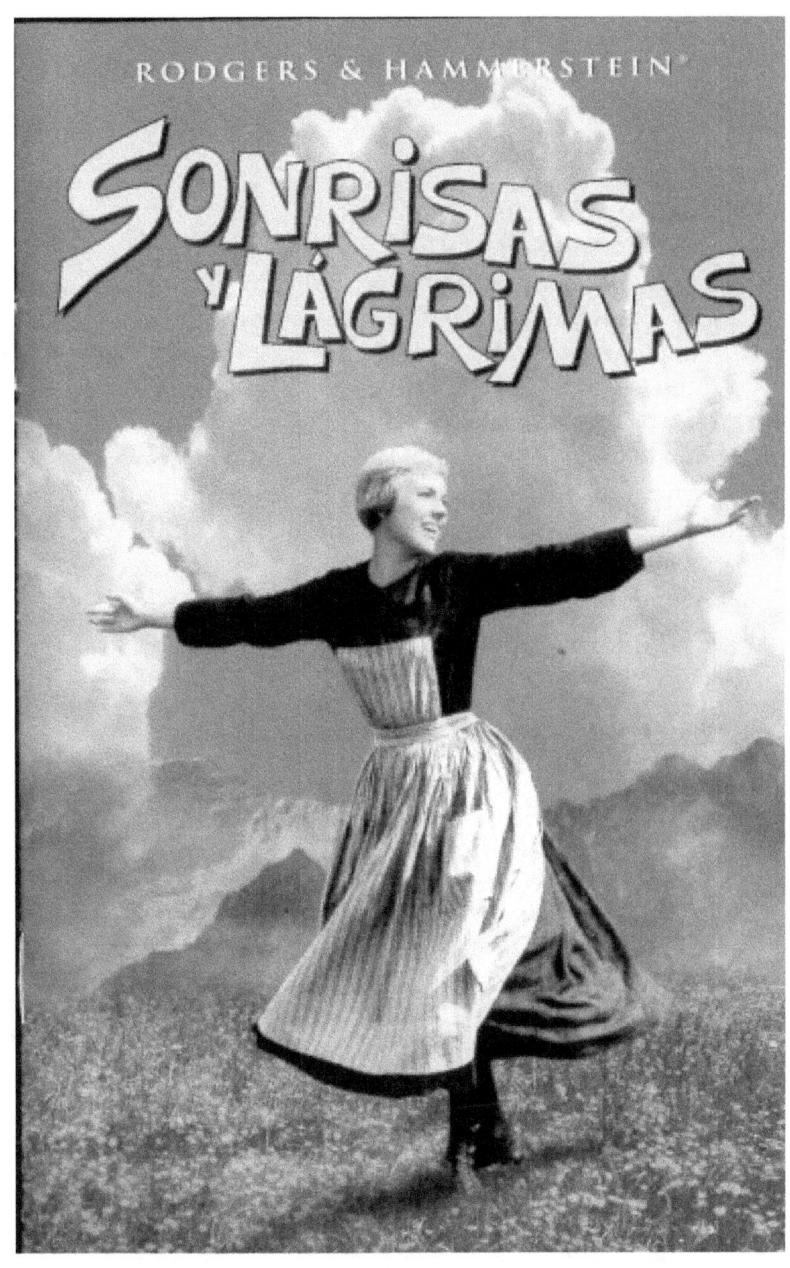

los montes austriacos mientras suena la música, así como "Do Re Mi", "Edelweiss", "So Long, Farewell" y "My Favorite Things".

Premios:

Oscar a la mejor película 1965
Oscar al mejor director 1965: Robert Wise
Oscar a la mejor edición: 1965: William H. Reynolds
Oscar a la mejor música 1965: Irwin Kostal
Oscar al mejor sonido 1965: James P. Corcoran, Fred Hynes

Nominaciones:

Nominada a la mejor actriz 1965: Julie Andrews
Nominada a la mejor actriz secundaria 1965: Peggy Wood
Nominada a la mejor dirección artística 1965: Boris Leven, Walter M. Scott, Ruby Levitt
Nominada a la mejor fotografía 1965: Ted McCord
Nominada al mejor vestuario 1965: Dorothy Jeakins

CAMELOT 1967

Director: Joshua Logan
Guión: T.H. White
Basado en la novela: The Once and Future King
Productor: Joel Freeman, Jack L. Warner

Intérpretes:

RICHARD HARRIS: Rey Arthur
VANESSA REDGRAVE: Guenevere
FRANCO NERO: Lancelot Du Lac
DAVID HEMMINGS: Mordred
LIONEL JEFFRIES: King Pellinore
LAURENCE NAISMITH: Merlyn

Esta película de Joshua Logan, anteriormente un éxito en Broadway, sobre el triángulo de amor entre el Rey Arturo (Richard Harris), Guenevere (Vanessa Redgrave) y Lord Lancelot (Franco Nero), nos aporta ahora mayor énfasis en la historia y las peleas. El tema real de la trama es mostrar una sociedad perdida, grande, con las intrigas habituales y unos acertados números musicales adornados con las canciones de Lerner-Loewe. Éstas son, posiblemente, lo mejor del filme.

Perteneciente a la época en la cual el cine musical estaba ya en declive, los amores de Arturo, Guinever y Lancelot, no acaban de interesar, especialmente después de ver la magnífica "Excalibur", pues la historia se nos muestra falsa y demasiado alejada de la realidad de todos conocida.

Richard Harris hizo un buen trabajo con esta película en su papel del rey Arturo, mientras que Venessa Redgrave no parece encontrarse a gusto siendo el objeto de deseo de dos

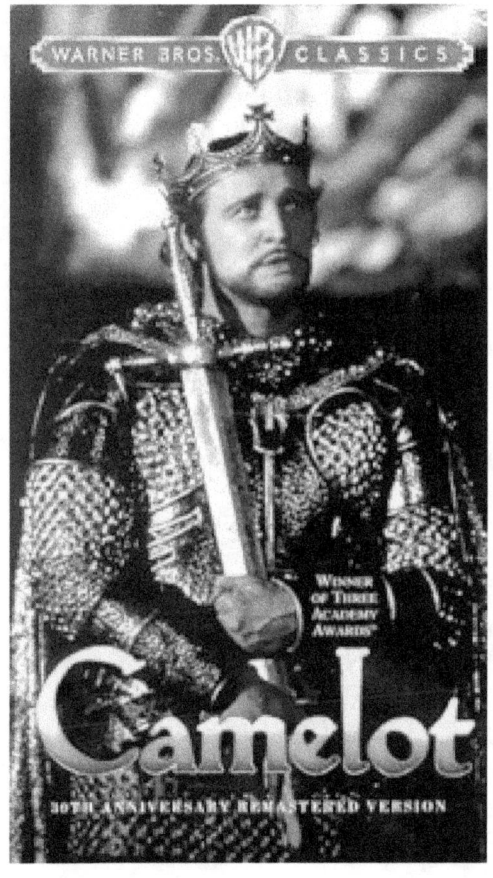

personajes tan importantes en la historia. Sin embargo, la prosa intensa cuando Arturo descubre el amor de Lancelot por Guenevere es una obra maestra, aunque se nos antoja copiada de otras obras, algo habitual en los guionistas de los 60. El tutor de Arthur, el mago Merlín, es otra de las figuras importantes, pues ha conseguido infundir en su pupilo la sabiduría y los deseos de paz, trayendo así la tranquilidad y la justicia a sus dominios mediante el establecimiento de la famosa Mesa Redonda.

Los vestuarios parecen los habituales en estas historias y el paisaje parecía tan real como podría ser.

El sonido, sin embargo, es extraordinario, en especial la música de fondo y la fotografía.

OLIVER 1968

Productor: John Woolf
Director: Carol Reed
Guión: Vernon Harris
Basada en la novela "Oliver Twist" de Charles Dickens
Fotografía: Oswald Morris
Música: Johnny Green

Intérpretes:

RON MOODY: Fagin
SHANI WALLIS: Nancy
OLIVER REED: Bill Sikes
HARRY SECOMBE: Mr. Bumble
MARK LESTER: Oliver Twist

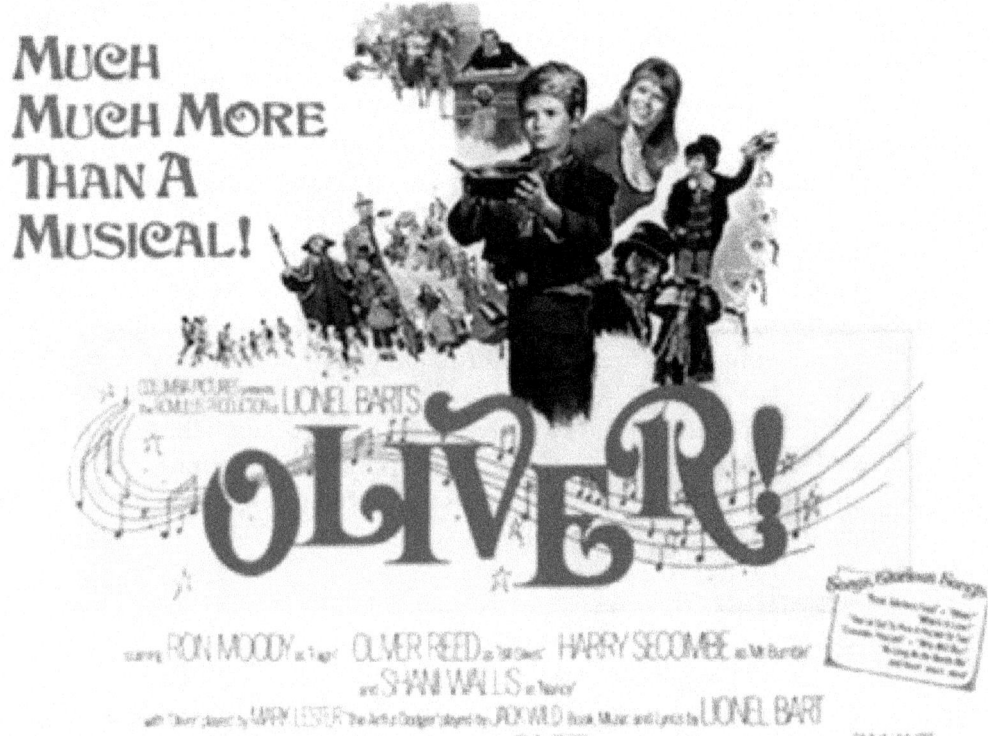

En su estreno en Broadway "Oliver" fue considerado un mediocre musical apto para los niños, aunque la película transforma el material y nos aporta una función musical imaginativa de la novela, dándole un giro lírico, pero algo macabro. El tono más intenso se deja percibir desde los primeros minutos, cuando vemos realizar a los pequeños los primeros bailes.

La historia indudablemente gira en torno a Dickens, y en cierto modo eso ocasiona que seamos más conscientes de las

calidades artísticas del autor. Es como si la película pretendiera dar un tributo a Dickens y, al mismo tiempo, efectuar
un comentario melodramático para contar la historia de
Oliver Twist.

Las canciones (por Lionel Bart) proporcionan el alejamien-
to necesario que nos permite apreciar el patetismo intelectual de Dickens, mientras que el director, Carol Reed, da una
demostración extraordinaria de su habilidad. Él no nos insiste buscando las lágrimas, pero nos toca nuestro orgullo.
Probablemente, el mejor momento es cuando cesa la música.

Cuando Oliver (Mark Lester), que ha estado escuchando
"Quién es Will Buy?," una canción matutina encantadora,
camina a lo largo del sendero, es probablemente la escena
más delicada de toda la película.

Premios:

Oscar a la mejor película 1968
Oscar al mejor director 1968: Sir Carol Reed
Oscar a la mejor dirección artística 1968: John Box, Terence
　　Marsh, Ken Muggleston
Oscar a la mejor música original 1968: John Green
Oscar al mejor sonido 1968: Shepperton Studio Sound
　　Department
Oscar honorífico 1968: Onna White

Nominaciones:

Nominado al mejor actor 1968: Ron Moody
Nominado al mejor actor secundario 1968: Jack Wild
Nominado al mejor guión 1968: Vernon Harris
Nominada a la mejor fotografía 1968: Oswald Morris
Nominada al mejor vestuario 1968: Phyllis Dalton
Nominada al mejor montaje 1968: Ralph Kemplen

LAS SEÑORITAS DE

ROCHEFORT 1968

The Young Girls of Rochefort/
Les Demoiselles de Rochefort

Productor: Mag Bodard
Director: Jacques Demy
Dirección musical: Jacques Demy
Compositor: Michel Legrand
Fotografía: Ghislain Cloquet
Dirección artística: Bernard Evein

Intérpretes:

CATHERINE DENEUVE: Delphine Garnier
FRANCOISE DORLEAC: Solange Garnier
GENE KELLY: Andy Miller
GEORGE CHAKIRIS: Étienne
DANIELLE DARRIEUX: Yvonne
GROVER DALE: Bill
MICHEL PICCOLI: Simón Dame

El director Demy, autor de "Los paraguas de Cherburgo" trata de rendir un homenaje al cine musical de Hollywood, pero le falta contenido a su historia escrita. Michel Legrand repite también como compositor después de "los paraguas...", pero no logra ni una sola canción de impacto.

Gene Kelly, sumamente delgado y demacrado, intenta salvar la calidad del filme pero no lo consigue, especialmente por carecer de bailarines de prestigio a su lado. Ni Catherine Deneuve, ni Francoise Dorléac sabía una palabra de baile, y eso es algo que el público nota en los primeros minutos.

Lo que debía ser un correcto filme musical se convierte en algo desconcertante cuando el argumento nos incluye a un asesino despiadado de mujeres, personaje nada adecuado para una comedia. Mucho nos tememos que la presencia de Gene Kelly fue requerida solamente para conseguir financiación norteamericana.

Nominaciones:

Nominada a la mejor música 1968: Michel Legrand, Jacques Demy

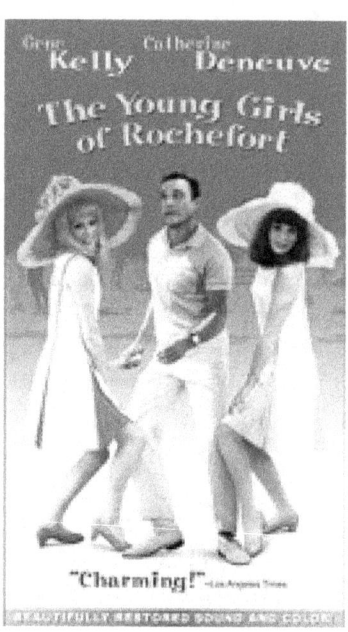

CHITTY CHITTY BANG BANG 1968
Chitty Chitty bang bang

Walt Disney
Director: Ken Hughes

Intérpretes

Dick Van Dyke
Sally Ann Howes
Lionel Jeffries.

Esta vez y a pesar de constituir un éxito comercial importante, no le salieron redondas las cosas al Sr. Disney. El argumento es demasiado complejo, demasiados personajes, lo que hace que el público infantil se canse pronto de tratar de entender lo que le cuentan. Basado en una novela de Ian

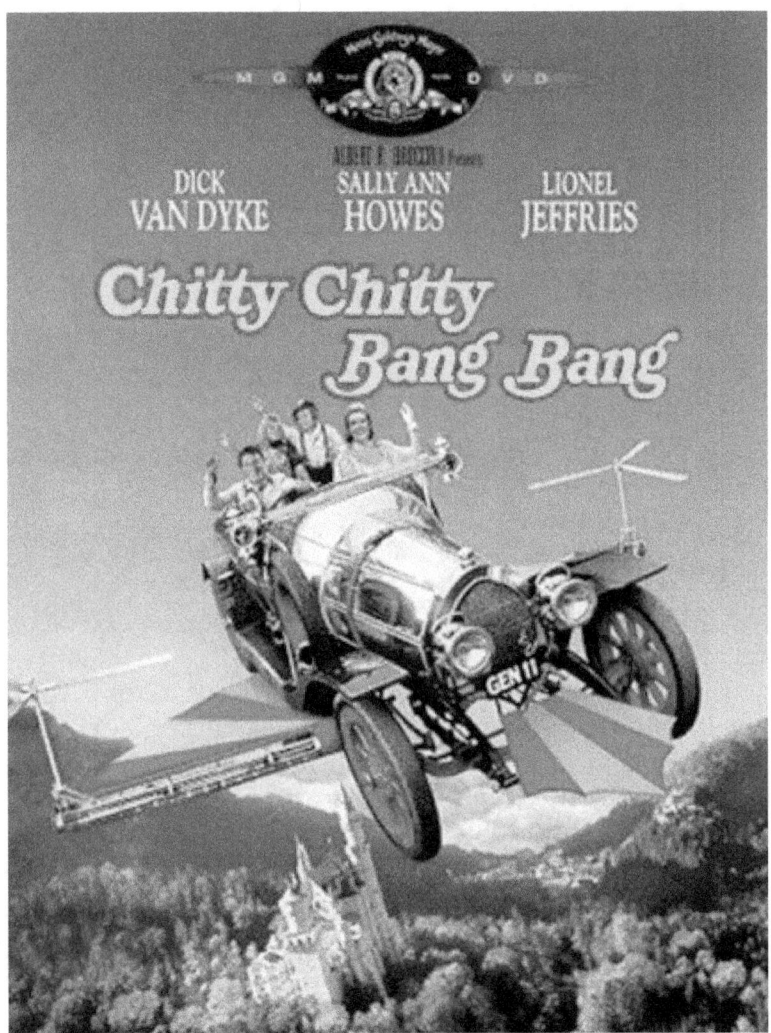

Fleming (el autor de 007), nos habla de un inventor ciertamente estúpido al que le salen las cosas bien casi siempre.

Podemos destacar, sin embargo, la canción que da título a la película, así como el vuelo del coche e incluso sus andanzas por el mar. Este filme tampoco consiguió cautivar a las generaciones posteriores y su pase en televisión o al mercado del vídeo, no tuvo apenas repercusión comercial. Ahora, no obstante, muchos años después, es considerado ya un clásico del cine infantil.

SUBMARINO AMARILLO 1968
Yellow Submarine

Director: George Dunning
Guión: Al Brodax
Fotografía: John Williams
Música: Los Beatles

Intérpretes:
The Beatles

Este nuevo tipo de arte cinematográfico entusiasmó a una generación de aficionados, aunque la carencia de diálogos ocasionó su gran fracaso económico. Las versiones animadas de los Beatles, yendo al rescate de las personas de Pepperland y salvándolos del Meanies Azul usando las armas de amor y música, pudieran haber dado un resultado extraordinario solamente no rompiendo todos los moldes. Amable, lleno de chistes visuales, y entretenido hasta la mitad de la historia, supone un intento fallido a pesar de sus aciertos.

Los aficionados pudimos escuchar nada menos que 10 canciones de Los Beatles, así como disfrutar de una brillante animación coloreada, pero enlazada bajo un débil argumento. Podría haber sido un simple catálogo de imágenes sueltas y nos hubiera dado igual.

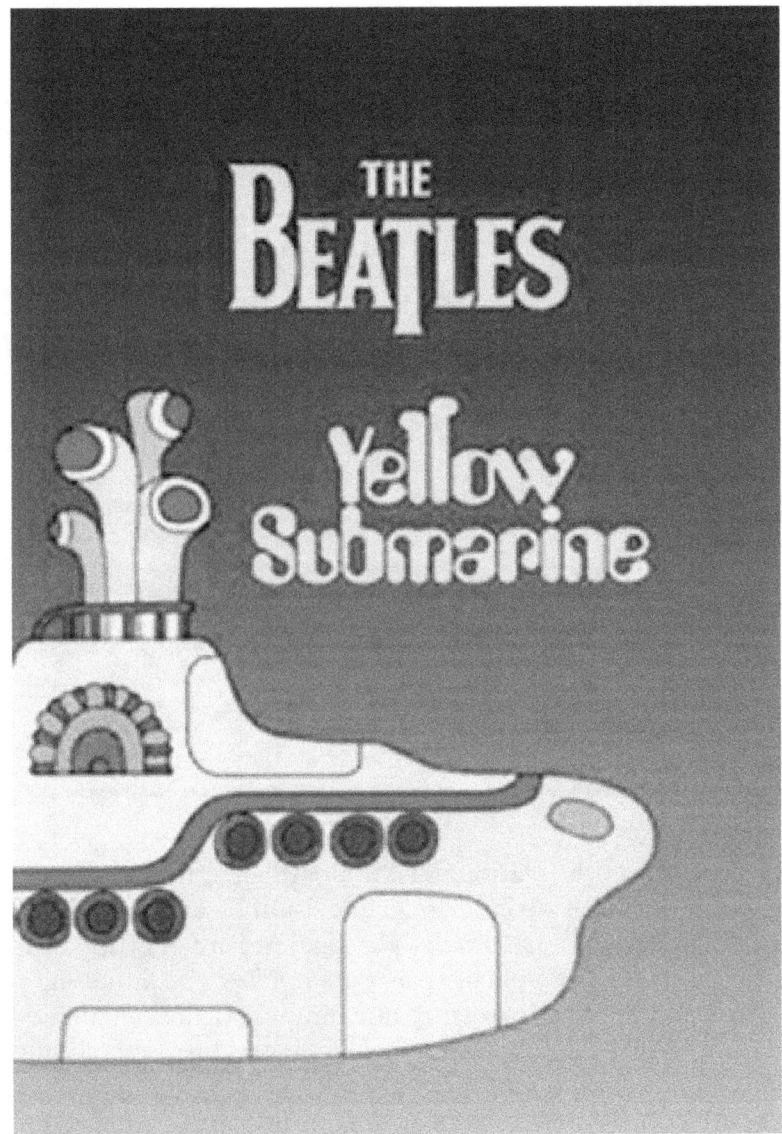

Se trata del primer y único largometraje dirigido por el canadiense George Dunning, quien comenzó su trayectoria

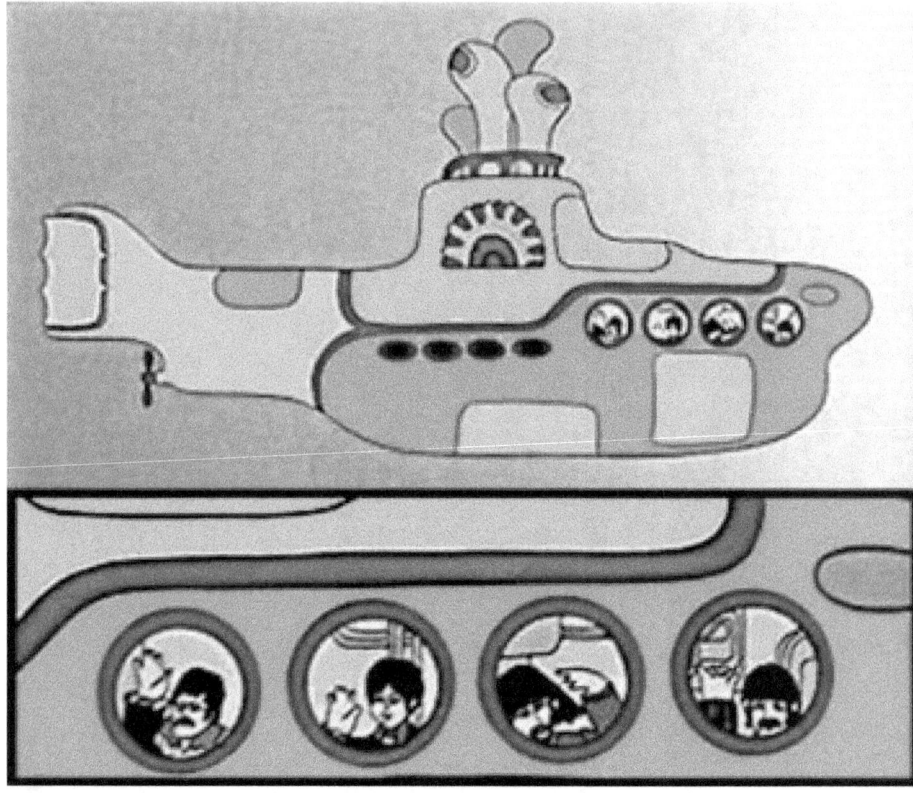

profesional en el National Film Board of Canada, siendo igualmente autor de la serie de televisión de animación con Los Beatles como principales personajes. Para el grupo musical fue la tercera película tras *Qué noche la de aquél día* y *Help!,* aunque ahora sabemos que ninguno de los personajes de animación que representan a Los Beatles fue doblado por los propios componentes del grupo.

Para los fans debemos advertir que su aparición real tan sólo tiene lugar al final de la película.

MILLIE, UNA CHICA MODERNA 1967
Thoroughly Modern Millie

Productor: Ross Hunter
Director: George Roy Hill
Guión: Richard Morris
Fotografía: Russell Metty
Música: Andre Previn

Intérpretes:

JULIE ANDREWS: Millie Dillmount
MARY TYLER MOORE: Dorothy Brown
CAROL CHANNING: Muzzy Van Hossmere
JAMES FOX: Jimmy Smith
BEATRICE LILLIE: Mrs. Meers
JOHN GAVIN: Trevor Graydon
JACK SOONORIYUKI "PAT" MORITA: Oriental

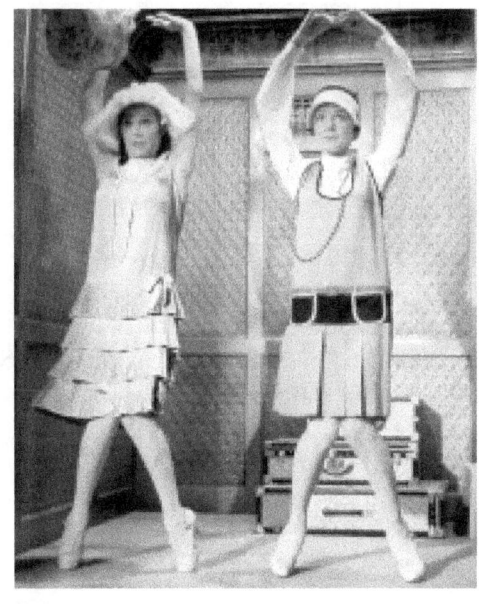

Producida por Ross Hunter, este mediocre musical ambientado en los años veinte, no tuvo apenas trascendencia entre los espectadores, y eso que estaba protagonizado por Julie Andrews y la popular estrella de la televisión Mary Tyler Moore.

Mal dirigida por George Roy Hill, a pesar de que los actores intentaron darle calidad al filme, los espectadores no sintieron ningún interés por este par de chicas provincianas en busca de triunfos en la gran ciudad. Aunque Andrews consiguió remontarse en el cine, para Mary Tyler Moore supuso un fracaso que la mantuvo apartada de las carteleras durante diez años. También se mueven discretamente John Gavin, Beatrice Lillie, Carol Channing, Louis Armstrong y Pat Morita, aunque entre todos consiguieron incluso ganar un Oscar.

Premios:

Oscar a la mejor música original 1967: Elmer Bernstein

Nominaciones:

Nominada al mejor actor secundario 1967: Carol Channing
Nominada a la mejor dirección artística 1967: Alexander Golitzen, George C. Webb, Howard Bristol
Nominada al mejor vestuario 1967: Jean Louis
Nominada al mejor sonido 1967: Universal City Studio Sound Department

FUNNY GIRL 1968
Funny Girl

Productor: Ray Stark
Director: William Wyler
Guión: Isobel Lennart
Basada en el musical de Jule Styne, Bob Merrill y Lennart
Fotografía: Harry Stradling
Director: William Wyler

Intérpretes:

BARBRA STREISAND: Funny Brice

OMAR SHARIF: Nicky Arnstein
KAY MEDFORD
ANNE FRANCIS
MAE QUESTEL
WALTER PIDGEON: Ziegfeld

Funny Girl, uno de los musicales más populares de la historia del cine, relata los primeros años en la carrera de la actriz cómica Funny Brice, un papel por el que Barbra Streisand consiguió el Oscar a la Mejor Actriz en 1968. Con una soberbia actuación en la que nos demuestra sus aptitudes como cantante y cómica, nos deleitamos también con unos diálogos ingeniosos que parecen estar improvisados. Interpretando al jugador sombrío Nicky Arnstein, Omar Sharif se muestra flemático y hasta con cierta realeza, con una sonrisa profesional dolida por tener que tratar a tanta gente vulgar. El talento de Streisand se muestra mejor que en otros filmes, quizá porque estuvo dirigida por William Wyler y contaba con los números musicales de Herbert Ross.

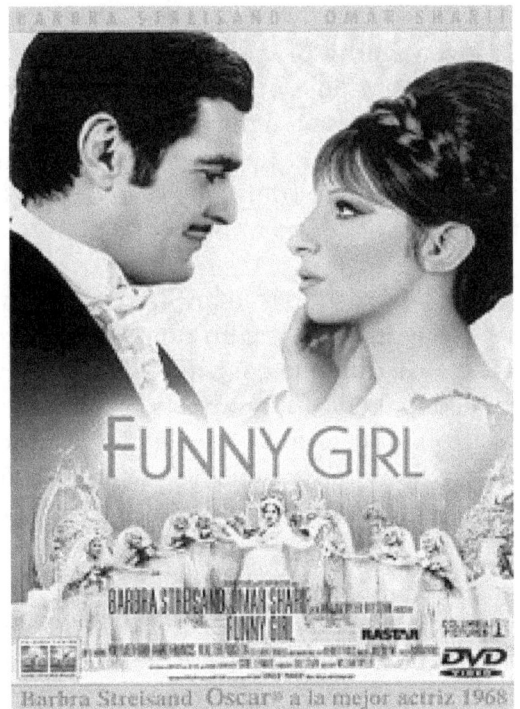

Centrada en los primeros años del siglo XX, vemos a

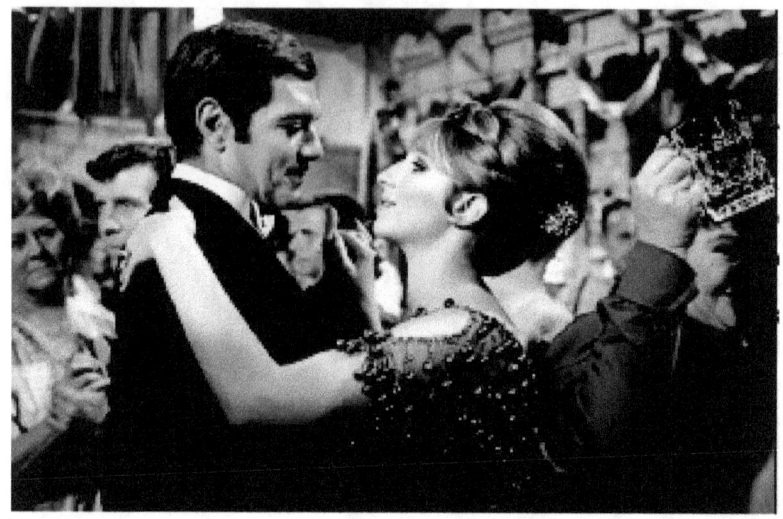

la joven Funny Brice (Streisand), un patito feo con una ambición imparable por ser una estrella, pues está determina-
da a salir de su bajo nivel de vida. Cuando pierde un trabajo
como corista en el Keeney's Music May, intenta entonces realizar un número sobre un patín de ruedas, pero resbala y su
actuación ocasiona enormes risas en los espectadores.

Nicky Arnstein (Omar Sharif), un jugador profesional, la
ve y le ayuda a conseguir una entrevista con Ziegfeld (Walter
Pidgeon), quien la contrata para su nuevo espectáculo. Pero
en el debut ella aparece vestida como una novia embarazada,
ocasionando el furor de Ziegfeld, aunque impresiona a la
muchedumbre. Ziegfeld debe rectificar su deseo de despedirla
y le permite quedarse en el espectáculo y escoger sus pro-
pias canciones.

Entre los muchos números musicales de la película que
perduran en la memoria está "People", un tema clásico de
Barbra Streisand.

Premios:

Oscar a la mejor actriz: 1968: Barbra Streisand

Nominaciones:

Nominada a la mejor película 1968
Nominada a la mejor actriz secundaria 1968: Kay Medford
Nominada a la mejor fotografía 1968: Harry Stradling, Sr.
Nominado al mejor film editado 1968: Robert Swink, Maury Winetrobe, William Sands
Nominada a la mejor música 1968: Walter Scharf
Nominada al mejor sonido 1968: Columbia Studio Sound Department

AL FINAL DEL ARCO IRIS 1968
Finian's Rainbow

Productor: Joseph Landon
Director: Francis Ford Coppola
Guión: E.Y. Harburg, Fred Saidy
Basado en el libro de: E.Y. Harburg y Fred Saidy
Fotografía: Philip Lathrop
Música: Ray Heindorf

Intérpretes:

FRED ASTAIRE: Finian McLonergan
PETULA CLARK: Sharon McLonergan
TOMMY STEELE: Og, the Leprechaun
DON FRANCKS: Woody Mahoney
KEENAN WYNN: Judge Rawkins

La fantasía mezclada con la realidad, el folklore y el romance irlandés, son los ingredientes que han hecho de "Al final del arco iris" uno de los grandes musicales, aunque bastante desconocido. La historia nos habla de Finian McLonergan, nativo de Glocca Morra, Irlanda, quien sabe el secreto de los americanos millonarios. Mediante un proceso matemático, de lógica y mucha imaginación, ha encontrado la respuesta: es el suelo de la fortaleza Knox lo que origina el fenómeno, pues hay algo mágico allí. Parece ser que hay ciertas energías atómicas en el oro acumulado en la fortaleza Knox que originan el prodigio e irradian una influencia de gran alcance a través de América, fertilizando las naranjas en la Florida, activando las plantas de fabricación en Detroit y produciendo una cosecha de parachoques millonarios.

¿Si este razonamiento es falso, entonces porqué se acometió la epopeya de buscar el oro de la tierra en California durante 1849, si poco después se iba a encerrar en la fortaleza? ¿Para qué cambiarlo simplemente de lugar? Ésta es la teoría de McLonergan, y su conclusión es que cualquier hombre puede enterrar un poco de oro en la tierra, cerca de la fortaleza Knox, y hacerse millonario. Y así, con la ayuda de gnomos, elfos y duendes, nuestro amigo se pone manos a la obra para hacerse millonario.

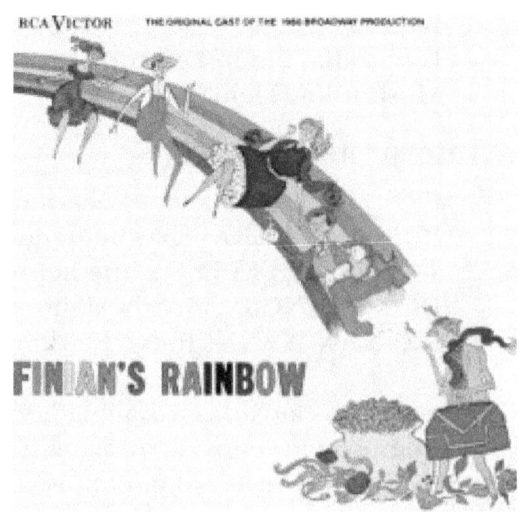

Indudablemente algunas de las conclusiones de esta opereta son difíciles de asimilar, pero considerado el proyecto en su totalidad debemos admitir que el por entonces joven Francis Ford Coppola realizó una de sus mejores películas. Para llevar a buen fin esta idea se unieron a Pétula Clark, Al Freeman junior y Keenan Wynn; sin embargo, será precisamente Fred Astaire, como Puckish, junto a Tommy Steele, quienes consigan seducir a los espectadores.

Nominaciones:

Nominada a la mejor música adaptada 1968: Ray Heindorf
Nominada al mejor sonido 1968: Seven Arts Studio Sound Department

LA LEYENDA DE LA CIUDAD SIN NOMBRE 1969
Paint Your Wagon

Director: Joshua Logan
Productor: Alan Jay Lerner, Tom Shaw
Fotografía: William A. Fraker, Loyal Griggs, Nelson Tyler
Musica: Alan Jay Lerner, Andre Previn

Intérpretes:

LEE MARVIN: Ben Rumson
CLINT EASTWOOD: Pardner
JEAN SEBERG: Elizabeth
HARVE PRESNELL: Rotten Luck Willie
RAY WALSTON: Mad Jack Duncan

"La Leyenda de la Ciudad sin Nombre" es una divertida combinación de western y comedia, adornada con una partitura prodigiosa de Lerner y Loewe, con la cual se atreven los propios actores, en especial Lee Marvin, quien con su regis-

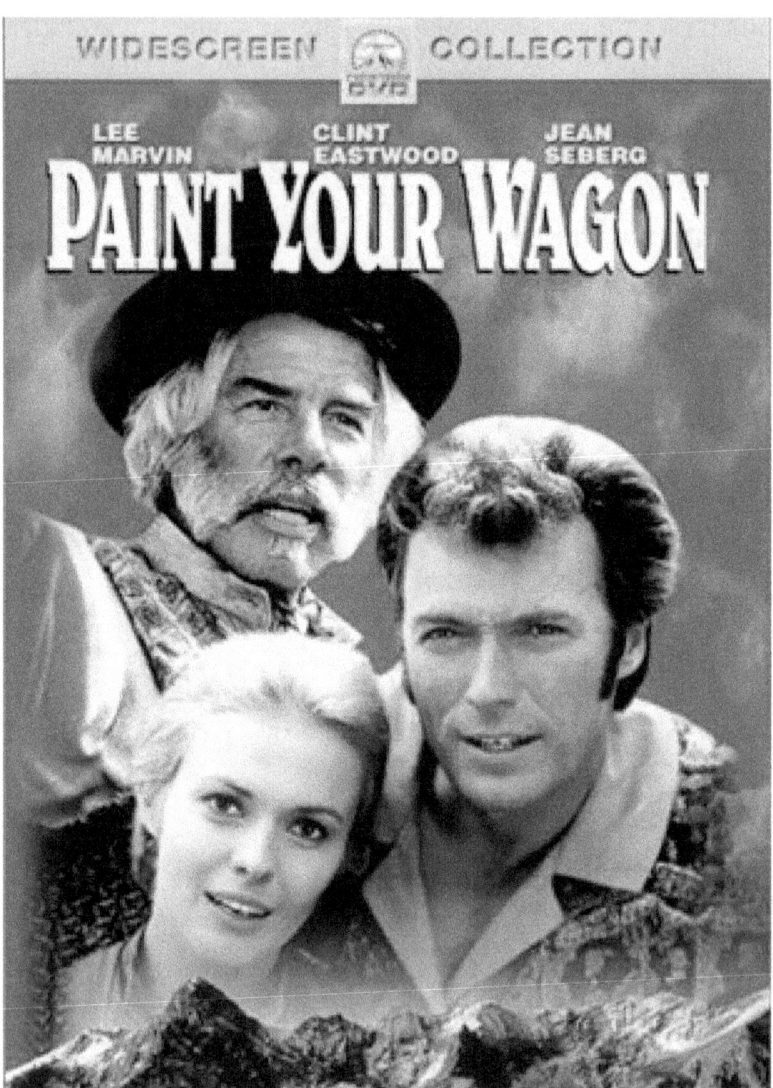

tro de barítono es capaz de cantar con sumo acierto "Estrella errante", una melodía ya clásica en el cine. La historia de una ciudad formada por buscadores de oro se centra en las aventuras y desventuras de Ben y "Socio", y la delicada esposa que ambos comparten. La historia de amor no es lo más importante, pues las canciones y los buenos diálogos aportan todo lo necesario para el entretenimiento.

El filme costó mucho dinero, ya que hubo que levantar todo un poblado minero del siglo XIX, con sus minas y vagonetas incluidas. Pero en esta ciudad sin nombre se mueven perfectamente sus dos protagonistas masculinos, Marvin y Eastwood, aunque ambos comparten a la misma esposa (Seberg) que habían comprado en una subasta. Por eso la historia es inédita y asombrosa, muy bien escrita por Paddy Chayefsky, quien no duda en añadir cierto morbo sentimental.

Nominaciones:
Nominada a la mejor canción 1969: Nelson Riddle

HELLO, DOLLY! 1969

Productor: Ernest Lehman
Director: Gene Kelly
Guión: Ernest Lehman
Basado en la obra "The Matchmaker" de: Thornton Wilder
Fotografía: Harry Stradling
Director musical: Lennie Hayton y Lionel Newman
Compositor: Jerry Herman, Lennie Hayton y Lionel Newman
Dirección artística: Jack Martin Smith y Herman A. Blumenthal
Efectos especiales: L.B. Abbott, Art Cruickshank y Emil Kosa Jr.
Coreografía: Michael Kidd

Intérpretes:

BARBARA STREISAND: Dolly Levi
WALTER MATTHAU: Horace Vandergelder
MICHAEL CRAWFORD: Cornelius Hackl
LOUIS ARMSTRONG: Director de Orquesta
MARIANNE McANDREW: Irene Molloy
E.J. PEAKER: Minnie Fay
DANNY LOCKIN: Barnaby Tucker
JOYCE AMES: Ermengarde
TOMMY TUNE: Ambrose Kemper
JUDY KNAIZ: Gussie Granger

Hay que reconocerle a Gene Kelly muchas virtudes, entre ellas no admitir nunca el declive imparable y hasta entonces irreversible del cine musical. Aunque 1969 estaba lejos de ser un año adecuado para realizar un musical en la pantalla, la Fox se decidió a comprar los derechos de este musical a Jerry Herman, teniendo en cuenta que la obra llevaba representándose en Broadway tres años.

"Hello, Dolly", presentada por la Fox, trataba de ser un musical similar a los de la Metro y para ello nada mejor que contratar como director al mayor experto en musicales, Gene Kelly, y al director de fotografía Harry Stradling, quien ya había trabajado anteriormente con Kelly en "El Pirata" (MGM, 1948) y con Fred Astaire en "The Barkleys Of Broadway" (MGM, 1949).

Roger Edens, el productor asociado, era uno de los miembros que fundaron junto a Arthur Freed los estudios Culver City, además de contar con Kelly, Lionel Newman y Lennie Hayton. El coreógrafo Michael Kidd recibió con esta película su primer entrenamiento cinematográfico; Irene Sharaff, el diseñador de vestuario, llevaba años trabajando para la

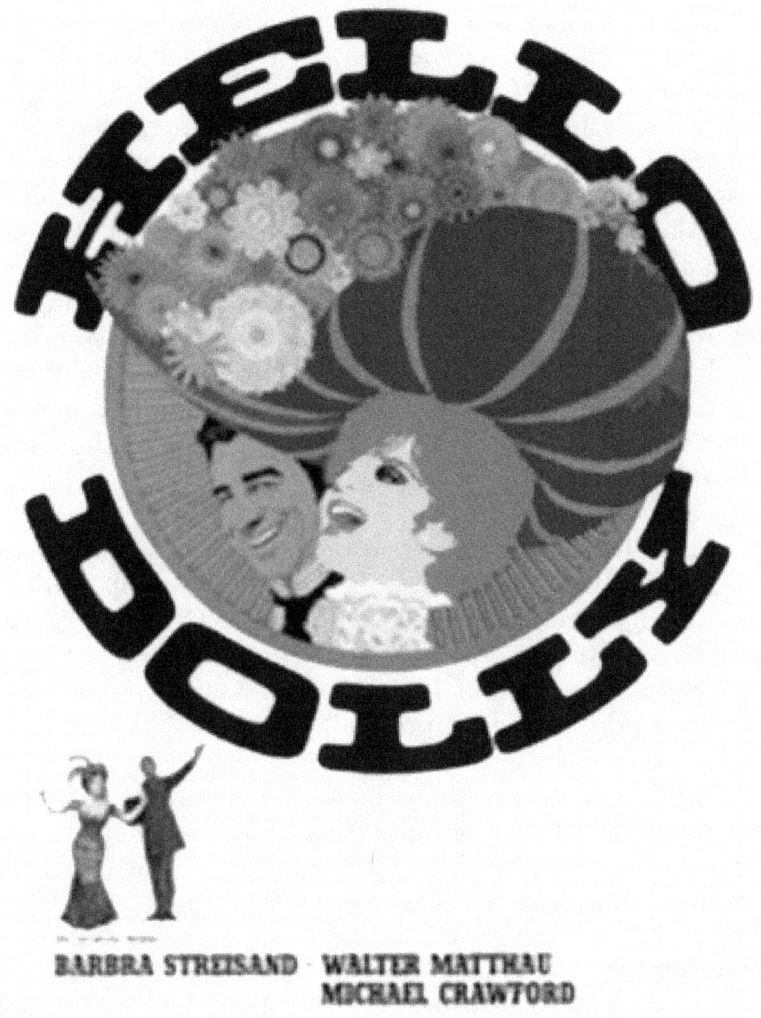

MGM, lo mismo que Jack Martin Smith, Herman Blumenthal y John De Cuir. Sus talentos combinados debían producir resultados extraordinarios, similares a los antiguos musicales, pero el público ya hacía tiempo que los había olvidado, incluso después del gran éxito de "Sonrisas y lágrimas"

La protagonista principal, Barbra Streisand, que era demasiado joven para el papel de Dolly (en el teatro fue interpretado por Carol Channing), no estaba muy interesada en interpretar este musical. Finalmente, con un presupuesto de 24 millones de dólares, solamente necesitaban un protagonista masculino muy popular. Encontraron el personaje ideal en Walter Matthau, obviamente bastante mayor que Barbra, lo que dejaba más claro lo desacertado de escogerla a ella para este papel en el cual se necesitaba una mujer entrada en años. Walter Matthau, en su papel de Horace Vandergelder, es un conocido millonario que busca pareja a través de una alcahueta. Pero ella vislumbra la gran oportunidad de casarse con tan rico comerciante y en lugar de buscarle esposa se ofrece como candidata.

Jerry Herman proporcionó dos nuevas canciones para Streisand: "Just Leave Everything To Me" (reemplazando a la original "I Put My Hand In"), y "Love Is Only Love", que se intercaló entre el espectacular "Before The Parade Passes By" (Streisand) y el número del título. Otra canción ya filmada "Motherhood", se omitió.

El guión de Ernest Lehman era una mejora decidida sobre el libreto musical original (basado originalmente en la obra de Thornton Wilder, El Matchmaker), y por lo menos consiguió unir todos los cabos sueltos de la obra de Broadway.

Premios:

Oscar a la dirección artística 1969: John DeCuir, Jack Martin Smith, Herman Blumenthal, Walter M. Scott, George James Hopkins y Raphael Bretton.

Oscar a la mejor música 1969: Lennie Hayton, Lionel Newman

Oscar al mejor sonido 1969: Jack Solomon, Murray Spivack

Nominaciones:

Nominada a la mejor fotografía 1969: Harry Stradling
Nominada al mejor vestuario 1969: Irene Sharaff
Nominada al mejor filme editado 1969: William H. Reynolds

LA BRUJA NOVATA 1971
Bedknobs and Bromsticks

Walt Disney
Música: Richard M. y Robert Sherman
Director: Robert Stevenson

Intérpretes:

ANGELA LANSBURY: Price
DAVID TOMLINSON: Emelius
RODDY MC DOWALL: Jelk

La acción nos sitúa en Inglaterra, durante la II Guerra Mundial, donde una aprendiza de bruja perfecciona sus poderes mientras se ve involucrada en un montón de problemas. Para lograr ser una bruja perfecta deberá ir en pos del autor del curso de bruja por correspondencia, el profesor Emelius, el cual es solamente un vendedor de artículos de broma. La búsqueda de la segunda parte del manual mágico les lleva a verse perseguidos por malvados bandidos, a jugar al fútbol con leones, cantar canciones con los cerdos de una granja, y hasta a marcarse un baile en el fondo del mar.

Esta película fue un intento de Disney por lograr un éxito similar al de "Mary Poppins" y aunque todo estaba a su favor, el público no respondió igual. El argumento es correcto, la interpretación extraordinaria y los efectos especiales de tal calidad que merecieron un Oscar, pero algo debió fallar

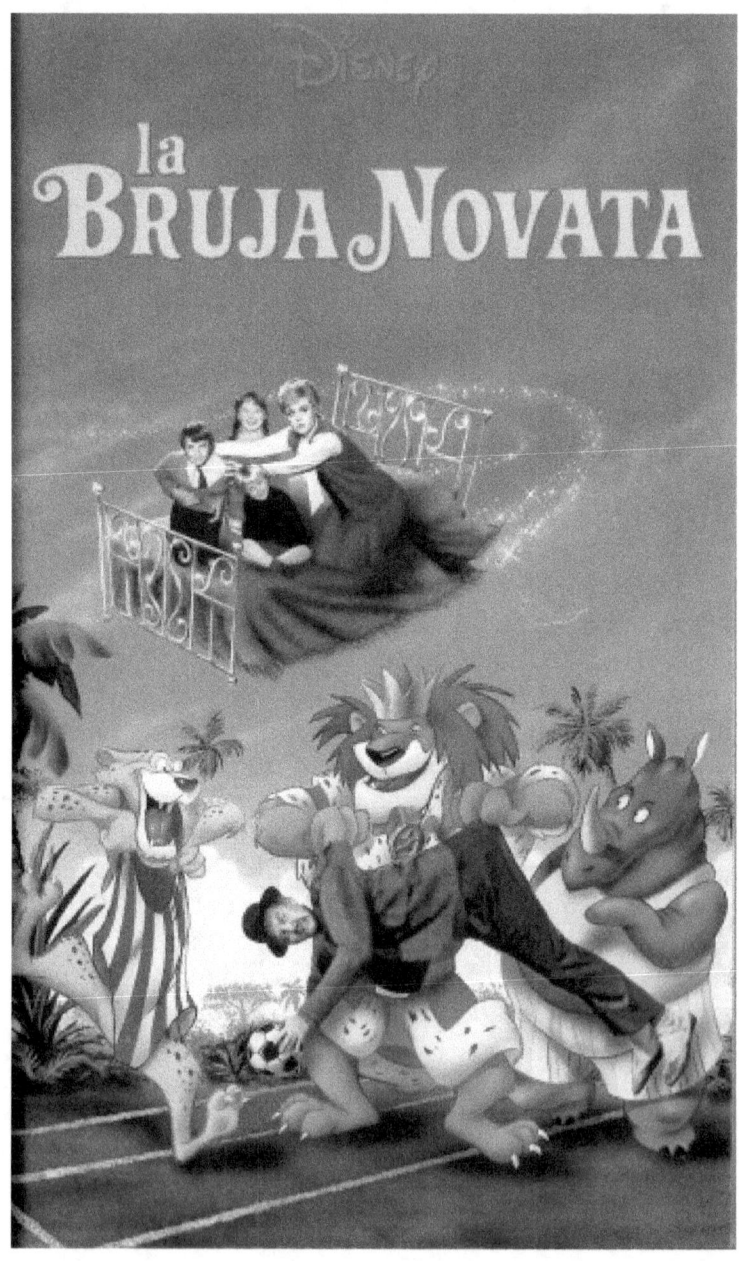

para que no triunfase. Indudablemente Lansbury no tiene el atractivo de Julie Andrews, ni Tomlinson se mueve con la agilidad de Dick Van Dyke, pero su calidad como actores está fuera de toda duda.

Como siempre, la mezcla de dibujos y personas está realizada a la perfección, las canciones fáciles de recordar y contiene escenas extraordinarias como la lucha de las armaduras contra las fuerzas alemanas.

Premios:
Oscar a los mejores efectos especiales 1971

EL VIOLINISTA EN EL TEJADO 1971
Fiddler on the roof

Director: Norman Jewison
Guión: Joseph Stein, Sholom Aleichem
Música: John (II) Williams, Jerry Bock

Intérpretes:
TOPOL
NORMA CRANE
LEONARD FREY
MOLLY PICON
PAUL MANN
RICHARD HARRIS

Teyve es lechero en Anatevka, un pueblo de Ucrania, donde vive feliz con su esposa y sus cinco hijas, todas ellas solteras. Una tarde, mientras hace su reparto, conoce a Perchick, un pobre estudiante de Kiev con ideales revolucionarios. Los dos simpatizan y Teyve le ofrece casa y comida a cambio de

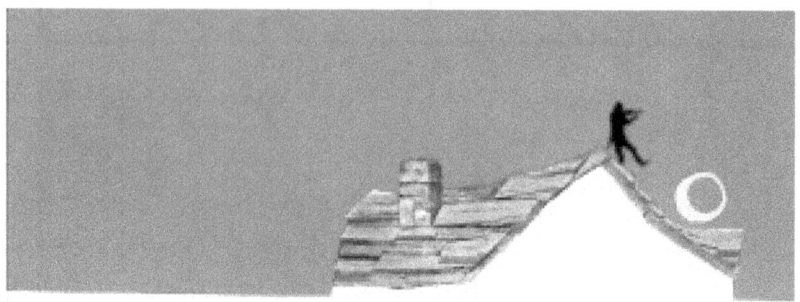

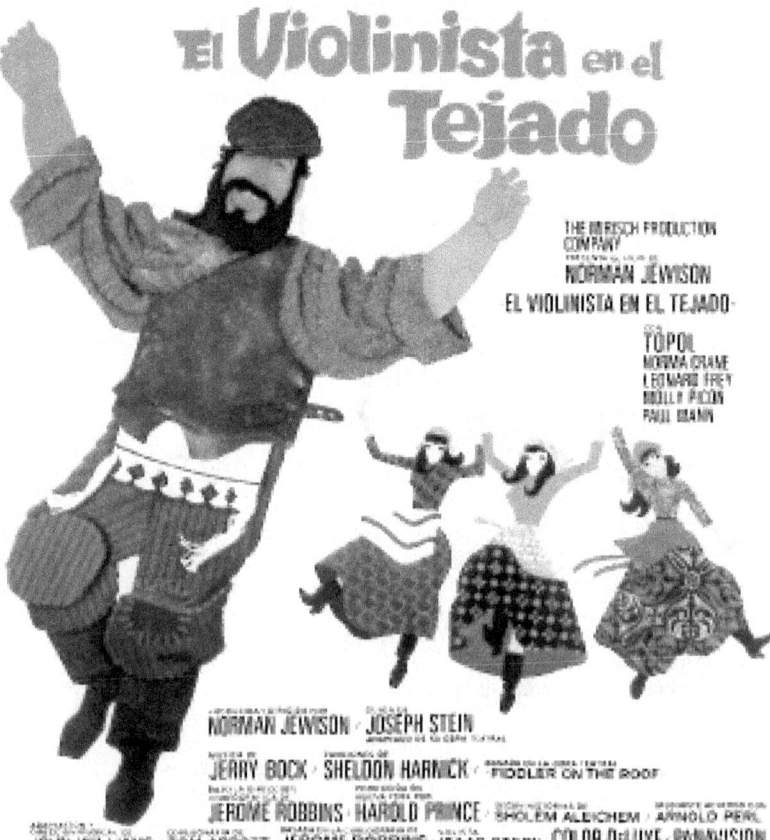

que le dé clases a una de sus hijas. Al mismo tiempo, Lazar Wolf, un rudo carnicero que se ha quedado viudo, solicita a Teyve la mano de Tzeitel, su hija mayor, petición a la que accede.

Nominaciones:

Mejor actor de reparto
Mejor director
Mejor actor
Mejor película

CABARET 1972

Productor: Cy Feuer
Director: Bob Fosse
Guión: Jay Presson Allen
Basada en: I Am A Camera de John van Druten y
    Berlin Stories de Christopher Isherwood
Fotografía: Geoffrey Unsworth
Música: Ralph Burns
Coreografía: Bob Fosse
Vestuario: Charlotte Flemming

Intérpretes:

LIZA MINNELLI: Sally Bowles
MICHAEL YORK: Brian Roberts
HELMUT GRIEM: Maximillian von Heune
JOEL GREY: Master of Ceremonies
FRITZ WEPPER: Fritz Wendel
MARISA BERENSON: Natalia Landauer

Dirigiéndose en ferrocarril hasta Berlín está Clifford Bradshaw, un joven escritor americano empobrecido que ha estado vagando por Europa en una búsqueda frenética para encontrar la inspiración de su segunda novela. Junto a Ernst Ludwig, un joven y atractivo berlinés, que parece estar dedicado al contrabando, llegan hasta la casa de Fraulein Schneider, una mujer que alquila a Cliff un cuarto por la mitad de su precio usual. Pronto se pone a escribir su novela, pero al ser Nochevieja Ernst le lleva hasta un cabaret, un lugar que refleja perfectamente la vida nocturna de Berlín. Prostitutas, homosexuales, travestís y bebedores, allí se encuentra trabajando Sally Bowles, una joven muchacha inglesa joven, quien canta y baila canciones seductoras. El problema es que está allí porque su jefe Max, la mira como si fuera de su propiedad. Poco a poco algo nace entre Sally y Cliff, y ambos acuerdan un encuentro en otro lugar. Él la invita a su casa, pero ella le advierte que Max es terriblemente celoso. Sus sospechas se confirman cuando al día siguiente Sally aparece de repente en el cuarto de Cliff con su equipaje. Max la ha despedido.

"Cabaret" se movía en una línea similar al primer "Moulin Rouge", con personas poco habituales y con amores escabrosos de mal final. En el Berlín de 1930 la decadencia y la ambigüedad sexual eran sólo parte del ambiente (al igual que las mujeres que luchaban en el barro), pues la parte esencial era la música. La mayor parte del éxito de este filme lo obtuvo por salirse de las normas, no adoptando ningún cliché antiguo, ni tratando de mostrar una historia romántica con final feliz. Tampoco quiso su director Bob Fosse recrear una historia tan dramática y deprimente que se hiciera insoportable, pues lo que en realidad hizo fue llegar al corazón de los espectadores, algo que indudablemente consiguió.

La historia se refiere a una de las invenciones literarias más famosas del siglo, con Sally Bowles como protagonista de "Historias de Berlín" de Christopher Isherwood, perso-

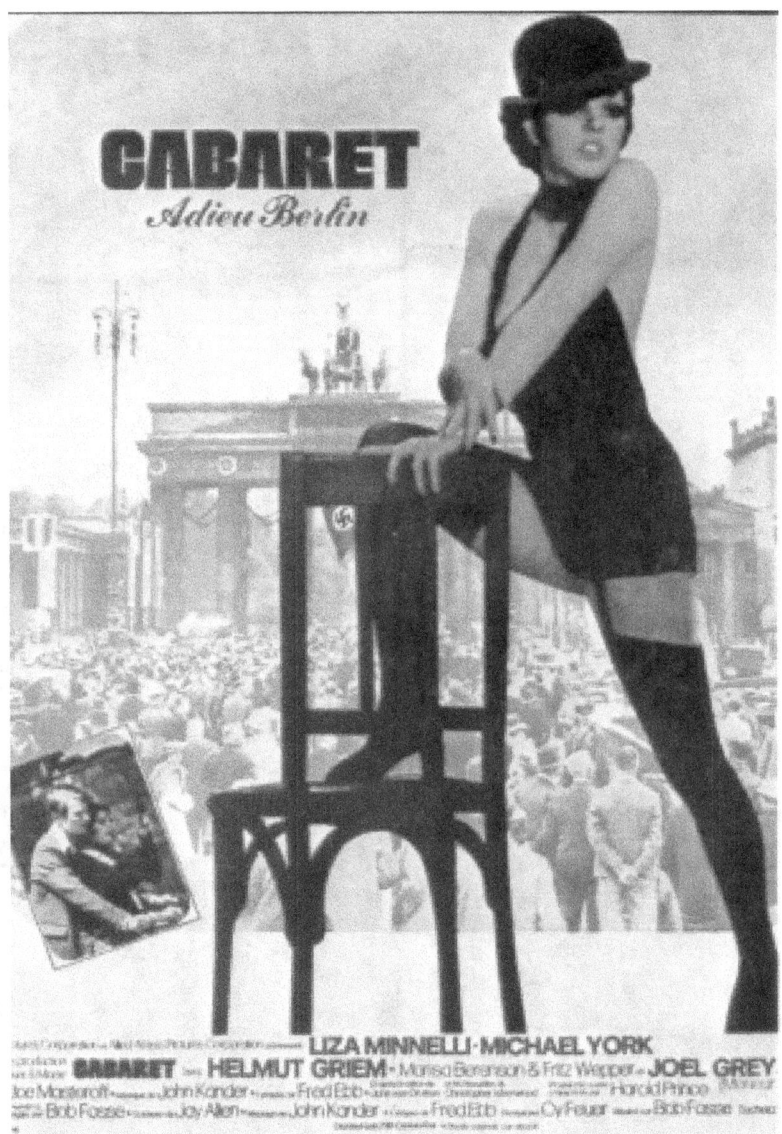

naje que apareció también en "I Am a Camara" antes de convertirse en este musical.

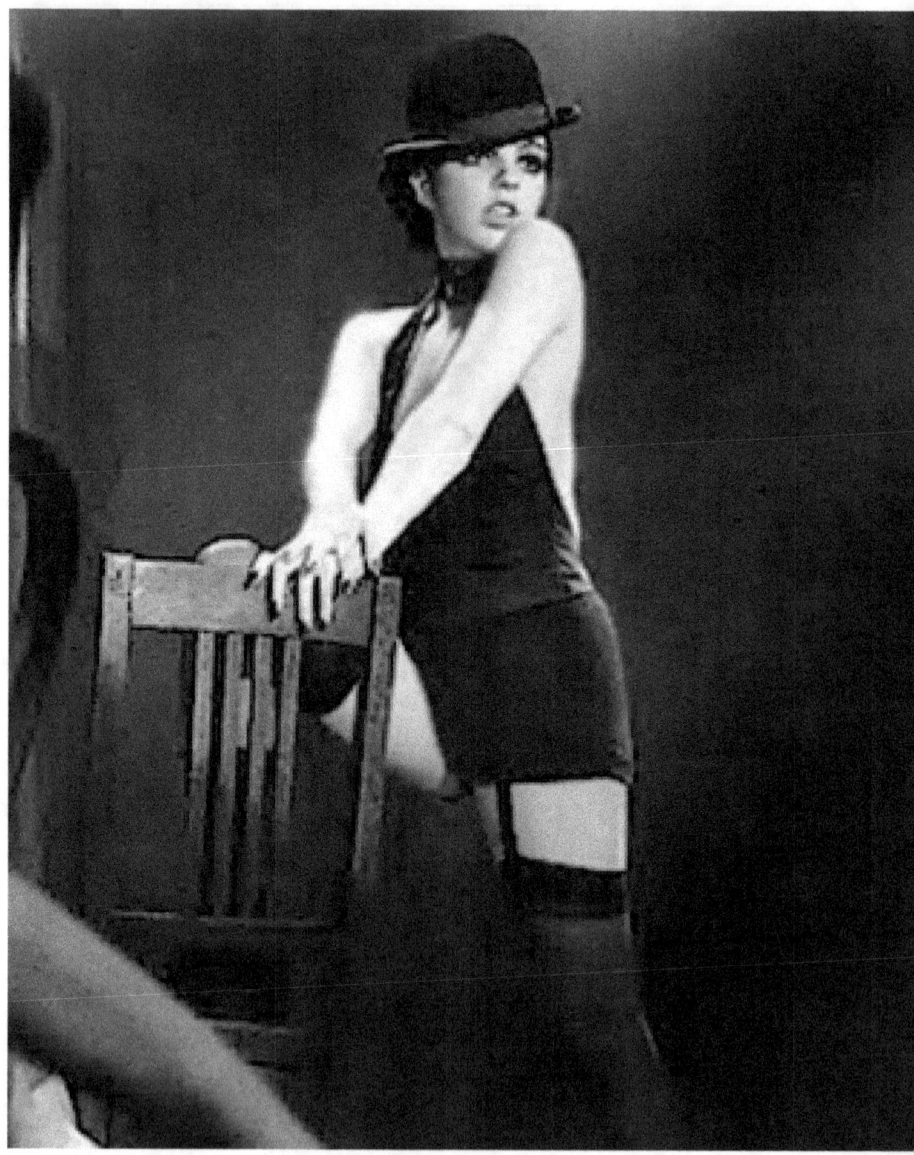

Sally está perfectamente interpretada por la oscarizada Liza Minnelli, como una muchacha que es comprada por el propietario del cabaret donde trabaja. Ella, riéndose y cantando, ha conseguido vivir cada momento sin grandes problemas, aunque la presencia de los nazis la hacen reflexionar sobre lo que está dispuesta a otorgar a cambio del sueldo. Hay varios números musicales (incluso el número del final), en donde Liza demuestra inequívocamente que fue una de las grandes actrices musicales de nuestro tiempo.

La relación triangular con un maestro del idioma inglés (Michael York) y un barón (Helmut Griem), está bien definida, lo mismo que la anarquía que parece reinar en ese cabaret.

Premios:
Mejor actriz 1972: Liza Minnelli
Mejor actor secundario: 1972: Joel Grey
Mejor director: 1972: Bob Fosse
Mejor dirección artística 1972: Rolf Zehetbauer, Jurgen Kiebach, Herbert Strabel
Mejor fotografía 1972: Geoffrey Unsworth
Mejor filme editado 1972: David Bretherton
Mejor música 1972: Ralph Burns
Mejor sonido 1972: Robert Knudson, David Hildyard

Nominaciones:
Nominada al mejor filme 1972
Nominado al mejor guión 1972: Jay Presson Allen

GODSPELL 1973

Director: David Greene
Guión: David Greene, John-Michael Tebelak
Productor: Edgar Lansbury
Música: Stephen Schwartz

Intérpretes:

VICTOR GARBER: Jesús
KATIE HANLEY: Katie
DAVID HASKELL: John/Judas
MERRELL JACKSON: Merrell
JOANNE JONAS: Joanne
ROBIN LAMONT: Robin

Los Evangelios se analizan aquí según la contracultura hippie de los años 60, pero bajo una versión cinematográfica musical, ilustrando la vida de Jesús y sus enseñanzas mediante canciones reflejadas en la ciudad de Nueva York.

Godspell es comparado inevitablemente con su contemporáneo "Jesucristo Superstar", pero ha desarrollado su propio idioma.

Con sus vestidos sacados posiblemente de un circo, los personajes en esta adaptación de David Greene sobre la popular obra de Broadway, pueden parecerse más a los hippies de "Hair" que a los personajes bíblicos. Pero Godspell realmente no está basada en la "Era de Acuario," ni adopta una oscuridad o tono operístico similar al "Evangelio según Mateo".

El humor es, en cambio, optimista y desenfadado, al menos hasta la escena de la crucifixión.

La película comienza con las casas de la ciudad, en donde los jóvenes se mueven para seguir a San Juan Bautista (David Haskell). Ellos cantan cuando él los lleva hasta una fuente donde son (metafóricamente) bautizados. Allí se encuentran a Jesús (Víctor Garber), con pelo crespo y aspecto de joven guapo, interpretado por un actor que debutaba en el cine. Una vez bautizado, lo siguen alrededor de Nueva York, mientras cantan y representan los pasajes de las Escrituras.

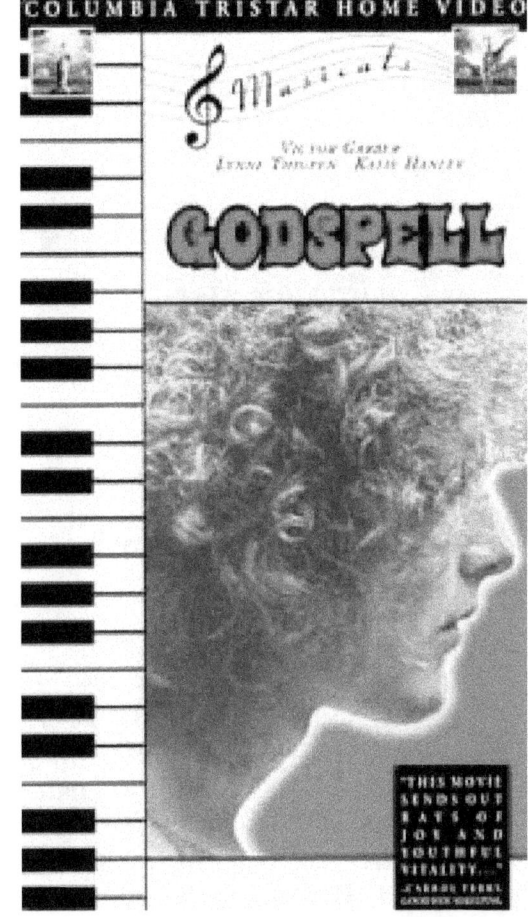

La idea principal es original y carismática, pero la película solamente se compromete de forma irregular en un nivel emocional, porque sólo Jesús, John, y Judas (Haskell de nuevo) surgen como caracteres distintos.

Godspell se ha convertido ya en un clásico raro del teatro, –ultrajado por muchos críticos cuando se estrenó–, pero ha sobrevivido durante 3 décadas enteras y ha crecido como una combinación durable de música, corazón y las parábolas de San Mateo. Esta versión para el cine no fue un éxito en taquilla, pero al menos era diferente. La ciudad de Nueva York se nos muestra proporcionando la visión de esas personas jóvenes que buscan algo significativo en sus vidas. Este concepto es creativo y para los entusiastas de la música es maravilloso.

Nueva York, la ciudad que nunca duerme, con su variedad interminable de humanidad, rincones, grietas, hitos, tierra y mar, la vemos ahora habitada por personas alegres de gran imaginación.

JESUCRISTO SUPERSTAR 1973
Jesus Christ Superstar

Productor: Norman Jewison, Robert Stigwood
Director: Norman Jewison
Guión: Norman Jewison, Melvyn Bragg
Basada en la opera rock de Tim Rice y Andrew Lloyd
      Webber
Fotografía: Douglas Slocombe
Música: Andre Previn

Intérpretes:

TED NEELEY: Jesucristo
CARL ANDERSON: Judas Iscariote
YVONNE ELLIMAN: María Magdalena
BARRY DENNEN: Poncio Pilatos
BOB BINGHAM: Caifás
LARRY T. MARSHALL: Simon Zealotes
JOSH MOSTEL: Rey Herodes

La ópera rock comenzó a recibir no pocas críticas por su atrevimiento, siendo este filme el que más contribuyó a ello.

Criticada fuertemente por los sectores cristianos, indignados por lo que ellos consideraban una trivialización de la figura de Cristo, la película poco consiguió al poco tiempo ser aceptada por todos, pues era obvio que la moda estaba cambiando.

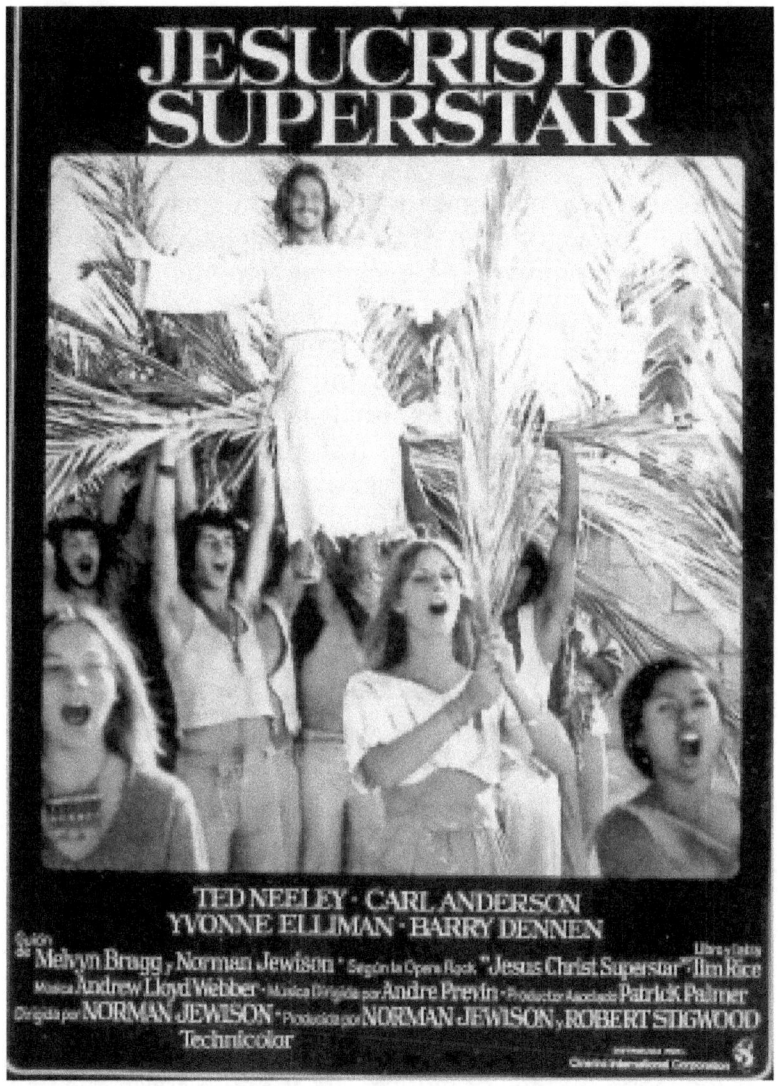

La historia indudablemente era compleja, pues la vida de Cristo parecería tener una dignidad innata a él, pero hemos visto también obras más polémicas de la mano de Paolo Pasolini en "El Evangelio según San Mateo", o la de Martin

Scorsese "La última tentación de Cristo". El problema es que se baja de los Cielos y se le hace humano, varón, pero siempre bajo el prisma personal de un no-creyente, lo que hace al filme poco objetivo.

Ahora Jesús se nos muestra espigado y demasiado etéreo, robándole protagonismo María Magdalena, aunque sigue estando mucho mejor en su papel que otros actores.

Norman Jewison nos da un Cristo amable, pero se vislumbra a un Ted Neeley ligeramente aturdido para tratar de darle honorabilidad. La premisa de la película es que Cristo fue el primer superstar de la historia, superior incluso a Moisés o Noé, dotado de un gran carisma que hacía que quienes estaban a su alrededor quedaran subyugados.

Rodada en tierras desérticas, las imágenes son, no obstante, vistosas y coloridas, en momentos con gran belleza y gracia que anulan un poco el drama que su protagonista está viviendo. Hay largas escenas rodadas en el desierto, con el sol castigando a las personas, así como una buena muestra de los edificios de la época.

Criticada por los judíos al considerarla como antisemita, y otros por poner a un actor negro encarnando a Judas, lo que indudablemente no corresponde a la realidad, cuando suena la música todos se quedan entusiasmados, pues la partitura es extraordinaria.

Nominaciones:

Nominada a la mejor música 1973: Andre Previn, Herbert Spencer, Andrew Lloyd Webber

ÉRASE UNA VEZ EN
HOLLYWOOD 1974
That's Entertainment!
132 minutos, Metrocolor, MGM

Productor: Jack Haley Jr.
Director: Jack Haley Jr.
Escrita por: Jack Haley Jr.
Música: Henry Mancini
Fotografía: Gene Polito, Ernert Laszlo, Russell Metty,
      Ennio Guarieri y Allan Green

Intérpretes:

FRANK SINATRA
FRED ASTAIRE
GENE KELLY
MICKEY ROONEY
ELIZABETH TAYLOR
LIZA MINNELLI
JAMES STEWART
DONALD O´CONNOR
PETER LAWFORD
BING CROSBY
DEBBIE REYNOLDS

Cuando la MGM decidió reabrir la cueva de los tesoros de Alí Babá, excavando en sus archivos para conseguir una recopilación de las mejores escenas musicales de todos los tiempos, consiguió un producto de gran éxito que sorprendió a todos.

"Érase una vez en Hollywood", es un documental que arrasó en el mundo entero, tanto en la pantalla grande como en el vídeo. En su realización se involucraron la mayoría de los actores que habían pertenecido a la Metro y por eso podemos ver como narradores a Fred Astaire, Gene Kelly, Bing Crosby, Peter Lawford, Liza Minnelli, Donald O'Connor, Debbie Reynolds, Mickey Rooney, Frank Sinatra, James Stewart y Elizabeth Taylor. Su presencia es suficiente para que estemos agradecidos a quien tuvo esta maravillosa idea, pero, además de eso, los realizadores consiguieron enlazar todo el documental como si se tratase de una película con argumento.

"Érase una vez en Hollywood" hace que el espectador se sienta como un niño a quien han dejado suelto en una fábrica de juguetes. Después de una sorpresa viene otra y en ocasiones nos es difícil escoger dónde pondremos nuestros ojos. Como si de un viaje en el tiempo se tratase, pudimos ver el enorme pastel de bodas de "The Great Ziegfeld" (1936), un segmento del inteligente ballet de "Un americano En París" (1951), el alegre número con Judy Garland y Ray Bolger de "The Harvey Girls" (1945), y un par de ballets acuáticos del filme "Bathing Bauty" (1944) y "Million Dollar Merrnaid" (1952) con Esther Williams.

Por supuesto, quizá el momento más encantador del filme fue cuando vimos a Gene Kelly en "Cantando bajo la lluvia". Había algunas rarezas también, especialmente recordar algo tan inédito como ver bailar a Clark Gable "Puttin On The Ritz" en "Idiot's Delight" (1939), a Las Hermanas Gumm cantando "La Cucaracha", y a Cary Grant y Jean Harlow a dúo "Did I Remember" en "Suzy" (1936).

Pero el productor Jack Haley Jr. (hijo de El Hombre de Hojalata de "El Mago de Oz"), juzgó sabiamente que el público estaba buscando una oportunidad para revolcarse en un pasado de cine compartido, cuando ambos, ellos y

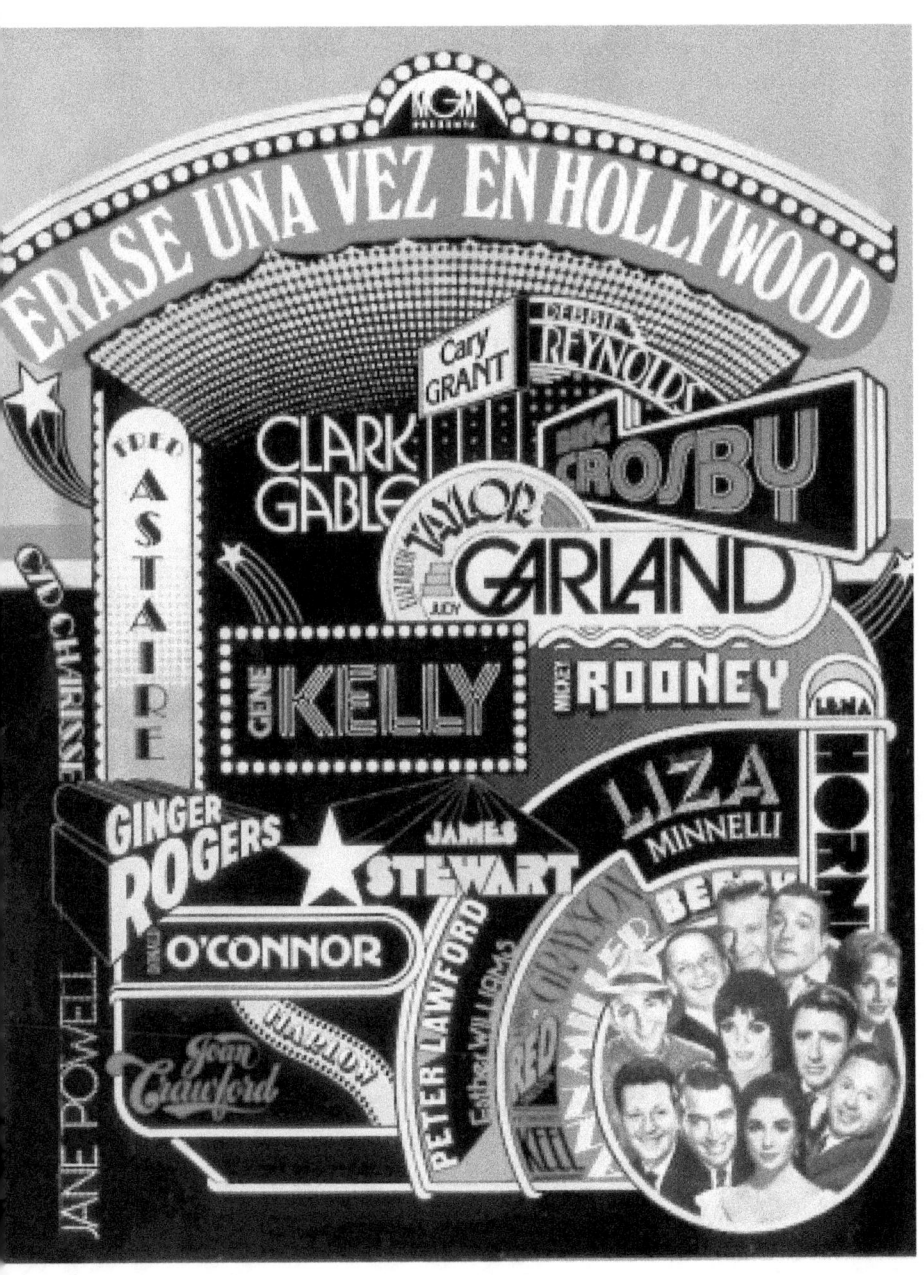

Hollywood, eran más jóvenes. De hecho, al salir de ver esta película, más de uno sintió la necesidad de cantar bajo la lluvia.

THE ROCKY HORROR PICTURE SHOW 1975

Director: Jim Sharman
Fotografía: Peter Suschitzky
Guionista: Jim Sharman, Richard O'Brien
Música: Richard Hartley

Intérpretes:

TIM CURRY
BARRY BOSTWICK
RICHARD O'BRIEN
SUSAN SARANDON

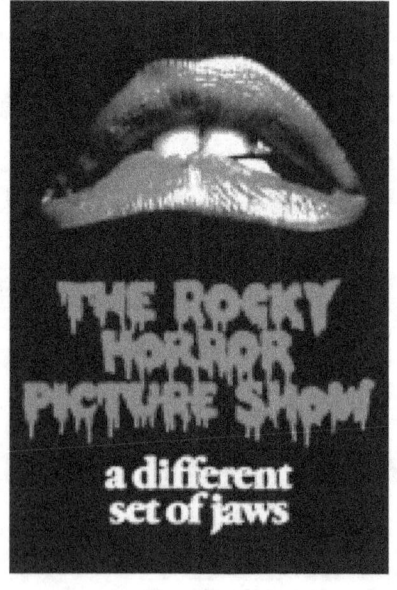

Cuando Brad y Janet, una pareja de novios, deciden ir en busca de su ex-profesor para contarle que se van a casar, no sabían lo que el destino les iba a deparar. Debido a un accidente y bajo una lluvia torrencial en una noche oscura, se pierden y deben buscar un lugar donde pasar la noche. Casi por casualidad, encuentran una extraña mansión en la vieja Transilvania, siendo acogidos por una persona extraña, inquietante y sombría.

El filme de culto The Rocky Horror Picture Show ha sido también una obra musical que ha recorrido los teatros del mundo entero, escandalizando algunas veces, aterrorizando muchas y entusiasmando a los espectadores la mayoría. Casi como una locura cinematográfica y también una pesadilla erótica, el filme parece superar los límites de la propia imaginación. Richard O´Brien mezcla de forma magistral el cine de terror, ciencia ficción y la música rock, para proporcionarnos un sueño sensual que se guardará como oro en paño para siempre, al menos según sus admiradores.

HOLLYWOOD, HOLLYWOOD 1976
That's entertainment, part 2

Productor: Saul Chaplin y Daniel Melnick
Director: Gene Kelly
Guión: Leonard Gersche
Fotografía: George Folsey
Dirección musical: Nelson Riddle

Intérpretes:

FRED ASTAIRE
GENE KELLY
Narrador: Gene Kelly

La continuación del documental de la MGM "Érase una vez en Hollywood" (1974), fue "Hollywood, Hollywood" (1976), denominada también como "That's Entertainment, part 2". La decisión de los productores Saul Chaplin y Daniel Melnick era sacar a la luz buena parte del material que no había sido empleado en la primera parte, quizá pensando que no habría demasiado disponible. Pero no era cierto, y la prueba es que aún se pudo realizar una tercera parte.

Había quien pensaba que al público ya no le gustaría ver a sus estrellas envejecidas presentando el documental, pero, como esta opinión provenía de personas jóvenes, no se tuvo en cuenta y se volvió a contar con Gene Kelly y Fred Astaire, ahora como presentadores únicos. Como resultado, el filme tiene una conexión entre las secuencias mejor que en la primera entrega. Se incluyeron también algunas escenas no musicales que tenían especial interés y tanto Fred como Gene nos deleitaron con números de baile elaborados para esta ocasión.

Fred tenía ya setenta y siete años y Gene sesenta y cuatro, pero los bailes que ejecutaron no eran los de unos ancianitos con ganas de juerga, sino algo extraordinario solamente apto para maestros.

La canción básica del filme es "Esto es espectáculo" original de "Melodías de Broadway 1955" y que es cantada repetidas veces por los presentadores y amigos. Abundan las rarezas, la presencia de estrellas ya fallecidas, inimitables orquestaciones, y muchas secuencias que en su día fueron cortadas por diversos motivos, como "Wedding Of The Painted Doll"'.

La parte negativa es el minúsculo diálogo que tienen Fred y Gene en las presentaciones, supuestamente improvisado, aunque ahora ya sabemos que la causa estuvo en Fred, quien se negó a aprender ningún guión o diálogo previo.

Memorables secuencias la de Maurice Chevalier cantando "Girls, Girls, Girls" en La Viuda Alegre (1934), Judy Garland y Margaret O'Brien en "Have Yourself A Merry Little Christmas" de "Meet Me In St Louis" (1944), o el baile brincando alegremente titulado "Take Me To Broadway" de Bobby Van en "Small Town Girl" (1953). En esta increíble secuencia, buena demostración de las facultades físicas de Bobby, encontramos uno de los peores montajes cinematográficos de la historia, con cambios continuados en el color y notándose perfectamente que las secuencias se filmaron por separado. Ya lo sabíamos, pero la labor del montador es que no nos demos cuenta.

Aunque este documental fue del agrado del público, no tuvo el éxito del anterior, especialmente porque ya no había novedad.

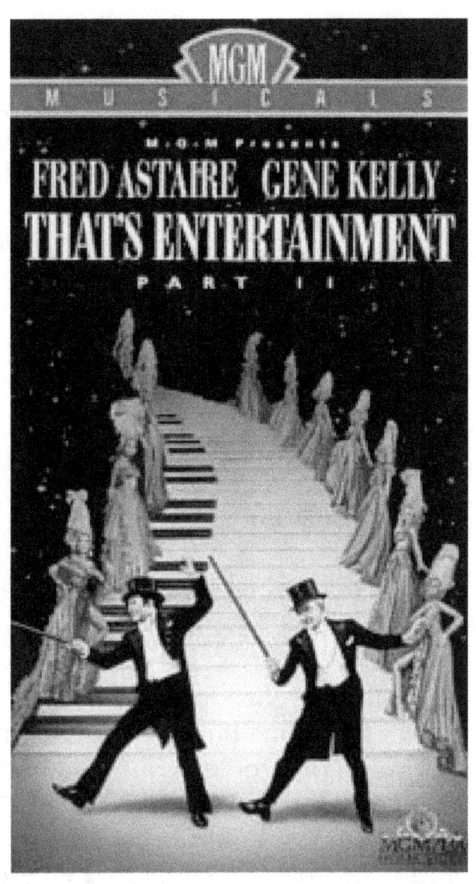

FIEBRE DEL SÁBADO NOCHE 1977
Saturday Night Fever

Productor: Robert Stigwood
Director: John Badham
Guión: Norman Wexler
Basado en el artículo del magazine New York "Tribal Rites of the New Saturday Night" por: Nik Cohn

Fotografía: Ralf D. Bode
Compositor: Barry Gibb, Robin Gibb, Maurice Gibb
    y David Shire
Coreografía: Lester Wilson
Vestuario: Patrizia von Brandenstein y Jennifer
    Nichols

Intérpretes:

JOHN TRAVOLTA: Tony Manero
KAREN LYNN GORNEY: Stephanie
BARRY MILLER: Bobby C.
JOSEPH CALI: Joey
PAUL PAPE: Double J
DONNA PESCOW: Annette
BRUCE ORNSTEIN: Gus

"Cada noche yo pregunto a las estrellas sobre: ¿Por qué debo ser un adolescente enamorado?"

"Fiebre del sábado noche" es un caso especialmente extraño y hasta una buena película. Habla sobre una pandilla de jóvenes de Brooklyn que no son exactamente delincuentes, pero sí temerosamente duros y cínicos, y con su presencia aumenta el infierno los sábados por las noches. Viven durante la noche del sábado, y en ese momento cuelgan sus cadenas de oro alrededor de sus cuellos y se ponen las nuevas camisas que compraron con su paga de los viernes.

Después se dirigen hacia un lugar llamado Discoteca 2001, y allí toman píldoras y bebida, y cuando Leo Sayer lo decide, bailan durante toda la noche. De vez en cuando salen al parking para una sesión de sexo con alguna muchacha.

John Travolta es el centro de la muchedumbre: él es Tony Manero, el mejor bailarín, el más guapo y el tipo que tiene la

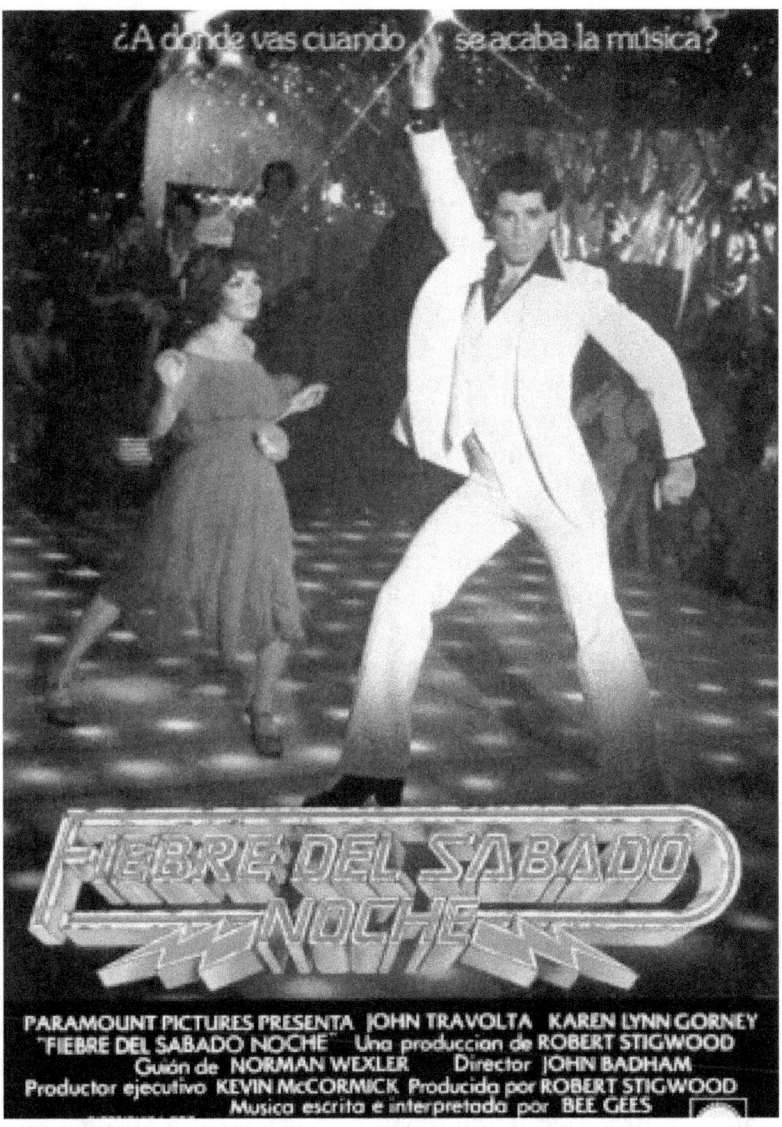

confianza de la mayoría. ¿Es su vida así como nos la muestra, o en realidad esconde un corazón de oro? Sus compañeros no lo saben y le preguntan: "¿Tú sabes algo, Tony? Lo tienes que saber porque eres el jefe". Pero Manero no es el jefe. Trabaja toda la semana en una fábrica de pinturas y una ferretería, y vive con su familia, que rinde culto a su hermano mayor que es un sacerdote. La familia ha esbozado brevemente que se debe corregir, justo al principio de la película, cuando están cenando, y eso se sigue mostrando durante todo el argumento a camino entre lo cómico y lo patético.

Pronto encontramos a los amigos de Tony y a las muchachas que los esperan, y nos recuerdan que el feminismo no ha conquistado Brooklyn todavía. Algunas de las muchachas, sobre todo un número pequeño comandado por Annette (Donna Pescow), rinde culto a Tony. Él baila con Annette porque es una buena bailarina, pero al mismo tiempo intenta abrazarla por todo su cuerpo, al menos hasta donde el brazo alcanza. Hay entonces una conclusión muy tradicional: si él está enamorado de ella entonces no se pueden acostar juntos, ya que eso indica que no la tiene suficiente respeto. El mundo de las mujeres está dividido, según esos jóvenes, entre las muchachas buenas y las golfas, o sea, las que hacen el amor. Lo curioso es que ellas también están de acuerdo con ese razonamiento.

El Brooklyn que nosotros vemos en "Fiebre del sábado noche" nos recuerda mucho la Pequeña Italia de Nueva York, tal y como Martin Scorsese lo vio en "Who´s that knocking at my door?" y "Malas calles". Los personajes son similares: los jóvenes tienen pocas esperanzas o ambiciones de poder romper con ese mundo tan pequeño y vulgar y prefieren refugiarse en sus bailes, en el alcohol y las relaciones amorosas. El mundo exterior que se extiende hacia ellos en Manhattan, y Brooklyn Bridge, parece pertenecer a otra gente.

Afortunadamente, "Fiebre del sábado noche" no es tan seria como las películas de Scorsese. Nos proporciona una gran cantidad de buena música, principalmente de los Bee Gees, pero se incluye incluso "Disco Duck". Hay también escenas cómicas, como cuando Travolta grita a su padre: "¡Usted me cortó el pelo!", mezcla de tragedia y chiste. Hay igualmente una indirecta a "Rocky", cuyo cartel tiene pegado Travolta en la pared de su alcoba.

Las sucesiones musicales y las de baile en toda la película son deslumbrantes. Travolta y Gorney cuando están juntos son inmensos, aunque cuando John baila algunos de sus bailes en solitario los espectadores enmudecen. La película fue dirigida por John Badham y su cámara ocupa el suelo del baile tan baja que realmente entendemos el señuelo del mundo de la discoteca, aunque nos damos cuenta del gran vacío y crueldad de muchas de las personas que van allí.

Nominaciones:
Nominado al mejor actor 1977: John Travolta

NEW YORK, NEW YORK 1977

Productor: Robert Chartoff, Irwin Winkler
Director: Martin Scorsese
Guión: Mardik Martin, Earl Mac Rauch

Intérpretes:
LIZA MINNELLI : Francine Evans
ROBERT DE NIRO : Jimmy Doyle
LIONEL STANDER: Tony Harwell
BARRY PRIMUS: Paul Wilson

Un fracaso inmerecido. Este filme de elevado presupuesto para un musical, dirigido por Martin Scorsese, tiene

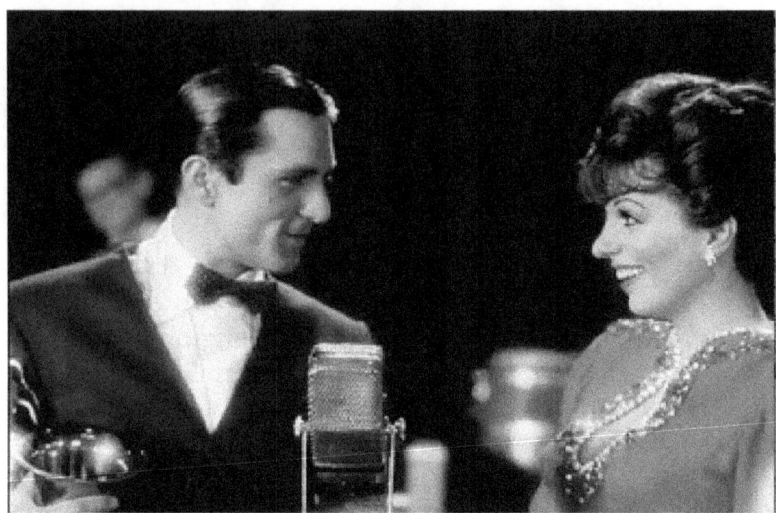

demasiadas pretensiones y no pocas contradicciones, pero indudablemente es una buena obra. Scorsese intenta recrear de nuevo los romances artificiales de los años 40, tal y como se veían en los musicales de entonces, y estiliza los bailes para dar énfasis a la espectacularidad dentro de lo usual. Evocando el pasado, intenta llegar al lado oscuro que se omitió en las películas de antaño, pero solamente consigue caer en el psicodrama que desarrollan los actores Robert De Niro y Liza Minnelli. Ellos no tienen glamour, ni parecen pretender tenerlo, y la historia se muestra sin rumbo definido, incierta. El director parece consciente de la gran cantidad de posibilidades disponibles (el rodaje incluyó material para casi 4 horas, aunque se redujo a 2 horas y 33 minutos), pero el efecto es que los actores no acaban de sentirse a gusto en su papel.

La historia nos habla de una celebración, un matrimonio, su disolución, y de cómo sus caminos musicales se separaron. Aunque a su papel le faltan la profundidad y dinamismo necesarios, De Niro se muestra ahora más atractivo y

THE MAGIC THAT IS
MINNELLI

THE POWER THAT IS
DE NIRO

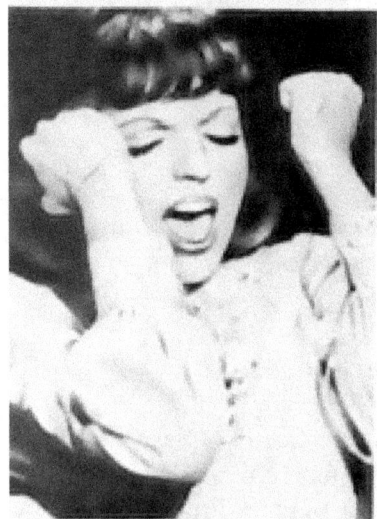 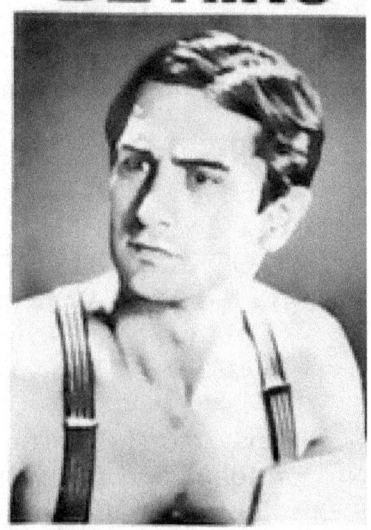

THE FORCE, THE LIFE, THE MUSIC, THE EXPLOSION
THAT IS

"NEW YORK, NEW YORK"ᴀ

ᴀ ROBERT CHARTOFF-IRWIN WINKLER
Production
ᴀ MARTIN SCORSESE Film

LIZA   ROBERT
MINNELLI   DE NIRO
in
"NEW YORK, NEW YORK"

delicado, sin hacer uso de la brusquedad habitual. Y respecto a Liza Minnelli, la historia pierde velocidad precisamente una vez que ella se queda embarazada, pues se nos muestra poco creíble, salvo cuando nos deleita cantando.

GREASE 1978

Música: Bill Oakes
Dirección: Randal Kleiser
Fotografía: Bill Butler
Guión: Bronte Woodard

Intérpretes:

JOHN TRAVOLTA: Danny Zuko
OLIVIA NEWTON-JOHN: Sandy
STOCKARD CHANNING: Rizo
JEFF CONAWAY: Kenickie
DIDI CONN: Frenchy
EVE ARDEN: Principal McGee

Danny Zuko (John Travolta) y Sandy Olsson (Olivia Newton-John), tenían ese verano su romance perfecto. Ellos se encontraron en una zona de la playa a finales de julio y algunos días de agosto, mientras cantaban eso de "El amor es una cosa maravillosa". Pero el Día del Obrero llega demasiado pronto para todos, y deben marcharse a sus aulas, cada una en un lugar diferente, mientras que juzgan su relación veraniega con criterio muy dispar.

Danny es el jefe de los T-Birds, una pandilla de gamberros que se enfrenta a las peleas con una pistola de agua y un peine. Él es un chulo de andares incalificables, pero a los pocos minutos le llegamos a querer, lo mismo que a su contrapartida femenina en la guerra y en el amor, las Damas Rosadas. Y luego llega nuestra princesa, rubia, delgada y capaz de hacernos soñar con otras épocas gloriosas. Sandy es una buena chica, pero cree en el amor a primera vista y contacto, y eso ya no existe, por lo que después se desmelena y sale con un suéter escotado que provoca insomnio y un pantalón tan ajustado que no cabe ni la mano de su amante.

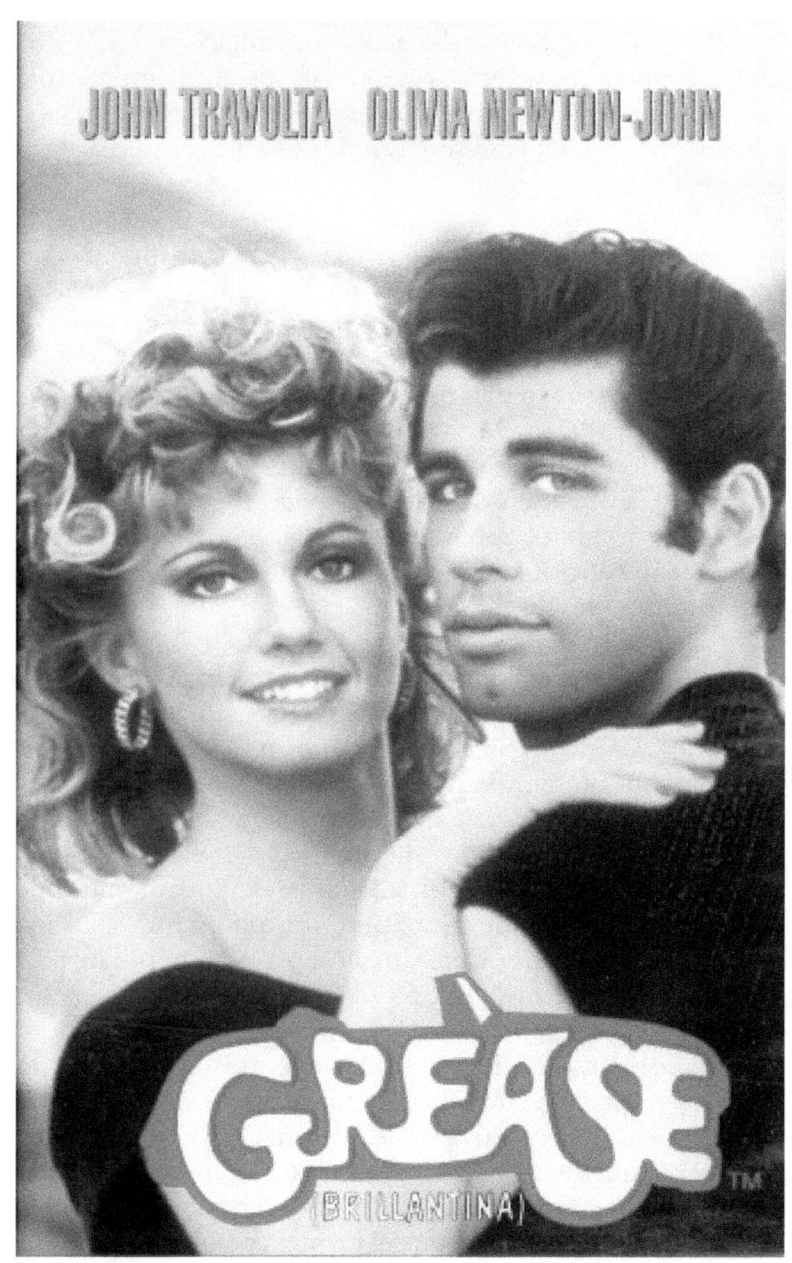

Todos los miembros de la escuela secundaria están deseosos de conocer las aventuras amorosas de sus compañeros, aunque mientras las chicas hablan de amores románticos y enloquecedores, ellos se refieren únicamente al número de besos o abrazos que obtuvieron en esa relación.

En esos días, su preparador físico, así como la directiva de la escuela Rydell, les comunican que han sido seleccionados para un concurso de baile que se retransmitirá por televisión

Cuando se realiza una reunión entre los chicos, los caminos de Sandy y Danny se cruzan de nuevo. Aunque Danny está verdaderamente contento por ver de nuevo a su amor de verano, su imagen de líder le obliga a que adopte una postura muy chula y soberbia ante ella. Sandy se siente sumamente decepcionada, por eso Frenchy intenta consolarla invitándola a una fiesta.

Los "T-Birds" deciden por su parte hacer una competición con el automóvil de Kenickie contra sus rivales los Escorpiones. Danny y Sandy se encuentran de nuevo, aunque ella está ahora tomando un refresco con Tom (Lorenzo Lamas), el mejor atleta de la escuela. Finalmente, Sandy y Danny se van juntos lejos de todos sus amigos, y él se disculpa por su conducta. Para impresionarla, intenta demostrar que también es hábil con el atletismo, pero fracasa en todos sus intentos y se hace daño. Cuando Sandy ve a su héroe herido siente pena por él y le confiesa su amor.

El Baile del Kiosco llega por fin, y mientras Danny y Sandy van juntos, Rizzo va con Leo (Dennis Stewart), el líder de los Escorpiones, y Kenickie se vuelve con Cha Cha (Annette Charles), la novia de Leo. En el futuro, Cha Cha intenta apartar a Danny de Sandy en el momento en que se apagan las luces del baile, y la pareja gana el primer premio. Por si fuera

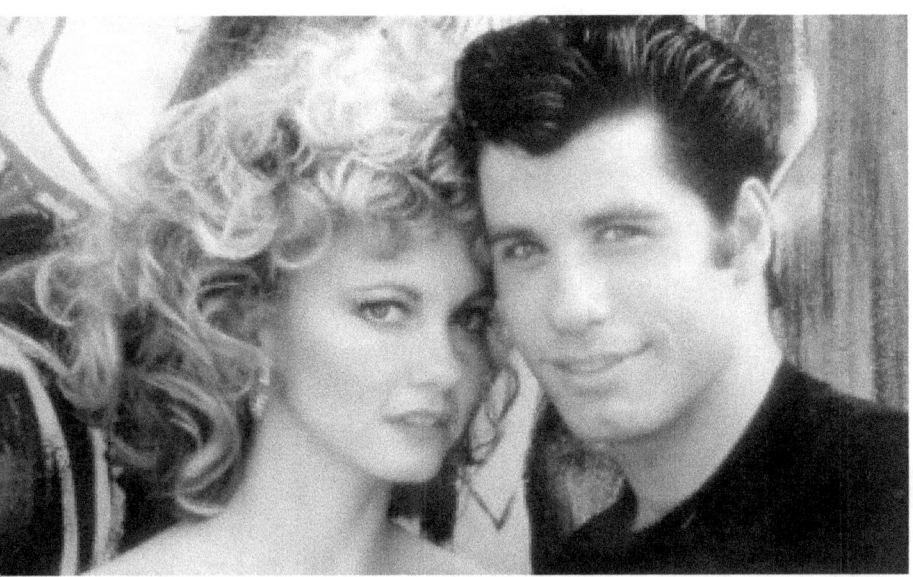

poco, Sandy recibe la noticia de que Cha Cha ha sido uno de los romances de otros veranos de Danny. Después, Danny y Sandy intentan volver a reunirse cuando la pide que sea su pareja, pero la reconciliación es efímera cuando él intenta aprovecharse del momento.

Danny y Kenickie, abandonados por sus muchachas respectivas, se consagran a las competiciones con la banda rival y Danny se encuentra corriendo en lugar de Kenickie en el último minuto. Sobreviviendo a un sabotaje deliberado, él gana la apuesta y en ese momento Sandy comprende que no puede ignorar sus sentimientos hacia Danny.

El día final en la escuela llega, y Danny se presenta con el suéter tradicional, mientras Sandy hace su apariencia como una guapa chica subida en una motocicleta. Ellos reconocen su atracción mutua ante todos, y en ese momento la palabra fin nos demuestra que el amor siempre vence.

"Grease" es uno de los últimos grandes musicales del cine, un éxito a pesar de sus muchos defectos, con cantantes que no saben actuar, actores que no saben cantar y un argumento tan sencillo que apenas si desmerece de un culebrón televisivo.

Sin embargo, posee tanta magia que resulta imposible despegar los ojos y los oídos de la pantalla, ni siquiera cuando ya la hemos visto cuatro veces. Indudablemente es una historia de amor entre adolescentes, y aunque los dos principales intérpretes no encajan en ese grupo a causa de su alta edad, llega un momento en que nos creemos que son los jovencitos que parecen ser.

Esta es una historia de amor verdadero y de las angustias adolescentes que marcaban el comportamiento en los años 50, por lo que no es difícil verse reflejado en alguno de ellos.

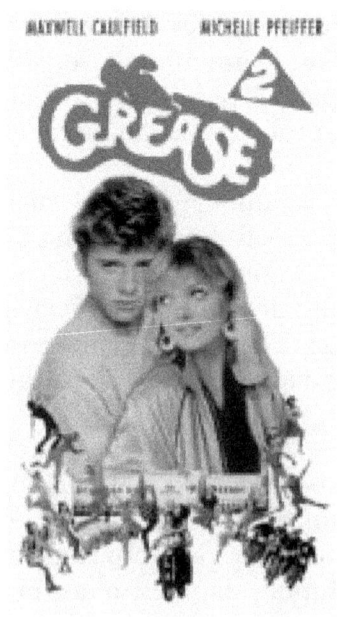

Sobre la banda sonora poco hay que decir, salvo que es extraordinaria y con canciones que se pueden tatarear sin problemas a los pocos segundos. Las canciones de John Farrar ("Hopelessly Devoted to You", nominada para un Oscar) y Barry Gibb (la pegadiza canción del comienzo), son reflejadas por los protagonistas sin problemas.

Y así, entre canción y canción surgen los amores veraniegos, los desengaños y los besos, para llevarnos a un final feliz, pues los pañuelos no fueron necesarios para enjuagar las lágrimas.

Hubo una secuela, "Grease 2", pero cuya similitud acaba y empieza con el título. La mencionamos por trabajar Michelle Pfeiffer, aunque ella ha procurado siempre renegar de este filme.

Nominaciones:

Nominada a la mejor música y canciones 1978: John Farrar (Música y letras).

EMPIEZA EL ESPECTÁCULO 1979
All that jazz

Productor: Robert Alan Aurthur
Director: Bob Fosse
Guión: Robert Alan Aurthur, Bob Fosse
Fotografía: Giuseppe Rotunno
Música: Ralph Burns
Coreografía: Bob Fosse

Intérpretes:

ROY SCHEIDER: Joe Gideon
JESSICA LANGE
ANN REINKING
LELAND PALMER
CLIFF GORMAN

Se trata de una semi autobiografía del célebre escritor, director y coreógrafo Bob Fosse; ganador de un Oscar, un Tony y un Emmy, que se llevó a casa un total de 8 reputados premios. En parte trágica, en parte cómica, esta película nos da una visión de su propia vida, en la cual retrata la dureza, el esplendor y decadencia de la gente que trabaja en el mundo del espectáculo cuyo afán de triunfo les niega la posibilidad

de tener otros afec-
tos.

La película es
una mezcla algo
desconcertante,
fracturada de imá-
genes sobre la vida
de este director de
cine y musicales en
Broadway, que ba-
jo el nombre de
Joe Gideon le ve-
mos fumando ci-
garrillos, bebiendo
demasiado y con
una esposa y
amante. Todo ello
parece un juego
peligroso para su

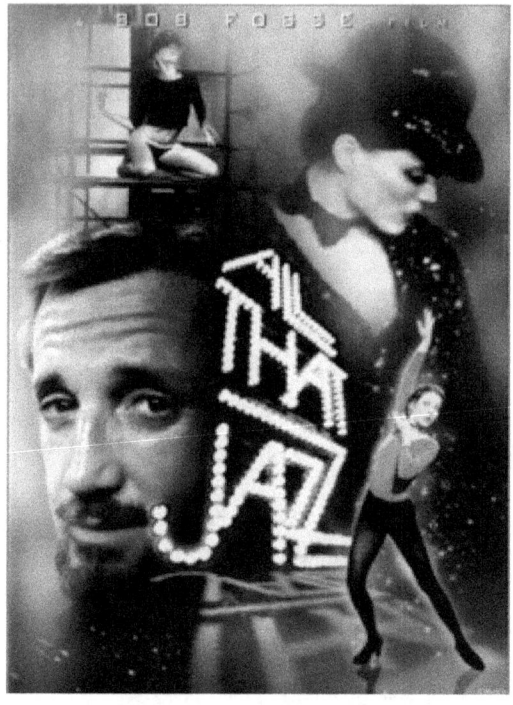

salud y obviamente está en mala forma. Tose cuando el humo
del cigarrillo le inunda hasta los ojos, su cutis es del color de
la barriga de un pez, y cuando se levanta por la mañana
acude de forma impulsiva al baño. Después se toma una
ducha fría, dos Alka-Seltzers, se lava los enrojecidos ojos e
ingiere su dosis de anfetaminas.

Todo este material describe exactamente lo que es el filme, el cual se parece mucho a una película de Fellini y se
percibe todavía más porque el fotógrafo Giuseppe Rotunno,
es el favorito de Fellini. Las similitudes son notables y en
ambas vemos al protagonista envuelto en producciones caras, y los productores frenéticos con sus inversiones. Pero la
historia nos muestra también a personas, lugares, y cosas
que son parte de la vida de Fosse, por lo que no conseguimos

verle como a un ser humano normal, sino como una víctima. Interpretada por Roy Scheider, un frío pero correcto actor que en esta ocasión no suele inspirar simpatía, nos salimos del cine con un agrio sabor de boca.

Premios:

Oscar al mejor director artístico 1979: Philip Rosenberg, Tony Walton, Edward Stewart

Oscar al mejor vestuario 1979: Albert Wolsky

Oscar al mejor film editado 1979: Alan Heim

Oscar a la mejor música original 1979: Ralph Burns

Nominaciones:

Nominado al mejor filme 1979

Nominado al mejor actor 1979: Roy Scheider

Nominado al mejor director 1979: Bob Fosse

Nominado al mejor guionista 1979: Robert Alan Aurthur, Bob Fosse

Nominada a la mejor fotografía 1979: Giuseppe Rotunno

HAIR 1979

Director: Milos Forman
Coreografía: Twyla Tharp
Música: Galt MacDermot, James Rado, Gerome Ragni
Guión: Michael Butler
Vestuario: Ann Roth

Intérpretes:

BEVERLY D'ANGELO: Sheila
TREAT WILLIAMS: Berger
ANNIE GOLDEN. Jeannie
JOHN SAVAGE: Claude

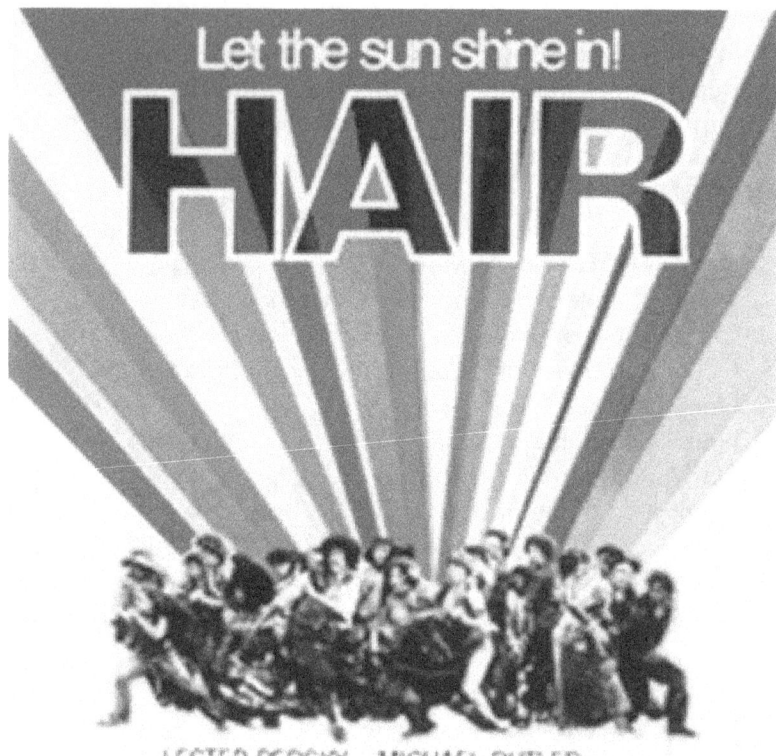

Es posible que esta obra cinematográfica, dirigida por Milos Forman, haya mejorado incluso la versión musical de Broadway, pues indudablemente ha conseguido resaltar la épica historia. Filmada en los alrededores de Nueva York, nos habla de un joven llamado Claude (John Savage), un muchacho granjero que se convirtió en un enemigo de la guerra del Vietnam. En Nueva York se une a un grupo de jóvenes capitaneados por Berger (Treat Williams) y Jeannie (Annie Golden), quienes le llevan a una serie de aventuras alucinógenas en las que forma parte la adorable Sheila. Junto con esta experiencia viene una introducción a los problemas de raza, género, política, y guerra.

Las actuaciones musicales son extraordinarias, y el coreógrafo Twyla Tharp organiza algunas de las escenas de baile más imaginativas y exquisitas nunca vistas, incluso un ballet a caballo por la policía en el Parque Central, y una sucesión de viajes fantásticos con LSD.

En el estreno original de Broadway intervinieron Melba Moore y Diane Keaton.

Ha sido considerada como una de las 10 mejores películas por el New York Times.

FAMA 1980

Director: Alan Parker
Guión: Christopher Gore
Fotografía: Michael Seresin
Música: Michael Gore

Intérpretes:
IRENE CARA
LEE CURRERI
LAURA DEAN
ANTONIA FRANCESCHI

Apoyada por una de las series de televisión de más popularidad, el filme nos cuenta de nuevo las peripecias de un grupo de jóvenes que intenta abrirse camino en el mundo del espectáculo.

Para conseguir su sueño de ser una estrella y triunfar en Nueva York, deben luchar duro y enfrentarse a la realidad, aunque el premio final ya lo saben: la fama.

Premios:
Oscar 1981 a la mejor Música original
Oscar 1981 a la mejor canción: Fama

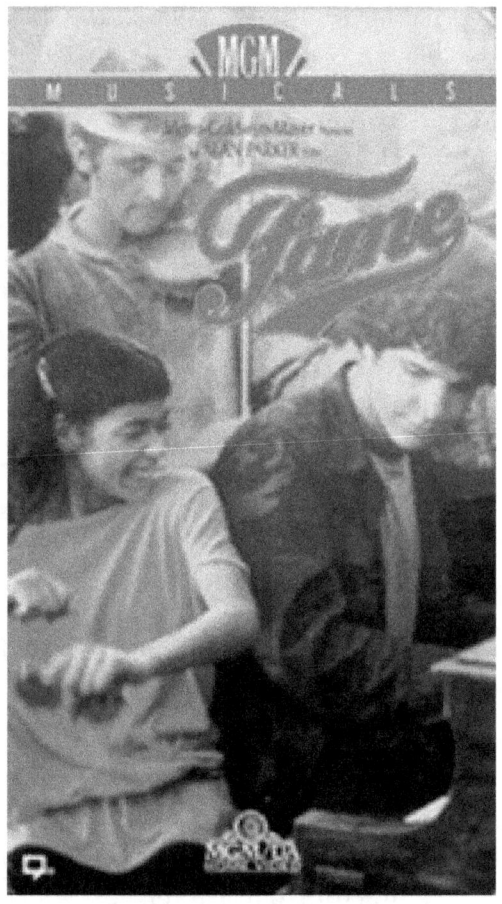

Xanadú 1980
Xanadu

Productor: Lawrence Gordon
Director: Robert Greenwald

Guión: Richard Christian Danus y Marc Reid Rube
Fotografía: Victor J. Kemper
Coreografía: Kenny Ortega y Jerry Lynne
Banda Sonora: Barry De Vorzon

Intérpretes:

OLIVIA NEWTON-JOHN: Kira
GENE KELLY: Danny McGuire
MICHAEL BECK: Sonny Malone
JAMES SLOYAN: Simpson
DIMITRA ARLISS: Helen
KATIE HEMLEY: Sandra

Hay que reconocerle a Gene Kelly, entre otras muchas cosas, su pasión por el cine musical norteamericano y su intento por demostrar que nunca tuvo que desaparecer, que era cuestión de encontrar una nueva idea. *"La música no se puede detener"*, dijo en una ocasión y por eso cuando ya tenía sesenta y ocho años, y a pesar de haber manifestado que nunca más volvería a bailar en el cine, acepta interpretar el principal papel masculino en una película de argumento delirante.

Quisiera insistir en lo de delirante porque la historia lo es: Kira (Newton-John) es una extraterrestre guapísima que tiene la facultad de hacerse invisible, aunque no sabemos por qué está en La Tierra. Por su parte, Kelly es un empresario que anteriormente había sido músico de la orquesta de Glenn Miller.

La película fue un retroceso en la buena carrera musical de Kelly y el hundimiento definitivo de esa promesa llamada Olivia Newton-John. El filme no tenía ninguna similitud con los musicales de antaño y su concepción moderna no acabó de gustar ni a viejos ni a jóvenes.

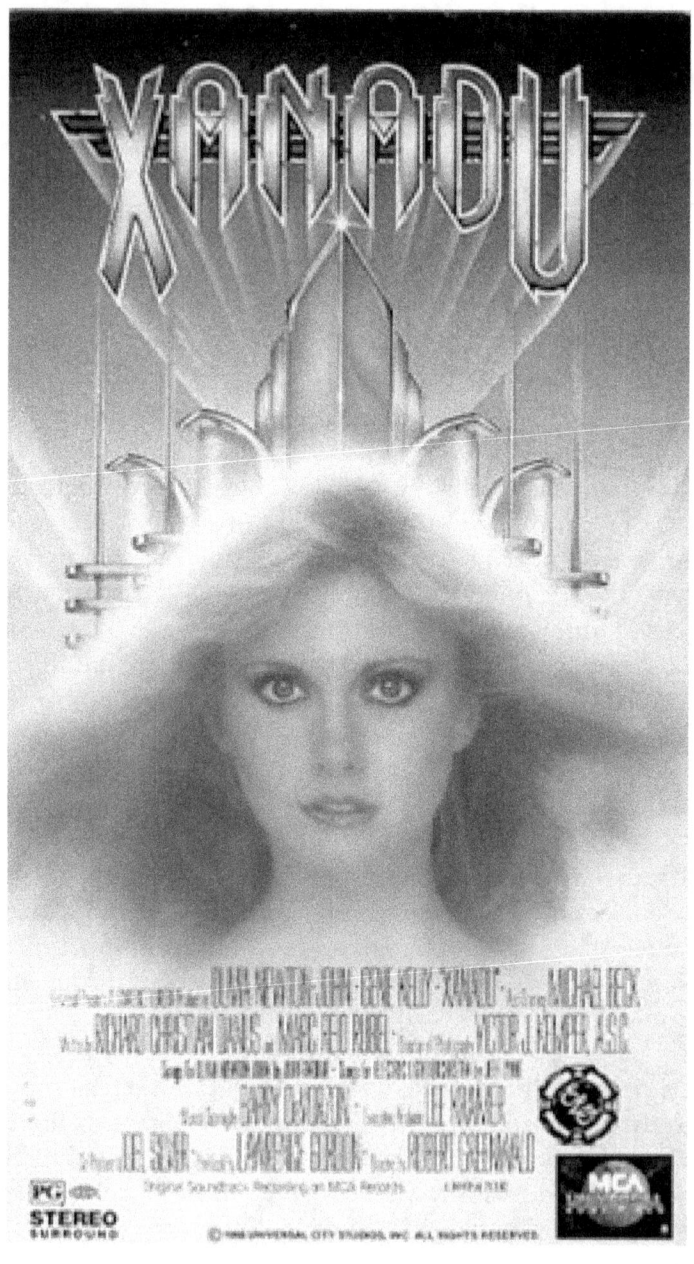

Inspirada en "Gover Girl" (1944), una película de la Columbia en la cual había aparecido Kelly (por cierto, con un papel en el que se llamaba igualmente Danny McGuire), "Xanadú" no logra ni siquiera imitarla. El espantoso guión de Richard Christian Danus y Marc Reid Rubel nos habla también de un artista frustrado llamado Michael Beck quien, mientras trata de buscar a una musa misteriosa y bonita (Newton-John), se encuentra con un adinerado pero amargado clarinetista (Kelly) y le persuade para invertir su dinero en una espectacular discoteca.

Con la idea de que Gene atrajera a los papás y mamás, y Olivia a sus hijos, el productor Lawrence Gordon trataba de apostar sobre seguro. La idea, sin embargo, falló (Olivia apenas podría considerarse una actriz carismática) y, aparte de Kenny Ortega y Jerry Trent, quienes organizan vivamente los números musicales, la muestra no posee muchos más alicientes.

GRANUJAS A TODO RITMO 1980
The Blues Brothers

Productor: Robert K. Weiss
Director: John Landis
Guión: John Landis, Dan Aykroyd
Fotografía: Stephen Katz
Música: Elmer Bernstein

Intérpretes:

JOHN BELUSHI: Joliet Jake
DAN AYKROYD: Elwood Blues
JAMES BROWN: Reverendo James
RAY CHARLES: Ray

CARRIE FISHER: Mujer misteriosa
ARETHA FRANKLIN: Cantante Café Owner
JOHN CANDY: Burton Mercer

Invitados:

FRANK OZ
TWIGGY
STEVEN SPIELBERG

Sin duda es una película extraña y por más que tratamos de encontrar alguna similar no lo logramos. Interpretada por John Belushi y Dan Aykroyd como los Blue Brothers (ambos en una de sus mejores actuaciones), personajes creados en el programa televisivo "Saturday Night Live", en su pase a la gran pantalla consiguieron tener vida propia.

La película nos cuenta algo sobre cómo se criaron en un orfanato del West Side, un lugar demoníaco y donde abundaban los malos tratos. Después nos llevan al presente y comienza el espectáculo. Los hermanos visitan su antiguo orfanato, pero se dan cuenta que ahora tienen un problema serio, pues deben cinco mil dólares más impuestos, y necesitan conseguir ese dinero con el espectáculo musical. Su odisea les conduce a no pocas situaciones cómicas en Chicago, pero todo parece encauzarse cuando encuentran a sus viejos amigos en los lugares más improbables, como un restaurante regentado por Aretha Franklin, una tienda de música dirigida por Ray Charles, y una iglesia evangelista encauzada por James Brown, reverendo para más señas. Sus aventuras incluyen las continuas carreras con la policía, así como los enfrentamientos contra unos nazis que están intentando organizar una demostración musical.

Una de las cosas más interesantes del filme es la habilidad para intercalar los números musicales, pues parece lógico

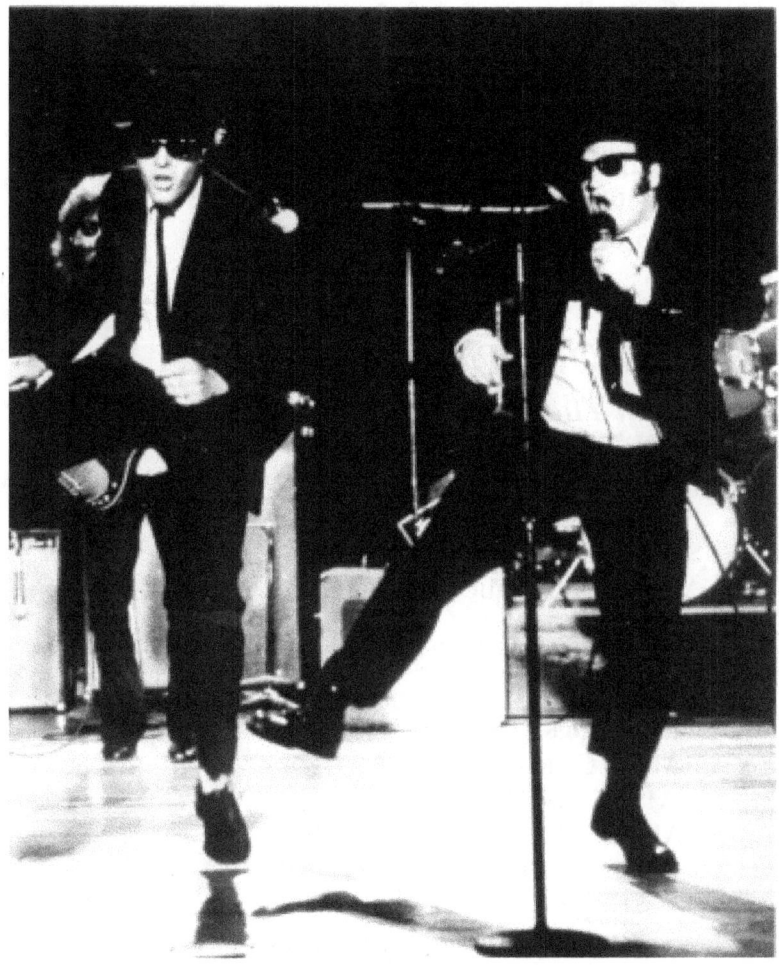

que en ese momento todos se pongan a cantar. Después se alternan las persecuciones de la policía con las canciones, y éstas con los nazis enfurecidos, interrumpiéndose las peleas cuando alguien decide cantar. Y es que los números musicales tienen tanta calidad y potencia que es mejor escuchar antes que ponerse a correr.

Aretha Franklin ocupa una de las mejores escenas de la película, en su restaurante de comida, con todo el personal y clientes poniéndose a cantar.

Hubo una continuación, denominada como "Blue Brothers 2000", que no tuvo el éxito anterior, aunque a nosotros nos parece un filme sumamente digno.

CORAZONADA 1982
One From The Heart

Productor: Bernard Gersten
Director: Francis Ford Coppola
Sistema electrónico: Lehmann
Asesor coreográfico: Gene Kelly

Intérpretes:

FREDERIC FORREST: Hank
TERI GARR: Frannie
RAÚL JULIÁ: Ray
NATASSJA KINSKI: Leila
LAINIE KAZAN: Maggie
HARRY DEAN STATON: Moe

Llegó a las pantallas después de dos años de sonido y furia, a continuación de publicarse un montón de artículos y noticias en las páginas financieras en ls que se daba la alarma sobre las dificultades económicas que la película estaba atravesando.

"Corazonada", de Francis Ford Coppola, es una producción interesante pero no llega a ser una buena película. Esperábamos un filme mejor del inteligente director de

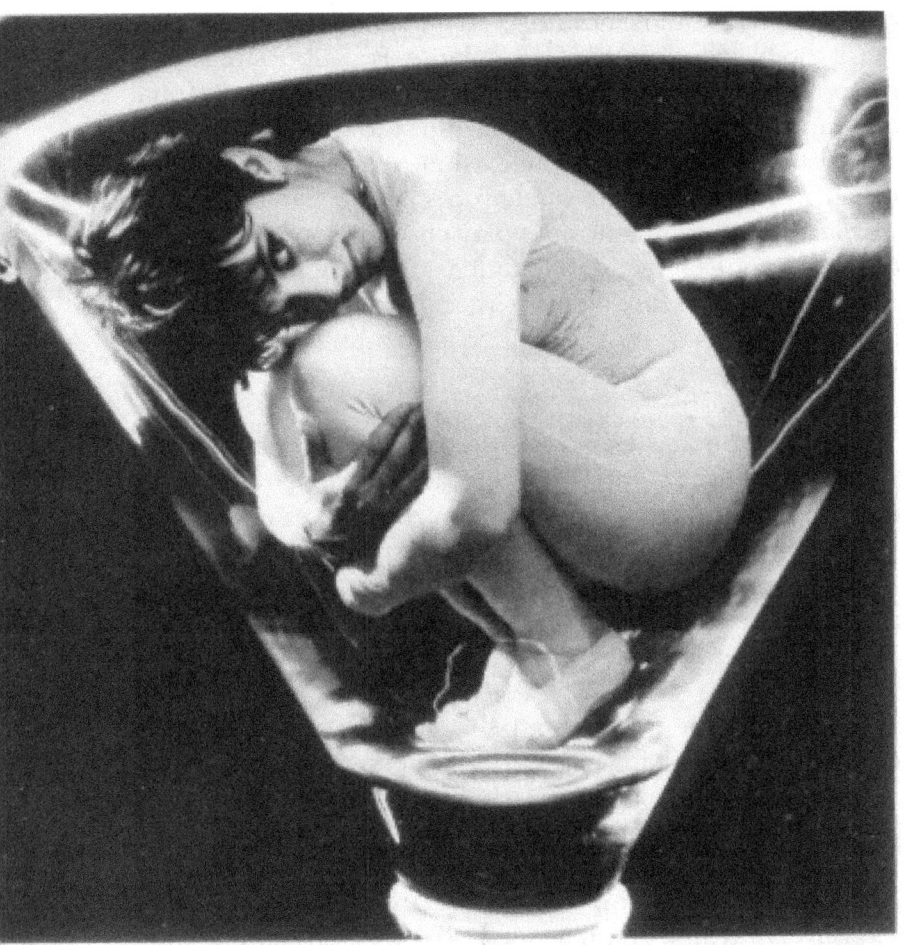

"Apocalypse Now" y "El Padrino". Esta debió ser la primera película en la historia en llegar con más publicidad por sus técnicas de producción que sobre las estrellas que participaban en ella.

Todos sabemos que Coppola se acostumbró con su equipo de vídeo experimental a ver y revisar su película, y se encerró en un remolque lleno de aparatos electrónicos para que poder ver en los monitores lo que el operador de la cámara estaba viendo a través de la lente. Por supuesto, la propia película se fotografió en el mismo celuloide tradicional que vemos en los cines y que se ha utilizado siempre. Coppola se acostumbró a utilizar la televisión principalmente como un dispositivo para acelerar el proceso de ver cada secuencia y probar varias combinaciones para corregir los defectos. Hay quien dice que en realidad lo único que consiguió fue disponer de 8 millones de dólares para su proyecto y gracias a sus adelantos en las técnicas del vídeo aumentar los costes hasta los 23 millones.

Si "Corazonada" es la clase de película que este proceso inspira, entonces Coppola debe abandonarlo, como parece ser que hizo. Lo más triste de "Corazonada" es que le falta ritmo y en una película musical es el peor defecto. Es un ballet de movimientos de cámara elegantes y complejos que muestran escenas magníficas, pero de algún modo los personajes se pierden en el proceso.

Hay un momento en esta película en la cual yo me preocupé de lo que estaba pasando a las personas en ella, y sólo un momento (una corta aparición de Allen Goorwitz como el encolerizado dueño del restaurante), en la cual noté que la espontaneidad del actor podía fluir positivamente en el estilo marcado por Coppola. El director de "El padrino" se ha convertido aquí en un técnico y su obsesión por ello (quizá quería emular a George Lucas), le impidió preocuparse de la parte humana.

Las películas son diferentes unas de otras, pero la mayoría de ellas hablan sobre las personas y para las personas, y en "Corazonada" se presta muy poca atención a las complejidades del corazón humano. De hecho, casi parece estar en guardia contra los actores que ocupan cuidadosamente sus personajes, no permitiéndoles casi nunca dominar la escena. Hay momentos en los cuales no existe ningún foco que ilumine una emoción o un gesto, porque la cámara implacablemente programada está en otra parte.

Por eso, nombrar a los actores o describir sus personajes es quizá lo menos importante en la película; no son imprescindibles para una revisión crítica. Los dos personajes principales (Teri Garr y Frederic Forrest) viven desilusionados en Las Vegas, tan reluciente y bulliciosa. Durante un tiempo breve, ambos se evaden de sus aburridas vidas y se encuentran con nuevos amantes (Raúl Julia y Nastassja Kinski), quienes les fastidian con sueños y fantasías. La historia que subyace, supongo, es la vida tan sencilla que pueden vivir personas que habitan en lugares tan esplendorosos.

Hay buenos elementos en esta película y uno es Harry Dean Stanton, aunque Coppola se resiste a mostrarnos sus expresivos ojos. Kinski, como una equilibrista del alambre en un circo, tiene una belleza mucho más madura que en "Tess" y hay un momento maravilloso cuando dice: "para hacer desaparecer a una muchacha del circo, todo lo que usted tiene que hacer es parpadear". Garr está atractiva, excepto porque su papel la obliga ingratamente a estar pasiva, y Forrest (candidato al Oscar por "La rosa"), es igualmente transparente, como si se dejase llevar.

El argumento nos recuerda que el 4 de julio es un día especial para los norteamericanos, pues celebran el Día de la Independencia; también lo es para Hank y Frannie, quienes conmemoran los diez años de unión sentimental. En un primer momento quieren celebrarlo, pero después discuten y rompen. Los dos deciden salir solos para olvidarse del señalado día y en poco tiempo encuentran a su pareja ideal. Ambos parecen felices, pero algo bulle en su interior y no terminan por encontrar ese paraíso en el que habían soñado durante mucho tiempo.

La historia es sencilla, los actores más que correctos, y los decorados y la iluminación sencillamente extraordinarios, pero... Coppola volvió a fracasar económicamente. Indudablemente es un gran artesano del cine, pero quizá olvide con demasiada frecuencia que se debe dirigir a un público heterogéneo, antes que a los críticos. Su maestría la vemos sin problemas cuando bajo una excusa argumental verdaderamente vulgar monta un deslumbrante despliegue de buen cine, que fusiona la comedia, el drama, en ocasiones el musical, y todo ello sobre un mundo idílico de luz y color, construido enteramente en estudio. El problema es que todo esto cuesta mucho dinero, y ahora sabemos que el director americano tuvo que endeudarse hasta llegar a la ruina esperando que la taquilla permitiese recuperar la inversión, algo que no sucedió y que llevó a su productora, American Zoetrope al colapso.

Problemas financieros aparte, la película cuenta con excelentes actores en los cuatro papeles principales, destacando la siempre sexy Nastassja Kinsky, quizá en uno de los mejores papeles de su carrera, capaz de mostrarse seductora e inocente a partes iguales. Algo distanciada está Teri Garr, una secundaria de lujo que aquí interpreta su papel de manera brillante.

Los decorados se ven y casi nos recuerdan a los que vimos en los tradicionales musicales de la Metro, pero el ambiente irreal se acentúa aún más, lo mismo que la historia de amor.

Mención aparte es la extraordinaria banda sonora de Tom Waits, acompañado por Crystal Gayle, lo que nos hace desear poder verla de nuevo con las ventajas del DVD.

En resumen, una película encantadora, entrañable y magistral.

Nominaciones:

Nominada a la mejor música 1982: Tom Waits

ANNIE 1982

Director: John Huston
Guión: Harold Gray, Thomas Meehan, Carol Sobieski
Productor: Carol Sobieski, Ray Stark
Música: Ralph Burns, Charles Strouse

Intérpretes:

ALBERT FINNEY: Oliver 'Daddy' Warbucks
CAROL BURNETT: Miss Hannigan
ANN REINKING: Ms. Grace Farrell
TIM CURRY: Rooster Hannigan
BERNADETTE PETERS: Lily St. Regis
AILEEN QUINN: Annie

John Huston se atrevió con esta adaptación del musical de Broadway en la cual Aileen Quinn es la pequeña niña y Albert Finney es el Papá Warbucks, mientras que la renombrada Carol Burnett ejerce como la directora de un colegio cruel metido en un orfanato.

Pero la buena maestría de Huston se diluye desde las primeras escenas y poco a poco la historia se nos hace aburrida. Según afirman, aceptó dirigir esta obra simplemente por dinero, aunque hubiéramos deseado que se esforzara un poco más.

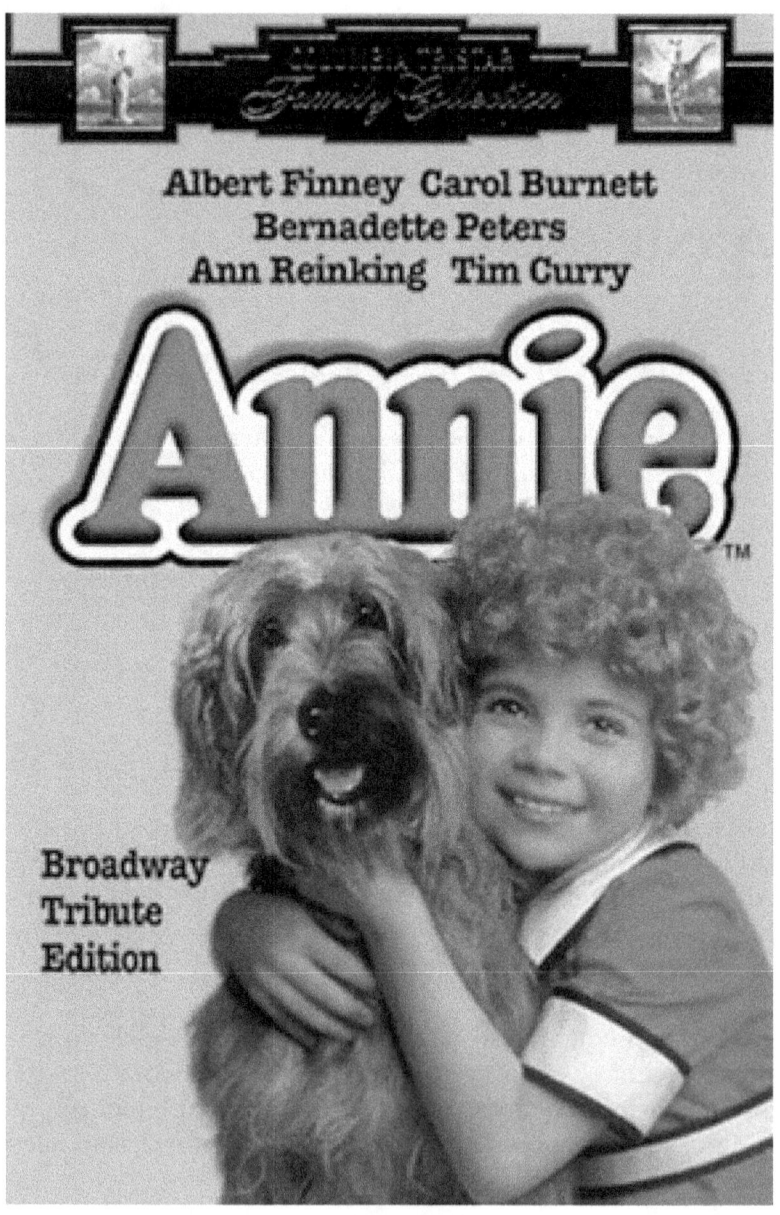

Efectivamente, la versión de 1982 no puede compararse con la original, más que nada por que incluso el argumento ha sido modificado, ambientándose en la Navidad, reemplazando algunas grandes canciones y dando un excesivo protagonismo al perro.

Albert Finney interpreta correctamente su personaje (el cual no existe en la versión de Disney), y la pequeña Annie está mucho más vivaz de lo deseable para su edad. Carol Burnett indudablemente domina muy bien la comedia, por lo que este papel de la Srta. Hannigan le sienta como un guante a medida, aunque si la comparamos con Kathy Bates las cosas no resultan tan fáciles.

La coreografía es dinámica e inspirada en esta versión, siendo superior a la versión de Disney, al menos en riqueza de vestuario y medios.

VÍCTOR O VICTORIA 1982

Productor: Blake Edwards, Tony Adams
Director: Blake Edwards
Guión: Blake Edwards
Fotografía: Dick Bush
Música: Henry Mancini

Intérpretes:

JULIE ANDREWS: Victor/Victoria
JAMES GARNER: King
ROBERT PRESTON: Toddy
LESLEY ANN WARREN: Norma
ALEX KARRAS: Squash

En el París de los años treinta, Victoria, tras el fracaso de su actuación en un cabaret, camina hambrienta por las calles de la ciudad. Está a punto de prostituirse para poder comer, pero finalmente decide darse un gran banquete en un restaurante y después colocar un escarabajo en la ensalada, para no tener que pagarla. Allí conoce a Toddy, un homosexual que le ofrece hospitalidad y que tiene la brillante idea de convertir a la artis-

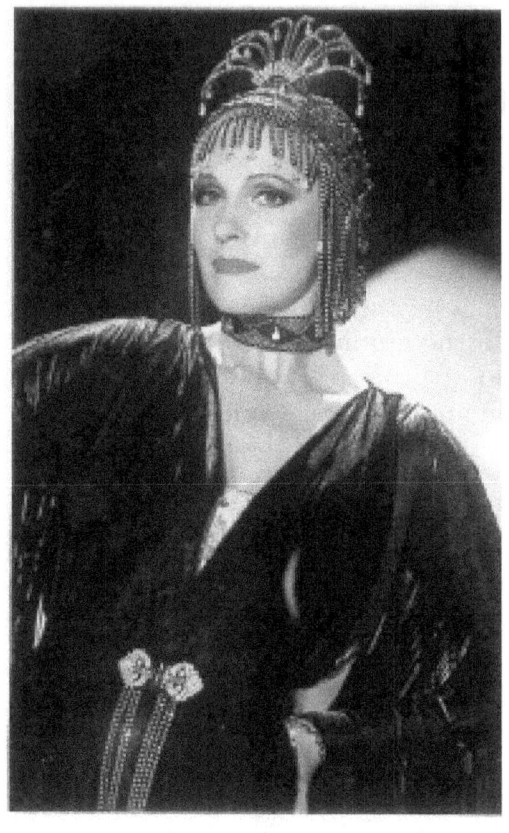

ta en Víctor, un célebre travestido que triunfa en la capital francesa.

Según mi opinión, siempre resulta más atractivo ver a una mujer imitando a un hombre que al revés. Los varones intentan siempre estar guapos, ponen voz aguda, llevan faldas y kilos de maquillaje encima, en un intento de hacernos reír. Pero una mujer vestida con un traje de hombre siempre es atractiva, incluso aunque lleve el pelo muy corto. Por eso resulta agradable ver a Julie Andrews tratando de parecer un varón, pero conservando la delicadeza propia de su sexo.

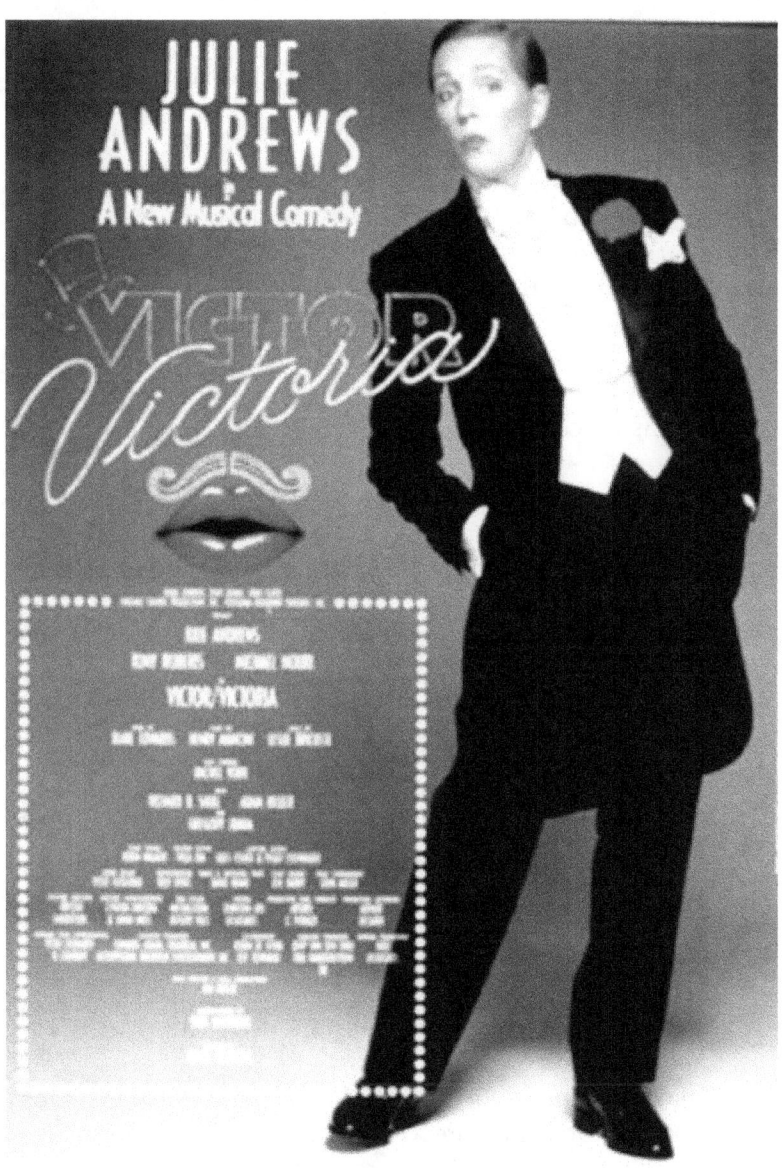

Barbra Streisand también lo hizo posteriormente en "Yentl", pero ahora, bajo la acertada batuta de Blake Edwards, todo es más creíble.

Cuando la vemos simplemente como mujer, Julie Andrews se parece indudablemente a una mujer, pero cuando se trasforma en Víctor es algo imperfecta, ya que los varones no andamos así ni gesticulamos de ese modo, salvo que seamos gays.

No obstante, el éxito de esta comedia se debe a ella y a su transformismo continuado.

La película tiene mucho sexo insinuado, oculto, pero es tan jocoso que nos gustaría algún día formar parte de este juego del engaño, más que nada para saber si ello es posible.

Aunque después de haber visto a Robin Williams y Mel Gibson hacer papeles de mujer, nos creemos que en la realidad también sería posible.

Premios:

Oscar a la mejor música original 1982: Henry Mancini, Leslie Bricusse

Nominaciones:

Nominada a la mejor actriz 1982: Julie Andrews

Nominado al mejor actor secundario 1982: Robert Preston

Nominada a la mejor actriz de reparto 1982: Lesley Ann Warren

Nominado al mejor guión adaptado 1982: Blake Edwards

Nominada a la mejor dirección artística 1982: Rodger Maus, Tim Hutchinson, William Craig Smith, Harry Cordwell

Nominada al mejor vestuario 1982: Patricia Norris

EL MURO 1982
Pink Floyd The Wall 1982

Director: Alan Parker
Guión: Roger Waters
Música: Robert Ezrin, David Gilmour, Nick Mason,
    Roger Waters y Richard Wright

Intérpretes:

BOB GELDOF
CHRISTINE HARGREAVES
JAMES LAURENSON
BOB HOSKINS

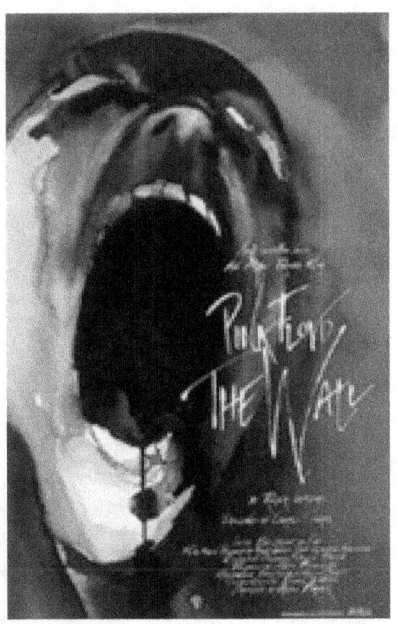

El disco 'The Wall' de Pink Floyd, de 1979, fue llevado al cine unos años más tarde. Pink, una estrella del rock inglés, se encuentra encerrado en la habitación de un hotel de Los Ángeles, en los momentos previos a un recital. Aquí empieza a pasar revista a su vida: los recuerdos traumáticos de la infancia, las crisis de amor, el sexo, el éxito y la droga como único medio para romper el muro que él mismo ha creado. Una vorágine imaginativa y terrorífica.

Premios:
Premio Bafta Film a la Mejor Banda Sonora y Mejor Sonido

FLASHDANCE 1983

Director: Adrian Lyne
Guión: Thomas Hedley Jr.
Intérpretes:
JENNIFER BEALS: Alex Owens
MICHAEL NOURI: Nick Hurley
LILIA SKALA : Hanna Long
SUNNY JOHSON : Jeanie Szabo

Alex es realmente una guapa chica que enfundada en un sucio mono de trabajo se dedica a soldar en una empresa metalúrgica de Pittsburg, aunque su verdadera pasión es la danza. Para conseguir algo de dinero con el cual poder pagar las clases de danza, trabaja también en un club nocturno como Flashdance, algo así como una chica que se mueve con poca ropa para encandilar a los clientes. Su condición humilde no la impide hacer amistad con su guapo jefe, pero ella le rechaza inicialmente por no confiar en sus buenas intenciones.

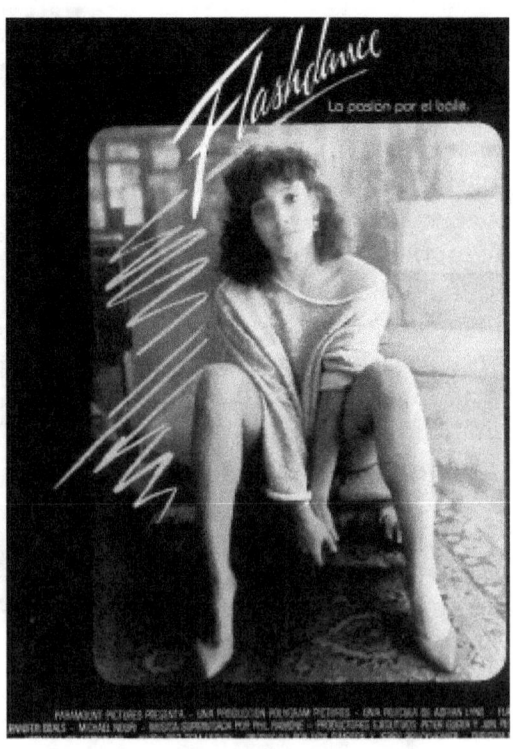

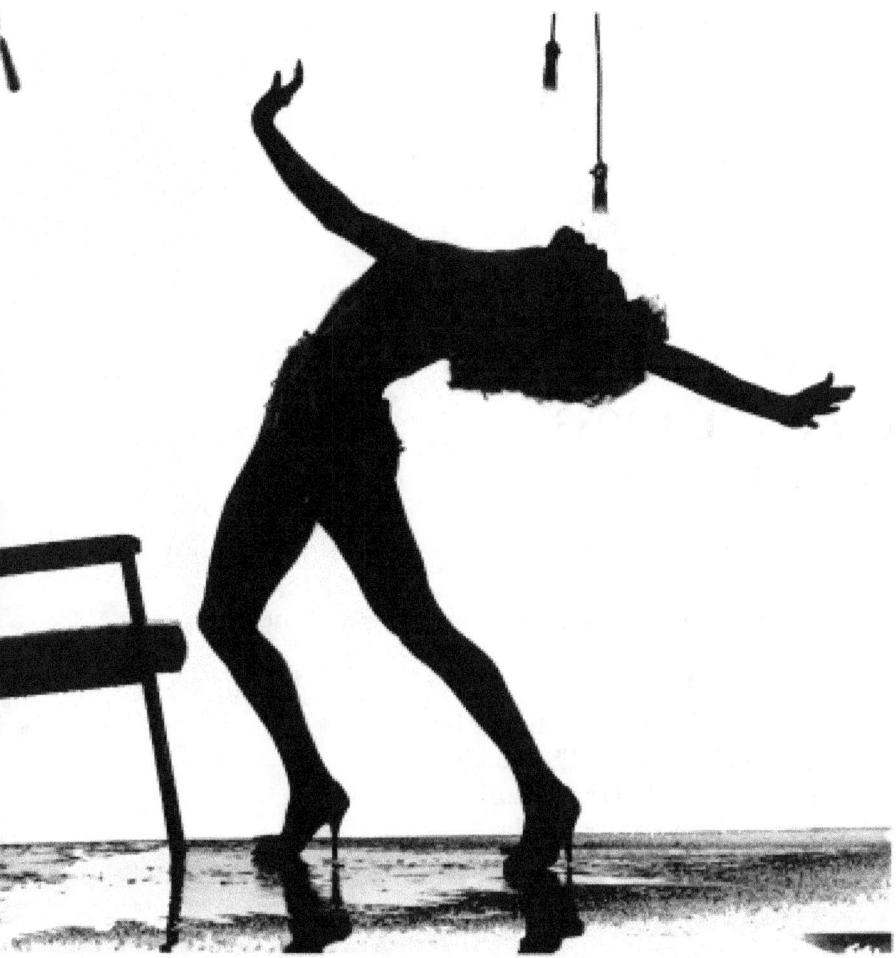

Su vida se descontrola por el amor que llega a sentir por ese hombre, pero también por su compañera, quien no duda en desnudarse ante el público para lograr pagar su afición al alcohol y otras drogas. Y así, con una sencilla historia, se desarrolla uno de los musicales de mayor éxito, dotado de una banda sonora extraordinaria que permaneció durante meses en el primer puesto de las listas de éxito mundiales.

Su protagonista Jennifer Beals no es buena actriz y ni siquiera sabe bailar (fue doblada por Irena Cara), pero su aspecto frágil, encantador, determinado y sumamente bello, la convirtieron en poco tiempo en la musa de millones de hombres. Memorable es la secuencia del examen, tan exquisitamente dirigida y montada que hoy en día sigue siendo un patrón para escenas similares.

STAYING ALIVE: LA FIEBRE CONTINÚA 1983
Staying Alive

Productores: Robert Stigwood y Sylvester Stallone
Director: Sylvester Stallone
Guión: Norman Wexler y Sylvester Stallone

Intérpretes:

JOHN TRAVOLTA: Tony Manero
CYNTHIA RHODES: Jackie
FINOLA HUGHES: Laura
JULIE BOVASSO: Madre
FRANK STALLONE
STEVE INWOOD

"Staying Alive" fue la gran desilusión para los seguidores de Travolta. Esta continuación del audaz "Fiebre del sábado noche", es una máquina de poner discos, como un videoclip, una serie de escenas de baile y canciones nuevas que podrían contarse separadamente y hacer con ellos un documental sobre el baile moderno. De todas maneras, para quienes gusten de las películas musicales sin argumento, como ocurre con "Flashdance", pero con una serie interminable

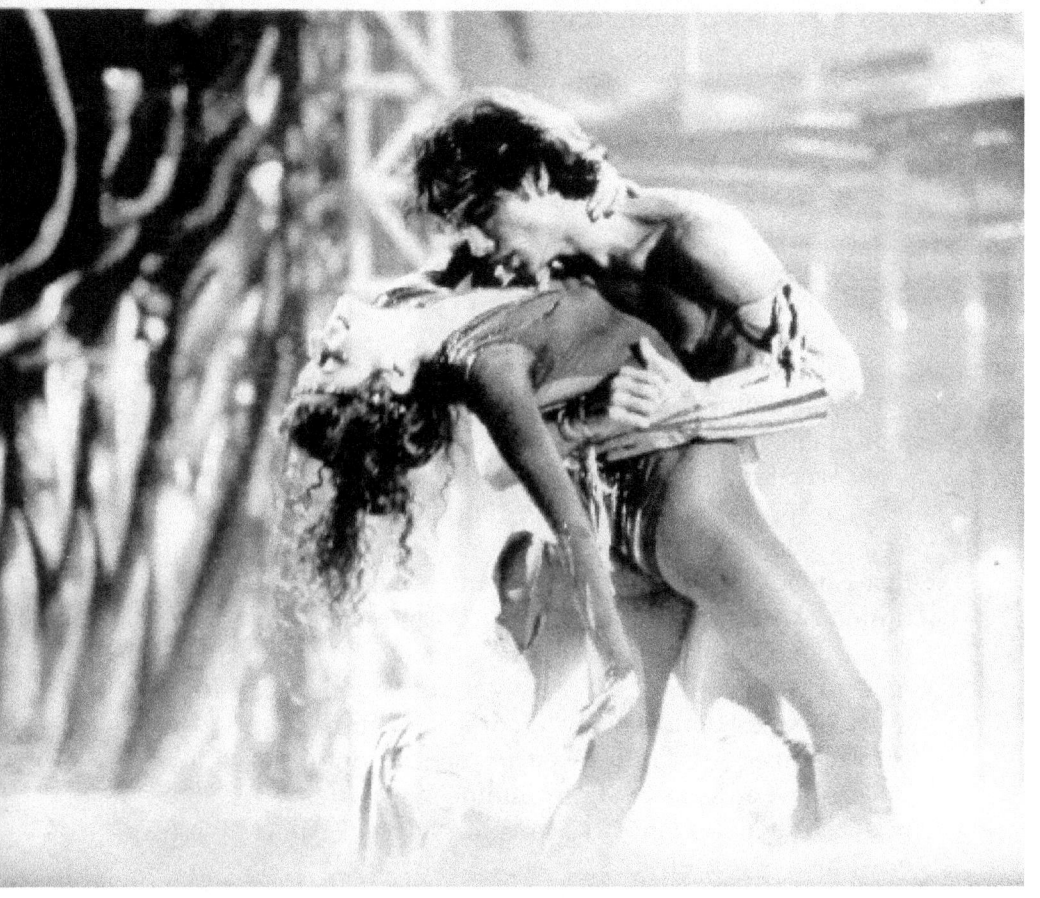

de interludios musicales con escenas dramáticas que rompan la monotonía, esta es su película. Algo así como "Los 40 principales" en versión cine.

La película tiene una historia sumamente simple. Han pasado ya seis años desde que Tony Manero (John Travolta) miraba fijamente y con anhelo las luces de Manhattan al final de "Fiebre del sábado noche". Ahora vive en un pequeño cuarto de un hotel de Manhattan, trabajando como mozo e instructor de baile, mientras enseña la esencia de la danza a una joven (Cynthia Rhodes), con la paciencia de un santo. Tony todavía es un conquistador de mujeres con ansias de romanticismo, y en esos días encuentra a una bailarina británica de larga cabellera (Finola Hughes) que provoca su pasión. Pero la chica es malvada, se cree la reina por su belleza, y le da calabazas. Entretanto, él consigue un trabajo como bailarín de reparto en una obra musical y, casualmente, el primer bailarín abandona y Tony ocupa su lugar.

El filme estuvo co-escrito, producido y dirigido por Sylvester Stallone, y podemos considerarla como la primera película mala que produjo. Como si estuviera realizando una nueva versión de Rocky, obligó a Travolta a someterse a una larga sesión de pesas y footing, aunque se olvidó de pedírselo a la guapa Cyntia Rhodes, quien luce el cuerpo menos firme de los últimos años. También se olvidó de incluir sentimientos, ternura y amor, quizá porque en Rocky eso no importaba tanto. Por eso en "Staying Alive" todos los personajes son superficiales. Los caracteres son clichés estereotipados, y sus diálogos son igualmente sin contenido. Los clímax musicales, la única parte esencial del filme, sólo se interrumpen durante algún tiempo para que las personas puedan gritar sus emociones ocultas hacia el espectador. En ocasiones oímos un intento de realizar un discurso profundo, pero al igual que ocurría en Rocky son desproporcionadamente grandes. En ocasiones son tan absurdos que merecen la pena ser grabados y estudiados con detenimiento en una escuela de literatura, más que nada para explicar lo que no se debe hacer.

La historia comienza una noche en Broadway, en la cual Tony Manero no sólo baila como un héroe, sino que forma parte de un espectáculo musical con fuego, hielo, humo y muchas luces de colores que se apagan y se encienden frenéticamente. También hay rayos láser, muchas escenas en las cuales improvisa su estilo danzarín, y todo acaba triunfalmente cuando levanta sin esfuerzo a Finola Hughes sobre su cabeza con un brazo, para demostrarnos que tantas horas de culturismo no han sido en vano.

El musical que mejor ejecuta, puesto que hay que intentar resaltar también lo bueno de la película, es uno llamado "Satan's Alley", pero es tan risiblemente torpe que se podría haber llamado "La calle de los ángeles". Lo que resulta verdaderamente extraño es que ese baile debería ser similar a otro de "Fiebre del sábado noche", pero es tan tremendamente opuesto y artificial que ni siquiera reconocemos a Travolta. Este actor no es un bailarín, nadie afirma lo contrario, pero con su peculiar estilo moviéndose consiguió entusiasmar a los espectadores y no vemos la necesidad de hacerle parecer un experto profesional, lo que le lleva directamente al ridículo. La película nos ha mostrado de nuevo al macarra Tony Manero, pero reducido a un mundo exclusivamente musical, sin el trasfondo social de su primera película.

Stallone hace un pequeño esfuerzo para convencernos que estamos mirando una presentación improvisada, como en directo, pero cuando la cámara nos muestra detalles que el público nunca podría ver y esfuerzos físicos imposibles de lograr salvo por unos pocos privilegiados, nos damos cuenta que de improvisación no hay nada. También sabe cometer perfectamente el error de hacernos creer que están cantando personas que mantienen la boca cerrada, algo que solamente consigue el ventrílocuo José Luis Moreno.

Todo está demasiado enredado en una película que pretendía ser sencilla y juvenil. El número de baile más importante de Travolta es un ejercicio demasiado increíble, y se parece más a un anuncio televisivo de impacto que a un baile real. Mucho nos tememos que Stallone nunca vio una película de Gene Kelly.

De todas maneras, el filme tiene un gran momento y es cuando Tony se manifiesta victorioso y dice: "¡Quiero andar con paso arrogante!" y se pavonea por Times Square mientras los Bee Gees cantan "Staying Alive". Ése podría haber sido el inicio de una gran película, pero, desgraciadamente, casi coincidió con la palabra fin. Este es un truco de muchos directores que quieren que el espectador se marche con un buen sabor de boca, pero como aquí ni siquiera hubo una buena comida, el resultado es casi una indigestión.

TAL PARA CUAL 1983
Two of a Kind

Productor: Joe Wizan y Roger M. Rothstein
Director: John Herzfeld
Guión: John Herzfeld

Intérpretes:

JOHN TRAVOLTA: Zack
OLIVIA NEWTON JOHN: Debbie
SCATMAN CROTHERS
ERNIE HUDSON
OLIVER REED
KATHY BATES
LA VOZ DE GENE HACKMAN

Las modas en el cine son extrañas, demostrándonos que los guionistas en ocasiones solamente gustan de copiar al vecino. Cuando un argumento se pone de moda, las carteleras

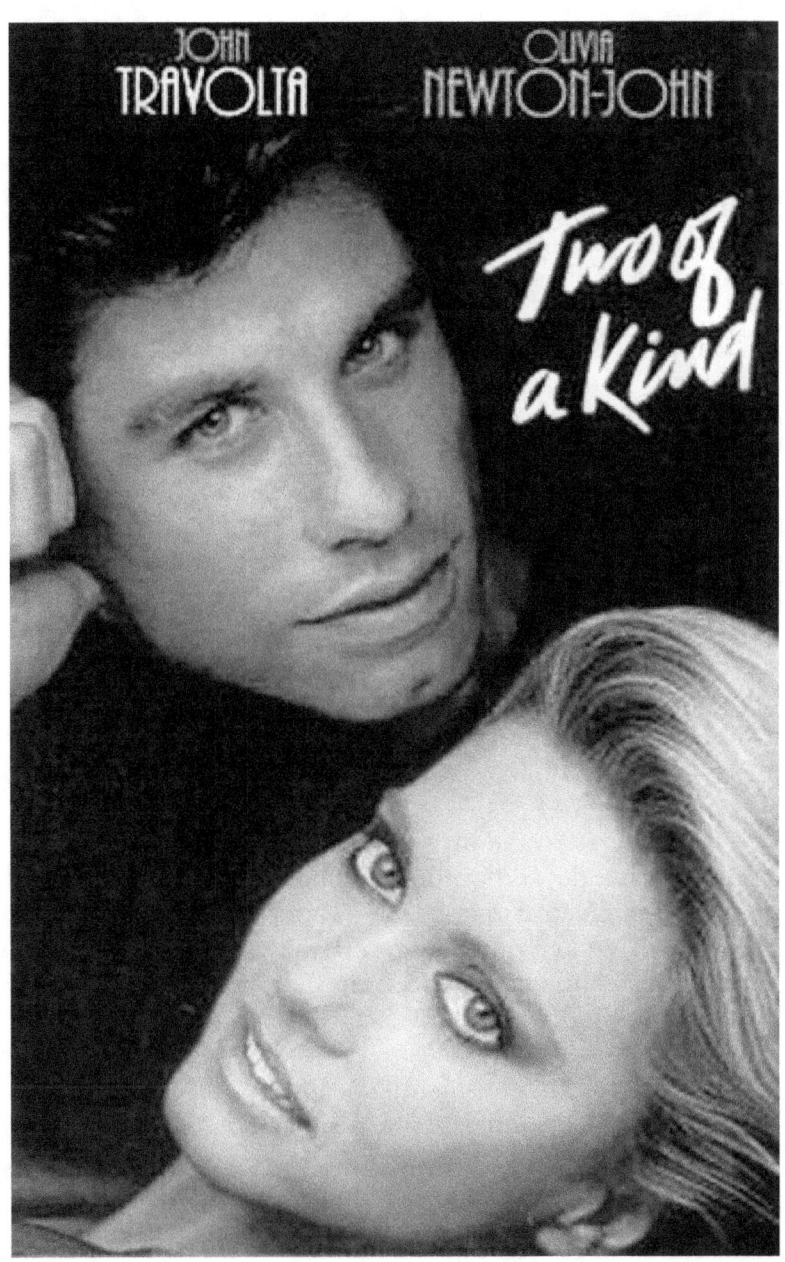

nos inundan con temas similares. En esta ocasión, volvemos a tener a los ángeles del Cielo entre nosotros (ahora son cuatro), quienes le piden a Dios que le dé una segunda oportunidad a la Humanidad. Dios en principio está de acuerdo, pero con la condición de que John Travolta sea quien nos reforme. Nadie sabe por qué debe ser él, pero todos pensamos que la elección es acertada puesto que la inspiración llegó por el Espíritu Santo.

"Tal para cual" empieza con un juego del golf en el cielo que involucra a Wasp (Charles Durning), un negro (Scatman Crothers), un latino (Castulo Guerra), y una mujer (Beatrice Straight.) Ellos han estado a cargo del cielo durante los últimos veinticinco años, mientras Dios estaba de vacaciones (nadie sabe dónde), pero ahora Dios (representado como una luz resplandeciente con la voz de Gene Hackman) ha regresado y no está nada contento. Parece ser que la Humanidad está de nuevo desquiciada y pervertida. Por eso, y siguiendo su costumbre, la única cosa que puede hacer es enviar otro diluvio, y volver a empezar. Afortunadamente para nosotros (por eso se lo podemos contar ahora), los ángeles persuaden a Dios para que no lo haga.

Como alternativa le proponen de nuevo eso de la redención en forma de un hombre sencillo que nos pueda reformar, y así demostrar que la Humanidad tiene remedio. ¿A qué no averiguan a quién eligen para sustituir a Jesucristo? Lo han averiguado: a nuestro amigo Travolta, ahora convertido terrenalmente en un inventor de aparatos inútiles.

Pero nuestro ángel está amenazado por un malvado que se dedica a robar bancos y a especular luego prestando el dinero a los necesitados y, además, debe colaborar con él. Tal argumento parece estar escrito por un guionista ansioso de venganza, pero creemos que incluso le han pagado por su trabajo y en agradecimiento pusieron su nombre en los títulos de crédito. Sin embargo, ahora Olivia Newton-John es el cajero del banco a la que Travolta apunta con un arma. Pero ella sustituye los controles informáticos del depósito y se guarda el dinero. Travolta la busca para conseguir su dinero, y cuando lo consigue se enamoran.

El nuevo romance no les proporciona una vida relajada y maravillosa, especialmente cuando un montón de personajes nuevos se incorporan innecesariamente a sus vidas. Hay unos ángeles, por ejemplo, que espían a Travolta para saber su comportamiento en la Tierra, y unos malvados en forma del propietario de un negocio, y otro como el Diablo. En ese momento es cuando el desmadre hace su aparición y el espectador maldice haber pagado la entrada. Desde ese momento no pasa nada, todo es superficial, y solamente vemos gente comiendo, otros amándose, algunos corriendo y la mayoría hablando de sus cosas. En medio de todos, allí están los eternos amantes Travolta y Newton-John, cantándonos algunas canciones que olvidamos inmediatamente.

La película intentaba recuperar a la pareja de "Grease", pero se olvidaron de escribir un buen guión. Por eso no nos explican un montón de detalles. Por ejemplo: ¿Cuáles son las reglas que rigen en el Cielo? ¿Quién manda allí cuando no está Dios? ¿Tienen sexo los ángeles? ¿Qué es lo que tiene que hacer exactamente Travolta para redimir a la Humanidad? Si es hacer un hijo a Olivia Newton-John no le vemos el mérito.

Tampoco sabemos los poderes del diablo, quien aparte de mirar con ojos encendidos y caminar con sobriedad, no hace otra cosa más interesante. Si el diablo es así, ya no tenemos miedo de pecar y condenarnos. La última pregunta importante es: ¿Dónde se va Dios de vacaciones? Sería interesante conocer esta respuesta para fundar rápidamente una agencia de viajes.

YENTL 1983

Productor: Barbra Streisand, Rusty Lemorande
Director: Barbra Streisand
Guionista: Barbra Streisand, Jack Rosenthal
Basada en la historia: "Yentl, the Yeshiva Boy" de
      Isaac Bashevis Singer
Fotografía: David Watkin
Música: Michel Legrand

Intérpretes:

BARBRA STREISAND: Yentl
MANDY PATINKIN: Avigdor
AMY IRVING: Hadass
NEHEMIAH PERSOFF: Papá
STEVEN HILL: Reb Alter Vishkower

Transcurren los primeros años del siglo XX, en un país de Europa oriental. Yentl es una muchacha judía educada en la más estricta disciplina religiosa y pronto comprueba cómo su futuro está totalmente condicionado por el hecho de ser mujer. Tras el fallecimiento de su padre decide disfrazarse de hombre, para así poder acceder a la educación intelectual que, por su condición femenina, tiene vetada de por vida. El problema surge inmediatamente, pues ella se enamora de uno de los estudiantes (Avigdor), quien obviamente la trata como si fuera un chico. Para complicar más las cosas, ambos viven y duermen juntos, y él está enamorado de una muchacha local. El padre de la chica no quiere esa boda, así que Avigdor convence a Yentl que se case con su novia, para

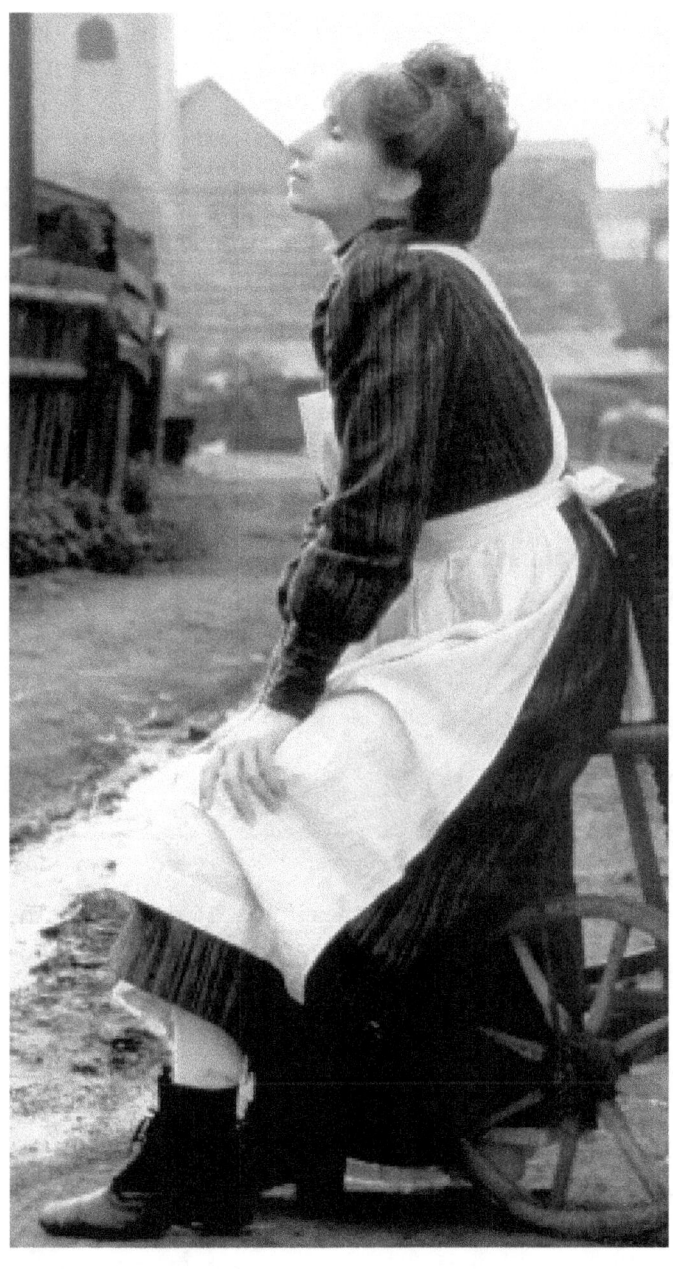

que por lo menos él pueda visitar a las dos personas que más quiere. Por cierto, la novia –recuerden esto– también piensa que Yentl es un chico. Por insólito que parezca, Yentl y la muchacha se casan. Al principio Yentl consigue enmascarar su verdadero sexo, pero consciente del daño que está haciendo a todos debe revelar la verdad.

Indudablemente hay un callejón sin salida que el guionista debe resolver con sumo cuidado y habilidad, aunque no vamos a revelar el desenlace.

Premios:

Oscar a la mejor música original adaptada 1983: Michel Legrand, Alan Bergman, Marilyn Bergman

Nominaciones:

Nominado al mejor actor secundario 1983: Amy Irving
Nominada a la mejor dirección artística 1983: Roy Walker, Leslie Tomkins, Tessa Davies

AMADEUS 1984

Música: John Strauss
Música no original para la película: Wolfgang, Amadeus Mozart, Giovanni Battista Pergolesi, Antonio Salieri
Dirección: Milos Forman
Fotografía: Miroslav Ondrícek
Guión: Peter Shaffer

Intérpretes:

F. MURRAY ABRAHAM: Antonio Salieri
TOM HULCE: Wolfgang Amadeus Mozart

ELIZABETH BERRIDGE: Constance Mozart
SIMON CALLOW: Emanuel Schikaneder
ROY DOTRICE: Leopold Mozart

La película, que retoma la leyenda vienesa sobre la muerte en el siglo XVIII del genio de la música Wolfgang Amadeus

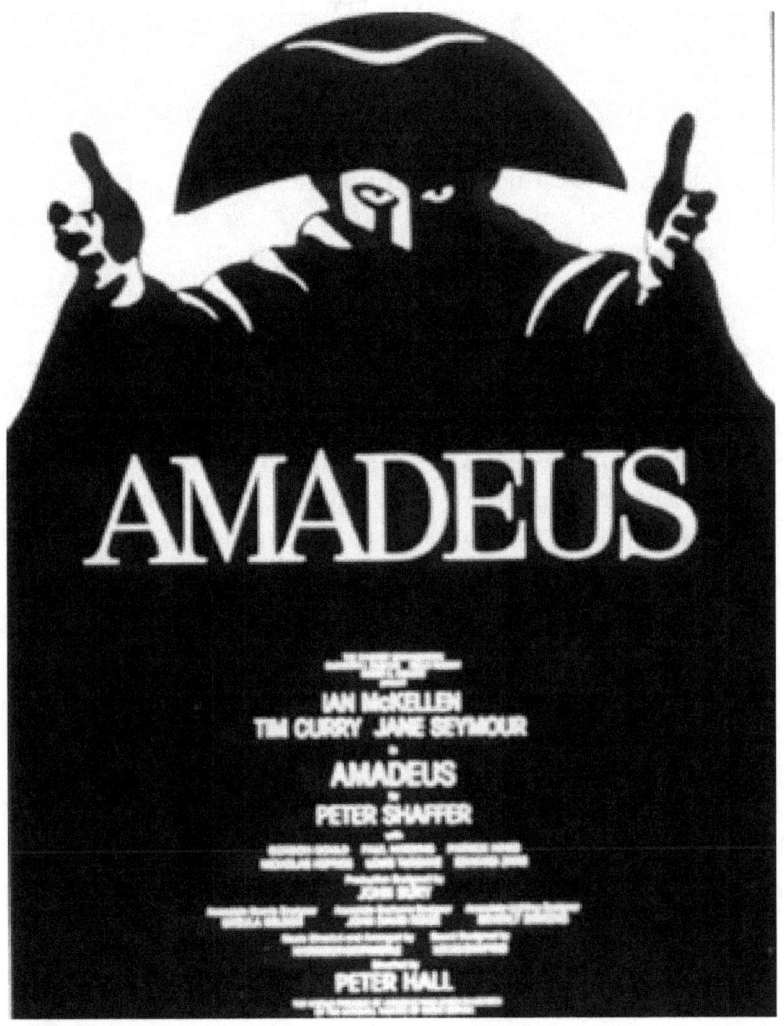

Mozart, se inicia desde un manicomio, en donde Salieri (F. Murray Abraham), el antiguo compositor de la corte, recuerda lo que ocurrió treinta años antes cuando el joven Mozart (Tom Hulce) empezó a ganarse el favor del emperador austriaco José II (Jeffrey Jones). Salieri no puede entender que Dios pudiera bendecir a un ser tan vulgar e insoportable como Mozart con las dotes divinas de la música, y como es incapaz de competir con el talento del otro, se sirve de su influencia en la corte para sabotear la carrera de su joven oponente. Tras la máscara de benefactor misterioso, encarga el complicado "Requiem" que le costará a Mozart la salud, el dinero y la vida. Entre los muchos diálogos memorables, el mejor es sin duda cuando el emperador rechaza una composición de Mozart porque "tiene demasiadas notas".

La película nos sugiere que Salieri podría haber asesinado a Mozart y examina las formas en que esta posibilidad podría ser verdad, pero al final de la película sentimos cierto afecto por Salieri, débil y celoso, pero también con indudables aptitudes musicales que el genio de Mozart consiguió anular. Durante el filme, sin embargo, hemos tenido momentos oscuros de desprecio hacia él, pero se debe más que nada a una carencia de datos. Salieri, interpretado intensamente por F. Murray Abraham, acaba confesando al sacerdote del manicomio su desazón y culpabilidad.

Con pequeños flash vemos a Wolfgang Amadeus Mozart cuando era niño, componiendo melodías de originalidad sorprendente y creciendo para hacerse un artista prolífico.

Una de las decisiones más sabias de la película es no mostrar a Mozart como un genio carismático, como un superhombre torturado, sino como un golfo, un niño inmaduro, amable y de risa ridícula. El personaje interpretado por Tom Hulce nos lo muestra también como un hombre joven sencillo, lleno de deleite, pero sumamente desaprensivo con los demás, hiriendo a Salieri y a otros.

La película se construye bajo un guión bien escrito y acentuando las escenas musicales cuidadosamente, al mismo tiempo que trata de encajar los adecuados diálogos. Centrada en las relaciones de Mozart con su padre, su esposa, y Salieri, nos muestran a una serie de personajes desagradables, lo que agudiza las facultades artísticas de Mozart. La esposa, interpretada por Elizabeth Berridge, es una mujer lozana, jovial y cariñosa, amante de la cama pero que también da a Mozart algunos buenos consejos. Los patrocinadores, sobre todo José II, el emperador austrohúngaro, están igualmente bien definidos, aunque ninguno sin la profundidad en que se muestra Salieri, el compositor cuya tortura especial es entender porqué él no consigue la genialidad de Mozart.

La película se rodó en la Checoslovaquia natal de Forman y parece un escenario correcto, encajando en la época, quizá porque Praga todavía contiene calles, manzanas y edificios que podrían ser idénticos a la Viena de Mozart. Las pelucas de Mozart no se parecen a las otras, y no entendemos la necesidad de darle ese aspecto de punk, con algún sombreado rosa. Mozart parece un niño de los años sesenta más que de épocas pasadas, aunque esta interpretación de su personalidad, casi como un hippie irreverente, termina por encajar.

La música proporciona la estructura del filme, fuerte, segura, y aunque en ocasiones Mozart habla como si fuera un niño, cuando compone lo hace en el idioma de los dioses.

Premios:

Amadeus ganó 8 Oscar, entre ellos a la Mejor Película, al Mejor Director, al Mejor Guión Adaptado y al Mejor Actor para F. Murray Abraham.

BEAT STREET 1984

Productor: David V. Picker, Harry Belafonte
Director: Stan Lathan
Guión: Andrew Davis, David Gilbert, Paul Golding
Basada en la historia de: Steven Hager
Fotografía: Tom Priestley Jr.
Música: Harry Belafonte, Arthur Baker

Intérpretes:

RAE DAWN CHONG: Tracy
GUY DAVIS: Kenny
JON CHARDIET: Ramon
LEON W. GRANT: Chollie

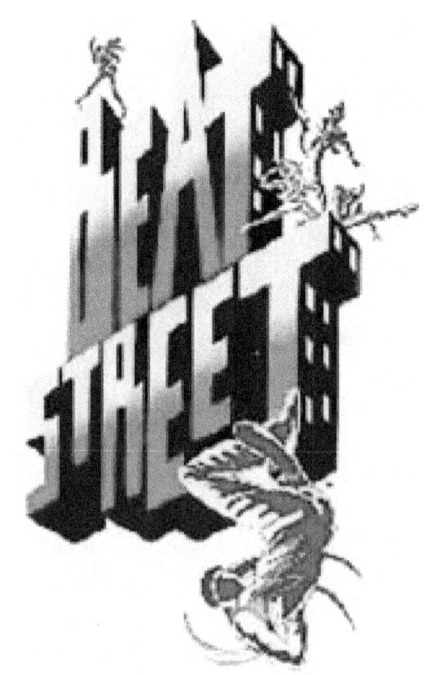

Película menor que, sin embargo, sacó de las cloacas uno de los bailes callejeros más interesantes. Rodada en los barrios extremos de Nueva York, nos mostró el ghetto urbano donde se mezclan diversas culturas, dando lugar a personajes que dedican su vida al graffiti, a bailar el breakdancing, a pelear con cualquiera que se cruce en su camino o a beber alcohol en la discoteca más cercana. El realismo de que hace gala es al menos acertado y solamente por ello merece una revisión.

THAT'S DANCING! 1985

Productor: Jack Haley Jr. y David Niven Jr.
Productor ejecutivo: Gene Kelly
Director: Jack Haley Jr.
Guión: Jack Haley Jr.
Música: Henry Manchini

Intérpretes:

MIKHAIL BARYSHNIKOV
RAY BOLGER
SAMMY DAVIS Jr.
GENE KELLY
LIZA MINNELLI
BILL BOJANGLES ROBINSON

Es imposible destacar algo en este filme. Cuando se unen secuencias de grandes películas y se forma una nueva, es absurdo que no nos agrade. El truco es tan sencillo que se nos antoja infantil: si mostramos al espectador lo más espléndido de las mejores películas y lo hacemos con cierto estilo, lógicamente el resultado tiene que ser agradable. El problema es que es algo injusto para las películas originales.

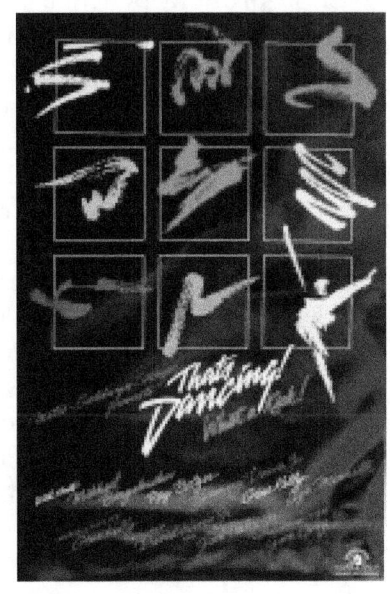

Si tenemos en cuenta que hemos visto ya "Cantando bajo la lluvia" y que ahora estamos empleando la misma cantidad de tiempo en mirar lo mejor de otras sesenta más, quizá sea preferible ver de nuevo la película "Cantando bajo la lluvia" entera. Sin embargo, en "Esto es bailar" no tratan de evitar que veamos íntegras las mejores películas del cine musical; básicamente, lo único que quieren hacer es entretenernos con muchas buenas escenas de baile, algunas malas también, y con semejante ambición es razonable que la acojamos con interés.

La película ha sido reunida por Jack Haley Jr., y David Niven, Jr., reciclando la fórmula de Haley en "Érase una vez en Hollywood" (1974), una antología de los mejores momentos originales de la edad de oro de Hollywood. Ha habido en esta tercera parte, una necesidad de disminuir los costes necesarios para llevarlo a cabo, especialmente en cuanto a los artistas presentadores. Comparen las dos listas y verán la sensible diferencia.

En la primera película, por ejemplo, nosotros vimos el número de baile de título inmortal de Gene Kelly "Cantando bajo la lluvia", y también la secuencia igualmente inmortal de Donald O'Connor "Make'Em Laugh", lo mismo que el número con Kelly "Moses Supposes", tres secuencias imborrables en la historia del cine. El problema es que aparecen demasiado pronto y el resto quizá no es tan bueno.

"Esto es bailar" contiene escenas de las primeras películas, casi como si fuera un documental, pero la presencia de Kelly explicándonos todo, evita que esto suceda. Para darle más importancia al baile, nos habla sobre su universalidad, mientras que nos muestra escenas de National Geographic sobre la danza en el mundo: las tribus en África, el hula hula en Hawaii, polkas, muchachas geishas, y así sucesivamente. Kelly está acompañado después por otros analistas del baile como Liza Minnelli, Ray Bolger, Mikhail Baryshnikov, y

Sammy Davis Jr., quienes tratan de analizar con algo de profundidad el fenómeno mundial del baile.

Hay, sin embargo, muchos buenos bailes en esta película, incluyendo la manera de mover los pies silenciosamente de Isadora Duncan. Vemos las geometrías del baile meticulosamente coreografiadas de Busby Berkeley, el estilo infinito de Fred Astaire, la alegría de Ginger Rogers y los movimientos maravillosos de las igualmente maravillosas piernas de Cyd Charisse y Eleanor Powell. También hay un dúo encantador entre Bill "Bojangles" Robinson y Shirley Temple, y un despliegue deslumbrador por los Nicholas Brothers. La película es moderna, con John Travolta en "Fiebre del sábado noche" y las maravillosas secuencias llenas de sensualidad de "Flashdance" y el documental de Michael Jackson "Thriller". Pero quizá lo que más nos agradó es el suave claqué de James Cagney, seguramente menos técnico que los de Astaire, pero que estaba ciertamente en el mismo barco cuando intentó comunicar pura magia.

Una de las visiones que nos ofrecen en "Esto es bailar", es a Astaire como responsable de la teoría que debemos ver el cuerpo entero del bailarín en la mayoría de las escenas del baile, y que la escena debe mostrarse en secuencias únicas, tanto como sea posible, para conservar la continuidad de la relación del bailarín con el espacio y tiempo. Ese es el tipo de declaración aparentemente obvia de hace algunas décadas, pero esta forma de filmar es adecuada para los bailarines de antes, auténticos maestros del baile, pero imagínense viendo el cuerpo entero de John Travolta en "Fiebre del sábado noche" durante más de dos minutos seguidos.

Pero nosotros también necesitamos que la cámara se acerque para mostrar las caras de los bailarines, y la química entre ellos, como cuando Astaire y Rogers tienen sus secuencias de baile. ¿Hubiesen quedado mejor las escenas de baile en "Flashdance", cuando la protagonista pasa su prueba de ingreso en el conservatorio, si no la viésemos danzar desde el fondo mismo de la mesa del jurado?

¿Qué conclusiones pueden deducirse del estudio de una película sobre sesenta años de danza en el cine? Podríamos pensar que no hay un solo estilo mejor y que los nuevos bailarines de las películas de ahora también están en una forma física extraordinaria y hacen cosas asombrosas en la pantalla, aunque no tienen el estilo personal mágico de un Astaire o un Kelly. Los bailarines actuales son técnicos, no creativos. Es la misma diferencia que hay entre un compositor y un buen lector de música. Y hay otra cosa a favor de los antiguos: ellos realmente no necesitan bailar con nadie. Su baile se puede sostener con la misma eficacia formando parte de un enorme coro que en solitario.

CHORUS LINE 1985
A chorus line

Director: Richard Attenborough
Guión: Arnold Schulman
Basada en la obra de: Michael Bennett
Música: Marvin Hamlisch & Edward Kleban
Fotografía: Ronnie Taylor

Intérpretes:

MICHAEL DOUGLAS: Zack
TERRENCE MANN
ALYSON REED: Cassie
AUDREY LANDERS
MICHAEL BLEVINS

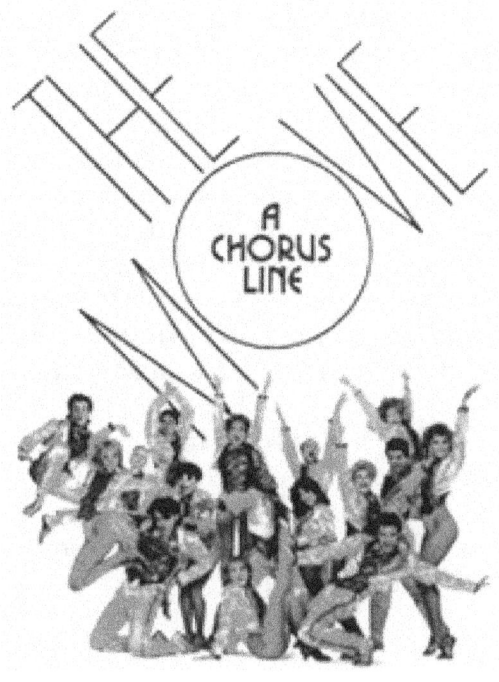

Michael Douglas es un estricto coreógrafo a la búsqueda de bailarines en Manhattan. Así, organiza un casting para una obra de Broadway en donde los aspirantes danzan sus cuerpos y desnudan sus almas a la conquista de sus sueños. La idea es mostrar el interior de las obras de Broadway, fuera del calor y el color de los focos, para intentar plasmar que detrás de la fama no siempre hay tanta felicidad como se cree.

"Chorus line" es un viaje entre bastidores, una recreación de las vidas y tiempos duros que los bailarines deben soportar cuando acuden a un casting en donde hay otras docenas como ellos en busca de lo mismo.

Lleva años de duro trabajo duro convertirse en un buen bailarín para atreverse a ir a una audición, y entonces el premio normalmente es un brusco "le agradezco su interés" y un paseo a casa con el cuerpo sudado. Para tener éxito como bailarín de Broadway los aspirantes necesitan una capacidad ilimitada para absorber el rechazo, y cierta dosis de masoquismo para volver a intentarlo.

El resultado del filme no agradó a los puristas que querían una película más comprometida y crítica, pero indudablemente se trata de una obra inteligente y llena de buenos números musicales. La mayoría de las escenas están rodadas dentro de un teatro, en donde Zack (Michael Douglas), el coreógrafo, se sienta en alguna parte detrás de las butacas para ver todo en la oscuridad. De vez en cuando enciende un cigarro, observa y habla por el micrófono. En ese momento los bailarines intentan verle en la oscuridad, pero deslumbrados por el potente reflector no logran nada. Bien, si eso no les gusta ¿por qué acudieron a la prueba?

Todo parece ir bien hasta que aparece, entre las aspirantes, Cassie (Alyson Reed), la anterior novia de Zack. Ellos se habían conocido y enamorado en un teatro, pero se separaron y ella consiguió ser casi una estrella, pero ahora necesita simplemente trabajo.

LA TIENDA DE LOS HORRORES 1986

Little Shop of Horrors 1986
La tienda de los horrores 1
Productor: David Geffen
Director: Frank Oz
Guión: Howard Ashman
Basada en el musical de: Howard Ashman
Fotografía: Robert Paynter
Música: Howard Ashman

Intérpretes:

RICK MORANIS: Seymour Krelboin
ELLEN GREENE: Audrey
VINCENT GARDENIA: Mushnik

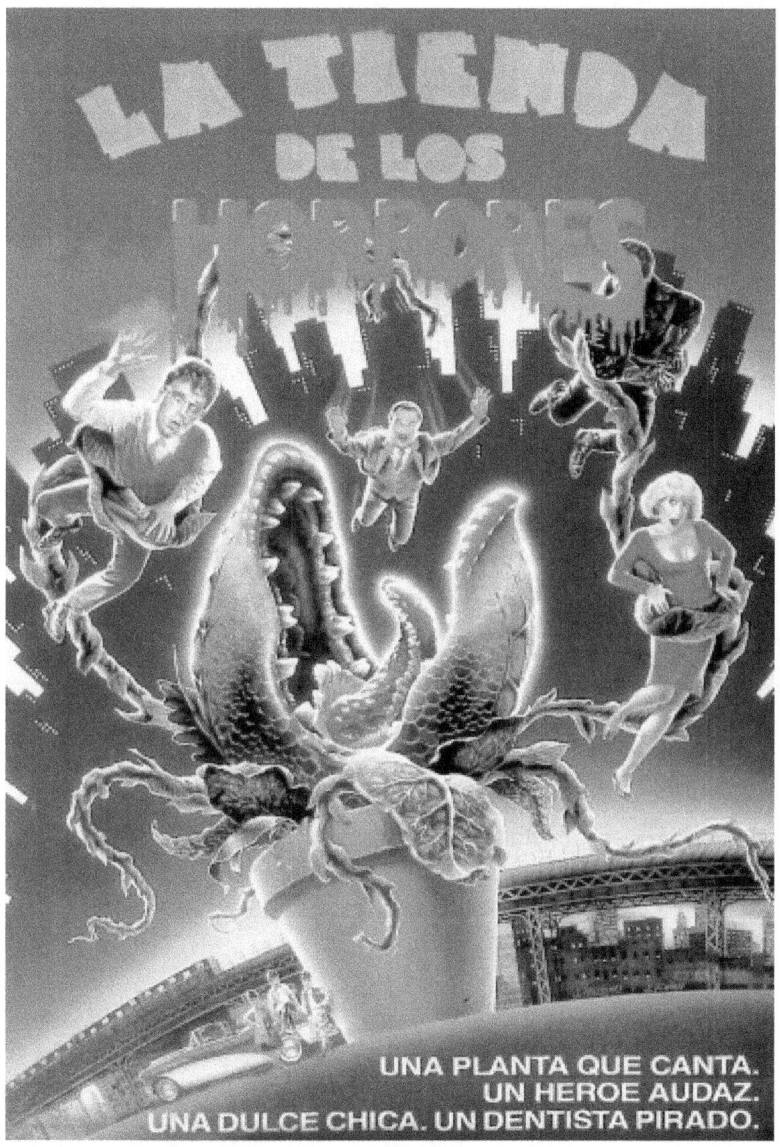

UNA PLANTA QUE CANTA.
UN HEROE AUDAZ.
UNA DULCE CHICA. UN DENTISTA PIRADO.

STEVE MARTIN: Orin Scrivello
JAMES BELUSHI: Patrick Martin

JOHN CANDY: Wink Wilkinson
BILL MURRAY: Arthur Denton

Delirante comedia musical en la cual tuvieron oportunidad de mostrarse al público actores que posteriormente al-
canzarían gran fama, como Bill Murray, Steve Martin y John
Candy.

Mezcla de terror, ciencia-ficción, y cine musical, nos encontramos con una imaginativa película que dio origen a un
musical que se mostró en los teatros del mundo entero.
Remake de la anterior obra de Roger Corman, nos habla de
una semilla espacial que logra germinar en la Tierra, justo
en una maceta dejada casi al azar en la puerta de una
floristería. La semilla crece rápidamente y pronto descubri-
mos que es carnívora, lo que ocasiona no pocos problemas
para alimentarla, especialmente cuando crece tanto que llega al techo del sótano.

También tenemos una historia de amor, con una Ellen
Greene delicada hasta el paroxismo, pero que logra encandilar a Rick Moranis, un torpe empleado que no acaba de
entender la mala suerte que ha tenido con esa gigantesca
planta a quien llama Audrey II. Pero ese monstruo también
tiene sus virtudes, y consigue que la arruinada floristería se
convierta en el centro de la atención de toda la ciudad y con
ello llega el dinero a su propietario.

La película viaja entre la sátira y la comedia mordaz, y
por eso es casi imposible no divertirse con ella. Las canciones, paradójicamente, que debían haber sido el plato fuerte,
pasaron casi desapercibidas en favor de la misma historia. El
atolondrado romance entre Seymour y Audrey, quien debe
apartar de su vida al engreído dentista (Martin), termina por
hacerse encantador y hasta con cierta poesía.

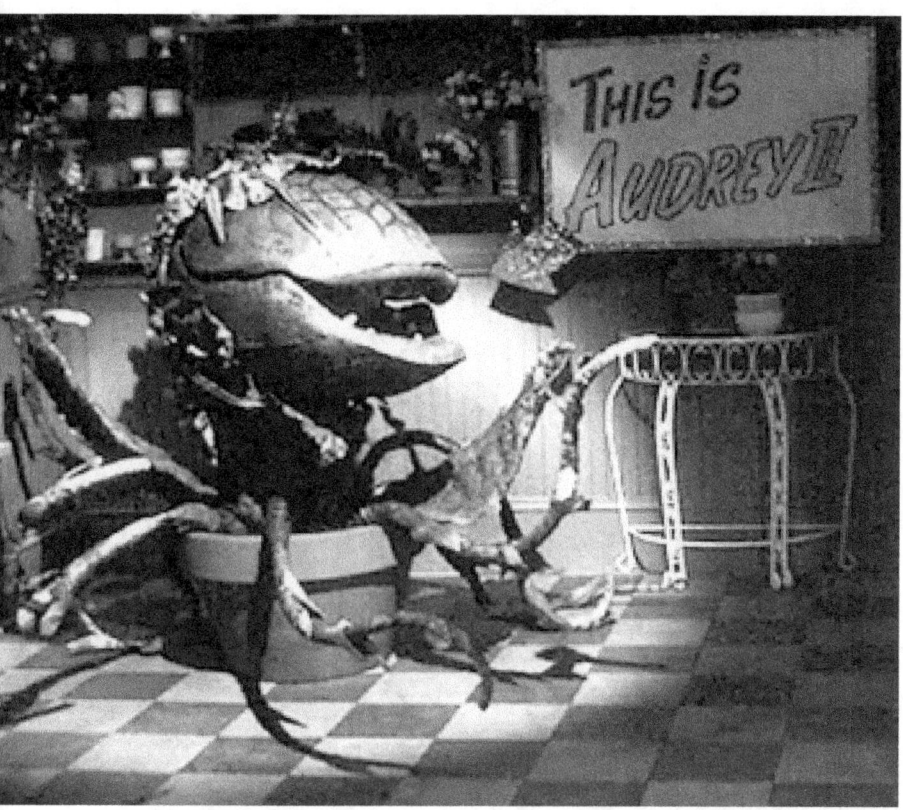

El crecimiento progresivo de la planta espacial era, claro, uno de los mejores recursos de esta versión, criatura que estuvo diseñada por Lyle Conway y dirigida por Frank Oz, consiguiendo entre ambos una maravilla de técnica. La planta parece tener realmente personalidad y encaja perfectamente en los números musicales.

Nominaciones:

Nominada a las mejores canciones 1986: Alan Menken, Howard Ashman

Nominada a los mejores efectos visuales 1986: Lyle Conway, Bran Ferren, Martin Gutteridge

Dirty dancing 1987

Productor: Linda Gottlieb, Eleanor Bergstein
Director: Emile Ardolino
Guión: Eleanor Bergstein
Fotografía: Jeff Jur
Música: John Morris

Intérpretes:

JENNIFER GREY: Frances "Baby" Houseman
PATRICK SWAYZE: Johnny Castle
JERRY ORBACH: Dr. Jake Houseman
CYNTHIA RHODES: Penny Johnson
JACK WESTON: Max Kellerman

Johnny Castle es un famoso profesor de baile y un amante consumado, pero cuando conoce a Baby Houseman, una aburrida e inexperta adolescente, surge un profundo abismo que solamente se cierra cuando los cuerpos se juntan. En ese momento saltan chispas, el ritmo es enloquecedor y el amor surge impetuosamente.

El filme indudablemente es una historia

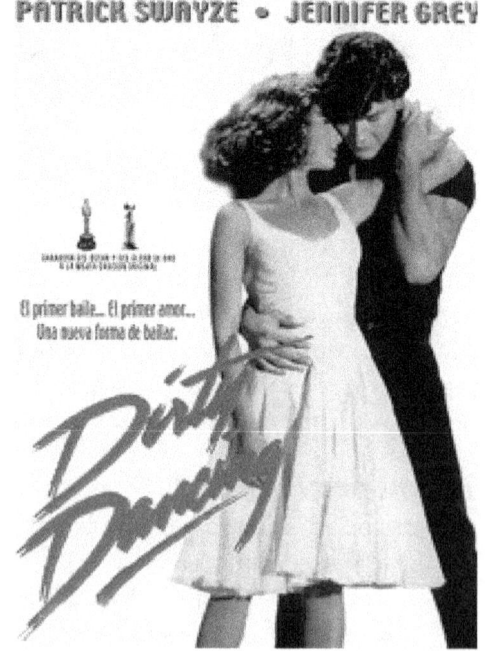

romántica, ahora ya un clásico de los años 80, en el cual los bailes no son lo más logrado y, en ocasiones, se perciben incorrectos. El protagonista debe hacer cualquier cosa para ganarse el jornal, entre ellas bailar con las mujeres que así lo demandan, pero ellas quieren algo más que el guapo chico no está dispuesto a darlas. Mientras tanto, los actores bailan al son de una coreografía correcta, y aunque no son bailarines llegan a disimular perfectamente bien sus carencias.

Este filme muestra al chico guapo, pobre pero con orgullo, intentando encontrar la chica de su vida entre tanta mujer apasionada, y aunque los espectadores saben que, finalmente, acabará enamorándose de la más dulce (no necesariamente la más guapa), la intriga es saber cuándo y cómo surge el amor.

GRAN BOLA DE FUEGO 1989
Geat ball of fire!

Productor: Adam Fields
Director: Jim McBride
Guión: Jim McBride, Jack Baran
Basado en el libro de Myra Lewis y Murray Silver, Jr.

Intérpretes:

DENNIS QUAID: Jerry Lee Lewis
WINONA RYDER: Myra Gale Lewis
ALEC BALDWIN: Jimmy Swaggart
JOHN DOE: J.W. Brown
STEPHEN TOBOLOWSKY: John Phillips

La película narra la biografía del famoso pianista de rock'n'roll Jerry Lee Lewis: cómo aprendió a tocar el piano,

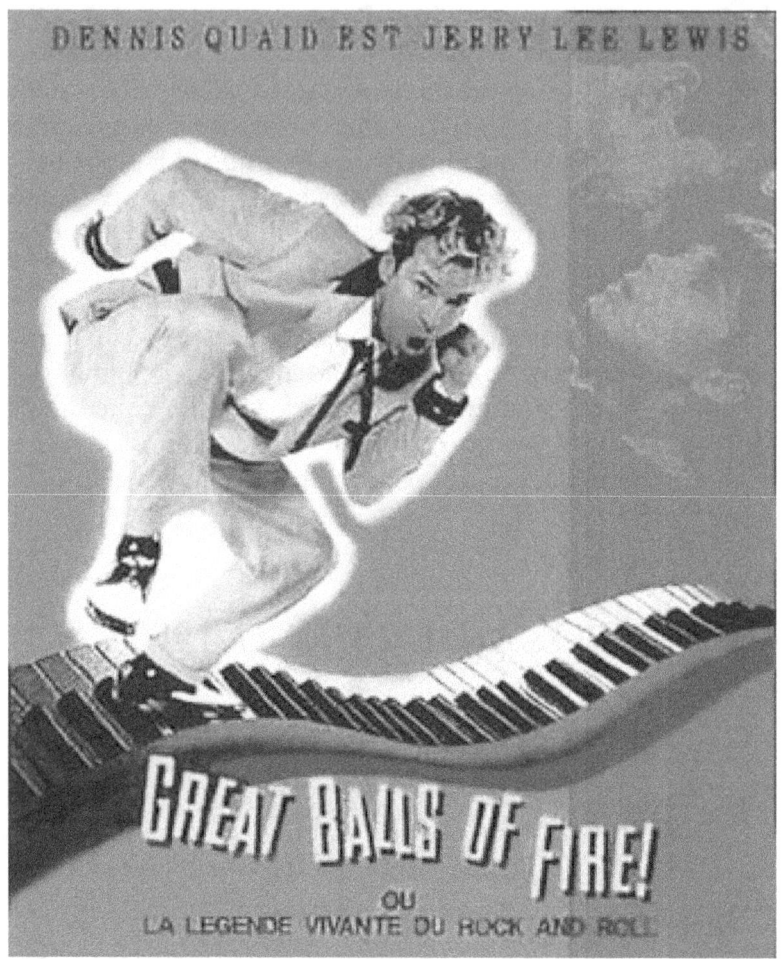

cómo alcanzó la fama, la relación que tuvo con su propia sobrina y su época de declive.

La figura de Jerry Lee Lewis ha llevado consigo siempre accidentes, drogas, borracheras, violencias, escándalos, y el fin trágico de dos de sus esposas y uno de sus hijos. Este biopic trata de ser exacto en la biografía, pero mucho nos tememos que algunos de los acontecimientos están magnificados, pues solamente nos muestran a un músico casi normal, posiblemente algo desquiciado, sumamente popular y capaz de encandilar al público sin grandes problemas.

Indudablemente nos dicen que deseaba solamente tener placeres y pocos problemas –un deseo universal–, y aunque su intérprete Dennis Quaid trata de mostrarle sencillo y siempre sonriente, su estilo tocando el piano indica que algo no estaba bien en su cerebro.

Hay algunas parcelas biográficas interesantes, como cuando nos lo muestran en su vida de niño escuchando detrás de las puertas, o cuando Sam Phillips (el dueño de Records Sun en Memphis) se fija en él, así como cuando le advierten que si quiere triunfar debe elegir entre el cielo o el infierno. "Bien –responde–, puesto que voy a ir al infierno prefiero hacerlo tocando el piano".

Escándalo especial fue su novia Myra (Winona Ryder), de la cual se enamoró cuando ella tenía solamente trece años, y que las malas lenguas aseguran que en su noche de bodas todavía creía en Santa Claus. Los productores del filme dijeron que tuvieron que elegir entre la leyenda y los hechos reales, y escogieron la leyenda. Eso significa que la mayoría de los acontecimientos no son ninguna sorpresa para los amantes de su música, especialmente el escándalo que hubo cuando la prensa británica difundió la edad real de su novia.

THE DOORS 1991
The doors

Productor: Sasha Harari, Bill Graham, A. Kitman Ho

Director: Oliver Stone
Guión: Oliver Stone
Basado en el libro de John Densmore

Intérpretes:

VAL KILMER: Jim Morrison
MEG RYAN: Pamela Courson
KYLE MACLACHLAN: Ray Manzarek
KEVIN DILLON: John Densmore
FRANK WHALEY: Robby Krieger

F. Scott Fitzgerald escribió que el problema en las vidas americanas es que no tienen un segundo acto, pero el problema de la vida de Jim Morrison era que tampoco tenía primero ni tercero. Su niñez nunca estuvo perdida en una llovizna de lloros, ni tampoco hubo un mal padre, pero su juventud se interrumpió por una muerte temprana causada por una campaña implacable contra su propia mente y cuerpo.

Si podemos confiar en que esta película biográfica sobre Jim Morrison es cierta, indudablemente debemos pensar que todo era un infierno, algo que a las personas normales nos resulta difícil de catalogar así, al menos si tomamos referencias muy cercanas.

En California del Sur hay un muchacho de cabellera rizada, con cara de mal genio pero mente muy poética, que bebe cerveza, fuma hierba, y termina engullendo drogas mientras empina el codo con ambas manos.

Por ello traiciona a sus amigos y hace la vida miserable a quien lo ama, ocasionando su propia muerte a los veintisiete años. De ser cierto, debemos creer que verdaderamente era una persona desagradable cuando no estaba bebido, pero que componía canciones maravillosas.

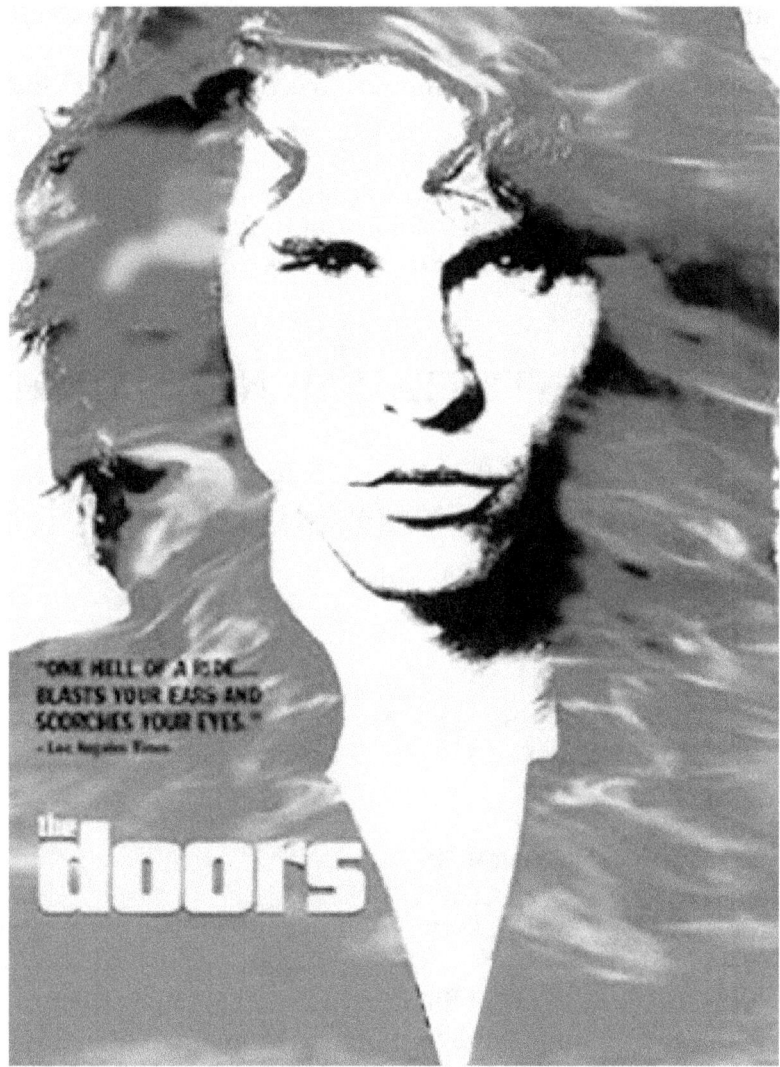

Interpretado por Val Kilmer, nos da la impresión de no gustarle el papel, especialmente cuando mueve los labios simulando que está cantando. Sin embargo, su actuación en conjunto es acertada, aunque posiblemente gracias a la gran cantidad de secundarios que tiene a su alrededor. Si las canciones son eternas y las escenas de los conciertos convencen, cuando representa los momentos más dolorosos de su vida no está acertado.

La idea del guionista parece centrada en mostrar a una persona que ascendió a la fama con demasiada rapidez, y que en ese momento empezó a autodestruirse.

THAT'S ENTERTAINMENT! III 1994

Productor: Bud Reiedgen y Michael J. Sheridan
Director: Bud Reiedgen, Michael J. Sheridan y Bud Friedgen
Guión: Michael J. Sheridan

Intérpretes:

JUNE ALLYSON
CYD CHARISSE
HOWARD KEEL
GENE KELLY
ANN MILLER
DEBBIE REYNOLDS
MICKEY ROONEY
ESTHER WILLIAMS

Parecía ya acabado el filón, pero aún había más. De nuevo una colección de momentos musicales maravillosos de la biblioteca de la MGM, mostrando ahora material inédito procedente de las secuencias nunca incluidas en la pantalla.

Podemos ver incluso a Fred Astaire desechando ciertos bailes o secuencias cortas (mostrando su disconformidad y

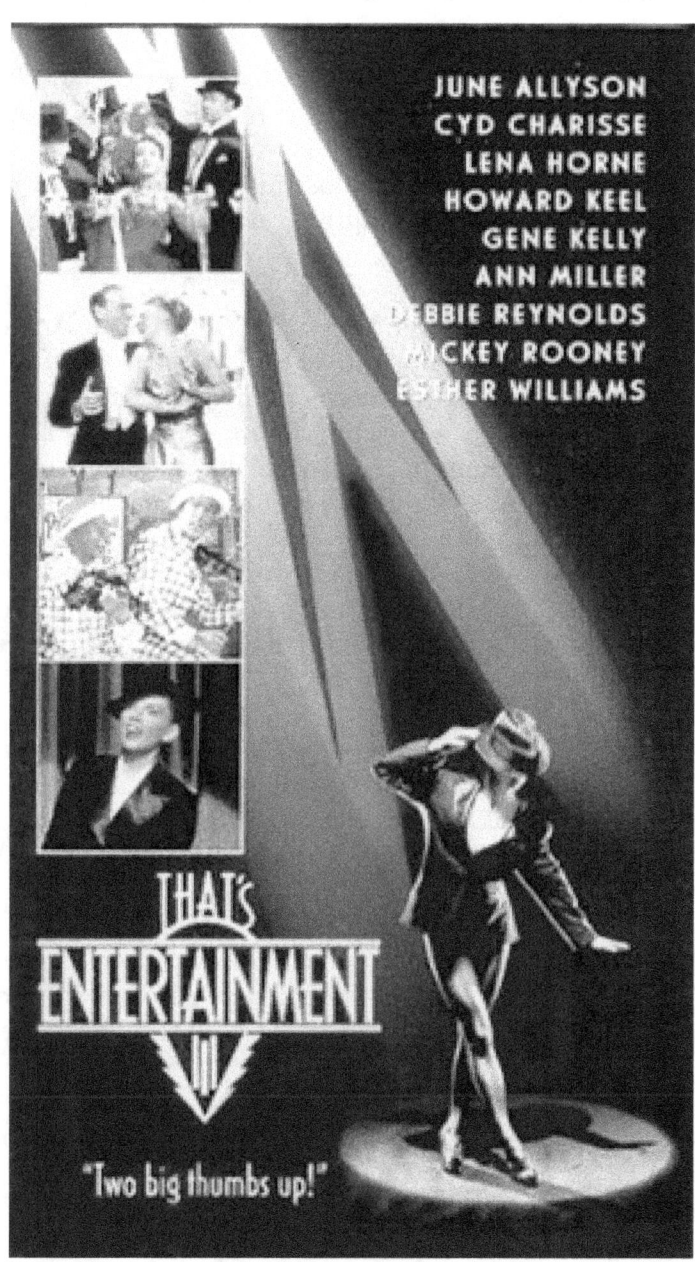

su deseo de volver a filmar), a Judy Garland que canta "Mr. Monotony" de Irving Berlin, a Cyd Charisse y Joan Crawford cantando y bailando "Ain´t It the Truth" de Lena Horne en "Cabin in the sky", y mucho, mucho más. También se han incluido muchas secuencias de los musicales más famosos de Broadway, detalle que es de agradecer puesto que nosotros, los europeos, nunca los pudimos ver.

El resultado es una película auténticamente fascinante, algo que se puede añadir a todo el cine musical americano y otros aspectos de la sociedad de entonces. Las razones por las cuales muchas de las escenas fueron cortadas en las películas fueron casi siempre exclusivamente comerciales, nunca de calidad, aunque algunas lo fueron a causa de la censura. Muchas son interesantes hoy, otras inteligentes y en otros casos horribles, pero todas son imprescindibles porque pertenecen a algo que nunca vimos ni podemos ver ya en el cine. Es como si alguien nos hubiera dado permiso para revolver en los sótanos de la MGM.

Podemos ver una escena censurada de Lena Horne cantando en un baño de burbujas, a Ava Gardner cantando, así como a Cyd Charisse y Joan Crawford bailando juntas en una escena muy sexy –aunque Crawford estaba doblada en la voz por Indy Adams.

Fred Astaire hizo "My Wanna Be Dancin" para "La bella de Nueva York" (1952) vistiendo ropa deportiva gastada, pero la escena fue suprimida por no estar en la misma línea de la elegancia habitual de Astaire.

Otro material inédito se refiere a ciertas escenas de Judy Garland para "Annie Get", antes de que ella se despidiera a causa de sus problemas emocionales y fuera reemplazada por Betty Hutton.

Garland canta "Sr. Monotonía", que fue incluida posteriormente en "Desfile de pascua".

Se cortó también una actuación en solitario de Debbie Reynolds para "Cantando bajo la lluvia" (posteriormente rescatada para DVD) y un dúo maravilloso entre Astaire y Charisse que se hizo como prueba para "Brigadoon".

Uno de las presencias más chispeantes en la película es Esther Williams, la campeona de natación que consiguió algunos de los musicales acuáticos más impresionantes. Ella narra cómo pudieron conseguir coreografiar sus escenas natatorias cuando estaban debajo del agua, sin necesitar respirar continuamente.

EVITA 1995

Director y productor: Alan Parker
Guión: Tim Rice, Alan Parker
Fotografía: Darius Khondji

Intérpretes:

MADONNA
ANTONIO BANDERAS
JONATHAN PRYCE
JIMMY NAIL
VICTORIA SUS

Evita es una adaptación cinematográfica del internacionalmente famoso musical de Tim Rice y Andrew Lloyd Weber del mismo nombre. Dicho musical se estrenó en Londres el 21 de junio de 1978 y fue una de las obras musicales más exitosas de la historia de Londres. Un año más tarde pasó a

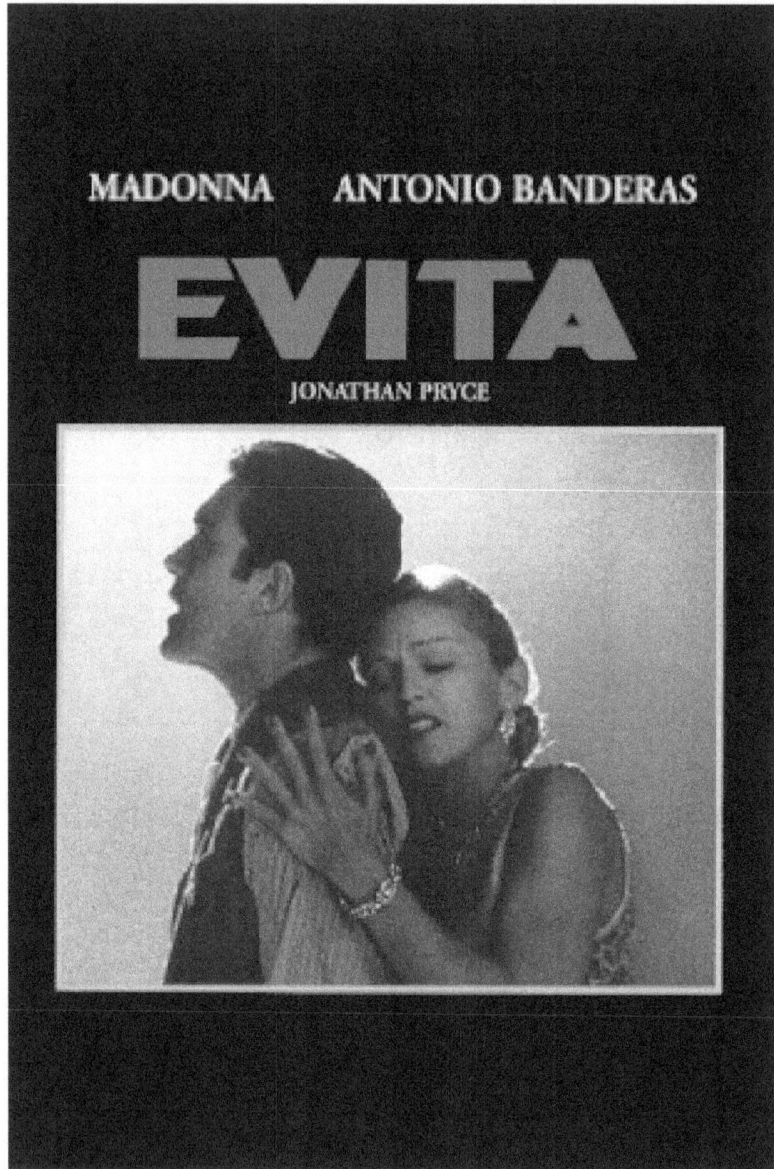

Broadway, donde en su primera temporada ganó siete premios Tony y fue seleccionada como musical del año. Estos impresionantes éxitos señalaban una formula ganadora: relatar la historia real de esta compleja y carismática mujer que comienza su vida en la extrema pobreza y se convierte en una de las personas más poderosas y populares de Sudamérica, con una música igualmente extraordinaria.

Madonna nos entrega la actuación más convincente de toda su carrera al encarnar a esta controvertida y posteriormente adorada mujer. Obsesionada por este papel durante más de 10 años, su actuación no defraudó a nadie excepto a algunos peronistas. Para darle credibilidad a su personaje, se documentó acerca de la verdadera historia de Eva, leyó decenas de libros, habló con gente que la conoció en la realidad, e incluso llegó a extremos tan perfeccionistas que se entrevistó con el presidente de Argentina, Carlos Menem, para pedirle el balcón de la Casa Rosada.

Premios:

Ganadora de 3 Globos de Oro a la mejor Película, mejor Música, mejor Sonido.

TODOS DICEN I LOVE YOU 1996
Everyone Says I Love You

Productores ejecutivos: Jack Rollins y Charles H. Joffe
Fotografía: Carlo Di Palma
Guión: Woody Allen
Música: Dick Hyman
Director: Woody Allen

Intérpretes:

WOODY ALLEN: Joe
JULIA ROBERTS: Von
GOLDIE HAWN: Steffi
ALAN ALDA: Bob
EDWARD NORTON: Holden
DREW BARRYMORE: Sylar

Rodada en escenarios naturales de Nueva York, París y Venecia, Allen trató de revivir la imagen de los musicales norteamericanos de los años 40, aunque con ciertas limitaciones en cuanto a la vistosidad. De entrada, no contó con bailarines profesionales y tuvieron que ser los propios actores quienes sacasen lo mejor de sus habilidades para lograr combinar discretos pasos de baile. Por si fuera poco, consiguió que la mayoría de los principales actores lograsen entonar las canciones de la película, sin que desafinasen de una manera escandalosa. Su habilidad para manejar a los actores es tan alta, que es posible que un día consiga que Jim Carrey nos haga llorar y que Sharon Stone haga un papel creíble de Mary Poppins.

También vuelve a introducir efectos especiales, como el vuelo de Goldie Hawn a orillas del Sena, retornando quizá con cierta nostalgia a los elementos más asombrosos de sus filmes anteriores, en donde era capaz de introducir escenas fantásticas en películas dramáticas.

Hay homenajes a Groucho Marx, al modisto Ives St. Laurent y, por supuesto, a los musicales norteamericanos de los años 40 y 50.

La trama es casi una constante en las películas de Allen, pues diferentes parejas viven problemas con sus relaciones.

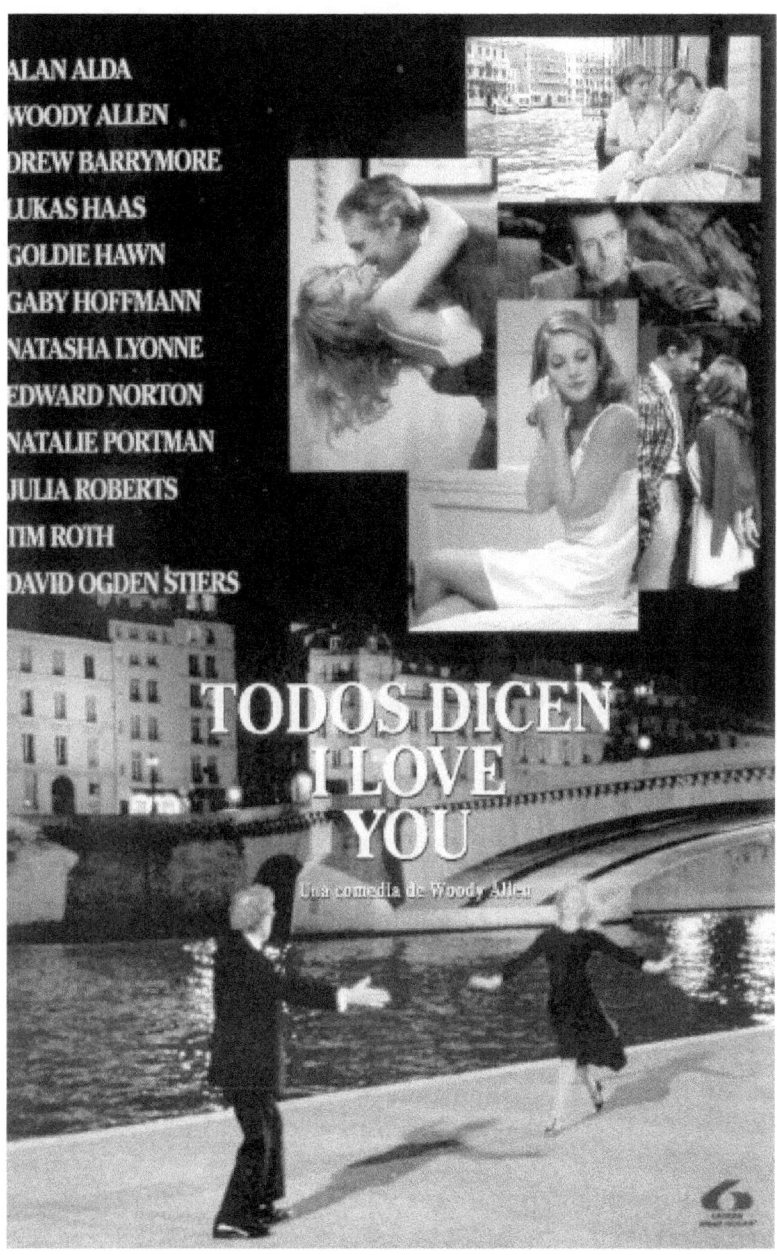

ALAN ALDA
WOODY ALLEN
DREW BARRYMORE
LUKAS HAAS
GOLDIE HAWN
GABY HOFFMANN
NATASHA LYONNE
EDWARD NORTON
NATALIE PORTMAN
JULIA ROBERTS
TIM ROTH
DAVID OGDEN STIERS

TODOS DICEN
I LOVE
YOU

Una comedia de Woody Allen

MOULIN ROUGE 2002
Moulin Rouge!

Director: Baz Luhrmanm
Guión: Baz Luhrmann, Craig Pearce
Fotografía: Donald McAlpine
Música: Craig Armstrong, Marius De Vries, Steve
 Hitchcock

Intérpretes:

NICOLE KIDMAN: Satine
EWAN MCGREGOR: Christian
JOHN LEGUIZAMO: Toulouse-Lautrec
JIM BROADBENT: Harold Zidler
RICHARD ROXBURGH: Duque de Monroth

La película es una retrospectiva o flashback del protagonista, Christian, que recuerda la primavera de 1899, cuando llegó a París para vivir la bohème de final de siglo y escribir sobre los eternos ideales de verdad, belleza, amor y libertad. Sin embargo, toda su vida se convierte en un infortunio cuando se enamora de Satine, la más encantadora bailarina del Moulin Rouge, de la cual todos parecen estar enamorados.

Satine, "el Diamante Reluciente", no es tan idealista como él, pues adora las joyas, juega con los sentimientos de los hombres y evita enamorarse, ya que solamente tiene un sueño: llegar a ser una gran actriz y alejarse para siempre del Moulin Rouge. Por eso no le atrae Christian, un bohemio recién llegado a la ciudad, sin dinero y que trata de mantener cierta dignidad ante sus desplantes. Sin embargo, el corazón de Satine opina de otro modo y pronto termina enamorada del poeta, llegando a considerar que la vida es ahora maravillosa con él a su lado.

Pero su romance no pasa desapercibido para nadie, mucho menos para el Duque de Monroth, quien hace tiempo que desea poseerla sin éxito y trata de impedir que ella consiga marcharse del Moulin Rouge.

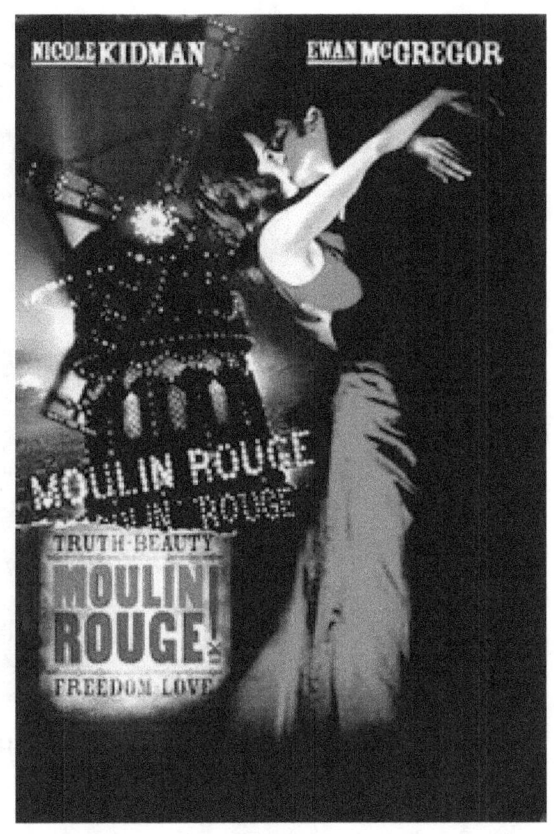

El filme está dirigido por el australiano Baz Luhrmann, autor de "Romeo y Julieta", por lo que el cine musical no le es desconocido, aunque tuvo que realizar no pocos ajustes para lograr que Nicole Kidman y Ewan McGregor consiguieran dar la talla entre tanta corchea.

El esfuerzo fue compensado y hemos podido escuchar cantar a dúo sin desafinar a los protagonistas canciones como "Come what may" y "Elephant love medley", mientras que Kidman interpreta en solitario "Sparkling diamons", "One day I'll fly Hawai" y "Diamonds are girl's best friend". Él, por su parte, también se atreve a cantar junto a Plácido Domingo el tema "Your song".

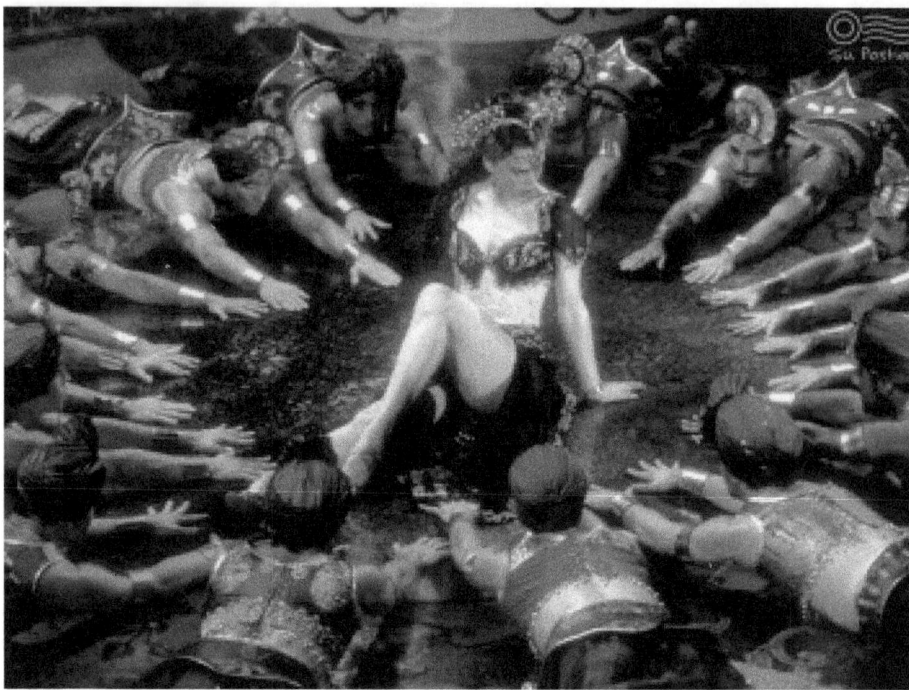

Para el filme se crearon más de trescientos efectos visuales y se diseñaron más de cuatrocientos vestidos, consiguiéndose un acertado montaje gracias a Jill Bilcock, mientras que las canciones de David Bowie y Elton John dieron una nota peculiar a la banda sonora.

Premios:

Oscar en 2002 al mejor vestuario

Oscar a la mejor dirección artística

Inauguró el Festival de Cine de Cannes de 2001

Dos premios AFI 2002 al mejor montaje y la mejor banda sonora.

Tres Globos de Oro 2002 a la mejor película (musical o comedia), mejor actriz (Nicole Kidman) y mejor banda sonora.

CHICAGO 2002

Director: Rob Marshall
Productor: Marty Richards
Guión: Bill Condon
Basada en el musical homónimo creado por Bob Fosse a partir de la novela de Maurine Dallas Watkins
Fotografía: Dion Bebee
Música: Danny Elfman

Intérpretes:

RENÉE ZELLWEGUER: Roxy Hart
CATHERINE ZETA-JONES: Velma Kelly
RICHARD GERE: Billy Flynn
JOHN C.REILLY: Amos Hart
QUEEN LATIFAH: Matron "Mama" Morton
TAYE DIGGS: Lider de la orquesta
LUCY LIU: Kitty Baxter

La promesa de aventura y oportunidad que ofrece la Ciudad de los Vientos deslumbra a Roxie Hart ((Zellweger), una inocente y extravertida cantante que sueña con cantar y bailar, especialmente siguiendo los pasos de Velma Kelly ((Zeta-Jones), una popular cantante de vodevil. Roxie consigue que su deseo se haga realidad de manera insólita, pues ambas acaban en prisión acusadas de asesinato. Y en ese momento aparece nuestro galán, un guapo y sagaz abogado llamado Billy Flynn (Gere), quien acuerda hacerse cargo del caso por una suma cuantiosa.

El film de Marshall es sorprendente por varios motivos, siendo lo más significativo el hecho de que nadie sabía bailar ni cantar, pero bajo su acertada dirección hasta consiguen

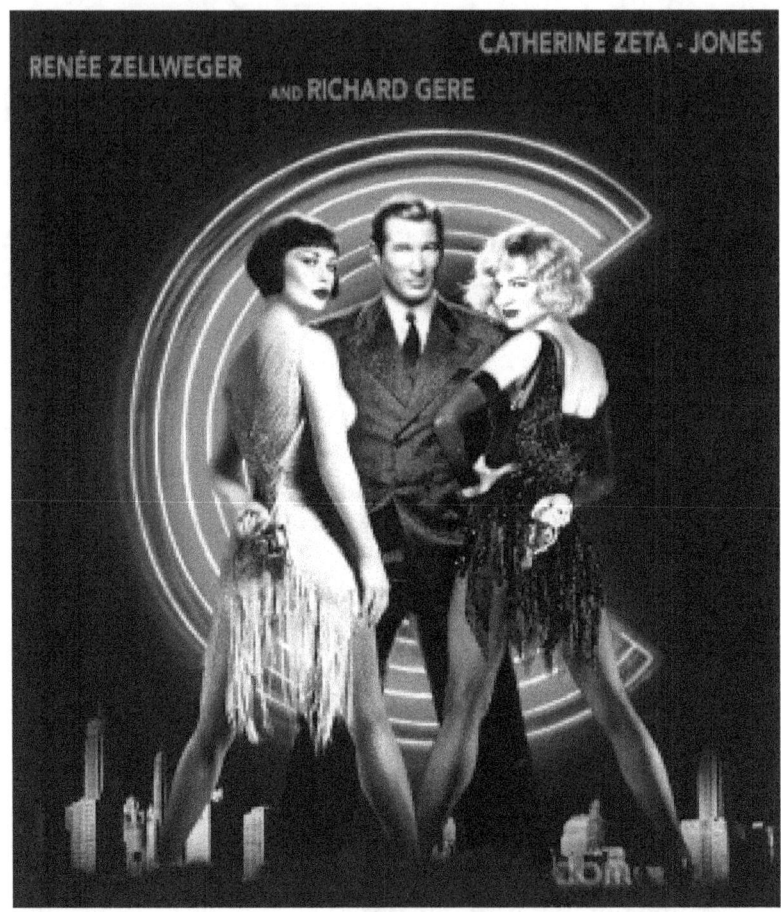

marcarse buenos pasos de claqué. También tenemos la gran simpatía que se percibe durante todo el filme, casi como contrastando con el intenso drama de "Moulin Rouge", así como la gran habilidad que demuestra contando en paralelo la escena real y la imaginada en la mente de los protagonistas.

Los intérpretes también bran, tanto Renée Zellweger (imitando a Marilyn Monroe) como Catherine Zeta-Jones (intentando ocultar su incipiente embarazo) y John C.Reilly,

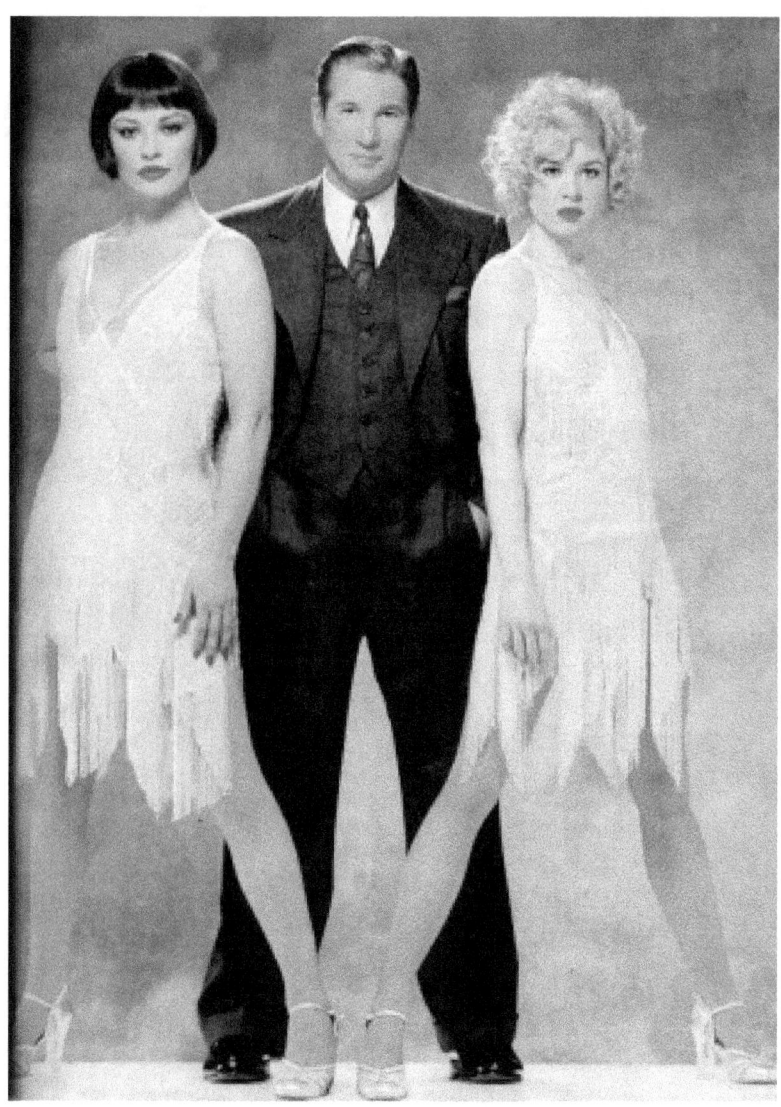

sin olvidar un sorpresivo Richard Gere, cuya habilidad para imitar a Fred Astaire entusiasmó a todos. El desparpajo de Zeta-Jones, así como su intensa fuerza corporal, es la otra cara de la moneda de Zellweger, más simpática y sensible, consiguiendo llevar la historia a un nivel inesperado.

Creemos que con este filme el musical ha encontrado su hueco en el mercado cinematográfico, pues es atractivo, sencillo, simpático y en ocasiones sensual, todo lo necesario para que el espectador pueda sonreír y soñar durante la proyección y salga de la sesión con un grato sabor de boca.

www.ingramcontent.com/pod-product-compliance
Lightning Source LLC
Chambersburg PA
CBHW051437170526
45166CB00001B/18